左傳

上

【战国】左丘明 著
【晋】杜 预 注

上海古籍出版社

图书在版编目(CIP)数据

左传/(战国)左丘明著;(晋)杜预注. —上海:
上海古籍出版社,2016.9(2025.6重印)
(国学典藏)
ISBN 978-7-5325-7649-4

Ⅰ.①左… Ⅱ.①左… ②杜… Ⅲ.①中国历史—春秋时代—编年体 Ⅳ.①K225.04

中国版本图书馆 CIP 数据核字(2015)第 111747 号

国学典藏
左传
(全二册)
[战国]左丘明 著
[晋]杜 预 注
上海古籍出版社出版发行
(上海市闵行区号景路 159 弄 1-5 号 A 座 5F 邮政编码 201101)
(1)网址:www.guji.com.cn
(2)E-mail:guji1@guji.com.cn
(3)易文网网址:www.ewen.co
江阴市机关印刷服务有限公司印刷
开本 890×1240 1/32 印张 34.5 插页 10 字数950,000
2016 年 9 月第 1 版 2025 年 6 月第 9 次印刷
印数 20,201—22,300
ISBN 978-7-5325-7649-4
K·2046 定价:99.00元
如有质量问题,请与承印公司联系

前　言

　　《左传》亦名《左氏春秋》、《春秋左氏传》。《春秋》是鲁国官修的历史，它按照鲁国十二个君主的次序，简略记录了公元前722年到前481年的史事。相传曾经过孔子的修订，以表达他的"微言大义"，因而被列为儒家经典之一。

　　《左传》是对《春秋》的解释，对当时一些史事作了较详细的叙述，起自鲁隐公元年（公元前722年），终于鲁悼公十四年（公元前454年），比《春秋》增多27年。《左传》为谁所著，著作年代为何时，历来众说纷纭，莫衷一是。其中较早说法是，相传为鲁国史官左丘明所著，并谓左丘明大致和孔子同时。但后来有的学者却认为，根据传文和结束年代等方面看，本书似应完成于战国初期，并可能不是出于同一时代，同一作者之手。

　　《左传》包含丰富的历史资料，文字简洁生动，是研究先秦历史的重要资料之一。晋代杜预（公元222年—284年）的《春秋经传集解》汇集了前人对《春秋左传》的注释，有助于阅读原书。1977年上海人民出版社曾据《四部丛刊》影印宋刻本（内附唐陆德明《经典释文》的有关注文，用圈号标出，以资识别）整理标点出版。由于《四部丛刊》所据宋本讹舛衍脱者颇多，在整理标点时参考了有关善本，酌予改正。此次重新出版，参考了各种意见，对原

左 传

书的一些错误作了订正,本书为简体字本,但对有些容易引起歧义的简化字恢复成繁体,以便读者理解。另外,为了方便读者阅读,原书中人名、地名下的专名线我们也予以保留。

上海古籍出版社
二〇一五年三月

目　录

前言 / 1

第一
  隐公 / 1
    元年 / 2
    二年 / 9
    三年 / 11
    四年 / 16
    五年 / 18
    六年 / 23
    七年 / 25
    八年 / 28
    九年 / 31
    十年 / 33
    十一年 / 36

第二
  桓公 / 42
    元年 / 42
    二年 / 44
    三年 / 49
    四年 / 51
    五年 / 52
    六年 / 56
    七年 / 60
    八年 / 61
    九年 / 63
    十年 / 65
    十一年 / 67
    十二年 / 69
    十三年 / 71
    十四年 / 73
    十五年 / 74
    十六年 / 76
    十七年 / 78
    十八年 / 80

第三
  庄公 / 83
    元年 / 83
    二年 / 84
    三年 / 85
    四年 / 86
    五年 / 88

1

六年 / 89

七年 / 90

八年 / 92

九年 / 94

十年 / 95

十一年 / 98

十二年 / 100

十三年 / 101

十四年 / 102

十五年 / 104

十六年 / 105

十七年 / 107

十八年 / 108

十九年 / 110

二十年 / 111

二十一年 / 112

二十二年 / 114

二十三年 / 116

二十四年 / 118

二十五年 / 120

二十六年 / 122

二十七年 / 123

二十八年 / 125

二十九年 / 128

三十年 / 129

三十一年 / 130

三十二年 / 131

第四

闵公 / 135

元年 / 135

二年 / 138

第五

僖公上 / 146

元年 / 146

二年 / 148

三年 / 151

四年 / 153

五年 / 157

六年 / 162

七年 / 163

八年 / 166

九年 / 168

十年 / 172

十一年 / 174

十二年 / 175

十三年 / 177

十四年 / 179

十五年 / 180

第六

僖公中 / 189

十六年 / 189

十七年 / 191

十八年 / 193

十九年 / 195

二十年 / 198

二十一年 / 199

二十二年 / 202

二十三年 / 206

二十四年 / 211

　　二十五年 / 219

　　二十六年 / 223

第七

　僖公下 / 227

　　二十七年 / 227

　　二十八年 / 230

　　二十九年 / 242

　　三十年 / 244

　　三十一年 / 247

　　三十二年 / 249

　　三十三年 / 251

第八

　文公上 / 258

　　元年 / 258

　　二年 / 263

　　三年 / 267

　　四年 / 270

　　五年 / 273

　　六年 / 275

　　七年 / 280

　　八年 / 285

　　九年 / 288

　　十年 / 291

第九

　文公下 / 294

　　十一年 / 294

　　十二年 / 296

　　十三年 / 300

　　十四年 / 303

　　十五年 / 308

　　十六年 / 312

　　十七年 / 316

　　十八年 / 319

第十

　宣公上 / 326

　　元年 / 326

　　二年 / 329

　　三年 / 334

　　四年 / 337

　　五年 / 341

　　六年 / 342

　　七年 / 344

　　八年 / 346

　　九年 / 348

　　十年 / 351

　　十一年 / 354

第十一

　宣公下 / 358

　　十二年 / 358

　　十三年 / 372

　　十四年 / 373

　　十五年 / 376

　　十六年 / 381

　　十七年 / 383

　　十八年 / 385

第十二

　成公上 / 388

3

元年 / 388
二年 / 390
三年 / 404
四年 / 408
五年 / 410
六年 / 413
七年 / 417
八年 / 420
九年 / 425
十年 / 430

第十三

成公下 / 433
十一年 / 433
十二年 / 436
十三年 / 439
十四年 / 445
十五年 / 448
十六年 / 452
十七年 / 465
十八年 / 472

第十四

襄公一 / 480
元年 / 480
二年 / 482
三年 / 485
四年 / 490
五年 / 496
六年 / 500
七年 / 503

八年 / 507
九年 / 511

第十五

襄公二 / 520
十年 / 520
十一年 / 529
十二年 / 534
十三年 / 536
十四年 / 541
十五年 / 552

第十六

襄公三 / 556
十六年 / 556
十七年 / 559
十八年 / 563
十九年 / 568
二十年 / 575
二十一年 / 578
二十二年 / 585

第十七

襄公四 / 591
二十三年 / 591
二十四年 / 601
二十五年 / 607

第十八

襄公五 / 620
二十六年 / 620
二十七年 / 634
二十八年 / 645

第十九

襄公六 / 656

二十九年 / 656

三十年 / 667

三十一年 / 677

第二十

昭公一 / 688

元年 / 688

二年 / 708

三年 / 712

第二十一

昭公二 / 722

四年 / 722

五年 / 733

六年 / 743

七年 / 749

第二十二

昭公三 / 762

八年 / 762

九年 / 767

十年 / 772

十一年 / 777

十二年 / 782

第二十三

昭公四 / 792

十三年 / 792

十四年 / 807

十五年 / 811

十六年 / 815

十七年 / 821

第二十四

昭公五 / 828

十八年 / 828

十九年 / 833

二十年 / 838

二十一年 / 850

二十二年 / 856

第二十五

昭公六 / 863

二十三年 / 863

二十四年 / 870

二十五年 / 874

二十六年 / 885

第二十六

昭公七 / 895

二十七年 / 895

二十八年 / 901

二十九年 / 907

三十年 / 912

三十一年 / 915

三十二年 / 919

第二十七

定公上 / 924

元年 / 924

二年 / 928

三年 / 929

四年 / 931

五年 / 941

六年 / 945
七年 / 949

第二十八
定公下 / 952
八年 / 952
九年 / 959
十年 / 963
十一年 / 968
十二年 / 969
十三年 / 971
十四年 / 975
十五年 / 979

第二十九
哀公上 / 982
元年 / 982
二年 / 987
三年 / 992
四年 / 995
五年 / 998
六年 / 1000
七年 / 1005
八年 / 1009

九年 / 1013
十年 / 1015
十一年 / 1018
十二年 / 1025
十三年 / 1028

第三十
哀公下 / 1033
十四年 / 1033
十五年 / 1039
十六年 / 1044
十七年 / 1050
十八年 / 1054
十九年 / 1055
二十年 / 1056
二十一年 / 1058
二十二年 / 1058
二十三年 / 1059
二十四年 / 1060
二十五年 / 1062
二十六年 / 1064
二十七年 / 1067

春秋二十国年表 / 1071

春秋经传集解第一

○《释文》：解，佳买切。旧夫子之《经》与丘明之《传》各卷，杜氏合而释之，故曰《经传集解》。此不题"左氏传"，《公羊》、《穀梁》二《传》，既显姓别之，此不言自解。

隐　公

○ 隐公名息姑，惠公之子，母声子。《谥法》，不尸其位曰隐。

传

惠公元妃孟子①，孟子卒②，继室以声子，生隐公③。宋武公生仲子，仲子生而有文在其手，曰"为鲁夫人"，故仲子归于我④。生桓公而惠公薨⑤，是以隐公立而奉之⑥。

① 言元妃，明始適夫人也。子，宋姓。○惠公名不皇。《谥法》，爱人好与曰惠。其子隐公，让国之君。妃，芳非切。《传》曰，嘉耦曰妃。適，本又作嫡，同，丁历切。　② 不称薨，不成丧也。无谥，先夫死，不得从夫谥。○谥，实至切。　③ 声，谥也，盖孟子之姪娣也。诸侯始娶，则同姓之国以姪娣媵。元妃死则次妃摄治内事，犹不得称夫人，故谓之继室。○姪，直结切；《字林》，丈一切，兄女也。娣，大计切，女弟也。娶，七住切。媵，以证切，又绳证切。　④ 妇人谓嫁曰归，以手理自然成字，有若天命，故嫁之于鲁。○《释文》：妇人谓嫁曰归。本或无曰字，此依《公羊传》。　⑤ 言归鲁而生男。惠公不以桓生之年薨。　⑥ 隐公，继室之子，当嗣

1

世,以祯祥之故,追成父志,为桓尚少,是以立为大子,帅国人奉之。为《经》元年春不书即位《传》。○ 祯,音贞。少,诗照切。大,音泰,旧太字皆作大。后大子皆放此。为,于伪切。后凡为《经》、为《传》张本、起本之例皆放此,更不音。

经

元年春,王正月①。

三月,公及邾仪父盟于蔑②。

夏五月,郑伯克段于鄢③。

秋七月,天王使宰咺来归惠公、仲子之赗④。

九月,及宋人盟于宿⑤。

冬十有二月,祭伯来⑥。

公子益师卒⑦。

① 隐公之始年,周王之正月也。凡人君即位,欲其体元以居正,故不言一年一月也。隐虽不即位,然摄行君事,故亦朝庙告朔也。告朔朝正例在襄二十九年。即位例在隐、庄、闵、僖元年。○ 朝,直遥切,下同。
② 附庸之君未王命,例称名。能自通于大国,继好息民,故书字贵之。名例在庄五年。邾,今鲁国邹县也。蔑,姑蔑,鲁地,鲁国卞县南有姑城。○ 父,音甫,邾子之字。凡人名字皆放此。蔑,亡结切。好,呼报切。邹,侧留切。卞,皮彦切;本或作弁。　　③ 不称国讨而言郑伯,讥失教也。段不弟,故不言弟,明郑伯虽失教而段亦凶逆。以君讨臣而用二君之例者,言段强大儁杰,据大都以耦国,所谓"得儁曰克"也。国讨例在庄二十二年,得儁例在庄十一年,母弟例在宣十七年。郑在荥阳宛陵县西南。鄢今颍川鄢陵县。○ 段,徒乱切,郑伯弟名。鄢,於晚切,又於建切,又於然切。弟,音悌,又如字。儁,音俊。杰,音桀。荥,户肩切;本或作荥,非。宛,於阮切,又於元切。

④ 宰，官；咺，名也。咺赠死不及尸，吊生不及哀，豫凶事，故贬而名之。此天子大夫称字之例。仲子者桓公之母。妇人无谥，故以字配姓。来者，自外之文。归者，不反之辞。○咺，吁阮切。赗，芳凤切。　⑤客主无名，皆微者也。宿，小国，东平无盐县也。凡盟以国地者，国主亦与盟，例在僖十九年。宋，今梁国睢阳县。○与，音预，下同。睢，音虽。　⑥祭伯，诸侯为王卿士者。祭，国；伯，爵也。《传》曰，非王命也，释其不称使。○祭，侧界切；《传》祭仲同。使，如字，又所吏切。　⑦《传》例曰：公不与小敛，故不书日，所以示薄厚也。《春秋》不以日月为例，唯卿佐之丧独记日以见义者，事之得失既未足以褒贬人君，然亦非死者之罪，无辞可以寄文，而人臣轻贱，死日可略，故特假日以见义。○敛，力验切。见，贤遍切，下同。

传

元年春，王周正月①。不书即位，摄也②。

① 言周以别夏、殷。○别，彼列切。夏，户雅切，三代之号，可以意求。　② 假摄君政，不修即位之礼，故史不书于策，《传》所以见异于常。○见，贤遍切。

三月，公及邾仪父盟于蔑，邾子克也①。未王命，故不书爵。曰仪父，贵之也②。公摄位而欲求好于邾，故为蔑之盟③。

① 克，仪父名。　② 王未赐命以为诸侯，其后仪父服事齐桓以奖王室，王命以为邾子，故庄十六年《经》书邾子克卒。○《释文》：故不书爵，一本无故字。奖，将丈切。　③ 解所以与盟也。○好，呼报切。与，如字，又音预。

3

夏四月,费伯帅师城郎。不书,非公命也①。

① 费伯,鲁大夫。郎,鲁邑。高平方与县东南有郁郎亭。《传》曰:君举必书。然则史之策书,皆君命也。今不书于《经》,亦因史之旧法,故《传》释之。诸鲁事,《传》释不书。他皆放此。○费,音祕。郁,于六切。放,甫往切。后此例皆同。

初,郑武公娶于申,曰武姜①。生庄公及共叔段②。庄公寤生,惊姜氏,故名曰寤生,遂恶之③。爱共叔段,欲立之④。亟请于武公,公弗许。

及庄公即位,为之请制。公曰:"制,岩邑也,虢叔死焉,佗邑唯命⑤。"请京,使居之,谓之京城大叔⑥。祭仲曰:"都城过百雉,国之害也⑦。先王之制,大都不过参国之一⑧,中五之一,小九之一。今京不度,非制也⑨。君将不堪。"公曰:"姜氏欲之,焉辟害?"对曰:"姜氏何厌之有?不如早为之所⑩,无使滋蔓,蔓,难图也。蔓草犹不可除,况君之宠弟乎?"公曰:"多行不义必自毙,子姑待之⑪。"

既而大叔命西鄙、北鄙贰于己⑫。公子吕曰:"国不堪贰,君将若之何⑬?欲与大叔,臣请事之;若弗与,则请除之。无生民心⑭。"公曰:"无庸,将自及⑮。"大叔又收贰以为己邑⑯,至于廪延⑰。子封曰:"可矣,厚将得众⑱。"公曰:"不义不暱,厚将崩⑲。"大叔完聚⑳,缮甲兵,具卒乘㉑,将袭郑。夫人将启之㉒。公闻其期,曰:"可矣!"命子封帅车二百乘以伐京㉓。京叛大叔段,段入于鄢,公伐诸鄢。五月辛丑,大叔出奔共㉔。书曰:"郑伯克段于鄢。"段不弟,故不言弟;如二君,故曰克；称郑伯，讥失教也；谓之郑志，不言出奔，难之也㉕。

遂寘姜氏于城颍㉖，而誓之曰："不及黄泉，无相见也㉗。"既而悔之。颍考叔为颍谷封人㉘，闻之，有献于公。公赐之食，食舍肉。公问之，对曰："小人有母，皆尝小人之食矣，未尝君之羹，请以遗之㉙。"公曰："尔有母遗，繄我独无㉚！"颍考叔曰，"敢问何谓也㉛？"公语之故，且告之悔。对曰："君何患焉！若阙地及泉，隧而相见，其谁曰不然㉜？"公从之。公入而赋："大隧之中，其乐也融融！"㉝姜出而赋："大隧之外，其乐也洩洩㉞！"遂为母子如初。君子曰："颍考叔，纯孝也㉟，爱其母，施及庄公。《诗》曰：'孝子不匮，永锡尔类。'其是之谓乎㊱？"

① 申国，今南阳宛县。○娶，七住切。宛，于元切。 ② 段出奔共，故曰共叔，犹晋侯在鄂，谓之鄂侯。○共，音恭。共，地名。凡国名、地名、人名字、氏族，音不重。音疑者复出。后放此。鄂，五各切。 ③ 寤寐而庄公已生，故惊而恶之。○寤，五故切。恶，乌路切，《注》同。 ④ 欲立以为大子。 ⑤ 虢叔，东虢君也，恃制岩险而不修德，郑灭之。恐段复然，故开以佗邑。虢国，今荥阳县。○亟，欺冀切，数也。为，于伪切。岩，本又作巖，五衔切。虢，瓜伯切。复，扶又切。 ⑥ 公顺姜请，使段居京，谓之京城大叔，言宠异于众臣。京，郑邑，今荥阳京县。○大，音泰，《注》及下同。 ⑦ 祭仲，郑大夫。方丈曰堵，三堵曰雉，一雉之墙，长三丈，高一丈。侯伯之城，方五里，径三百雉，故其大都不得过百雉。○过，古卧切。后不音者皆同。堵，丁古切。长，直亮切，又如字。高，古报切，又如字。径，古定切。 ⑧ 三分国城之一。○参，七南切，又音三。 ⑨ 不合法度，非先王制。 ⑩ 使得其所宜。○焉，於虔切。厌，於盐切。 ⑪ 毙，踣也。姑，且也。○蔓，音万。毙，婢世切，本又作獘，旧扶设切。

踖,蒲北切。　⑫鄙,郑边邑。贰,两属。　⑬公子吕,郑大夫。⑭叔久不除,则举国之民当生他心。　⑮言无用除之,祸将自及。⑯前两属者,今皆取以为己邑。　⑰言转侵多也。廪延,郑邑,陈留酸枣县北有延津。○廪,力锦切。　⑱子封,公子吕也。厚谓土地广大。⑲不义于君,不亲于兄,非众所附,虽厚必崩。○暱,女乙切,亲也。⑳完城郭,聚人民。○完,音桓。　㉑步曰卒,车曰乘。○缮,市战切。卒,尊忽切,《注》及下同。乘,绳证切,《注》及下同。　㉒启,开也。㉓古者兵车一乘,甲士三人,步卒七十二人。　㉔共国,今汲郡共县。○共,音恭。汲,居及切。　㉕《传》言夫子作《春秋》,改旧史以明义,不早为之所而养成其恶,故曰失教。段实出奔而以克为文,明郑伯志在于杀,难言其奔。○弟,大计切,又如字。难,乃旦切,《注》同。　㉖城颖,郑地。○寘,之豉切,置也。　㉗地中之泉,故曰黄泉。　㉘封人,典封疆者。○疆,居良切。　㉙食而不啜羹,欲以发问也。宋华元杀羊为羹飨士,盖古赐贱官之常。○舍,音捨。遗,唯季切,下同。啜,川悦切。华,户化切。　㉚繄,语助。○繄,乌兮切,又乌帝切。　㉛据武姜在,设疑也。　㉜隧,若今延道。○语,鱼据切。阙,其月切。隧,音遂。㉝赋,赋诗也。融融,和乐也。○乐,音洛,《注》及下同。融,羊弓切。㉞洩洩,舒散也。○洩,羊世切。　㉟纯,犹笃也。　㊱不匮,纯孝也。庄公虽失之于初,孝心不忘,考叔感而通之,所谓"永锡尔类"。诗人之作,各以情言,君子论之,不以文害意,故《春秋传》引《诗》,不皆与今说《诗》者同。他皆放此。○施,以豉切,又式智切。匮,其位切。

秋七月,天王使宰咺来归惠公、仲子之赗。缓,且子氏未薨,故名①。天子七月而葬,同轨毕至②;诸侯五月,同盟至③,大夫三月,同位至④;士逾月,外姻至⑤。赗死不及尸⑥,吊生不及哀⑦。豫凶事,非礼也⑧。

① 惠公葬在春秋前,故曰缓也。子氏,仲子也,薨在二年。赗,助丧之物。　②言同轨,以别四夷之国。○别,彼列切。　③同在方岳之盟。　④古者行役不逾时。　⑤逾月,度月也。姻,犹亲也。此言赴吊各以远近为差,因为葬节。　⑥尸,未葬之通称。○称,尺证切。⑦诸侯已上,既葬则缞麻除,无哭位,谅闇终丧。○上,时掌切。缞,七雷切。谅,音亮,又音良。闇,如字。　⑧仲子在而来赗,故曰豫凶事。

八月,纪人伐夷。夷不告,故不书①。

① 夷国,在城阳庄武县。纪国,在东莞剧县。隐十一年《传》例曰:"凡诸侯有命,告则书,不然则否。"史不书于策,故夫子亦不书于《经》,《传》见其事,以明《春秋》例也。他皆放此。○莞,音官。见,贤遍切。下三见同。

有蜚。不为灾,亦不书①。

① 蜚,负蠜也。庄二十九年《传》例曰:"凡物,不为灾,不书。"又于此发之者,明《传》之所据,非唯史策,兼采简牍之记,他皆放此。○蜚,扶味切。蠜音烦,又音盘。

惠公之季年,败宋师于黄①。公立而求成焉。九月,及宋人盟于宿,始通也②。

① 黄,宋邑。陈留外黄县东有黄城。○败,必迈切,败他也。后放此。　②《经》无义例,故《传》直言其归趣而已。他皆放此。

冬十月庚申,改葬惠公。公弗临,故不书①。惠公之薨

7

也有宋师,大子少,葬故有阙,是以改葬②。卫侯来会葬。不见公,亦不书③。

① 以桓为大子,故隐公让而不敢为丧主。隐摄君政,故据隐而言。　②○少,诗照切。　③诸侯会葬,非礼也。不得接公成礼,故不书于策,他皆放此。卫国在汲郡朝歌县。○朝,如字。

郑共叔之乱,公孙滑出奔卫①。卫人为之伐郑,取廪延。郑人以王师、虢师伐卫南鄙②。请师于邾。邾子使私于公子豫③。豫请往,公弗许,遂行,及邾人、郑人盟于翼④。不书,非公命也。

① 公孙滑,共叔段之子。○滑,于八切,又乎八切。　②虢,西虢国也。弘农陕县东南有虢城。○为,于伪切。陕,失冉切。　③公子豫,鲁大夫。私,请师。○豫,音预。　④翼,邾地。

新作南门。不书,亦非公命也①。

① 非公命不书,三见者皆兴作大事,各举以备文。

十二月,祭伯来,非王命也。
众父卒①。公不与小敛,故不书日②。

① 众父,公子益师字。○众,音终。　②礼,卿佐之丧,小敛、大敛,君皆亲临之,崇恩厚也。始死,情之所笃,礼之所崇,故以小敛为文,至于但临大敛,及不临其丧,亦同不书日。○与,音预。敛,力验切,《注》皆同。

经

二年春,公会戎于潜①。

夏五月,莒人入向②。

无骇帅师入极③。

秋八月庚辰,公及戎盟于唐④。

九月,纪裂繻来逆女⑤。

冬十月,伯姬归于纪⑥。

纪子帛、莒子盟于密⑦。

十有二月乙卯,夫人子氏薨⑧。

郑人伐卫⑨。

① 戎、狄、夷、蛮,皆氐、羌之别种也。戎而书会者,顺其俗以为礼,皆谓居中国若戎子驹支者。陈留济阳县东南有戎城。潜,鲁地。○氐,都兮切。羌,邱良切。种,章勇切。驹,音拘。济,子礼切,水名。凡地名皆同。
② 向,小国也,谯国龙亢县东南有向城。莒国,今城阳莒县也。将卑师少称人,弗地曰入。例在襄十三年。○向,舒亮切。谯,在遥切。亢,音刚,又苦浪切。将,子匠切。　③ 无骇,鲁卿。极,附庸小国。无骇不书氏,未赐族。赐族例在八年。○骇,户楷切。　④ 高平方与县北有武唐亭。八月无庚辰,庚辰,七月九日也。日月必有误。○方,音房。与,音预。
⑤ 裂繻,纪大夫。《传》曰,"卿为君逆也",以别卿自逆也。逆女或称使,或不称使,昏礼不称主人,史各随其实而书,非例也。他皆放此。○裂,音列。繻,音须。为,于伪切,下为鲁同。别,彼列切。　⑥ 无《传》。伯姬,鲁女,裂繻所逆者。　⑦ 子帛,裂繻字也。莒、鲁有怨,纪侯既昏于鲁,使大夫盟莒以和解之。子帛为鲁结好息民,故《传》曰鲁故也,比之内大夫而在莒子上,称字以嘉之也。字例在闵元年。密,莒邑,城阳淳于县东北有密乡。○帛,音白。解,如字,又户买切。好,呼报切。　⑧ 无《传》。桓未

为君,仲子不应称夫人。隐让桓以为大子,成其母丧以赴诸侯,故《经》于此称夫人也。不反哭,故不书葬,例在三年。　⑨ 凡师有钟鼓曰伐,例在庄二十九年。

传

二年春,公会戎于潜,修惠公之好也。戎请盟,公辞①。

① 许其修好而不许其盟,御夷狄者不壹而足。○ 好,呼报切,《注》及下同。

莒子娶于向,向姜不安莒而归。夏,莒人入向,以姜氏还①。

①《传》言失昏姻之义。凡得失小,故《经》无异文而《传》备其事。案文则是非足以为戒,他皆放此。○ 还,音旋,后皆同。

司空无骇入极,费庈父胜之①。

① 鲁司徒、司马、司空皆卿也。庈父,费伯也。前年城郎,今因得以胜极,故《传》于前年发之。○ 庈,音琴。

戎请盟。秋,盟于唐,复修戎好也①。

① ○ 复,扶又切。

九月,纪裂繻来逆女,卿为君逆也①。

① ○ 为，于伪切。

冬，纪子帛、莒子盟于密，鲁故也。
郑人伐卫，讨公孙滑之乱也①。

① 治元年取廪延之乱。

经
三年春，王二月己巳，日有食之①。
三月庚戌，天王崩②。
夏四月辛卯，君氏卒③。
秋，武氏子来求赙④。
八月庚辰，宋公和卒⑤。
冬十有二月，齐侯、郑伯盟于石门⑥。
癸未，葬宋穆公⑦。

① 无《传》。日行迟，一岁一周天。月行疾，一月一周天。一岁凡十二交会。然日月动物，虽行度有大量，不能不小有盈缩，故有虽交会而不食者，或有频交而食者。唯正阳之月，君子忌之，故有伐鼓用币之事。今《释例》以《长历》推《经》、《传》，明此食是二月朔也。不书朔，史失之。书朔日例在桓十七年。○己，音纪。巳，音祀。食，如字；本或作蚀，音同。量，音亮。缩，所六切。　　② 周平王也。实以壬戌崩，欲诸侯之速至，故远日以赴。《春秋》不书实崩日而书远日者，即传其伪以惩臣子之过也。襄二十九年《传》曰：郑上卿有事，使印段如周会葬。今不书葬，鲁不会。　　③ 隐不敢从正君之礼，故亦不敢备礼于其母。　　④ 武氏子，天子大夫之嗣也。平王丧在殡，新王未得行其爵命，听于冢宰。故《传》曰："王未葬。"释其所

以称父族,又不称使也。鲁不共奉王丧,致令有求。《经》直文以示不敬,故《传》不复具释也。○赗,音附。共,音恭。 ⑤ 称卒者,略外以别内也。元年大夫盟于宿,故来赴以名。例在七年。 ⑥ 来告,故书。石门,齐地,或曰,济北卢县故城西南济水之门。 ⑦ 无《传》。鲁使大夫会葬,故书。始死书卒,史在国承赴,为君故,恶其薨名,改赴书也。书葬,则举谥称公者,会葬者在外,据彼国之辞也。书葬例在昭六年。○为,于伪切。恶,乌路切。

传

三年春,王三月壬戌,平王崩。赴以庚戌,故书之。

夏,君氏卒。声子也。不赴于诸侯,不反哭于寝,不祔于姑,故不曰薨。不称夫人,故不言葬①。

不书姓,为公故,曰君氏②。

① 夫人丧礼有三:薨则赴于同盟之国,一也;既葬,日中自墓反,虞于正寝,所谓反哭于寝,二也;卒哭而祔于祖姑,三也。若此则书曰夫人某氏薨,葬我小君某氏,此备礼之文也。其或不赴、不祔,则为不成丧,故死不称夫人薨,葬不言葬我小君某氏。反哭则书葬,不反哭则不书葬。今声子三礼皆阙,《释例》论之详矣。○祔,音附。 ② 不书姓,辟正夫人也。隐见为君,故特书于《经》,称曰君氏,以别凡妾媵。○为,于伪切。见,贤遍切。别,彼列切。

郑武公、庄公为平王卿士①,王贰于虢②。郑伯怨王,王曰"无之"。故周、郑交质,王子狐为质于郑,郑公子忽为质于周③。王崩,周人将畀虢公政④。四月,郑祭足帅师取温之麦。秋,又取成周之禾⑤。周、郑交恶⑥。

君子曰："信不由中，质无益也。明恕而行，要之以礼，虽无有质，谁能间之？苟有明信，涧溪沼沚之毛⑦，蘋蘩蕴藻之菜⑧，筐筥锜釜之器⑨，潢汙行潦之水⑩，可荐于鬼神，可羞于王公⑪，而况君子结二国之信，行之以礼，又焉用质⑫？《风》有《采蘩》、《采蘋》⑬，《雅》有《行苇》、《泂酌》⑭，昭忠信⑮也。"

　　① 卿士，王卿之执政者。言父子秉周之政。　　② 虢，西虢公，亦仕王朝。王欲分政于虢，不复专任郑伯。○ 朝，直遥切。复，扶又切。任，而鸩切，后不音者皆同。　　③ 王子狐，平王子。○ 狐，音胡。质，音致，下同。　　④ 周人遂成平王本意。○ 畀，必二切，与也。　　⑤ 四月，今二月也。秋，今之夏也。麦禾皆未熟，言取者盖芟践之。温，今河内温县。成周，洛阳县。○ 祭，侧界切。芟，所衔切。　　⑥ 两相疾恶。　　⑦ 溪，亦涧也。沼，池也。沚，小渚也。毛，草也。○ 要，於遥切。间，间厕之间。溪，苦兮切。《尔雅》云：山夹水曰涧，山渎无所通曰溪。沼，之绍切。沚，本又作㫖，音止，亦音市。　　⑧ 蘋，大萍也。蘩，皤蒿。蕴藻，聚藻也。○ 蘋，音频。蘩，音烦。蕴，纡粉切。藻，音早。萍，蒲丁切。皤，蒲多切。皤蒿，白蒿也。　　⑨ 方曰筐，圆曰筥，无足曰釜，有足曰锜。○ 筐，丘芳切。筥，九吕切。锜，其绮切。　　⑩ 潢汙，停水。行潦，流潦。○ 潢，音黄。汙，音乌。潦，音老。　　⑪ 羞，进也。　　⑫ 通言盟约彼此之情，故言二国。○ 焉，於虔切。约，如字，又於妙切。　　⑬《采蘩》、《采蘋》，《诗·国风》。义取于"不嫌薄物"。　　⑭《诗·大雅》也。《行苇》篇，义取忠厚也。《泂酌》篇，义取虽行潦可以共祭祀也。○ 苇，于鬼切。泂，音迥。共，音恭。　　⑮ 明有忠信之行，虽薄物皆可为用。○ 行，下孟切。

　　武氏子来求赙，王未葬也。

　　宋穆公疾，召大司马孔父而属殇公焉，曰："先君舍与夷而立寡人①,寡人弗敢忘。若以大夫之灵,得保首领以没,先君若问与夷,其将何辞以对?请子奉之,以主社稷,寡人虽死,亦无悔焉。"对曰:"群臣愿奉冯也②。"公曰:"不可。先君以寡人为贤,使主社稷,若弃德不让,是废先君之举也,岂曰能贤③?光昭先君之令德,可不务乎?吾子其无废先君之功④。"使公子冯出居于郑⑤。八月庚辰,宋穆公卒。殇公即位。君子曰:"宋宣公可谓知人矣。立穆公,其子飨之,命以义夫⑥。《商颂》曰:'殷受命咸宜,百禄是荷。'其是之谓乎⑦?"

① 先君,穆公兄宣公也。与夷,宣公子,即所属殇公。○属,章欲切,《注》同。殇,舒羊切。舍,音捨。与,如字,一音余。 ② 冯,穆公子庄公也。○没,亦作殁。冯,皮冰切,亦作憑。 ③ 言不让则不足称贤。 ④ 先君以举贤为功,我若不贤是废之。 ⑤ 辟殇公也。 ⑥ 命出于义也。夫,语助。○夫,音符,《注》同。 ⑦《诗·颂》言殷汤、武丁受命皆以义,故任荷天之百禄也。帅义而行,则殇公宜受此命,宜荷此禄。公子冯不帅父义,忿而出奔,因郑以求入,终伤咸宜之福,故知人之称唯在宣公也。殷礼有兄弟相及,不必传子孙,宋其后也,故指称《商颂》。○颂,似用切。荷,本又作何,河可切,又音河,《注》同。任,音壬。忿,芳粉切。称,尺证切。传,直专切。

冬,齐、郑盟于石门,寻卢之盟也①。庚戌,郑伯之车偾于济②。

① 卢盟在春秋前。卢,齐地,今济北卢县故城。 ② 既盟而遇大风,《传》记异也。十二月无庚戌,日误。○偾,弗问切,仆也。

卫庄公娶于齐东宫得臣之妹,曰庄姜①,美而无子,卫人所为赋《硕人》也②。又娶于陈,曰厉妫,生孝伯,早死③。其娣戴妫生桓公,庄姜以为己子④。公子州吁,嬖人之子也⑤,有宠而好兵。公弗禁,庄姜恶之。

石碏谏曰:"臣闻爱子,教之以义方⑥,弗纳于邪。骄、奢、淫、泆,所自邪也。四者之来,宠禄过也。将立州吁,乃定之矣,若犹未也,阶之为祸⑦。夫宠而不骄,骄而能降,降而不憾,憾而能眕者鲜矣⑧。且夫贱妨贵,少陵长,远间亲,新间旧,小加大⑨,淫破义,所谓六逆也。君义臣行,父慈子孝,兄爱弟敬,所谓六顺也⑩。去顺效逆,所以速祸也。君人者将祸是务去,而速之,无乃不可乎?"弗听。其子厚与州吁游,禁之,不可。桓公立,乃老⑪。

① 得臣,齐大子也。大子不敢居上位,故常处东宫。　②《硕人》,《诗》,义取庄姜美于色,贤于德,而不见答,终以无子。国人忧之。○为,于伪切。　③ 陈,今陈国陈县。○妫,九危切。　④ 妫,陈姓也。厉、戴皆谥。虽为庄姜子,然大子之位未定。　⑤ 嬖,亲幸也。○吁,况于切。嬖,必计切。贱而得幸曰嬖。　⑥ 石碏,卫大夫。○好,呼报切。禁,居鸩切,一音金。恶,乌路切。碏,七略切。　⑦ 言将立为大子,则宜早定,若不早定,州吁必缘宠而为祸。○邪,似嗟切,下同。泆,音逸。　⑧ 如此者少也,降其身则必恨,恨则思乱,不能自安自重。○夫,音扶,发句之端,后放此。憾,本又作感,同,胡暗切,恨也。五年同。眕,之忍切,重也。鲜,息浅切。　⑨ 小国而加兵于大国,如息侯伐郑之比。○妨,音芳。少,诗照切。长,丁丈切。间,间厕之间,下同。比,必二切。　⑩ 臣行君之义。　⑪ 老,致仕也。四年《经》书州吁弑其君,故《传》先《经》以始事。○去,起吕切,下同。弑,音试。先,悉荐切。

经

四年春，王二月，莒人伐杞，取牟娄①。

戊申，卫州吁弑其君完②。

夏，公及宋公遇于清③。

宋公、陈侯、蔡人、卫人伐郑。

秋，翚帅师会宋公、陈侯、蔡人、卫人伐郑④。

九月，卫人杀州吁于濮⑤。

冬十有二月，卫人立晋⑥。

① 无《传》。书取，言易也。例在襄十三年。杞国本都陈留雍丘县。推寻事迹，桓六年，淳于公亡国，杞似并之，迁都淳于；僖十四年，又迁缘陵；襄二十九年，晋人城杞之淳于，杞又迁都淳于。牟娄，杞邑，城阳诸县东北有娄乡。○ 杞，音起。牟，亡侯切。易，以豉切。雍，於用切。　② 称臣弑君，臣之罪也。例在宣四年。戊申，三月十七日，有日而无月。○ 弑，本又作杀，同，音试。凡弑君之例，皆放此，可以意求，不重音。完，音丸。　③ 遇者，草次之期，二国各简其礼，若道路相逢遇也。清，卫邑，济北东阿县有清亭。　④ 公子翚，鲁大夫。不称公子，疾其固请强君以不义也。诸外大夫贬，皆称人，至于内大夫贬，则皆去族称名。于记事之体，他国可言某人，而己之卿佐不得言鲁人，此所以为异也。翚溺，去族，《传》曰"疾之"，叔孙豹则曰"言违命"，此其例也。○ 翚，许归切。强，其丈切。去，起吕切，下同。溺，乃历切。　⑤ 州吁弑君而立，未列于会，故不称君。例在成十六年。濮，陈地，水名。○ 濮，音卜。　⑥ 卫人逆公子晋而立之，善其得众，故不书入于卫，变文以示义。例在成十八年。

传

四年春，卫州吁弑桓公而立。公与宋公为会，将寻宿之盟。未及期,卫人来告乱。夏,公及宋公遇于清①。

① 宿盟在元年。

宋殇公之即位也,公子冯出奔郑,郑人欲纳之。及卫州吁立,将修先君之怨于郑①,而求宠于诸侯以和其民②,使告于宋曰:"君若伐郑以除君害③,君为主,敝邑以赋与陈、蔡从,则卫国之愿也④。"宋人许之。于是,陈、蔡方睦于卫⑤,故宋公、陈侯、蔡人、卫人伐郑,围其东门,五日而还。公问于众仲曰:"卫州吁其成乎⑥?"对曰:"臣闻以德和民,不闻以乱⑦。以乱,犹治丝而棼之也⑧。夫州吁,阻兵而安忍,阻兵无众,安忍无亲,众叛亲离,难以济矣⑨。夫兵犹火也,弗戢,将自焚也。夫州吁弑其君而虐用其民,于是乎不务令德,而欲以乱成,必不免矣⑩。"

① 谓二年郑人伐卫之怨。　② 诸篡立者,诸侯既与之会,则不复讨,故欲求此宠。○篡,初患切。复,扶又切,下文复伐同。　③ 害谓宋公子冯。　④ 言举国之赋调。○从,才用切。调,徒吊切。　⑤ 蔡,今汝南上蔡县。　⑥ 众仲,鲁大夫。　⑦ 乱谓阻兵而安忍。　⑧ 丝见棼缊,益所以乱。○棼,扶云切。缊,於云切。　⑨ 恃兵则民残,民残则众叛,安忍则刑过,刑过则亲离。　⑩ ○戢,庄立切。

秋,诸侯复伐郑。宋公使来乞师①,公辞之②。羽父请以师会之③,公弗许,固请而行。故书曰"翚帅师",疾之也。诸侯之师败郑徒兵,取其禾而还④。

17

①乞师不书,非卿。　　②从众仲之言。　　③羽父,公子翚。④时郑不车战。

州吁未能和其民,厚问定君于石子①。石子曰:"王觐为可。"曰:"何以得觐?"曰:"陈桓公方有宠于王,陈、卫方睦,若朝陈使请,必可得也。"厚从州吁如陈。石碏使告于陈曰:"卫国褊小,老夫耄矣,无能为也。此二人者,实弑寡君,敢即图之②。"陈人执之而请涖于卫③。九月,卫人使右宰丑涖杀州吁于濮,石碏使其宰獳羊肩涖杀石厚于陈。君子曰:"石碏,纯臣也,恶州吁而厚与焉。大义灭亲,其是之谓乎④。"卫人逆公子晋于邢。冬十二月,宣公即位⑤。书曰,"卫人立晋",众也。

①石子,石碏也,以州吁不安咨其父。　　②八十曰耄。称国小己老,自谦以委陈,使因其往就图之。○觐,其靳切,见也。朝,直遥切。后不出者皆放此。褊,必浅切,一音必珍切。耄,毛报切。　　③请卫人自临讨之。○涖,音利,又音类。　　④子从弑君之贼,国之大逆,不可不除,故曰大义灭亲。明小义则当兼子爱之。○獳,奴侯切。恶,乌路切。与,音预。　　⑤公子晋也。○邢,音刑,国名。

经

五年春,公矢鱼于棠①。

夏四月,葬卫桓公。

秋,卫师入郕②。

九月,考仲子之宫,初献六羽③。

邾人、郑人伐宋④。
螟⑤。
冬十有二月辛巳,公子彄卒⑥。
宋人伐郑,围长葛⑦。

① 书陈鱼,以示非礼也。书棠,讥远地也。今高平方与县北有武唐亭,鲁侯观鱼台。　② 将卑师众,但称师,此史之常也。○郳,音成,国名。将,子匠切。　③ 成仲子宫,安其主而祭之。惠公以仲子手文,娶之,欲以为夫人。诸侯无二嫡,盖隐公成父之志,为别立宫也。公问羽数,故书羽。妇人无谥,因姓以名宫。○嫡,都历切。为,于伪切。　④ 邾主兵,故序郑上。　⑤ 无《传》。虫食苗心者为灾,故书。○螟,亡丁切。
⑥ 大夫书卒不书葬。葬者臣子之事,非公家所及。○彄,苦侯切。
⑦ 颍川长社北有长葛。

传

五年春,公将如棠观鱼者。臧僖伯谏曰:"凡物不足以讲大事①,其材不足以备器用,则君不举焉②。君将纳民于轨物者也。故讲事以度轨量谓之轨,取材以章物采谓之物,不轨不物谓之乱政。乱政亟行,所以败也③。故春蒐夏苗,秋狝冬狩④,皆于农隙以讲事也⑤。三年而治兵,入而振旅⑥,归而饮至,以数军实⑦,昭文章⑧,明贵贱,辨等列⑨,顺少长⑩,习威仪也。鸟兽之肉不登于俎⑪,皮革齿牙、骨角毛羽不登于器⑫,则公不射,古之制也。若夫山林川泽之实,器用之资,皂隶之事,官司之守,非君所及也⑬。"公曰:"吾将略地焉⑭。"遂往,陈鱼而观之⑮。僖伯称疾,不从。书曰"公矢鱼于棠",非礼也,且言远地也⑯。

① 臧僖伯,公子彄也。僖,谥也。大事,祀与戎。〇鱼,本亦作渔。
② 材谓皮革齿牙、骨角毛羽也。器用,军国之器。   ③ 言器用众物不入法度,则为不轨不物,乱败之所起。〇度,待洛切,一音如字。亟,欺冀切,数也。   ④ 蒐,索;择取不孕者。苗,为苗除害也。狝,杀也;以杀为名,顺秋气也。狩,围守也;冬物毕成,获则取之,无所择也。〇蒐,所求切。狝,息浅切;《说文》作獮。《榖梁传》云,春曰田,秋曰蒐。狩,手又切。索,所百切。孕,以证切。为,于伪切。   ⑤ 各随时事之间。〇隙,去逆切。
⑥ 虽四时讲武,犹复三年而大习。出曰治兵,始治其事;入曰振旅,治兵礼毕,整众而还。振,整也。旅,众也。〇振,之慎切。复,扶又切,下同。
⑦ 饮于庙,以数车徒、器械及所获也。〇数,所主切,《注》同。械,户戒切。
⑧ 车服旌旗。   ⑨ 等列,行伍。〇辨,如字,又方免切,别也。行,户郎切。   ⑩ 出则少者在前,还则在后,所谓顺也。〇少,诗照切,《注》皆同。长,丁丈切,下《注》同。   ⑪ 俎,祭宗庙器。〇鸟兽之肉,一本作其肉。俎,庄吕切。   ⑫ 谓以饰法度之器。   ⑬ 士臣皂,皂臣舆,舆臣隶。言取此杂狝之物以资器备,是小臣有司之职,非诸侯之所亲也。〇射,食亦切。皂,才早切。舆,音余。狝,乌罪切。   ⑭ 孙辞以略地。略,总摄巡行之名。《传》曰:东略之不知,西则否矣。〇行,下孟切。   ⑮ 陈,设张也。公大设捕鱼之备而观之。〇捕,音步,一音搏。   ⑯ 矢亦陈也。棠实他竟,故曰远地。〇从,才用切。竟,音境。

曲沃庄伯以郑人、邢人伐翼①,**王使尹氏、武氏助之。翼侯奔随**②。

① 曲沃,晋别封成师之邑,在河东闻喜县。庄伯,成师子也。翼,晋旧都,在平阳绛邑县东。邢国在广平襄国县。〇沃,乌毒切。   ② 尹氏、

武氏皆周世族大夫也。晋内相攻伐,不告乱,故不书。《传》具其事,为后晋事张本。曲沃及翼本末见桓二年。随,晋地。○《传》具,一本作《传》见。见,贤遍切。

夏,葬卫桓公。卫乱,是以缓①。

① 有州吁之乱,十四月乃葬。《传》明其非慢也。

四月,郑人侵卫牧①,以报东门之役②。卫人以燕师伐郑③。郑祭足、原繁、洩驾以三军军其前,使曼伯与子元潜军军其后。燕人畏郑三军而不虞制人④。六月,郑二公子以制人败燕师于北制⑤。君子曰:"不备不虞,不可以师。"

① 牧,卫邑。《经》书"夏四月葬卫桓公",今《传》直言夏而更以四月附郑人侵卫牧者,于下事宜得月,以明事之先后,故不复备举《经》文。三年君氏卒,其义亦同,他皆仿此。○ 牧,州牧之牧,徐音目。 ② 东门役在四年。 ③ 南燕国,今东郡燕县。○ 燕,於贤切。 ④ 北制,郑邑,今河南城皋县也,一名虎牢。○ 洩,息列切。曼,音万。 ⑤ 二公子,曼伯、子元也。

曲沃叛王。秋,王命虢公伐曲沃,而立哀侯于翼①。

① 春,翼侯奔随,故立其子光。

卫之乱也,郕人侵卫,故卫师入郕①。

① 郎,国也,东平刚父县西南有郎乡。○父,音甫。

九月,考仲子之宫,将《万》焉①。公问羽数于众仲②。对曰:"天子用八③,诸侯用六④,大夫四⑤,士二⑥。夫舞所以节八音而行八风⑦,故自八以下⑧。"公从之。于是初献六羽、始用六佾也⑨。

① 《万》,舞也。 ② 问执羽人数。 ③ 八八六十四人。 ④ 六六三十六人。 ⑤ 四四十六人。 ⑥ 二二四人。士有功,赐用乐。 ⑦ 八音,金石丝竹、匏土革木也。八风,八方之风也。以八音之器,播八方之风,手之舞之,足之蹈之,节其制而叙其情。○八音,金钟、石磬、丝琴瑟、竹箫管、土埙、木柷敔、匏笙、革鼓也。八方之风,谓东方穀风、东南方清明风、南方凯风、西南方凉风、西方阊阖风、西北方不周风、北方广莫风、东北方融风。匏,白交切。蹈,徒报切。 ⑧ 唯天子得尽物数,故以八为列。诸侯则不敢用八。 ⑨ 鲁唯文王、周公庙得用八,而他公遂因仍僭而用之。今隐公特立此妇人之庙,详问众仲,众仲因明大典,故《传》亦因言始用六佾。其后季氏舞八佾于庭,知唯在仲子庙用六。○佾,音逸。僭,子念切。

宋人取邾田。邾人告于郑曰:"请君释憾于宋,敝邑为道①。"郑人以王师会之②。伐宋,入其郛,以报东门之役③。宋人使来告命④。公闻其入郛也,将救之,问于使者曰:"师何及?"对曰:"未及国⑤。"公怒,乃止,辞使者曰:"君命寡人同恤社稷之难,今问诸使者,曰'师未及国',非寡人之所敢知也⑥。"

① 释四年再见伐之恨。○ 道,音导,本亦作导。　② 王师不书,不以告也。　③ 郛,郭也。东门役在四年。○ 郛,芳夫切,下同。 ④ 告命,策书。　⑤ 怨公知而故问,责穷辞。○ 使,色吏切,下同。 ⑥ 为七年公伐邾《传》。○ 难,乃旦切。

冬十二月辛巳,臧僖伯卒。公曰:"叔父有憾于寡人①,寡人弗敢忘。葬之加一等②。"

① 诸侯称同姓大夫,长曰伯父,少曰叔父。有憾,恨谏观鱼不听。 ② 加命服之等。

宋人伐郑,围长葛,以报入郛之役也。

经
六年春,郑人来渝平①。
夏五月辛酉,公会齐侯,盟于艾②。
秋七月③。
冬,宋人取长葛④。

① 和而不盟曰平。○ 渝,羊朱切,变也。　② 泰山牟县东南有艾山。○ 艾,五盖切。　③ 虽无事而书首月,具四时以成岁,他皆放此。 ④ 秋取,冬乃告也。上有伐郑围长葛,长葛,郑邑可知,故不言郑也。前年冬围,不克而还。今冬乘长葛无备而取之,言易也。○ 易,以豉切,《传》同。

传
六年春,郑人来渝平,更成也①。

① 渝，变也。公之为公子，战于狐壤，为郑所执，逃归，怨郑。郑伐宋，公欲救宋，宋使者失辞，公怒而止。忿宋则欲厚郑，郑因此而来，故《经》书"渝平"，《传》曰"更成"。○壤，如掌切。使，所吏切。

翼九宗五正顷父之子嘉父逆晋侯于随①，纳诸鄂。晋人谓之鄂侯②。

① 翼，晋旧都也。唐叔始封，受怀姓九宗，职官五正，遂世为晋强家。五正，五官之长。九宗，一姓为九族也。顷父之子嘉父，晋大夫。○顷，音倾。长，丁丈切，下文及《注》同。　② 鄂，晋别邑。诸地名疑者皆言有，以示不审；阙者不复记其阙。他皆放此。前年桓王立此侯之子于翼，故不得复入翼，别居鄂。○鄂，五各切。复，扶又切，下同。

夏，盟于艾，始平于齐也①。

① 春秋前，鲁与齐不平，今乃弃恶结好，故言始平于齐。○好，呼报切。

五月庚申，郑伯侵陈，大获。往岁郑伯请成于陈①，陈侯不许。五父谏曰："亲仁善邻，国之宝也。君其许郑。"② 陈侯曰："宋、卫实难③，郑何能为？"遂不许，君子曰："善不可失，恶不可长，其陈桓公之谓乎？长恶不悛，从自及也④。虽欲救之，其将能乎？《商书》曰：'恶之易也，如火之燎于原，不可乡迩⑤，其犹可扑灭⑥？'周任有言⑦曰：'为国家者，见恶如农夫之务去草焉，芟夷蕴崇之，绝其本根，勿使能殖，则善者信矣⑧。'"

① 成,犹平也。　② 五父,陈公子佗。○ 佗,徒何切,人名皆同。③ 可畏难也。○ 难,乃旦切,《注》同。　④ 俊,止也。从,随也。○ 俊,七全切。　⑤《商书·盘庚》,言恶易长,如火焚原野,不可乡近。○ 燎,力召切,又力吊切。乡,本又作嚮,同,许亮切。近,附近之近。　⑥ 言不可扑灭。○ 扑,普卜切。　⑦ 周任,周大夫。○ 任,音壬。　⑧ 芟,刈也。夷,杀也。蕰,积也。崇,聚也。○ 去,起吕切。芟,所衔切;《说文》作叜,匹末切,云以足蹋夷草。蕰,纡粉切。信,如字,又音申。

秋,宋人取长葛。

冬,京师来告饥。公为之请籴于宋、卫、齐、郑,礼也①。

① 告饥不以王命,故《传》言京师而不书于《经》也。虽非王命而公共以称命,己国不足,旁请邻国,故曰礼也。《传》见隐之贤。○ 为,于伪切。籴,直历切。见,贤遍切。

郑伯如周,始朝桓王也①。王不礼焉。周桓公言于王曰:"我周之东迁,晋、郑焉依②。善郑以劝来者,犹惧不蔇③,况不礼焉。郑不来矣④!"

① 桓王即位,周、郑交恶,至是乃朝,故曰始。　② 周桓公,周公黑肩也。周,采地,扶风雍县东北有周城。幽王为犬戎所杀,平王东徙,晋文侯、郑武公左右王室,故曰晋、郑焉依。○ 焉,如字;或於虔切,非。雍,於用切。左,音佐;右,音祐。又并如字。　③ 蔇,至也。○ 蔇,其冀切。④ 为桓五年诸侯从王伐郑《传》。

经

七年春,王三月,叔姬归于纪①。

左 传

　　滕侯卒②。
　　夏，城中丘③。
　　齐侯使其弟年来聘④。
　　秋，公伐邾。
　　冬，天王使凡伯来聘⑤。
　　戎伐凡伯于楚丘以归⑥。

　① 无《传》。叔姬，伯姬之娣也。至是归者，待年于父母国，不与嫡俱行，故书。○嫡，本又作適，同，丁历切。　② 《传》例曰：不书名，未同盟也。滕国在沛国公丘县东南。○沛，音贝。　③ 城例在庄二十九年。中丘在琅邪临沂县东北。○琅，音郎。沂，鱼依切。　④ 诸聘皆使卿执玉帛以相存问，例在襄元年。　⑤ 凡伯，周卿士。凡，国；伯，爵也。汲郡共县东南有凡城。○共，音恭。凡，字本作汎，音凡。　⑥ 戎鸣钟鼓以伐天子之使，见夷狄强蘁。不书凡伯败者，单使无众，非战陈也。但言以归，非执也。楚丘，卫地，在济阴城武县西南。○使，所吏切，下同。见，贤遍切。蘁，蒲报切。陈，直觐切。

传

　　七年春，滕侯卒。不书名，未同盟也。凡诸侯同盟，于是称名，故薨则赴以名①，告终称嗣也，以继好息民②，谓之礼经③。

　① 盟以名告神，故薨亦以名告同盟。　② 告亡者之终，称嗣位之主。嗣位之主，当奉而不忘，故曰继好。好同则和亲，故曰息民。○好，呼报切，《注》同。　③ 此言凡例，乃周公所制礼经也。十一年不告之例，又曰不书于策。明礼经皆当书于策。仲尼修《春秋》，皆承策为《经》。丘明之

26

《传》博采众记,故始开凡例,特显此二句。他皆放此。

夏,城中丘,书不时也。
齐侯使夷仲年来聘,结艾之盟也①。

① 艾盟在六年。

秋,宋及郑平。七月庚申,盟于宿。公伐邾,为宋讨也①。

① 公距宋而更与郑平,欲以郑为援,今郑复与宋盟,故惧而伐邾,欲以求宋,故曰为宋讨。○ 为,于伪切,《注》为宋同。援,于眷切。复,扶又切。

初,戎朝于周,发币于公卿,凡伯弗宾①。冬,王使凡伯来聘。还,戎伐之于楚丘以归②。

① 朝而发币于公卿,如今计献诣公府卿寺。　②《传》言凡伯所以见伐。

陈及郑平①。十二月,陈五父如郑涖盟②。壬申,及郑伯盟,歃如忘③。洩伯曰:"五父必不免,不赖盟矣④。"郑良佐如陈涖盟⑤。辛巳,及陈侯盟,亦知陈之将乱也⑥。

① 六年郑侵陈,大获,今乃平。　② 涖,临也。　③ 志不在于歃血。○ 歃,色洽切。忘,亡亮切。服虔云,如,而也。　④ 洩伯,郑洩驾。

○洩,息列切。　⑤良佐,郑大夫。　⑥入其国,观其政治,故总言之也。皆为桓五年、六年陈乱,蔡人杀陈佗传。○治,直吏切。

郑公子忽在王所,故陈侯请妻之①。郑伯许之,乃成昏②。

① 以忽有王宠故。○妻,七计切。　② 为郑忽失齐昏援以至出奔《传》。○为,于伪切。

经

八年春,宋公、卫侯遇于垂①。
三月,郑伯使宛来归祊②。
庚寅,我入祊③。
夏六月己亥,蔡侯考父卒④。
辛亥,宿男卒⑤。
秋七月庚午,宋公、齐侯、卫侯盟于瓦屋⑥。
八月,葬蔡宣公⑦。
九月辛卯,公及莒人盟于浮来⑧。
螟⑨。
冬十有二月,无骇卒⑩。

① 垂,卫地。济阴句阳县东北有垂亭。○句,古侯切。　② 宛,郑大夫。不书氏,未赐族。祊,郑祀泰山之邑,在琅邪费县东南。○宛,於阮切。祊,必彭切。费,音秘。　③ 桓元年,乃卒易祊田,知此入祊,未肯受而有之。　④ 无《传》。襄六年《传》曰:"杞桓公卒,始赴以名,同盟故也。"

诸侯同盟称名者,非唯见在位二君也。尝与其父同盟,则亦以名赴其子,亦所以继好也。蔡未与隐盟,盖春秋前与惠公盟,故赴以名。○见,贤遍切。好,呼报切。　⑤无《传》。元年宋、鲁大夫盟于宿,宿与盟也。晋荀偃祷河,称齐、晋君名,然后自称名,知虽大夫出盟,亦当先称己君之名以启神明,故麋皆从身盟之例,当告以名也。《传》例曰:赴以名则亦书之,不然则否,辟不敏也。今宿赴不以名,故亦不书名。诸例或发于始事,或发于后者,因宜有所异同,亦或丘明所得记注,本末不能皆备故。○与,音预。下不与同。祷,丁老切,或丁报切。　⑥齐侯尊宋,使主会,故宋公序齐上。瓦屋,周地。　⑦无《传》。三月而葬,速。　⑧莒人,微者,不嫌敌公侯,故直称公,例在僖二十九年。浮来,纪邑。东莞县北有邳乡,邳乡西有公来山,号曰邳来间。○邳,蒲悲切。间,如字。　⑨无《传》。为灾。　⑩公不与小敛,故不书日。卒而后赐族,故不书氏。○敛,力验切。

传

八年春,齐侯将平宋、卫①,有会期。宋公以币请于卫,请先相见②,卫侯许之,故遇于犬丘③。

①平宋、卫于郑。　②宋敬齐命。　③犬丘,垂也。地有两名。

郑伯请释泰山之祀而祀周公,以泰山之祊易许田。三月,郑伯使宛来归祊,不祀泰山也①。

①成王营王城,有迁都之志,故赐周公许田,以为鲁国朝宿之邑。后世因而立周公别庙焉。郑桓公,周宣王之母弟,封郑,有助祭泰山汤沐之邑在祊。郑以天子不能复巡狩,故欲以祊易许田,各从本国所近之宜。恐鲁以周公别庙为疑,故云已废泰山之祀,而欲为鲁祀周公,孙辞以有求也。许田,近许之田。○泰山,如字,东岳。复,扶又切。守,手又切。近,附近之

近,下同。为,于为切,下为鲁同。

夏,虢公忌父始作卿士于周①。

① 周人于此遂畀之政。〇 畀,必二切。

四月甲辰,郑公子忽如陈逆妇妫。辛亥,以妫氏归。甲寅,入于郑。陈鍼子送女。先配而后祖,鍼子曰:"是不为夫妇。诬其祖矣,非礼也,何以能育①?"

① 鍼子,陈大夫。礼,逆妇必先告祖庙而后行。故楚公子围称告庄、共之庙。郑忽先逆妇而后告庙,故曰先配而后祖。〇 鍼,其廉切。诬,亡符切。共,音恭;一本亦作恭。

齐人卒平宋、卫于郑。秋,会于温,盟于瓦屋,以释东门之役,礼也①。

① 会温不书,不以告也。定国息民,故曰礼也。平宋、卫二国忿郑之谋。郑不与盟,故不书。〇 与,音预。

八月丙戌,郑伯以齐人朝王,礼也①。

① 言郑伯不以虢公得政而背王,故礼之。齐称人,略,从国辞。上有七月庚午,下有九月辛卯,则八月不得有丙戌。〇 背,音佩。

公及莒人盟于浮来,以成纪好也①。

① 二年,纪、莒盟于密,为鲁故。今公寻之,故曰以成纪好。○ 好,呼报切。

冬,齐侯使来告成三国①。公使众仲对曰:"君释三国之图以鸠其民,君之惠也,寡君闻命矣。敢不承受君之明德②。"

① 齐侯冬来告,称秋和三国。　② 鸠,集也。

无骇卒。羽父请谥与族。公问族于众仲。众仲对曰:"天子建德①,因生以赐姓②,胙之土而命之氏③。诸侯以字④为谥,因以为族⑤,官有世功,则有官族,邑亦如之⑥。"公命以字为展氏⑦。

① 立有德以为诸侯。　② 因其所由生以赐姓,谓若舜由妫汭,故陈为妫姓。○ 汭,如锐切。　③ 报之以土而命氏曰陈。○ 胙,才故切。　④ 诸侯位卑不得赐姓,故其臣因氏其王父字。　⑤ 或便即先人之谥称以为族。　⑥ 谓取其旧官旧邑之称以为族,皆禀之时君。○ 称,尺证切。　⑦ 诸侯之子称公子,公子之子称公孙,公孙之子以王父字为氏。无骇,公子展之孙,故为展氏。

经
九年春,天子使南季来聘①。
三月癸酉,大雨震电。庚辰,大雨雪②。
挟卒③。
夏,城郎。
秋七月。

冬,公会齐侯于防④。

① 无《传》。南季,天子大夫也。南,氏;季,字也。　② 三月,今正月。○ 电,徒练切。雨,于付切。　③ 无《传》。挟,鲁大夫,未赐族。○ 挟,音协。　④ 防,鲁地,在琅邪华县东南。○ 华,户化切。

传

九年春,王三月癸酉,大雨霖以震,书始也①。庚辰,大雨雪,亦如之。书时失也②。凡雨,自三日以往为霖③。平地尺为大雪。

① 书癸酉,始雨日。○ 霖,音林;《尔雅》云,久雨谓之淫,淫雨谓之霖。　② 夏之正月,微阳始出,未可震电;既震电,又不当大雨雪,故皆为时失。　③ 此解《经》书霖也。而《经》无霖字,《经》误。

夏,城郎,书不时也。
宋公不王①。郑伯为王左卿士,以王命讨之,伐宋。宋以入郛之役怨公,不告命②。公怒,绝宋使。秋,郑人以王命来告伐宋③。冬,公会齐侯于防,谋伐宋也。

① 不共王职。○ 共音恭,本亦作供。　② 入郛在五年,公以七年伐郑,欲以说宋,而宋犹不和也。○ 说,音悦。　③ 遣使致王命也。伐宋未得志,故复往告之。○ 使,所吏切,《注》同。复,扶又切。

北戎侵郑,郑伯御之。患戎师,曰:"彼徒我车,惧其侵轶我也①。"公子突曰:"使勇而无刚者尝寇,而速去之②。君为三覆以待之③。戎轻而不整，贪而无亲，胜不相让，败不相救。先者见获必务进，进而遇覆必速奔，后者不救，则无继矣。乃可以逞④。"从之。戎人之前遇覆者奔。祝聃逐之⑤。衷戎师，前后击之，尽殪⑥。戎师大奔⑦。十一月甲寅，郑人大败戎师⑧。

① 徒，步兵也；轶，突也。○轶，直结切，又音逸。 ② 公子突，郑厉公也。尝，试也。勇则能往，无刚不耻退。 ③ 覆，伏兵也。○覆，扶又切，《注》及下同。 ④ 逞，解也。○轻，遣政切。逞，敕领切。解，音蟹，或佳买切。 ⑤ 祝聃，郑大夫。○聃，乃甘切，一音土甘切。 ⑥ 为三部伏兵，祝聃帅勇而无刚者先犯戎而速奔，以遇二伏兵，至后伏兵起，戎还走，祝聃反逐之。戎前后及中三处受敌，故曰衷戎师。殪，死也。○衷，丁仲切，又音忠。殪，於计切。处，昌虑切。 ⑦ 后驻军不复继也。○驻，丁住切。 ⑧ 此皆春秋时事，虽《经》无正文，所谓必广记而备言之，将令学者原始要终，寻其枝叶，究其所穷。他皆放此。○令，力呈切。要，于遥切。

经

十年春，王二月，公会齐侯、郑伯于中丘①。

夏，翚帅师会齐人、郑人伐宋②。

六月壬戌，公败宋师于菅③。辛未，取郜。辛巳，取防④。

秋，宋人、卫人入郑。宋人、蔡人、卫人伐戴。郑伯伐取之⑤。

冬十月壬午，齐人、郑人入郕。

①《传》言正月会,癸丑盟。《释例》推《经》《传》日月,癸丑是正月二十六日。知《经》二月误。　②公子翚不待公命而贪会二国之君,疾其专进,故去氏。齐、郑以公不至,故亦更使微者从之伐宋。不言及,明翚专行,非邓之谋也。及例在宣七年。○去,起吕切,《传》同。　③齐、郑后期,故公独败宋师。书败宋,未陈也。败例在庄十一年。菅,宋地。○菅,音古颜切。陈,直觐切。　④郑后至,得郜、防二邑,归功于鲁,故书取,明不用师徒也。济阴城武县东南有郜城。高平昌邑县西南有西防城。○郜,古报切;《字林》,又工竺切。　⑤三国伐戴,郑伯因其不和,伐而取之。书伐,用师徒也。书取,克之易也。戴国,今陈留外黄县东南有戴城。○戴,亦作载。易,以豉切,《传》同。

传

十年春,王正月,公会齐侯、郑伯于中丘。癸丑,盟于邓,为师期①。

① 寻九年会于防,谋伐宋也。公既会而盟,盟不书,非后也。盖公还,告会而不告盟。邓,鲁地。

夏五月,羽父先会齐侯、郑伯伐宋①。

① 言先会,明非公本期,释翚之去族。

六月戊申,公会齐侯、郑伯于老桃①。壬戌,公败宋师于菅。庚午,郑师入郜;辛未,归于我。庚辰,郑师入防;辛巳,归于我②。君子谓:"郑庄公于是乎可谓正矣。以王命讨不庭③,不贪其土,以劳王爵,正之体也④。"

① 会不书,不告于庙也。老桃,宋地。六月无戊申;戊申,五月二十三日。日误。　② 壬戌,六月七日。庚午,十五日。庚辰,二十五日。郑伯后期而公独败宋师,故郑频独进兵以入郜、防。入而不有,命鲁取之,推功上爵,让以自替,不有其实,故《经》但书鲁取,以成郑志,善之也。　③ 下之事上,皆成礼于庭中。　④ 劳者,叙其勤以答之。诸侯相朝,逆之以饔饩,谓之郊劳。鲁侯爵尊,郑伯爵卑,故言以劳王爵。○ 劳,力报切,《注》同。饩,许气切。

蔡人、卫人、郕人不会王命①。

① 不伐宋也。

秋七月庚寅,郑师入郊。犹在郊①,宋人、卫人入郑②。蔡人从之,伐戴③。八月壬戌,郑伯围戴。癸亥,克之,取三师焉④。宋、卫既入郑,而以伐戴召蔡人⑤,蔡人怒,故不和而败⑥。

① 郑师还,驻兵于远郊。　② 宋、卫奇兵承虚入郑。　③ 从宋、卫伐戴也。　④ 三国之军在戴,故郑伯合围之。师者,军旅之通称。○ 称,尺证切。　⑤ 伐戴乃召之。　⑥ 言郑取之易也。

九月戊寅,郑伯入宋①。

① 报入郑也。九月无戊寅;戊寅,八月二十四日。

冬,齐人、郑人入郕,讨违王命也。

经

十有一年春,滕侯、薛侯来朝①。

夏,公会郑伯于时来②。

秋七月壬午,公及齐侯、郑伯入许③。

冬十有一月壬辰,公薨④。

① 诸侯相朝,例在文十五年。〇 薛,息列切。　② 时来,郲也。荥阳县东有釐城,郑地也。〇 郲,音来。釐,音来;王元规,力之切。　③ 与谋曰及。还使许叔居之,故不言灭也。许,颍川许昌县。〇 与,音预。还,音环。　④ 实弑书薨又不地者,史策所讳也。

传

十一年春,滕侯、薛侯来朝,争长①。薛侯曰:"我先封。"②滕侯曰:"我,周之卜正也③。薛,庶姓也,我不可以后之④。"公使羽父请于薛侯曰:"君与滕君辱在寡人。周谚有之曰:'山有木,工则度之;宾有礼,主则择之⑤。'周之宗盟,异姓为后⑥。寡人若朝于薛,不敢与诸任齿⑦。君若辱贶寡人,则愿以滕君为请。"薛侯许之,乃长滕侯。

① 薛,鲁国薛县。〇 长,丁丈切。　② 薛祖奚仲,夏所封,在周之前。〇 夏,户雅切。　③ 卜正,卜官之长。　④ 庶姓,非周之同姓。　⑤ 择所宜而行之。〇 谚,音彦,俗言也。度,大洛切。　⑥ 盟载书皆先同姓,例在定四年。　⑦ 薛,任姓。齿,列也。〇 任,音壬,《注》同。

夏,公会郑伯于郲,谋伐许也。郑伯将伐许,五月甲辰,授兵于大宫①。公孙阏与颍考叔争车②,颍考叔挟辀以走③,子都拔棘以逐之④,及大逵,弗及,子都怒⑤。

秋七月,公会齐侯、郑伯伐许。庚辰,傅于许⑥。颍考叔取郑伯之旗蝥弧以先登⑦。子都自下射之,颠⑧。瑕叔盈又以蝥弧登⑨,周麾而呼曰:"君登矣⑩!"郑师毕登。壬午,遂入许。许庄公奔卫⑪。

齐侯以许让公。公曰:"君谓许不共⑫,故从君讨之。许既伏其罪矣,虽君有命,寡人弗敢与闻。"乃与郑人。

郑伯使许大夫百里奉许叔以居许东偏⑬,曰:"天祸许国,鬼神实不逞于许君,而假手于我寡人⑭。寡人唯是一二父兄不能共亿⑮,其敢以许自为功乎?寡人有弟,不能和协,而使餬其口于四方⑯,其况能久有许乎?吾子其奉许叔以抚柔此民也,吾将使获也佐吾子⑰。若寡人得没于地⑱,天其以礼悔祸于许⑲,无宁兹许公复奉其社稷⑳。唯我郑国之有请谒焉,如旧昏媾㉑,其能降以相从也㉒。无滋他族,实偪处此,以与我郑国争此土也。吾子孙其覆亡之不暇,而况能禋祀许乎㉓?寡人之使吾子处此,不唯许国之为,亦聊以固吾圉也㉔。"

乃使公孙获处许西偏,曰:"凡而器用财贿,无寘于许。我死,乃亟去之。吾先君新邑于此㉕,王室而既卑矣,周之子孙日失其序㉖。夫许,大岳之胤也㉗,天而既厌周德矣,吾其能与许争乎?"

君子谓:"郑庄公于是乎有礼。礼,经国家,定社稷,序民人,利后嗣者也。许,无刑而伐之,服而舍之㉘,度德而处

左　传

之,量力而行之,相时而动,无累后人㉙,可谓知礼矣。"

① 大宫,郑祖庙。○大,音泰。　② 公孙阏,郑大夫。○阏,安葛切。　③ 辀,车辕也。○挟,音协。辀,张留切。　④ 子都,公孙阏。棘,戟也。　⑤ 逵,道方九轨也。○逵,求龟切;《尔雅》云,九达谓之逵。杜云,道方九轨。此依《考工记》。　⑥ 傅于许城下。○傅,音附,《注》同。　⑦ 蝥弧,旗名。○蝥,莫侯切。弧,音胡。　⑧ 颠队而死。○射,食亦切,下及《注》同。队,直类切。　⑨ 瑕叔盈,郑大夫。⑩ 周,徧也。麾,招也。○麾,许危切,又许伪切。呼,火故切。徧,音遍。⑪ 奔不书。兵乱遁逃,未知所在。○遁,徒顿切。　⑫ 不共职贡。○共,音恭;本亦作供,音同,《注》及下同。　⑬ 许叔,许庄公之弟。东偏,东鄙也。○与,音预。　⑭ 借手于我寡德之人以讨许。　⑮ 父兄,同姓群臣。共,给;亿,安也。○亿,於力切。　⑯ 弟,共叔段也。餬,饘也。段出奔在元年。○餬,音胡;《说文》云,寄食。饘,本又作粥,之育切,又与六切。　⑰ 获,郑大夫公孙获。　⑱ 以寿终。○寿,如字,又音授。　⑲ 言天加礼于许而悔祸之。　⑳ 无宁,宁也。兹,此也。○复,扶又切,又音服。　㉑ 谒,告也。妇之父曰昏,重昏曰媾。○媾,古豆切。重,直龙切。　㉒ 降,降心也。　㉓ 絜齐以享,谓之禋祀,谓许山川之祀。○覆,芳服切。暇,行嫁切。禋,音因。齐,侧皆切,一本作斋。　㉔ 圉,边垂也。○为,于伪切。圉,鱼吕切。　㉕ 此,今河南新郑。旧郑,在京兆。○贿,呼罪切;《字林》音悔。寔,之豉切,置也。亟,纪力切,急也,下《注》同。　㉖ 郑亦周之子孙。　㉗ 大岳,神农之后,尧四岳也。胤,继也。○大,音泰。　㉘ 刑,法也。○厌,於艳切。㉙ 我死乃亟去之,无累后人。○度,待洛切。量,音良,下同。相,息亮切。累,劣伪切,《注》同。

郑伯使卒出豭,行出犬、鸡,以诅射颍考叔者①。君子谓："郑庄公失政刑矣。政以治民，刑以正邪，既无德政，又无威刑，是以及邪②。邪而诅之，将何益矣！"

① 百人为卒，二十五人为行，行亦卒之行列。疾射颍考叔者，故令卒及行间皆诅之。○卒，尊忽切，《注》同。豭，音加，猪别名。行，户刚切，《注》同。诅，侧虑切。令，力呈切。　② 大臣大睦，又不能用刑于邪人。○邪，似嗟切，下及《注》同。

王取邬、刘①、蒍、邘之田于郑②，而与郑人苏忿生之田③：温④、原⑤、絺⑥、樊⑦、隰郕⑧、欑茅⑨、向⑩、盟⑪、州⑫、陉⑬、隤⑭、怀⑮。君子是以知桓王之失郑也。恕而行之，德之则也，礼之经也。己弗能有而以与人，人之不至，不亦宜乎⑯。

① 二邑在河南缑氏县，西南有邬聚，西北有刘亭。○邬，乌户切。缑，古侯切，又苦侯切。聚，才遇切。　② 蒍、邘，郑二邑。○蒍，尤委切。邘，音于。　③ 苏忿生，周武王司寇苏公也。○忿，芳粉切。　④ 今温县。　⑤ 在沁水县西。○沁，七浸切；《字林》，先衽切；郭璞《三苍解诂》，音狗沁之沁；沈文阿，疏鸠切；韦昭，思金切。水名。　⑥ 在野王县西南。○絺，敕之切。　⑦ 一名阳樊，野王县西南有阳城。○樊，扶衰切。　⑧ 在怀县西南。○隰，详立切。郕，尚征切。　⑨ 在修武县北。○欑，才官切。　⑩ 轵县西有地名向上。○向，舒亮切，《注》同。轵，音纸。　⑪ 今盟津。○盟，音孟。　⑫ 今州县。　⑬ 阙。○陉，音刑。　⑭ 在修武县北。○隤，徒回切。　⑮ 今怀县。凡十二邑，皆苏忿生之田。欑茅、隤，属汲郡。馀皆属河内。　⑯ 苏氏叛王，十二邑王所不能有，为桓五年从王伐郑张本。

郑、息有违言①,息侯伐郑。郑伯与战于竟,息师大败而还②。君子是以知息之将亡也。不度德③,不量力④,不亲亲⑤,不征辞,不察有罪⑥,犯五不韪而以伐人,其丧师也,不亦宜乎⑦!

① 以言语相违恨。　　② 息国,汝南新息县。○ 竟,音境。息,一本作郞,音息。　　③ 郑庄贤。○ 度,待洛切。　　④ 息国弱。　　⑤ 郑、息同姓之国。　　⑥ 言语相恨,当明征其辞以审曲直,不宜轻斗。　　⑦ 韪,是也。○ 韪,韦鬼切;《苍颉篇》同。丧,息浪切。

冬十月,郑伯以虢师伐宋。壬戌,大败宋师,以报其入郑也①。宋不告命,故不书。凡诸侯有命,告则书,不然则否②。师出臧否,亦如之③。虽及灭国,灭不告败,胜不告克,不书于策。

① 入郑在十年。　　② 命者,国之大事政令也。承其告辞,史乃书之于策。若所传闻行言,非将君命,则记在简牍而已,不得记于典策。此盖周礼之旧制。○ 传,直专切。　　③ 臧否,谓善恶得失也。灭而告败,胜而告克,此皆互言,不须两告乃书。○ 否,音鄙,又方九切,《注》同。

羽父请杀桓公,将以求大宰①。公曰:"为其少故也,吾将授之矣②。使营菟裘,吾将老焉③。"羽父惧,反谮公于桓公而请弑之。公之为公子也,与郑人战于狐壤,止焉④。郑人囚诸尹氏⑤,赂尹氏而祷于其主钟巫⑥,遂与尹氏归而立其主⑦。十一月,公祭钟巫,齐于社圃⑧,馆于寪氏⑨。壬辰,羽父使贼弑公于寪氏,立桓公而讨寪氏,有死者⑩。不书葬,不成丧也⑪。

① 大宰,官名。○大,音泰,《注》同。　② 授桓位。○为,于伪切。少,诗照切。　③ 菟裘,鲁邑,在泰山梁父县南。不欲复居鲁朝,故别营外邑。○菟,兔都切。裘,音求。父,音甫。复,扶又切,下同。　④ 内讳获,故言止。狐壤,郑地。○壤,侧鸠切。弑,音试,下同;一本作杀。　⑤ 尹氏,郑大夫。　⑥ 主,尹氏所主祭。○赂,音路。祷,丁老切,或多报切。巫,亡夫切。　⑦ 立钟巫于鲁。　⑧ 社圃,园名。○圃,布古切。　⑨ 馆,舍也。寪氏,鲁大夫。○寪,于委切。　⑩ 欲以弑君之罪加寪氏,而复不能正法诛之。《传》言进退无据。　⑪ 桓弑隐篡立,故丧礼不成。

春秋经传集解第二

桓 公

○《释文》：桓公名轨，惠公之子，隐公之弟，母仲子。《史记》，亦名允。《谥法》，辟土服远曰桓。

经

元年春，王正月，公即位①。

三月，公会郑伯于垂，郑伯以璧假许田。

夏四月丁未，公及郑伯盟于越②。

秋，大水③。

冬十月。

① 嗣子位定于初丧而改元必须逾年者，继父之业，成父之志，不忍有变于中年也。诸侯每首岁必有礼于庙，诸遭丧继位者因此而改元正位，百官以序。故国史亦书即位之事于策。桓公篡立而用常礼，欲自同于遭丧继位者。《释例》论之备矣。○篡，初患切。　　② 公以篡立而修好于郑，郑因而迎之，成礼于垂，终易二田，然后结盟。垂、犬丘，卫地也。越，近垂，地名。郑求祀周公，鲁听受祊田，令郑废泰山之祀。知其非礼，故以璧假为文，时之所隐。○假，举下切。好，呼报切，《传》同。近，附近之近。祊，百庚切。令，力呈切。　　③ 书灾也。《传》例曰：凡平原出水为大水。

传

元年春,公即位,修好于郑。郑人请复祀周公,卒易祊田①。公许之。三月,郑伯以璧假许田,为周公,祊故也②。

① 事在隐八年。○ 复,扶又切。　② 鲁不宜听郑祀周公,又不宜易取祊田。犯二不宜以动,故隐其实。不言祊,称璧假,言若进璧以假田,非久易也。○ 为,于伪切。

夏四月丁未,公及郑伯盟于越,结祊成也①。盟曰:"渝盟无享国②。"

① 结成易二田之事也。《传》以《经》不书祊,故独见祊。○ 见,贤遍切。　② 渝,变也。○ 渝,羊朱切。享,许丈切。

秋,大水。凡平原出水为大水①。

① 广平曰原。

冬,郑伯拜盟①。

① 郑伯若自来,则《经》不书;若遣使,则当言郑人,不得称郑伯。疑谬误。○ 使,所吏切。

宋华父督见孔父之妻于路①,目逆而送之,曰:"美而艳②。"

43

① 华父督,宋戴公孙也。孔父嘉,孔子六世祖。○ 华,户化切,大夫氏也。后皆同。督,音笃。　② 色美曰艳。○ 艳,以赡切。

经

二年春,王正月戊申,宋督弑其君与夷,及其大夫孔父①。

滕子来朝②。

三月,公会齐侯、陈侯、郑伯于稷,以成宋乱③。

夏四月,取郜大鼎于宋。戊申,纳于大庙④。

秋七月,杞侯来朝⑤。

蔡侯、郑伯会于邓⑥。

九月,入杞⑦。

公及戎盟于唐。冬,公至自唐⑧。

① 称督以弑,罪在督也。孔父称名者,内不能治其闺门,外取怨于民,身死而祸及其君。○ 闺,音圭。　② 无《传》。隐十一年称侯,今称子者,盖时王所黜。　③ 成,平也。宋有弑君之乱,故为会欲以平之。稷,宋地。　④ 宋以鼎赂公。大庙,周公庙也。始欲平宋之乱,终于受赂,故备书之。戊申,五月十日。○ 郜,古报切。大,音泰,《传》大庙仿此。
⑤ 公即位而来朝。　⑥ 颍川召陵县西南有邓城。○ 召,上照切。
⑦ 不称主帅,微者也。弗地曰入。○ 帅,所类切,或作师。　⑧《传》例曰:告于庙也。特相会,故致地也。凡公行还不书至者,皆不告庙也。隐不书至,谦不敢自同于正君,书劳策勋。

传

二年春,宋督攻孔氏,杀孔父而取其妻。公怒,督惧,遂弑殇公。君子以督为有无君之心而后动于恶①,故先书弑其君。会于稷以成宋乱,为赂故,立华氏也②。

宋殇公立,十年十一战③,民不堪命。孔父嘉为司马,督为太宰,故因民不堪命,先宣言曰:"司马则然④。"已杀孔父而弑殇公,召庄公于郑而立之,以亲郑⑤。以郜大鼎赂公⑥,齐、陈、郑皆有赂,故遂相宋公。夏四月,取郜大鼎于宋。戊申,纳于大庙。非礼也。

臧哀伯谏曰⑦:"君人者将昭德塞违,以临照百官,犹惧或失之。故昭令德以示子孙。是以清庙茅屋⑧,大路越席⑨,大羹不致⑩,粢食不凿⑪,昭其俭也⑫。衮、冕、黻、珽⑬,带、裳、幅、舄⑭,衡、紞、纮、綖⑮,昭其度也⑯。藻率、鞞、鞛⑰,鞶、厉、游、缨⑱,昭其数也⑲。火、龙、黼、黻⑳,昭其文也㉑。五色比象,昭其物也㉒。钖、鸾、和、铃,昭其声也㉓。三辰旂旗,昭其明也㉔。夫德俭而有度,登降有数㉕。文物以纪之,声明以发之,以临照百官,百官于是乎戒惧而不敢易纪律。今灭德立违㉖,而寘其赂器于大庙,以明示百官,百官象之,其又何诛焉!国家之败,由官邪也,官之失德,宠赂章也。郜鼎在庙,章孰甚焉?武王克商,迁九鼎于雒邑㉗,义士犹或非之㉘,而况将昭违乱之赂器于大庙,其若之何?"公不听。周内史闻之曰:"臧孙达其有后于鲁乎!君违,不忘谏之以德㉙。"

① 虽有君,若无也。　② 《经》称平宋乱者,盖以鲁君受赂立华氏,贪纵之甚,恶其指斥,故远言始与齐、陈、郑为会之本意也。《传》言为赂故立华氏,明《经》本书平宋乱,为公讳,讳在受赂立华氏也。犹璧假许田为周

公祊故。所谓婉而成章。督未死而赐族,督之妄也。○为,于伪切,《注》除为会一字,并同。恶,乌路切。婉,於阮切。　③ 殇公以隐四年立,十一战皆在隐公世。　④ 言公之数战,则司马使尔。嘉,孔父字。○大,音泰。数,音朔。　⑤ 庄公,公子冯也,隐三年出居于郑。冯入宋,不书,不告也。○冯,皮冰切,下同。　⑥ 郜国所造器也,故系名于郜。济阴城武县东南有北郜城。　⑦ 臧哀伯,鲁大夫僖伯之子。○相,息亮切,下《注》、《传》相同。　⑧ 以茅饰屋,著俭也。清庙,肃然清静之称。○著,张虑切,后不音者同。称,尺证切。　⑨ 大路,玉路,祀天车也。越席,结草。○越,户括切。祀天车,本或无天字者非。　⑩ 大羹,肉汁。不致五味。　⑪ 黍稷曰粢,不精凿。○粢,音咨。食,音嗣,饼也。凿,子洛切;《字林》作毇,子沃切,云,粝米一斛舂为八斗。　⑫ 此四者皆示俭。　⑬ 衮,画衣也。冕,冠也。黻,韦韠,以蔽膝也。珽,玉笏也,若今吏之持簿。○衮,古本切。黻,音弗,下同。珽,他顶切。韠,音必。笏,音忽。簿,步古切;徐广云,持簿,手版也。　⑭ 带,革带也。衣下曰裳。幅,若今行縢者。舄,复履。○幅,音逼。舄,音昔。縢,徒登切。复,音福。　⑮ 衡,维持冠者。紞,冠之垂者。纮,缨从下而上者。綖,冠上覆。○紞,多敢切;《字林》,丁坎切。纮,获耕切。綖,音延;《字林》,弋善切。上,时掌切,下上下同。　⑯ 尊卑各有制度。　⑰ 藻率,以韦为之,所以藉玉也。王五采,公、侯、伯三采,子、男二采。鞞,佩刀削上饰。鞛,下饰。○率,音律。鞞,补顶切。鞛,布孔切。藉,在夜切。削,音笑。　⑱ 鞶,绅带也,一名大带。厉,大带之垂者。游,旌旗之游。缨,在马膺前,如索帬。○鞶,步干切。游,音留,《注》同。膺,于陵切。索,悉各切。　⑲ 尊卑各有数。　⑳ 火,画火也。龙,画龙也。白与黑谓之黼,形若斧。黑与青谓之黻,两己相戾。○黼,音甫。戾,力计切。　㉑ 以文章明贵贱。　㉒ 车服器械之有五色,皆以比象天地四方,以示器物不虚设。○比,并是切。械,户戒切。　㉓ 锡,在马额。鸾,在镳。和,在衡。铃,在旂。动皆有鸣声。○锡,音扬;郑玄云,马面当卢。额,颜客切。镳,彼骄切。旂,勤衣切。　㉔ 三辰,日、月、星也。画于旌旗,象天之明。　㉕ 登降,谓上下尊卑。

㉖谓立华督违命之臣。　㉗九鼎,殷所受夏九鼎也。武王克商,乃营雒邑而后去之,又迁九鼎焉,时但营洛邑,未有都城。至周公,乃卒营雒邑,谓之王城,即今河南城也。故《传》曰:成王定鼎于郏鄏。○寘,之豉切,置也。邪,似嗟切。雒,音洛,本亦作洛。夏,户雅切。郏,古洽切。鄏,音辱。㉘盖伯夷之属。　㉙内史,周大夫官也。僖伯谏隐观鱼,其子哀伯谏桓纳鼎,积善之家必有馀庆,故曰其有后于鲁。

秋七月,杞侯来朝,不敬。杞侯归,乃谋伐之。
蔡侯、郑伯会于邓,始惧楚也①。

①楚国今南郡江陵县北纪南城也。楚武王始僭号称王,欲害中国。蔡、郑,姬姓,近楚,故惧而会谋。○近,附近之近。

九月,入杞。讨不敬也。
公及戎盟于唐,修旧好也①。冬,公至自唐,告于庙也。凡公行,告于宗庙。反行,饮至、舍爵,策勋焉,礼也②。特相会,往来称地,让事也③。自参以上,则往称地,来称会,成事也④。

①惠、隐之好。○好,呼报切,《注》同。　②爵,饮酒器也。既饮置爵,则书勋劳于策,言速纪有功也。○舍,音赦,置也;旧音捨。　③特相会,公与一国会也。会必有主,二人独会,则莫肯为主,两让,会事不成,故但书地。　④成会事。○参,七南切,亦音三。上,时掌切。

初,晋穆侯之夫人姜氏以条之役生大子,命之曰仇①。其弟以千亩之战生,命之曰成师②。师服曰:"异哉,君之名子也③!夫名以制义④,义以出礼⑤,礼以体政⑥,政以正民。是以政成而民听,易则生乱⑦。嘉耦曰妃,怨耦曰仇,古之命也⑧。今君命大子曰仇,弟曰成师,始兆乱矣,兄其替乎⑨?"

惠之二十四年,晋始乱,故封桓叔于曲沃⑩,靖侯之孙栾宾傅之⑪。师服曰:"吾闻国家之立也,本大而末小,是以能固。故天子建国⑫,诸侯立家⑬,卿置侧室⑭,大夫有贰宗⑮,士有隶子弟⑯,庶人工商各有分亲,皆有等衰⑰。是以民服事其上而下无觊觎⑱。今晋,甸侯也,而建国。本既弱矣,其能久乎⑲?"

惠之三十年,晋潘父弑昭侯而纳桓叔,不克⑳。晋人立孝侯㉑。

惠之四十五年,曲沃庄伯伐翼,弑孝侯㉒。翼人立其弟鄂侯。鄂侯生哀侯㉓。哀侯侵陉庭之田㉔。陉庭南鄙启曲沃伐翼。

① 条,晋地。大子,文侯也。意取于战相仇怨。○仇,音求。 ② 桓叔也。西河界休县南有地,名千亩,意取能成其众。 ③ 师服,晋大夫。○名,如字,或弥政切。 ④ 名之必可言也。 ⑤ 礼从义出。 ⑥ 政以礼成。 ⑦ 反易礼义,则乱生也。 ⑧ 自古有此言。○耦,五口切。妃,芳非切。 ⑨ 穆侯爱少子桓叔,俱取于战以为名,所附意异,故师服知桓叔之党必盛于晋以倾宗国,故因名以讽谏。○替,他计切,废也。少,诗照切。讽,方凤切。 ⑩ 惠,鲁惠公也。晋文侯卒,子昭侯元年,危不自安,封成师为曲沃伯。 ⑪ 靖侯,桓叔之高祖父,言得贵宠公孙为傅相。○靖,才井切。栾,力官切。 ⑫ 立诸侯也。 ⑬ 卿大夫称家。 ⑭ 侧室,众子也,得立此一官。 ⑮ 适子为小宗,次者为贰宗,以相辅贰。○适,丁历切。为小宗,本或作为大宗,误。 ⑯ 士

卑,自以其子弟为仆隶。　⑰庶人无复尊卑,以亲疏为分别也。衰,杀也。○分,扶问切,又如字。亲,七刃切,又如字。衰,初危切,《注》同。复,扶又切。别,彼列切。杀,所界切。　⑱下不冀望上位。○觊,音冀。觊,羊朱切;《字林》,羊住切;《说文》云,欲也。　⑲诸侯而在甸服者。○甸,徒练切。　⑳潘父,晋大夫也。昭侯,文侯子。　㉑昭侯子也。㉒庄伯,桓叔子。翼,晋国所都。　㉓鄂侯以五年奔随。其年秋,王立哀侯于翼。　㉔陉庭,翼南鄙邑。○陉,音刑。

经

三年春正月,公会齐侯于嬴①。

夏,齐侯、卫侯胥命于蒲②。

六月,公会杞侯于郕。

秋七月壬辰朔,日有食之,既③。

公子翚如齐逆女④。

九月,齐侯送姜氏于讙⑤。公会齐侯于讙⑥。夫人姜氏至自齐⑦。

冬,齐侯使其弟年来聘。

有年⑧。

①《经》之首时必书王,明此历,天王之所班也。其或废法违常,失不班历,故不书王。嬴,齐邑,今泰山嬴县。○《释文》:从此尽十七年皆无王,唯十年有。二《传》以为义。或有王字者非。嬴,音盈。　②申约,言以相命而不歃血也。蒲,卫地,在陈留长垣县西南。○约,如字,又於妙切。歃,所洽切。垣,音袁。　③无《传》。既,尽也。历家之说,谓日光以望时遥夺月光,故月食。日月同会,月奄日,故日食。食有上下者,行有高下,日光轮存而中食者,相奄密,故日光溢出。皆既者,正相当而相奄间疏也。

左 传

然圣人不言月食日,而以自食为文,阙于所不见。　④ 礼,君有故则使卿逆。　⑤ 讙,鲁地。济北蛇丘县西有下讙亭。已去齐国故不言女,未至于鲁故不称夫人。○ 讙,音欢。蛇,以支切。　⑥ 无《传》。　⑦ 无《传》。告于庙也,不言翚以至者,齐侯送之,公受之于讙。　⑧ 无《传》。五穀皆熟,书有年。

传

三年春,曲沃武公伐翼,次于陉庭。韩万御戎,梁弘为右①,逐翼侯于汾隰②,骖絓而止③。夜获之,及栾共叔④。

① 武公,曲沃庄伯子也。韩万,庄伯弟也。御戎,仆也。右,戎车之右。② 汾隰,汾水边。○ 汾隰,扶云切;水名。下湿曰隰。　③ 骖,骓马。○ 骖,七南切。絓,户卦切。骓,芳非切。　④ 共叔,桓叔之傅,栾宾之子也,身傅翼侯。父子各殉所奉之主,故并见获而死。○ 共,音恭,《注》同。殉,似俊切。

会于嬴,成昏于齐也①。

① 公不由媒介,自与齐侯会而成昏,非礼也。○ 介,音界。

夏,齐侯、卫侯胥命于蒲,不盟也。
公会杞侯于郕,杞求成也①。

① 二年入杞,故今来求成。

秋,公子翚如齐逆女。修先君之好,故曰公子①。齐侯送姜氏,非礼也。凡公女嫁于敌国,姊妹则上卿送之,以礼先君;公子则下卿送之;于大国,虽公子亦上卿送之;于天子,则诸卿皆行,公不自送;于小国,则上大夫送之。

① 昏礼虽奉时君之命,其言必称先君以为礼辞。故公子翚逆女,《传》称修先君之好;公子遂逆女,《传》称尊君命。互举其义。○好,呼报切,《注》同。

冬,齐仲年来聘,致夫人也①。

① 古者女出嫁,又使大夫随加聘问,存谦敬,序殷勤也。在鲁而出,则曰致女;在他国而来,则总曰聘。故《传》以致夫人释之。○《释文》:齐侯送姜氏,本或作送姜氏于讙。公子则下卿送。公子,公女。

芮伯万之母芮姜恶芮伯之多宠人也,故逐之,出居于魏①。

① 为明年秦侵芮张本。芮国在冯翊临晋县。魏国,河东河北县。○芮,如锐切。恶,乌路切。翊,音翼。

经
四年春正月,公狩于郎①。
夏,天王使宰渠伯纠来聘②。

① 冬猎曰狩,行三驱之礼,得田狩之时,故《传》曰:书时,礼也。周之春,夏之冬也。田狩从夏时,郎非国内之狩地,故书地。○狩,手又切。夏,

51

户雅切,下同。　②宰,官;渠,氏;伯纠,名也。王官之宰,当以才授位,而伯纠摄父之职,出聘列国,故书名以讥之。国史之记,必书年以集此公之事,书首时以成此年之岁,故《春秋》有空时而无事者。今不书秋冬首月,史阙文。他皆放此。○纠,居黝切。

传

四年春正月,公狩于郎。书时,礼也①。

① 郎非狩地,故唯时合礼。

夏,周宰渠伯纠来聘。父在,故名。
秋,秦师侵芮,败焉,小之也①。

① 秦以芮小,轻之,故为芮所败。

冬,王师、秦师围魏,执芮伯以归①。

① 三年,芮伯出居魏,芮更立君。秦为芮所败,故以芮伯归,将欲纳之。

经

五年春正月,甲戌,己丑,陈侯鲍卒①。
夏,齐侯、郑伯如纪②。
天王使仍叔之子来聘③。
葬陈桓公④。
城祝丘⑤。

秋，蔡人、卫人、陈人从王伐郑⑥。
大雩⑦。
螽⑧。
冬，州公如曹⑨。

① 未同盟而书名者，来赴以名故也。甲戌，前年十二月二十一日，己丑，此年正月六日。陈乱，故再赴。赴虽日异而皆以正月起文，故但书正月。慎疑审事，故从赴两书。○鲍，步饱切。　② 外相朝皆言如。齐欲灭纪，纪人惧而来告，故书。　③ 仍叔，天子之大夫，称仍叔之子，本于父字，幼弱之辞也。讥使童子出聘。　④ 无《传》。　⑤ 无《传》。齐、郑将袭纪故。　⑥ 王自为伐郑之主，君臣之辞也。王师败不书，不以告。○从，如字，又才用切。　⑦《传》例曰：书不时也。失龙见之时。○雩，音于，祭名。见，贤遍切。　⑧ 无《传》。蚣蝑之属为灾，故书。○螽，音终。蚣，相容切。蝑，相鱼切。　⑨ 不书奔，以朝出也。为下实来书也。曹国，今济阴定陶县。○陶，同劳切。

传

五年春正月，甲戌，己丑，陈侯鲍卒，再赴也。于是陈乱，文公子佗杀大子免而代之①。公疾病而乱作，国人分散，故再赴。

① 佗，桓公弟五父也。称文公子，明佗非桓公母弟也。免，桓公大子。○佗，大何切。免，音问。父，音甫。

夏，齐侯、郑伯朝于纪，欲以袭之。纪人知之。
王夺郑伯政，郑伯不朝①。

① 夺不使知王政。○ 袭，音习。

　　秋，王以诸侯伐郑，郑伯御之。王为中军；虢公林父将右军，蔡人、卫人属焉①；周公黑肩将左军，陈人属焉②。
　　郑子元请为左拒以当蔡人、卫人③，为右拒以当陈人，曰："陈乱，民莫有斗心，若先犯之，必奔。王卒顾之，必乱。蔡、卫不枝，固将先奔④。既而萃于王卒，可以集事。"从之⑤。曼伯为右拒⑥，祭仲足为左拒，原繁、高渠弥以中军奉公，为鱼丽之陈，先偏后伍，伍承弥缝⑦。战于繻葛⑧，命二拒曰："旝动而鼓⑨。"蔡、卫、陈皆奔，王卒乱。郑师合以攻之，王卒大败。祝聃射王中肩，王亦能军⑩。祝聃请从之。公曰："君子不欲多上人，况敢陵天子乎！苟自救也，社稷无陨，多矣⑪。"
　　夜，郑伯使祭足劳王，且问左右⑫。

① 虢公林父，王卿士。○ 将，子匠切，下及《注》大将同。　　② 黑肩，周桓公也。　　③ 子元，郑公子。拒，方陈。○ 拒，俱甫切，下同。陈，直觐切，下文之陈，及《注》同。　　④ 不能相枝持也。卒，尊忽切，下同。⑤ 萃，聚也。集，成也。○ 萃，似类切。　　⑥ 曼伯，檀伯。○ 曼，音万。⑦《司马法》：车战二十五乘为偏，以车居前，以伍次之，承偏之隙而弥缝阙漏也。五人为伍，此盖鱼丽陈法。○ 丽，力知切，《注》同。缝，扶容切。乘，绳证切。　　⑧ 繻葛，郑地。○ 繻，音须。　　⑨ 旝，旃也，通帛为之，盖今大将之麾也，执以为号令。○ 旝，古外切，又古活切；本亦作桧。建大木，置石其上，发机以碾敌。麾，许危切。　　⑩ 虽军败身伤，犹殿而不奔，故言能军。○ 射，食亦切。中，丁仲切。殿，多见切。　　⑪ 郑于此收兵自退。○ 陨，于敏切。　　⑫ 祭足即祭仲之字，盖名仲字仲足也。劳王，问

左右,言郑志在苟免,王讨之非也。○劳,力报切,《注》同。名仲字仲足,一本作名仲字足。

仍叔之子,弱也①。

① 仍叔之子来聘,童子将命,无速反之心,久留在鲁,故《经》书夏聘,《传》释之于末秋。

秋,大雩,书不时也①。凡祀,启蛰而郊②,龙见而雩③,始杀而尝④,闭蛰而烝⑤。过则书⑥。

① 十二公《传》唯此年及襄二十六年有两秋,此发雩祭之例,欲显天时以指事,故重言秋,异于凡事。○重,直用切。　② 言凡祀通下三句天地宗庙之事也。启蛰,夏正建寅之月,祀天南郊。○蛰,直立切。正,音征。　③ 龙见,建巳之月。苍龙,宿之体,昏见东方,万物始盛,待雨而大,故祭天,远为百穀祈膏雨。○见,贤遍切,《注》同。宿,音秀。为,于伪切。　④ 建酉之月,阴气始杀,嘉穀始熟,故荐尝于宗庙。　⑤ 建亥之月,昆虫闭户,万物皆成,可荐者众,故烝祭宗庙。《释例》论之备矣。○闭,必计切,又必结切;《字林》,芳结切。烝,之承切。　⑥ 卜日有吉否,过次节则书,以讥慢也。

冬,淳于公如曹,度其国危,遂不复①。

① 淳于,州国所都,城阳淳于县也。国有危难,不能自安,故出朝而遂不还。○度,待洛切。复,音服,后不音者皆同。难,乃旦切。

经

六年春正月,寔来①。

夏四月,公会纪侯于成②。

秋八月壬午,大阅③。

蔡人杀陈佗④。

九月丁卯,子同生⑤。

冬,纪侯来朝。

① 寔,实也。不言州公者,承上五年冬《经》如曹。间无异事,省文,从可知。○ 寔,时力切。省,所景切。　② 成,鲁地,在泰山巨平县东南。③ 齐为大国,以戎事征诸侯之成,嘉美郑忽,而忽欲以有功为班,怒而诉齐。鲁人惧之,故以非时简车马。○ 阅,音悦。　④ 佗立踰年不称爵者,篡立未会诸侯也。《传》例在庄二十二年。　⑤ 指公子庄公也。十二公唯子同是適夫人之长子,备用大子之礼,故史书之于策。不称大子者,书始生也。○ 適,丁历切,《传》同。长,丁丈切。

传

六年春,自曹来朝。书曰"寔来",不复其国也①。

① 亦承五年冬《传》淳于公如曹也。言奔则来行朝礼,言朝则遂留不去,欲变文,言实来。

楚武王侵随①,使薳章求成焉②,军于瑕以待之③。随人使少师董成④。鬬伯比言于楚子曰:"吾不得志于汉东也,我则使然⑤。我张吾三军而被吾甲兵,以武临之,彼则惧而协以谋我,故难间也。汉东之国随为大,随张必弃小国⑥,小国离,楚之利也。少师侈,请羸师以张之⑦。"熊率且比曰:"季梁在,何益⑧?"鬬伯比曰:"以为后图,少师得其君⑨。"王毁军而纳少师⑩。

少师归,请追楚师,随侯将许之⑪。季梁止之曰:"天方授楚,楚之羸,其诱我也,君何急焉?臣闻小之能敌大也,小道大淫。所谓道,忠于民而信于神也。上思利民,忠也;祝史正辞,信也⑫。今民馁而君逞欲⑬,祝史矫举以祭,臣不知其可也⑭。"公曰:"吾牲牷肥腯,粢盛丰备,何则不信⑮?"对曰:"夫民,神之主也⑯。是以圣王先成民而后致力于神。故奉牲以告曰,'博硕肥腯',谓民力之普存也⑰,谓其畜之硕大蕃滋也,谓其不疾瘯蠡也,谓其备腯咸有也⑱。奉盛以告曰,'洁粢丰盛',谓其三时不害而民和年丰也⑲。奉酒醴以告曰,'嘉栗旨酒'⑳,谓其上下皆有嘉德而无违心也。所谓馨香,无谗慝也㉑。故务其三时,修其五教㉒,亲其九族,以致其禋祀㉓。于是乎民和而神降之福,故动则有成。今民各有心,而鬼神乏主㉔,君虽独丰,其何福之有!君姑修政而亲兄弟之国,庶免于难。"随侯惧而修政,楚不敢伐。

① 随国,今义阳随县。　② 薳章,楚大夫。○薳,于委切。　③ 瑕,随地。○瑕,下加切。　④ 少师,随大夫。董,正也。○少,诗照切,《注》及下同,后仿此。　⑤ 鬬伯比,楚大夫,令尹子文之父。　⑥ 张,自侈大也。○被,皮寄切,下《注》被甲同。间,间厕之间。张,猪亮切,《注》同;一音如字。侈,昌氏切,又式氏切。　⑦ 羸,弱也。○羸,劣追切,《注》及下同。　⑧ 熊率且比,楚大夫。季梁,随贤臣。○率,音律。且,子余切。　⑨ 言季梁之谏不过一见从,随侯卒当以少师为计,故

云以为后图。二年,蔡侯、郑伯会于邓,始惧楚。楚子自此遂盛,终于抗衡中国,故《传》备言其事以终始之。○抗,苦浪切。 ⑩从伯比之谋。 ⑪信楚弱也。 ⑫正辞,不虚称君美。 ⑬逞,快也。○馁,奴罪切,饿也。 ⑭诈称功德以欺鬼神。○矫,居兆切。 ⑮牲,牛、羊、豕也。牷,纯色完全也。腯,亦肥也。黍稷曰粢,在器曰盛。○牷,音全。腯,徒忽切。 ⑯言鬼神之情,依民而行。 ⑰博,广也。硕,大也。 ⑱虽告神以博硕肥腯,其实皆当兼此四谓,民力适完,则六畜既大而滋也,皮毛无疥癣,兼备而无有所阙。○畜,吁又切,下皆同。蕃,音烦。瘯,七木切;本又作蔟,同。蠡,力果切;《说文》作瘰,云,瘯瘰,皮肥也。疥,音界。癣,息浅切;《说文》云,乾疡。 ⑲三时,春、夏、秋。 ⑳嘉,善也。栗,谨敬也。 ㉑馨,香之远闻。○慝,他得切。闻,音问,又如字。 ㉒父义、母慈、兄友、弟恭、子孝。 ㉓禋,洁敬也。九族谓外祖父、外祖母、从母子、及妻父、妻母、姑之子、姊妹之子、女子之子、并己之同族,皆外亲有服而异族者也。○九族,杜释与孔安国、郑玄不同。禋,音因。 ㉔民饥馁也。○饑,音飢。

夏,会于成,纪来谘谋齐难也①。

① 齐欲灭纪,故来谋之。○难,乃旦切,下同。

北戎伐齐,齐侯使乞师于郑。郑大子忽帅师救齐。六月,大败戎师,获其二帅大良、少良,甲首三百,以献于齐①。于是,诸侯之大夫戍齐,齐人馈之饩②,使鲁为其班,后郑③。郑忽以其有功也,怒,故有郎之师④。

公之未昏于齐也,齐侯欲以文姜妻郑大子忽。大子忽辞,人问其故,大子曰:"人各有耦,齐大,非吾耦也。《诗》

云:'自求多福⑤。'在我而已,大国何为?"君子曰:"善自为谋⑥。"及其败戎师也,齐侯又请妻之⑦,固辞。人问其故,大子曰:"无事于齐,吾犹不敢。今以君命奔齐之急,而受室以归,是以师昏也。民其谓我何⑧?"遂辞诸郑伯⑨。

① 甲首,被甲者首。○帅,所类切。少,诗照切。　② 生曰饩。○馈,其媿切。饩,许既切。牲腥曰饩。　③ 班,次也。鲁亲班齐馈,则亦使大夫戍齐矣,《经》不书,盖史阙文。　④ 郎师在十年。　⑤《诗·大雅·文王》。言求福由己,非由人也。○妻,七计切,下及《注》同。　⑥ 言独洁其身,谋不及国。　⑦ 欲以他女妻之。　⑧ 言必见怪于民。　⑨ 假父之命以为辞,为十一年郑忽出奔卫《传》。

秋,大阅,简车马也。

九月丁卯,子同生。以大子生之礼举之,接以大牢①,卜士负之,士妻食之②。公与文姜、宗妇命之③。

公问名于申繻。对曰:"名有五:有信,有义,有象,有假,有类④。以名生为信⑤,以德命为义⑥,以类命为象⑦,取于物为假⑧,取于父为类⑨。不以国⑩,不以官,不以山川,不以隐疾⑪,不以畜牲⑫,不以器币⑬。周人以讳事神,名终将讳之⑭。故以国则废名⑮,以官则废职,以山川则废主⑯,以畜牲则废祀⑰,以器币则废礼。晋以僖侯废司徒⑱,宋以武公废司空⑲,先君献、武废二山⑳,是以大物不可以命。"公曰:"是其生也,与吾同物,命之曰同㉑。"

① 大牢:牛、羊、豕也。以礼接夫人,重适也。○接,如字。郑注《礼

记》作捷,读此者亦或捷音。　②礼,世子生三日,卜士负之,射人以桑弧蓬矢射四方,卜士之妻为乳母。○食,音嗣。弧,音胡。蓬,步工切。射,食亦切。　③世子生三月,君夫人沐浴于外寝,立于阼阶,西乡。世妇抱子升自西阶,君命之,乃降。盖同宗之妇。○阼,才故切。　④申繻,鲁大夫。○繻,音须。　⑤若唐叔虞、鲁公子友。　⑥若文王名昌,武王名发。　⑦若孔子首象尼丘。　⑧若伯鱼生,人有馈之鱼,因名之曰鲤。○鲤,音里。　⑨若子同生,有与父同者。　⑩国君之子,不自以本国为名也。　⑪隐,痛;疾,患。辟不祥也。　⑫畜牲,六畜。⑬币,玉帛。　⑭君父之名,固非臣子所斥;然礼既卒哭,以木铎徇曰:"舍故而讳新",谓舍亲尽之祖而讳新死者,故言以讳事神。名终将讳之,自父至高祖,皆不敢斥言。○《释文》:周人以讳事神名,众家多以名字属下句。铎,待洛切。徇,似俊切,本又作殉,同。舍,音捨,下同。　⑮国不可易,故废名。　⑯改其山川之名。　⑰名猪则废猪,名羊则废羊。⑱僖侯名司徒,废为中军。　⑲武公名司空,废为司城。　⑳二山,具、敖也。鲁献公名具,武公名敖,更以其乡名山。○敖,五羔切。㉑物,类也。谓同日。

冬,纪侯来朝,请王命以求成于齐,公告不能①。

① 纪微弱,不能自通于天子,欲因公以请王命,公无宠于王,故告不能。

经
七年春二月己亥,焚咸丘①。
夏,穀伯绥来朝②。
邓侯吾离来朝③。

① 无《传》。焚,火田也。咸丘,鲁地。高平巨野县南有咸亭。讥尽物,

60

故书。○焚,扶云切。　②○绥,须唯切。　③不总称朝者,各自行朝礼也。穀国在南乡筑阳县北。○筑,音逐。

传

七年春,穀伯、邓侯来朝。名,贱之也①。

① 辟陋小国,贱之。礼不足,故书名。以春来,夏乃行朝礼,故《经》书夏。○辟,匹亦切;本又作僻,同。

夏,盟、向求成于郑,既而背之①。秋,郑人、齐人、卫人伐盟、向。王迁盟、向之民于郏②。

① 盟、向,二邑名,隐十一年王以与郑,故求与郑成。○盟,音孟。向,伤亮切。背,音佩。　② 郏,王城。○郏,古洽切。

冬,曲沃伯诱晋小子侯,杀之①。

① 曲沃伯,武公也。小子侯,哀侯子。

经

八年春正月己卯,烝①。
天王使家父来聘②。
夏五月丁丑,烝③。
秋,伐邾④。
冬十月,雨雪⑤。

61

祭公来，遂逆王后于纪⑥。

① 无《传》。此夏之仲月，非为过而书者，为下五月复烝，见渎也。例在五年。○ 烝，之承切。夏，户雅切。为，于伪切。复，扶又切。见，贤遍切。 ② 无《传》。家父，天子大夫。家，氏；父，字。 ③④ 无《传》。 ⑤ 无《传》。今八月也，书时失。○ 雨，于付切。 ⑥ 祭公，诸侯为天子三公者。王使鲁主昏，故祭公来，受命而迎也。天子无外，故因称王后。卿不书，举重略轻。○ 祭，侧界切。

传

八年春，灭翼①。

① 曲沃灭之。

随少师有宠。楚鬭伯比曰："可矣。仇有衅，不可失也①。"夏，楚子合诸侯于沈鹿②。黄、随不会③。使薳章让黄④。楚子伐随，军于汉、淮之间。

季梁请下之，弗许而后战⑤，所以怒我而怠寇也。少师谓随侯曰："必速战。不然，将失楚师。"随侯御之，望楚师⑥。季梁曰："楚人上左，君必左⑦，无与王遇。且攻其右，右无良焉，必败。偏败，众乃携矣。"少师曰："不当王，非敌也。"弗从⑧。战于速杞，随师败绩。随侯逸⑨，鬭丹获其戎车，与其戎右少师⑩。

秋，随及楚平。楚子将不许，鬭伯比曰："天去其疾矣⑪，随未可克也。"乃盟而还。

① 衅,瑕隙也。无德者宠,国之衅也。○ 衅,许觐切,《注》同。 ② 沈鹿,楚地。 ③ 黄国,今弋阳县。○ 弋,余职切。 ④ 责其不会。 ⑤ 下之,请服也。○ 下,遐嫁切,《注》同。 ⑥ 遥见楚师。○ 将失楚师,一本无师字。 ⑦ 君,楚君也。 ⑧ 不从季梁谋。 ⑨ 速杞,随地。逸,逃也。 ⑩ 鬭丹,楚大夫。戎车,君所乘兵车也。戎右,车右也。宠之,故以为右。 ⑪ 去疾,谓少师见获而死。○ 去,起吕切,《注》同。

冬,王命虢仲立晋哀侯之弟缗于晋①。

① 虢仲,王卿士虢公林父。○ 缗,亡巾切。

祭公来,遂逆王后于纪,礼也①。

① 天子娶于诸侯,使同姓诸侯为之主。祭公来,受命于鲁,故曰礼。

经

九年春,纪季姜归于京师①。
夏四月。
秋七月。
冬,曹伯使其世子射姑来朝②。

① 季姜,桓王后也。季,字;姜,纪姓也。书字者,伸父母之尊。○ 伸,音申。
② 曹伯有疾,故使其子来朝。○ 射,音亦,又音夜。

63

左 传

传

九年春,纪季姜归于京师。凡诸侯之女行,唯王后书①。

① 为书妇人行例也。適诸侯,虽告鲁,犹不书。○为,于伪切。

巴子使韩服告于楚,请与邓为好①。楚子使道朔将巴客以聘于邓②。邓南鄙鄾人攻而夺之币③。杀道朔及巴行人。楚子使薳章让于邓,邓人弗受④。

夏,楚使鬭廉帅师及巴师围鄾⑤。邓养甥、聃甥帅师救鄾。三逐巴师,不克⑥。鬭廉衡陈其师于巴师之中以战,而北⑦。邓人逐之,背巴师。而夹攻之⑧,邓师大败,鄾人宵溃⑨。

① 韩服,巴行人。巴国,在巴郡江州县。○好,呼报切。　② 道朔,楚大夫。巴客,韩服。　③ 鄾,在今邓县南,沔水之北。○鄾,音忧。沔,面善切。　④ 言非鄾人所攻。　⑤ 鬭廉,楚大夫。　⑥ 二甥,皆邓大夫。○聃,乃甘切。　⑦ 衡,横也。分巴师为二部,鬭廉横陈于其间以与邓师战,而伪北。北,走也。○衡,如字,一音横。陈,直觐切,《注》同,又如字。北,如字,一音佩;嵇康音胃背。　⑧ 楚师伪走,邓师逐之。背巴师,巴师攻之,楚师自前还与战。○背,音佩,《注》同。夹,古洽切,又古协切。　⑨ 宵,夜也。○溃,户对切。

秋,虢仲、芮伯、梁伯、荀侯、贾伯伐曲沃①。

① 梁国在冯翊夏阳县。荀、贾皆国名。○夏,户雅切。

冬，曹大子来朝，宾之以上卿，礼也①。享曹大子，初献，乐奏而叹②。施父曰："曹大子其有忧乎，非叹所也③。"

① 诸侯之適子，未誓于天子而摄其君，则以皮帛继子、男，故宾之以上卿，各当其国之上卿。○ 適，丁历切。　② 酒始献。○ 享，许两切。　③ 施父，鲁大夫。○ 施，色豉切，人名字，父，音甫。

经

十年春，王正月庚申，曹伯终生卒①。

夏五月，葬曹桓公②。

秋，公会卫侯于桃丘，弗遇③。

冬十有二月丙午，齐侯、卫侯、郑伯来战于郎④。

① 未同盟而赴以名。　② 无《传》。　③ 无《传》。卫侯与公为会期，中背公，更与齐、郑。故公独往而不相遇也。桃丘，卫地。济北东阿县东南有桃城。○ 中，如字，一音丁仲切。背，音佩。　④ 改侵伐而书来战，善鲁之用周班，恶三国讨有辞。○ 恶，乌洛切，又乌路切。

传

十年春，曹桓公卒①。

① 终施父之言。

虢仲谮其大夫詹父于王①。詹父有辞，以王师伐虢。夏，虢公出奔虞②。

① 虢仲,王卿士。詹父,属大夫。○ 潛,侧鸩切。詹,章廉切。② 虞国,在河东大阳县。

秋,秦人纳芮伯万于芮①。

① 四年围魏所执者。

初,虞叔有玉①,虞公求旃②,弗献。既而悔之,曰:"周谚有之:'匹夫无罪,怀璧其罪③。'吾焉用此,其以贾害也④。"乃献之。又求其宝剑。叔曰:"是无厌也。无厌,将及我⑤。"遂伐虞公,故虞公出奔共池⑥。

① 虞叔,虞公之弟。　② 旃,之也。○ 旃,之然切。　③ 人利其璧,以璧为罪。○ 谚,音彦。　④ 贾,买也。○ 焉,於虔切。贾,音古,《注》同。　⑤ 将杀我。○ 厌,於盐切,下同。　⑥ 共池,地名,阙。○ 共,音洪,又音恭。

冬,齐、卫、郑来战于郎,我有辞也。初,北戎病齐①,诸侯救之,郑公子忽有功焉。齐人饩诸侯,使鲁次之。鲁以周班后郑。郑人怒,请师于齐。齐人以卫师助之,故不称侵伐②。先书齐、卫,王爵也③。

① 在六年。　② 不称侵伐而以战为文,明鲁直诸侯曲,故言我有辞,以礼自释,交绥而退,无败绩。　③ 郑主兵而序齐、卫下者,以王爵次之也。《春秋》所以见鲁犹秉周礼。○ 见,贤遍切。

经

十有一年春正月,齐人、卫人、郑人盟于恶曹[1]。

夏五月癸未,郑伯寤生卒[2]。

秋七月,葬郑庄公[3]。

九月,宋人执郑祭仲[4]。突归于郑[5]。郑忽出奔卫[6]。

柔会宋公、陈侯、蔡叔,盟于折[7]。

公会宋公于夫钟[8]。

冬十有二月,公会宋公于阚[9]。

[1] 恶曹,地阙。 [2] 同盟于元年,赴以名。 [3] 无《传》。三月而葬,速。 [4] 祭,氏;仲,名。不称行人,听迫胁以逐君,罪之也。行人例在襄十一年,《释例》详之。○听,吐定切。 [5] 突,厉公也,为宋所纳,故曰归。例在成十八年。不称公子,从告也。文连祭仲,故不言郑。 [6] 忽,昭公也。庄公既葬,不称爵者,郑人贱之,以名赴。 [7] 无《传》。柔,鲁大夫未赐族者。蔡叔,蔡大夫。叔,名也。折,地阙。○折,之设切,又市列切。 [8] 无《传》。夫钟,郕地。○夫,音扶。 [9] 无《传》。阚,鲁地,在东平须昌县东南。○阚,口暂切。须,宣踰切。

传

十一年春,齐、卫、郑、宋盟于恶曹[1]。

[1] 宋不书,《经》阙。

楚屈瑕将盟贰、轸[1]。郧人军于蒲骚,将与随、绞、州、蓼伐楚师[2]。莫敖患之[3]。鬭廉曰:"郧人军其郊,必不诫,且日虞四邑之至也[4]。君次于郊郢以御四邑[5]。我以锐师宵加于郧,郧有虞心而恃其城⑥,莫有斗志。若败郧师,四邑必离。"莫敖曰:"盍请济师于王⑦?"对曰:"师克在和,不在众。商,周之不敌,君之所闻也⑧。成军以出,又何济焉?"莫敖曰:"卜之。"对曰:"卜以决疑,不疑何卜?"遂败郧师于蒲骚,卒盟而还⑨。

① 贰、轸,二国名。○ 屈,居勿切,楚大夫氏。贰,音二。轸,之忍切。② 郧国在江夏云杜县东南,有郧城。蒲骚,郧邑。绞,国名。州国,在南郡华容县东南。蓼国,今义阳棘阳县东南湖阳城。○ 郧,音云。骚,音萧,又音缪。绞,古卯切。蓼,音了,本或作鄝,同。夏,户雅切。棘,纪力切。湖,音胡。 ③ 莫敖,楚官名,即屈瑕。○ 敖,五刀切。 ④ 虞,度也。四邑:随、绞、州、蓼也。邑,亦国也。○ 日,人逸切。度,待洛切。 ⑤ 君谓屈瑕也。郊郢,楚地。○ 郢,以井切,又以政切。 ⑥ 恃近其城。○ 近,附近之近。 ⑦ 盍,何不也。济,益也。○ 盍,户腊切,济,笺计切。 ⑧ 商,纣也。周,武王也。《传》曰:武王有乱臣十人。纣有亿兆夷人。○ 亿,於力切。 ⑨ 卒盟贰、轸。

郑昭公之败北戎也①,齐人将妻之,昭公辞。祭仲曰:"必取之。君多内宠,子无大援,将不立。三公子,皆君也②。"弗从。夏,郑庄公卒。初,祭封人仲足有宠于庄公③,庄公使为卿。为公娶邓曼,生昭公,故祭仲立之④。宋雍氏女于郑庄公,曰雍姞,生厉公⑤。雍氏宗有宠于宋庄公,故诱祭仲而执之⑥,曰:"不立突,将死。"亦执厉公而求赂焉。祭仲与宋人盟,以厉公归而立之。秋九月丁亥,昭公奔卫。己亥,厉公立。

① 在六年。　② 子突、子亹、子仪之母皆有宠。○ 妻,七计切,下《注》同。援,于眷切。亹,亡匪切,本或作斖。　③ 祭,郑地,陈留长垣县东北有祭城。封人,守封疆者,因以所守为氏。○ 疆,居良切。　④ 曼,邓姓。○ 为,于伪切。曼,音万。　⑤ 雍氏,姞姓,宋大夫也。以女妻人曰女。○ 雍,于恭切。女,尼据切,《注》曰女同。姞,其吉切,又其秩切。　⑥ 祭仲之如宋,非会非聘,见诱而以行人应命。○ 应,应对之应。

经

十有二年春正月。

夏六月壬寅,公会杞侯、莒子,盟于曲池①。

秋七月丁亥,公会宋公、燕人,盟于穀丘②。

八月壬辰,陈侯跃卒③。

公会宋公于虚④。

冬十有一月,公会宋公于龟⑤。

丙戌,公会郑伯,盟于武父⑥。

丙戌,卫侯晋卒⑦。

十有二月,及郑师伐宋。丁未,战于宋⑧。

① 曲池,鲁地。鲁国汶阳县北有曲水亭。○ 汶,音问。　② 穀丘,宋地。燕人,南燕大夫。　③ 无《传》。厉公也。十一年与鲁大夫盟于折,不书葬,鲁不会也。壬辰,七月二十三日,书于八月,从赴。○ 跃,羊略切。　④ 虚,宋地。○ 虚,去鱼切。　⑤ 龟,宋地。　⑥ 武父,郑地。陈留济阳县东北有武父城。○ 父,音甫,地名。有父字者皆同甫音。　⑦ 无《传》。重书丙戌,非义例,因史成文也。未同盟而赴以名。○ 重,直用切,下同。　⑧ 既书伐宋,又重书战者,以见宋之无信也。庄十一年《传》例曰,皆陈曰战。尤其无信,故以独战为文。○ 见,贤遍切。陈,直觐切。

传
十二年夏,盟于曲池,平杞、莒也①。

① 隐四年,莒人伐杞,自是遂不平。

公欲平宋、郑。秋,公及宋公盟于句渎之丘①。宋成未可知也,故又会于虚。冬,又会于龟。宋公辞平,故与郑伯盟于武父②。遂帅师而伐宋,战焉,宋无信也。君子曰:"苟信不继,盟无益也。《诗》云:'君子屡盟,乱是用长。'无信也③。"

① 句渎之丘,即榖丘也。宋以立厉公故,多责赂于郑。郑人不堪,故不平。○句,古侯切。渎,音豆。 ② 宋公贪郑赂,故与公三会而卒辞不与郑平。 ③《诗·小雅》。言无信故数盟,数盟则情疏,情疏而憾结,故云长乱。○屡,力具切;本又作娄,音同。长,丁丈切。数,音朔,下同。憾,户暗切。

楚伐绞,军其南门。莫敖屈瑕曰:"绞小而轻,轻则寡谋,请无扞采樵者以诱之①。"从之。绞人获三十人②。明日,绞人争出,驱楚役徒于山中。楚人坐其北门而覆诸山下③,大败之,为城下之盟而还④。伐绞之役,楚师分涉于彭⑤。罗人欲伐之,使伯嘉谍之,三巡,数之⑥。

① 扞,卫也。樵,薪也。○轻,遣政切。扞,户旦切。樵,在遥切。 ② 获楚人也。 ③ 坐犹守也。覆,设伏兵而待之。○覆,扶又切,《注》

同。　　④ 城下盟,诸侯所深耻。　　⑤ 彭水在新城昌魏县。　　⑥ 罗,熊姓国,在宜城县西山中,后徙南郡枝江县。伯嘉,罗大夫。谍,伺也。巡,徧也。○谍,徒协切。数,色主切。枝,质而切。伺,音笥。徧,音遍。

经

十有三年春二月,公会纪侯、郑伯。己巳,及齐侯、宋公、卫侯、燕人战。齐师、宋师、卫师、燕师败绩①。

三月,葬卫宣公②。

夏,大水③。

秋七月。

冬十月④。

① 大崩曰败绩。例在庄十一年。或称人,或称师,史异辞也。卫宣公未葬,惠公称侯以接邻国,非礼也。　　②③④ 无《传》。

传

十三年春,楚屈瑕伐罗,斗伯比送之。还,谓其御曰:"莫敖必败,举趾高,心不固矣①。"遂见楚子曰:"必济师②。"楚子辞焉③。入告夫人邓曼。邓曼曰:"大夫其非众之谓④,其谓君抚小民以信,训诸司以德,而威莫敖以刑也。莫敖狃于蒲骚之役,将自用也⑤,必小罗。君若不镇抚,其不设备乎。夫固谓君训众而好镇抚之⑥,召诸司而劝之以令德⑦,见莫敖而告诸天之不假易也⑧。不然,夫岂不知楚师之尽行也。"楚子使赖人追之,不及⑨。

莫敖使徇于师曰:"谏者有刑⑩。"及鄢,乱次以济⑪。遂无次,且不设备。及罗,罗与卢戎两军之⑫。大败之。莫敖缢于荒谷,群帅囚于冶父⑬以听刑。楚子曰:"孤之罪也。"皆免之。

　　① 趾,足也。　　② 难言屈瑕将败,故以益师讽谏。○见,贤遍切。济,笺诣切。难,乃旦切。讽,本亦作风,方凤切。　　③ 不解其旨,故拒之。○解,户买切。　　④ 邓曼,楚武王夫人。言伯比意不在于益众。⑤ 狃,忕也。蒲骚役在十一年。○狃,女久切。忕,时世切,又时设切。⑥ 抚小民以信也。○好,呼报切,又如字。　　⑦ 训诸司以德也。⑧ 诸,之也,言天不借贷慢易之人,威莫敖以刑也。○易,以豉切,《注》同。借,子夜切。贷,他代切。慢,武谏切。　　⑨ 赖国在义阳随县。赖人,仕于楚者。○尽,津忍切。此类可以意求。　　⑩ 徇,宣令也。○徇,似俊切。　　⑪ 鄢水,在襄阳宜城县,入汉。○鄢,於晚切,又於万切。乱次以济,本或作乱次以济其水。　　⑫ 卢戎,南蛮。○卢,如字。本或作庐,音同。　　⑬ 缢,自经也。荒谷、冶父皆楚地。○缢,一豉切。荒,如字;本或作㡛,音同。冶,音也。

宋多责赂于郑①,郑不堪命,故以纪、鲁及齐与宋、卫、燕战。不书所战,后也②。

　　① 立突赂。　　② 公后地期而及其战,故不书所战之地。

郑人来请修好①。

　　① ○好,呼报切。

经

十有四年春正月,公会郑伯于曹①。

无冰②。

夏五③。

郑伯使其弟语来盟。

秋八月壬申,御廪灾④。乙亥,尝⑤。

冬十有二月丁巳,齐侯禄父卒⑥。

宋人以齐人、蔡人、卫人、陈人伐郑⑦。

① 修十二年武父之好以曹地,曹与会。○好,呼报切。与,音预。
② 无《传》,书时失。 ③ 不书月,阙文。 ④ 御廪,公所亲耕以奉粢盛之仓也。天火曰灾。例在宣十六年。○廪,力锦切。 ⑤ 先其时,亦过也。既戒日致齐。御廪虽灾,苟不害嘉谷,则祭不应废,故书以示法。○先,悉荐切,又如字。齐,侧皆切。 ⑥ 无《传》。隐六年盟于艾。
⑦ 凡师能左右之曰以。例在僖二十六年。

传

十四年春,会于曹。曹人致饩,礼也①。夏,郑子人来寻盟,且修曹之会②。

① 熟曰饔,生曰饩。 ② 子人即弟语也,其后为子人氏。

秋八月壬申,御廪灾。乙亥,尝。书不害也①。

① 灾其屋,救之则息,不及穀,故曰书不害。

左　传

　　冬,宋人以诸侯伐郑,报宋之战也①。焚渠门,入及大逵②。伐东郊,取牛首③。以大宫之椽归,为卢门之椽④。

① 在十二年。　　② 渠门,郑城门。逵,道方九轨。○ 逵,求龟切。
③ 东郊,郑郊。牛首,郑邑。　　④ 大宫,郑祖庙。卢门,宋城门。告伐而不告入取,故不书。○ 大,音泰。椽,直专切,榱也;圆曰椽,方曰桷;《说文》云,周谓之椽,齐、鲁谓之桷。

经

十有五年春二月,天王使家父来求车。
三月乙未,天王崩①。
夏四月己巳,葬齐僖公②。
五月,郑伯突出奔蔡③。
郑世子忽复归于郑④。
许叔入于许⑤。
公会齐侯于艾。
邾人、牟人、葛人来朝⑥。
秋九月,郑伯突入于栎⑦。
冬十有一月,公会宋公、卫侯、陈侯于袲,伐郑⑧。

① 无《传》。桓王也。　　② 无《传》。　　③ 突既篡立,权不足以自固,又不能倚任祭仲,反与小臣造贼盗之计,故以自奔为文,罪之也。例在昭三年。○ 倚,于绮切。　　④ 忽实居君位,故今还以复其位之例为文也。称世子者,忽为大子,有母氏之宠,宗卿之援,有功于诸侯,此大子之盛者也;而守介节以失大国之助,知三公子之强,不从祭仲之言,修小善,絜小行,从匹夫之仁,忘社稷之大计,故君子谓之善自为谋,言不能谋国也。父

74

卒而不能自君,郑人亦不君之,出则降名以赴,入则逆以大子之礼。始于见逐,终于见杀,三公子更立,乱郑国者实忽之由。复归例在成十八年。○介,音界。行,下孟切。更,音庚。　⑤许叔,庄公弟也。隐十一年,郑使许大夫奉许叔居许东偏。郑庄公既卒,乃入居位,许人嘉之,以字告也。叔本不去国,虽称入,非国逆例。　⑥无《传》。三人皆附庸之世子也,其君应称名,故其子降称人。牟国,今泰山牟县。葛国在梁国宁陵县东北。○牟,亡侯切。　⑦栎,郑别都也,今河南阳翟县。未得国,直书入,无义例也。○栎,音历。翟,徒历切。　⑧袲,宋地,在沛国相县西南。先行会礼而后伐也。○袲,昌氏切。相,息亮切。

传

十五年春,天王使家父来求车,非礼也。诸侯不贡车服①,天子不私求财②。

① 车服,上之所以赐下。　② 诸侯有常职贡。

祭仲专,郑伯患之,使其婿雍纠杀之。将享诸郊,雍姬知之,谓其母曰:"父与夫孰亲?"其母曰:"人尽夫也,父一而已。胡可比也①?"遂告祭仲曰:"雍氏舍其室而将享子于郊,吾惑之,以告。"祭仲杀雍纠,尸诸周氏之汪②。公载以出③,曰:"谋及妇人,宜其死也。"

① 妇人在室则天父,出则天夫。女以为疑,故母以所生为本解之。② 汪,池也。周氏,郑大夫。杀而暴其尸以示戮也。○舍,音捨。汪,乌黄切。暴,步卜切。　③ 愍其见杀,故载其尸共出国。

夏,厉公出奔蔡。

六月乙亥,昭公入。

许叔入于许。

公会齐侯于艾,谋定许也。

秋,郑伯因栎人杀檀伯,而遂居栎①。

① 檀伯,郑守栎大夫。○ 檀,徒干切。

冬,会于袲,谋伐郑,将纳厉公也。弗克而还。

经

十有六年春正月,公会宋公、蔡侯、卫侯于曹。

夏四月,公会宋公、卫侯、陈侯、蔡侯伐郑①。

秋七月,公至自伐郑②。

冬,城向③。

十有一月,卫侯朔出奔齐④。

① 春既谋之,今书会者,鲁讳议纳不正。蔡常在卫上,今序陈下,盖后至。　② 用饮至之礼,故书。　③《传》曰:书时也。而下有十一月,旧说因谓《传》误。此城向亦俱是十一月,但本事异,各随本而书之耳。《经》书夏叔弓如滕。五月,葬滕成公。《传》云:五月叔弓如滕。即知但称时者,未必与下月异也。又推校此年闰在六月,则月却而节前,水星可在十一月而正也。《诗》云:定之方中,作于楚宫。此未正中也。功役之事,皆总指天象,不与言历数同也。故《传》之释《经》,皆通言一时,不月别。○ 向,失亮切。定,丁佞切。　④ 惠公也。朔谗构取国,故不言二公子逐,罪之也。

传

十六年春正月，会于曹，谋伐郑也①。

① 前年冬谋纳厉公不克，故复更谋。〇复，扶又切。

夏，伐郑。

秋七月，公至自伐郑，以饮至之礼也。

冬，城向。书时也。

初，卫宣公烝于夷姜，生急子①，属诸右公子。为之娶于齐而美，公取之，生寿及朔，属寿于左公子②。夷姜缢③。宣姜与公子朔构急子④。公使诸齐，使盗待诸莘，将杀之⑤。寿子告之，使行⑥。不可，曰："弃父之命，恶用子矣⑦！有无父之国则可也。"及行，饮以酒。寿子载其旌以先，盗杀之。急子至，曰："我之求也。此何罪？请杀我乎！"又杀之。二公子故怨惠公。十一月，左公子洩、右公子职立公子黔牟⑧。惠公奔齐。

① 夷姜，宣公之庶母也。上淫曰烝。〇烝，之承切。急，如字，《诗》作伋。上，时掌切，一音如字。　② 左右媵之子，因以为号。〇属，音烛，下同。为，于伪切。媵，羊政切。　③ 失宠而自经死。　④ 宣姜，宣公所取急子之妻。构会其过恶。〇构，古豆切。会，古外切。　⑤ 莘，卫地。阳平县西北有莘亭。〇使，所吏切。莘，所巾切。　⑥ 行，去也。　⑦ 恶，安也。〇恶，音乌，《注》同。　⑧ 黔牟，群公子。〇饮以酒，於鸩切；一本以作之。洩，息列切。黔，其廉切，又音琴。

经

十有七年春正月丙辰,公会齐侯、纪侯盟于黄①。

二月丙午,公会邾仪父,盟于趡②。

夏五月丙午,及齐师战于奚③。

六月丁丑,蔡侯封人卒④。

秋八月,蔡季自陈归于蔡⑤。

癸巳,葬蔡桓侯⑥。

及宋人、卫人伐邾。

冬十月朔,日有食之⑦。

① 黄,齐地。　② 趡,鲁地。称字,义与蔑盟同。二月无丙午;丙午,三月四日也。日月必有误。○ 趡,翠轨切。　③ 奚,鲁地。皆陈曰战。○ 陈,直觐切。　④ 十一年,大夫盟于折。　⑤ 季,蔡侯弟也。言归,为陈所纳。　⑥ 无《传》。称侯,盖谬误。三月而葬,速。　⑦ 甲乙者,历之纪也。晦朔者,日月之会也。日食不可以不存晦朔,晦朔须甲乙而可推,故日食必以书朔日为例。

传

十七年春,盟于黄,平齐、纪,且谋卫故也①。

① 齐欲灭纪,卫逐其君。

及邾仪父盟于趡,寻蔑之盟也①。

① 蔑盟在隐元年。

夏,及齐师战于奚,疆事也①。于是齐人侵鲁疆。疆吏来告,公曰:"疆埸之事,慎守其一而备其不虞②,姑尽所备焉。事至而战,又何谒焉③。"

① 争疆界也。○疆,居良切,《注》及下皆同。　② 虞,度也。不度,犹不意也。○埸,音亦。度,待洛切,下同。　③ 齐背盟而来,公以信待,故不书侵伐。○背,音佩,下同。

蔡桓侯卒,蔡人召蔡季于陈①。秋,蔡季自陈归于蔡,蔡人嘉之也②。

① 桓侯无子,故召季而立之。季内得国人之望,外有诸侯之助,故书字。以善得众,称归以明外纳。　② 嘉之故以字告。

伐邾,宋志也①。

① 邾、宋争疆,鲁从宋志,背趡之盟。

冬十月朔,日有食之。不书日,官失之也。天子有日官,诸侯有日御①。日官居卿以厎日,礼也②。日御不失日,以授百官于朝③。

① 日官、日御,典历数者。　② 日官,天子掌历者,不在六卿之数而位从卿,故言居卿也。厎,平也,谓平历数。○厎,音旨,下同。　③ 日官平历以班诸侯,诸侯奉之,不失天时,以授百官。

初,郑伯将以高渠弥为卿,昭公恶之,固谏不听。昭公立,惧其杀己也。辛卯,弑昭公而立公子亹①。君子谓昭公知所恶矣。公子达曰②:"高伯其为戮乎,复恶已甚矣③。"

① 公子亹,昭公弟。○ 恶,乌路切,下及《注》所恶皆同。亹,音尾。 ② 公子达,鲁大夫。 ③ 复,重也。本为昭公所恶而复弑君,重为恶也。○ 复,扶又切,《注》同;一音服,则乖《注》意。重,直用切,下同。

经

十有八年春,王正月,公会齐侯于泺①。

公与夫人姜氏遂如齐②。

夏四月丙子,公薨于齐③。

丁酉,公之丧至自齐④。

秋七月。

冬十有二月己丑,葬我君桓公⑤。

① 泺水在济南历城县西北,入济。○ 泺,卢笃切,又力角切,一音洛;《说文》,匹沃切。 ② 公本与夫人俱行,至泺,公与齐侯行会礼,故先书会泺,既会而相随至齐,故曰遂。 ③ 不言戕,讳之也。戕例在宣十八年。○ 戕,在良切。 ④ 无《传》,告庙也。丁酉,五月一日,有日而无月。 ⑤ 无《传》。九月乃葬,缓慢也。

传

十八年春,公将有行,遂与姜氏如齐①。申繻曰:"女有家,男有室,无相渎也,谓之有礼。易此必败②。"公会齐侯于泺,遂及文姜如齐。齐侯通焉。公谪之③,以告④。

① 始议行事。　② 女安夫之家,夫安妻之室,违此则为渎。今公将姜氏如齐,故知其当致祸乱。○渎,徒木切。　③ 谪,谴也。○谪,直革切。谴,遣战切。　④ 夫人告齐侯。

夏四月丙子,享公①。使公子彭生乘公,公薨于车②。

① 齐侯为公设享燕之礼。○为,于伪切。　② 上车曰乘。彭生多力,拉公幹而杀之。○乘,如字,又纯证切。上,时掌切。拉,立荅切。幹,古旦切。

鲁人告于齐曰:"寡君畏君之威,不敢宁居,来修旧好,礼成而不反,无所归咎,恶于诸侯。请以彭生除之①。"

① 除耻辱之恶也。○好,呼报切。咎,其九切。

齐人杀彭生①。

① 不书,非卿。

秋,齐侯师于首止①,子亹会之,高渠弥相②。七月戊戌,齐人杀子亹而轘高渠弥③,祭仲逆郑子于陈而立之④。是行也,祭仲知之,故称疾不往。人曰:"祭仲以知免。"仲曰:"信也⑤。"

81

①陈师首止,讨郑弑君也。首止,卫地,陈留襄邑县东南有首乡。 ②不知齐欲讨己。○相,息亮切。 ③车裂曰辕。○辕,音患。 ④郑子,昭公弟子仪也。 ⑤时人讥祭仲失忠臣之节。仲以子亹为渠弥所立,本既不正,又不能固位安民,宜其见除,故即而然讥者之言,以明本意。○知,音智,又如字。

周公欲弑庄王而立王子克①。辛伯告王,遂与王杀周公黑肩。王子克奔燕②。初,子仪有宠于桓王,桓王属诸周公。辛伯谏曰:"并后③,匹嫡④,两政⑤,耦国⑥,乱之本也。"周公弗从,故及⑦。

①庄王,桓王大子。王子克,庄王弟子仪。○弑,申志切。 ②辛伯,周大夫。 ③妾如后。○属,音烛。 ④庶如嫡。○嫡,丁历切,《注》同。 ⑤臣擅命。○擅,市战切。 ⑥都如国。 ⑦及于难也。

春秋经传集解第三

庄 公

○ 庄公名同,桓公子,母文姜。《谥法》,胜敌克乱曰庄。

经

元年春,王正月。

三月,夫人孙于齐①。

夏,单伯送王姬②。

秋,筑王姬之馆于外③。

冬十月乙亥,陈侯林卒④。

王使荣叔来锡桓公命⑤。

王姬归于齐⑥。

齐师迁纪郱、鄑、郚⑦。

① 夫人,庄公母也。鲁人责之,故出奔,内讳奔,谓之孙,犹孙让而去。○孙,本亦作逊,音同,《注》及《传》同。　② 无《传》。单伯,天子卿也。单,采地;伯,爵也。王将嫁女于齐,既命鲁为主,故单伯送女,不称使也。王姬不称字,以王为尊,且别于内女也。天子嫁女于诸侯,使同姓诸侯主之,不亲昏,尊卑不敌。○ 单,音善。采,七代切。别,彼列切。　③ 公在谅闇,虑齐侯当亲迎,不忍便以礼接于庙,又不敢逆王命,故筑舍于外。○ 谅,音梁,又音亮。迎,鱼敬切。　④ 无《传》。未同盟而赴以名。

⑤ 无《传》。荣叔,周大夫。荣,氏;叔,字。锡,赐也。追命桓公,褒称其德,若昭七年王追命卫襄之比。○ 比,必利切。　⑥ 无《传》。不书逆,公不与接。　⑦ 无《传》。齐欲灭纪,故徙其三邑之民而取其地。郱在东莞临朐县东南。鄑在朱虚县东南。北海都昌县西有訾城。○ 郱,蒲丁切。鄑,子斯切。鄑,音吾。朐,其俱切。訾,子斯切。

传

元年春,不称即位,文姜出故也①。

① 文姜与桓俱行,而桓为齐所杀,故不敢还。庄公父弑母出,故不忍行即位之礼。据文姜未还,故《传》称文姜出也。姜于是感公意而还。不书,不告庙。○ 杀,音试,又如字。

三月,夫人孙于齐,不称姜氏,绝不为亲,礼也①。

① 姜氏,齐姓。于文姜之义,宜与齐绝,而复奔齐,故于其奔,去姜氏以示义。○ 复,扶又切。去,起吕切。

秋,筑王姬之馆于外。为外,礼也①。

① 齐强鲁弱,又委罪于彭生,鲁不能仇齐,然丧制未阕,故异其礼,得礼之变。○ 阕,苦穴切。

经

二年春,王二月,葬陈庄公①。
夏,公子庆父帅师伐於馀丘②。

秋七月，齐王姬卒③。
冬十有二月，夫人姜氏会齐侯于禚④。
乙酉，宋公冯卒⑤。

① 无《传》。鲁往会之，故书。例在昭六年。　② 无《传》。於馀丘，国名也。庄公时年十五，则庆父、庄公庶兄。　③ 无《传》。鲁为之主，比之内女。　④ 夫人行不以礼，故还皆不书，不告庙也。禚，齐地。○禚，诸若切。　⑤ 无《传》。再与桓同盟。○冯，皮冰切。

传

二年冬，夫人姜氏会齐侯于禚，书奸也①。

① 文姜前与公俱如齐，后惧而出奔，至此始与齐好会。会非夫人之事，显然书之。《传》曰：书奸。奸在夫人。文姜比年出会，其义皆同。○好，呼报切。

经

三年春，王正月，溺会齐师伐卫①。
夏四月，葬宋庄公②。
五月，葬桓王。
秋，纪季以酅入于齐③。
冬，公次于滑④。

① 溺，鲁大夫。疾其专命而行，故去氏。○溺，乃狄切。去，起吕切。　② 无《传》。　③ 季，纪侯弟。酅，纪邑，在齐国东安平县。齐欲灭纪，故季以邑入齐为附庸，先祀不废，社稷有奉，故书字贵之。○酅，户圭切，本又

作携。　④ 滑,郑地,在陈留 襄邑县西北。《传》例曰:凡师过信为次。兵未有所加,所次则书之。既书兵所加,则不书其所次,以事为宜,非虚次。○ 滑,乎八切,又于八切。

传

三年春,溺会齐师伐卫,疾之也①。

① 《传》重明上例。○ 重,直用切。

夏五月,葬桓王,缓也①。

① 以桓十五年三月崩,七年乃葬,故曰缓。

秋,纪季以酅入于齐,纪于是乎始判①。

① 判,分也。言分为附庸始于此。

冬,公次于滑,将会郑伯谋纪故也。郑伯辞以难①。凡师一宿为舍,再宿为信,过信为次②。

① 厉公在栎故。○ 难,乃旦切。栎,音历,或音书灼切。　② 为经书次例也。舍宿不书,轻也。言凡师,通君臣。

经

四年春,王二月,夫人姜氏享齐侯于祝丘①。

三月,纪伯姬卒②。
夏,齐侯、陈侯、郑伯遇于垂③。
纪侯大去其国④。
六月,齐侯葬纪伯姬⑤。
秋七月。
冬,公及齐人狩于禚⑥。

① 无《传》。享,食也,两君相见之礼,非夫人所用,直书以见其失。祝丘,鲁地。○ 食,音嗣,又如字,本或作会。见,贤遍切。　② 无《传》。隐二年裂繻所逆者。内女唯诸侯夫人卒葬皆书,恩成于敌体。　③ 无《传》。　④ 以国与季,季奉社稷,故不言灭;不见迫逐,故不言奔。大去者,不反之谓。　⑤ 无《传》。纪季入酅,为齐附庸,而纪侯大去其国,齐侯加礼初附,以崇厚义,故摄伯姬之丧而以纪国夫人礼葬之。　⑥ 无《传》。公越竟与齐微者俱狩,失礼可知。○ 狩,手又切。竟,音境。

传

四年春,王三月,楚武王荆尸,授师孑焉以伐随①。将齐,入告夫人邓曼曰:"余心荡②。"邓曼叹曰:"王禄尽矣。盈而荡,天之道也,先君其知之矣。故临武事,将发大命,而荡王心焉③。若师徒无亏,王薨于行,国之福也④。"王遂行,卒于樠木之下⑤。令尹鬬祁、莫敖屈重除道梁溠,营军临随。随人惧,行成⑥。莫敖以王命入盟随侯,且请为会于汉汭而还⑦。济汉而后发丧。

① 尸,陈也。荆亦楚也,更为楚陈兵之法。扬雄《方言》:孑者戟也。

然则,楚始于此参用戟为陈。○子,吉热切。陈,直觐切。　②将授兵于庙,故齐。荡,动散也。○齐,侧皆切。　③楚为小国,僻陋在夷,至此武王始起其众,僭号称王,陈兵授师,志意盈满,临齐而散。故邓曼以天地鬼神为征应之符。○僻,匹亦切。僭,子念切。应,应对之应。　④王薨于行,不列于敌。　⑤槜木,木名。○槜,郎荡切,又莫昆切,又武元切。　⑥时秘王丧,故为奇兵更开直道。溠水在义阳厥县西,东南入郧水。梁,桥也。随人不意其至,故惧而行成。○重,直用切,又直容切。溠,高贵乡公音侧嫁切,水名;《字林》,壮加切。郧,音云;或作员。　⑦汭,内也,谓汉西。○汭,如锐切,水曲曰汭。

纪侯不能下齐,以与纪季①。夏,纪侯大去其国,违齐难也②。

①不能降屈事齐,尽以国与季,明季不叛。○下,遐嫁切。　②违,辟也。○难,乃旦切。

经

五年春,王正月。
夏,夫人姜氏如齐师①。
秋,郳犁来来朝②。
冬,公会齐人、宋人、陈人、蔡人伐卫。

①无《传》。书奸。　②附庸国也。东海昌虑县东北有郳城。犁来,名。○郳,五兮切,国名,后为小邾。犁,力兮切。虑,如字,又力於切。

传

五年秋,郳犁来来朝,名,未王命也①。

① 未受爵命为诸侯，《传》发附庸称名例也。其后数从齐桓以尊周室，王命以为小邾子。○ 数，音朔。

冬，伐卫，纳惠公也①。

① 惠公，朔也。桓十六年，出奔齐。

经

六年春，王正月，王人子突救卫①。
夏六月，卫侯朔入于卫②。
秋，公至自伐卫③。
螟④。
冬，齐人来归卫俘⑤。

① 王人，王之微官也，虽官卑而见授以大事，故称人而又称字。② 朔为诸侯所纳，不称归而以国逆为文，朔惧失众心，以国逆告也。归入例在成十八年。　③ 无《传》。告于庙也。　④ 无《传》。为灾。○ 螟，亡丁切。　⑤《公羊》、《穀梁》、《经》、《传》皆言卫宝，此《传》亦言宝。唯此《经》言俘，疑《经》误。俘，囚也。○ 俘，芳夫切。

传

六年春，王人救卫。夏，卫侯入，放公子黔牟于周，放甯跪于秦，杀左公子洩、右公子职①，乃即位。君子以二公子之立黔牟为不度矣。夫能固位者必度于本末而后立衷焉。不知其本，不谋。知本之不枝，弗强②。《诗》云："本枝百世③。"

① 甯跪，卫大夫。宥之以远曰放。○ 甯，乃定切。跪，其毁切。宥，音又。　② 本末，终始也。衷，节适也。譬之树木，本弱者其枝必披，非人力所能强成。○ 度，待洛切。衷，丁仲切，《注》同；王音忠。强，其丈切，《注》同。披，普靡切，又普知切。　③ 《诗·大雅》，言文王本枝俱茂，蕃滋百世也。○ 蕃，音烦。

冬，齐人来归卫宝，文姜请之也①。

① 公亲与齐共伐卫，事毕而还。文姜淫于齐侯，故求其所获珍宝，使以归鲁，欲说鲁以谢惭。○ 说，音悦。

楚文王伐申，过邓。邓祁侯曰："吾甥也①。"止而享之。骓甥、聃甥、养甥请杀楚子②，邓侯弗许。三甥曰："亡邓国者，必此人也。若不早图，后君噬齐③，其及图之乎？图之，此为时矣。"邓侯曰："人将不食吾馀④。"对曰："若不从三臣，抑社稷实不血食，而君焉取余⑤。"弗从。还年，楚子伐邓⑥。十六年，楚复伐邓，灭之⑦。

① 祁，谥也。姊妹之子曰甥。○ 祁，巨支切；《字林》，上尸切。② 皆邓甥仕于舅氏也。○ 骓，音佳。　③ 若齧腹齐，喻不可及。○ 噬，市制切。齐，粗兮切。齧，五结切。　④ 言自害其甥，必为人所贱。⑤ 言君无复馀。○ 焉，於虔切。复，扶又切。　⑥ 伐申还之年。⑦ 鲁庄公十六年，楚终强盛，为《经》书楚事张本。

经

七年春，夫人姜氏会齐侯于防①。

夏四月辛卯,夜,恒星不见②。夜中,星陨如雨③。

秋,大水④。

无麦、苗⑤。

冬,夫人姜氏会齐侯于穀⑥。

① 防,鲁地。　② 恒,常也,谓常见之星。辛卯,四月五日,月光尚微,盖时无云,日光不以昏没。○ 见,贤遍切,《注》及《传》皆同。③ 如,而也。夜半乃有云,星落而且雨,其数多,皆记异也。日光不匿,恒星不见,而云夜中者,以水漏知之。○ 夜中,夜半也。中,丁仲切,又如字。陨,于闵切,落也。匿,女力切。　④ 无《传》。　⑤ 今五月,周之秋。平地水出,漂杀熟麦及五稼之苗。○ 漂,匹妙切,又匹遥切。　⑥ 无《传》。穀,齐地,今济北穀城县。

传

七年春,文姜会齐侯于防,齐志也①。

① 文姜数与齐侯会,至齐地则奸发夫人,至鲁地则齐侯之志,故《传》略举二端以言之。○ 数,音朔。

夏,恒星不见,夜明也。星陨如雨,与雨偕也①。

① 偕,俱也。○ 偕,音皆。

秋,无麦、苗,不害嘉谷也①。

① 黍稷尚可更种,故曰不害嘉谷。

经

八年春,王正月,师次于郎,以俟陈人、蔡人①。

甲午,治兵②。

夏,师及齐师围郕,郕降于齐师③。

秋,师还④。

冬十有一月癸未,齐无知弑其君诸儿⑤。

① 无《传》。期共伐郕,陈、蔡不至,故驻师于郎以待之。 ② 治兵于庙,习号令,将以围郕。 ③ 二国同讨而齐独纳郕。〇降,户江切,《传》皆同。 ④ 时史善公克己复礼,全军而还,故特书师还。 ⑤ 称臣,臣之罪也。〇儿,如字;一音五兮切。

传

八年春,治兵于庙,礼也。夏,师及齐师围郕。郕降于齐师。仲庆父请伐齐师①。公曰:"不可。我实不德,齐师何罪?罪我之由。《夏书》曰:'皋陶迈种德②,德乃降。'姑务修德以待时乎③。"秋,师还。君子是以善鲁庄公④。

① 齐不与鲁共其功,故欲伐之。 ②《夏书》,逸《书》也。称皋陶能勉种德。迈,勉也。〇夏,户雅切,后放此。陶,音遥。 ③ 言苟有德乃为人所降服。姑,且也。 ④《传》言《经》所以即用旧史之文。

齐侯使连称、管至父戍葵丘①。瓜时而往,曰:"及瓜而代。"期戍,公问不至②。请代,弗许。故谋作乱。僖公之母弟曰夷仲年,生公孙无知,有宠于僖公,衣服礼秩如适③,襄公绌之。二人因之以作乱④。连称有从妹在公宫，无宠，使间公⑤，曰："捷，吾以女为夫人⑥。"

冬十二月，齐侯游于姑棼，遂田于贝丘⑦，见大豕，从者曰："公子彭生也⑧。"公怒曰："彭生敢见！"射之，豕人立而啼。公惧，队于车，伤足丧屦。反，诛屦于徒人费⑨。弗得，鞭之，见血。走出，遇贼于门，劫而束之。费曰："我奚御哉！"袒而示之背，信之。费请先入⑩，伏公而出斗，死于门中。石之纷如死于阶下⑪。遂入，杀孟阳于床⑫。曰："非君也，不类。"见公之足于户下，遂弑之，而立无知⑬。

初襄公立，无常⑭。鲍叔牙曰："君使民慢，乱将作矣。"奉公子小白出奔莒⑮。乱作，管夷吾、召忽奉公子纠来奔⑯。初，公孙无知虐于雍廪⑰。

① 连称、管至父，皆齐大夫。戍，守也。葵丘，齐地，临淄县西有地名葵丘。○称，尺证切，又如字。　② 问，命也。○期，音基，本亦作朞。③ 適，大子。○適，丁历切。　④ 二人，连称、管至父。○绌，敕律切。⑤ 伺公之间隙。○从，才用切，下从者同。间，如字，《注》同。或古苋切，非。　⑥ 捷，克也。宣无知之言。○捷，在接切。女，音汝。　⑦ 姑棼、贝丘，皆齐地。田，猎也。乐安博昌县南有地名贝丘。○棼，扶云切。贝，补盖切。乐，音洛。　⑧ 公见大豕而从者见彭生，皆妖鬼。⑨ 诛，责也。○见，贤遍切。射，食亦切。啼，田兮切。队，直类切。丧，息浪切。屦，九具切。费，音秘。　⑩ 诈欲助贼。○御，鱼吕切。袒，音但。　⑪ 石之纷如，齐小臣，亦斗死。○纷，敷文切。　⑫ 孟阳，亦小臣，代公居床。○床，士良切。　⑬《经》书十一月癸未，《长历》推之，月六日也。《传》云十二月。《传》误。　⑭ 政令无常。　⑮ 鲍叔牙，小白傅。小白，僖公庶子。○鲍，步卯切。　⑯ 管夷吾、召忽，皆子纠傅

也。子纠,小白庶兄。来不书,皆非卿也。为九年公伐齐纳子纠、齐小白入于齐《传》。○召,时照切。纠,居黝切。 ⑰雍廪,齐大夫,为杀无知《传》。○廪,力锦切。

经

九年春,齐人杀无知①。
公及齐大夫盟于蔇②。
夏,公伐齐,纳子纠。齐小白入于齐③。
秋七月丁酉,葬齐襄公④。
八月庚申,及齐师战于乾时,我师败绩⑤。
九月,齐人取子纠,杀之⑥。
冬,浚洙⑦。

① 无知弑君而立,未列于会,故不书爵,例在成十六年。 ② 齐乱无君,故大夫得敌于公,盖欲迎子纠也。来者非一人,故不称名。蔇,鲁地,琅邪缯县北有蔇亭。○蔇,其器切。缯,才陵切。 ③ 二公子各有党,故虽盟而迎子纠,当须伐乃得入,又出在小白之后。小白称入,从国逆之文,本无位。 ④ 无《传》。九月乃葬,乱故。 ⑤ 小白既定而公犹不退师,历时而战,战遂大败。不称公战,公败讳之。乾时,齐地,时水在乐安界,岐流,旱则竭涸,故曰乾时。○乾,音干。岐,其宜切,又巨移切。涸,户各切。 ⑥ 公子为贼乱,则书。齐实告杀而书齐取杀者,时史恶齐志在谲以求管仲,非不忍其亲,故极言之。○恶,乌路切。谲,古穴切。 ⑦ 无《传》。洙水在鲁城北,下合泗,浚深之为齐备。○浚,苏俊切。洙,音殊,水名。泗,音四。

传

九年春,雍廪杀无知。公及齐大夫盟于蔇,齐无君也。

夏，公伐齐，纳子纠。桓公自莒先入①。秋，师及齐师战于乾时，我师败绩。公丧戎路，传乘而归②。秦子、梁子以公旗辟于下道③，是以皆止④。

鲍叔帅师来言曰："子纠，亲也，请君讨之⑤。管、召，仇也，请受而甘心焉⑥。"乃杀子纠于生窦⑦，召忽死之。管仲请囚，鲍叔受之，及堂阜而税之⑧。归而以告曰："管夷吾治于高傒⑨，使相可也。"公从之⑩。

① 桓公，小白。　② 戎路，兵车。传乘，乘他车。○丧，息浪切。传，直专切，又丁恋切。乘，绳证切；《注》、《传》乘同。乘他车，如字。③ 二子，公御及戎右也，以误齐师。○辟，音避，本亦作避，又婢亦切。④ 止，获也。　⑤ 鲍叔乘胜而进军，志在生得管仲，故托不忍之辞。⑥ 管仲射桓公，故曰仇。甘心，言欲快意戮杀之。○召，时照切。仇，市由切。射，食亦切。　⑦ 生窦，鲁地。○窦，音豆。　⑧ 堂阜，齐地。东莞蒙阴县西北有夷吾亭。或曰：鲍叔解夷吾缚于此，因以为名。○税，本又作说，同吐活切，又失锐切。解，姑蟹切。缚，扶略切。　⑨ 高傒，齐卿高敬仲也，言管仲治理政事之才，多于敬仲。○治，直吏切。傒，音兮。⑩ ○相，息亮切。

经

十年春，王正月，公败齐师于长勺①。

二月，公侵宋②。

三月，宋人迁宿③。

夏六月，齐师、宋师次于郎④。

公败宋师于乘丘⑤。

秋九月，荆败蔡师于莘⑥，以蔡侯献舞归⑦。

冬十月,齐师灭谭⑧。谭子奔莒⑨。

① 齐人虽成列,鲁以权谲稽之,列成而不得用,故以未陈为文。例在十一年。长勺,鲁地。〇勺,上酌切。陈,直觐切,十一年《经》《注》同。② 无《传》。侵例在二十九年。 ③ 无《传》。宋强迁之而取其地,故文异于邢迁。〇强,其丈切。 ④ 不言侵伐,齐为兵主,背蔇之盟,义与长勺同。〇背,音佩,《传》同。 ⑤ 乘丘,鲁地。〇乘,绳证切。 ⑥ 荆,楚本号,后改为楚。楚辟陋在夷,于此始通上国,然告命之辞犹未合典礼,故不称将帅。莘,蔡地。〇莘,所巾切。率,子匠切,又作帅,同,所类切。 ⑦ 献舞,蔡季。 ⑧ 谭国在济南平陵县西南。《传》曰:谭无礼。此直释所以见灭,《经》无义例,他皆放此。灭例在文十五年。〇谭,徒南切。 ⑨ 不言出奔,国灭无所出。

传

十年春,齐师伐我①。公将战,曹刿请见②。其乡人曰:"肉食者谋之,又何间焉③。"刿曰:"肉食者鄙,未能远谋。"乃入见。

问何以战。公曰:"衣食所安,弗敢专也,必以分人。"对曰:"小惠未徧,民弗从也④。"公曰:"牺牲玉帛,弗敢加也,必以信⑤。"对曰:"小信未孚,神弗福也⑥。"公曰:"小大之狱,虽不能察,必以情⑦。"对曰:"忠之属也⑧,可以一战。战则请从。"公与之乘⑨。

战于长勺,公将鼓之。刿曰:"未可。"齐人三鼓,刿曰:"可矣。"齐师败绩。公将驰之。刿曰:"未可。"下视其辙⑩,登轼而望之,曰:"可矣。"遂逐齐师。

既克,公问其故。对曰:"夫战,勇气也。一鼓作气,再而衰,三而竭。彼竭我盈,故克之。夫大国难测也,惧有伏焉⑪。吾视其辙乱,望其旗靡,故逐之⑫。"

　　① 不书侵伐,齐背柯之盟,我有辞。　② 曹刿,鲁人。○刿,古卫切。见,贤遍切。　③ 肉食,在位者。间,犹与也。○间,间厕之间。与,音预。　④ 分公衣食,所惠不过左右,故曰未徧。○徧,音遍。　⑤ 祝辞不敢以小为大,以恶为美。○牺,许宜切。　⑥ 孚,大信也。　⑦ 必尽己情。察,审也。　⑧ 上思利民,忠也。○属,音蜀。　⑨ 共乘兵车。○从,才用切。乘,绳证切。　⑩ 视车迹也。○三,息暂切,又如字。辙,直列切。　⑪ 恐诈奔。○轼,音式。伏,如字,旧扶又切。　⑫ 旗靡辙乱,怖遽。○旗,音其。靡,音美。怖,普布切。遽,其据切。

　　夏六月,齐师、宋师次于郎。公子偃曰:"宋师不整,可败也①。宋败,齐必还,请击之。"公弗许。自雩门窃出,蒙皋比而先犯之②。公从之,大败宋师于乘丘。齐师乃还。

　　① 公子偃,鲁大夫。　② 雩门,鲁南城门。皋比,虎皮。○雩,音于。比,音毗。

　　蔡哀侯娶于陈,息侯亦娶焉。息妫将归,过蔡。蔡侯曰:"吾姨也①。"止而见之,弗宾②。息侯闻之,怒,使谓楚文王曰:"伐我,吾求救于蔡而伐之。"楚子从之。秋九月,楚败蔡师于莘,以蔡侯献舞归。

　　① 妻之姊妹曰姨。　② 不礼敬也。

　　齐侯之出也,过谭,谭不礼焉。及其入也,诸侯皆贺,谭

97

又不至①。冬,齐师灭谭,谭无礼也。谭子奔莒,同盟故也②。

① 以九年入。〇 过,古禾切。　②《传》言谭不能及远,所以亡。

经

十有一年春,王正月①。
夏五月戊寅,公败宋师于鄑②。
秋,宋大水③。
冬,王姬归于齐④。

① 无《传》。　② 鄑,鲁地。《传》例曰:敌未陈曰败某师。〇 鄑,子靳切。　③ 公使吊之,故书。　④ 鲁主昏,不书齐侯逆,不见公。

传

十一年夏,宋为乘丘之役,故侵我。公御之,宋师未陈而薄之,败诸鄑。凡师,敌未陈曰败某师①,皆陈曰战②,大崩曰败绩③,得儁曰克④,覆而败之曰取某师⑤,京师败曰王师败绩于某⑥。

① 通谓设权谲变诈以胜敌,彼我不得成列,成列而不得用,故以未陈独败为文。〇 为,于伪切。陈,直觐切。　② 坚而有备,各得其所,成败决于志力者也。　③ 师徒挠败,若沮岸崩山,丧其功绩,故曰败绩。〇 挠,乃孝切,又乃巧切。沮,在吕切,坏也,又子余切;岸崩谓之沮。丧,息浪切。　④ 谓若大叔段之比,才力足以服众,威权足以自固,进不成为外寇强敌,退复狡壮,有二君之难而实非二君,克而胜之则不言彼败绩,但书所克之名。〇 儁,音俊;本或作俊。比,必利切。复,扶又切。狡,交卯切。壮,侧亮切。

难,乃旦切。　⑤ 覆,谓威力兼备,若罗网所掩覆,一军皆见擒制,故以取为文。　⑥ 王者无敌于天下,天下非所得与战者。然春秋之世,据有其事,事列于《经》,则不得不因申其义。有时而败,则以自败为文,明天下莫之得校。○ 京师败,本或作京师败绩者,非。校,音教。

秋,宋大水。公使吊焉,曰:"天作淫雨,害于粢盛,若之何不吊①?"对曰:"孤实不敬,天降之灾,又以为君忧,拜命之辱②。"臧文仲曰:"宋其兴乎③。禹、汤罪己,其兴也悖焉④;桀、纣罪人,其亡也忽焉⑤。且列国有凶称孤,礼也⑥。言惧而名礼,其庶乎⑦。"既而闻之曰:"公子御说之辞也⑧。"臧孙达曰:"是宜为君,有恤民之心。"

① 不为天所愍吊。　② 谢辱厚命。　③ 臧文仲,鲁大夫。
④ 悖,盛貌。○ 悖,蒲忽切,一作勃,同。　⑤ 忽,速貌。○ 纣,直久切。
⑥ 列国,诸侯。无凶则常称寡人。　⑦ 言惧,罪己;名礼,称孤;其庶,庶几于兴。○ 言惧而名礼,绝句。或以名绝句者,非。　⑧ 宋庄公子。
○ 御,鱼吕切;本或作御。说,音悦。

冬,齐侯来逆共姬①。

① 齐桓公也。○ 共,音恭。

乘丘之役①,公以金仆姑射南宫长万②,公右歂孙生搏之③。宋人请之,宋公靳之④,曰:"始吾敬子,今子,鲁囚也,吾弗敬子矣。"病之⑤。

① 在十年。　②金仆姑，矢名。南宫长万，宋大夫。○射，食亦切。长，丁丈切。　③搏，取也。不书获，万时未为卿。○歂，市专切。搏，音博。　④戏而相愧曰靳。鲁听其得还。○靳，居觐切；服云，耻而恶之曰靳。　⑤万不以为戏而以为己病，为宋万弑君《传》。

经

十有二年春，王三月，纪叔姬归于酅①。

夏四月。

秋八月甲午，宋万弑其君捷，及其大夫仇牧②。

冬十月，宋万出奔陈③。

① 无《传》。纪侯去国而死，叔姬归鲁。纪季自定于齐而后归之。全守节义以终妇道，故系之纪而以初嫁为文，贤之也。来归不书，非宁，且非大归。○酅，音携。　②捷，闵公，不书葬，乱也。万及仇牧皆宋卿。仇牧称名，不警而遇贼，无善事可褒。○警，居领切。　③奔例在宣十年。

传

十二年秋，宋万弑闵公于蒙泽①。遇仇牧于门，批而杀之②。遇大宰督于东宫之西，又杀之③。立子游④。群公子奔萧，公子御说奔亳⑤。南宫牛、猛获帅师围亳⑥。冬十月，萧叔大心⑦及戴、武、宣、穆、庄之族⑧，以曹师伐之。杀南宫牛于师，杀子游于宋，立桓公⑨。猛获奔卫；南宫万奔陈，以乘车辇其母，一日而至⑩。

宋人请猛获于卫。卫人欲勿与，石祁子曰："不可⑪。天下之恶一也，恶于宋而保于我，保之何补？得一夫而失一国,与恶而弃好,非谋也⑫。"卫人归之。亦请南宫万于陈,以赂。陈人使妇人饮之酒,而以犀革裹之,比及宋,手足皆见。宋人皆醢之⑬。

① 蒙泽,宋地。梁国有蒙县。　② 手批之。○ 批,音普迷切,又蒲穴切;《字林》云,击也,父迷、父节二切。　③ 杀督不书,宋不以告。○ 大,音泰。　④ 子游,宋公子。　⑤ 萧,宋邑,今沛国萧县。亳,宋邑,蒙县西北有亳城。○ 亳,步各切。　⑥ 牛,长万之子。猛获,其党。　⑦ 叔,萧大夫名。　⑧ 宋五公之子孙。　⑨ 桓公,御说。　⑩ 乘车,非兵车。驾人曰辇。宋去陈二百六十里,言万之多力。　⑪ 南宫万奔陈,本或作长万,长,衍字也。下亦然。乘,绳证切,《注》同。　⑪ 石祁子,卫大夫。　⑫ 宋、卫本同好国。○ 好,呼报切,《注》同。　⑬ 醢,肉酱。并醢猛获,故言皆。○ 于陈以赂,绝句。饮,於鸩切。犀,音西。裹,音果。比,必利切。见,贤遍切。醢,音海。

经

十有三年春,齐侯、宋人、陈人、蔡人、邾人会于北杏①。

夏六月,齐人灭遂②。

秋七月。

冬,公会齐侯,盟于柯③。

① 北杏,齐地。○ 杏,户猛切。　② 遂国在济北蛇丘县东北。○ 蛇,音移。　③ 此柯今济北东阿,齐之阿邑。犹祝柯今为祝阿。○ 柯,古何切。

传

十三年春,会于北杏以平宋乱①,遂人不至。夏,齐人灭

101

遂而戍之^②。

① 宋有弑君之乱,齐桓欲修霸业。　② 戍,守也。

冬,盟于柯,始及齐平也^①。

① 始与齐桓通好。○好,呼报切。

宋人背北杏之会^①。

① ○背,音佩。十四年《经》、《注》同。

经
十有四年春,齐人、陈人、曹人伐宋^①。
夏,单伯会伐宋^②。
秋七月,荆入蔡^③。
冬,单伯会齐侯、宋公、卫侯、郑伯于鄄^④。

① 背北杏会故。　② 既伐宋,单伯乃至,故曰会伐宋。单伯,周大夫。　③ 入例在文十五年。　④ 鄄,卫地,今东郡甄城也。齐桓修霸业,卒平宋乱,宋人服从,欲归功天子,故赴以单伯会诸侯为文。○鄄,音绢。甄,音绢,又音真;或音旃,又举然切;或作鄄。

传
十四年春,诸侯伐宋,齐请师于周^①。夏,单伯会之,取成于宋而还。

① 齐欲崇天子,故请师。假王命以示大顺。《经》书人,《传》言诸侯者,总众国之辞。

郑厉公自栎侵郑①,及大陵,获傅瑕②。傅瑕曰:"苟舍我,吾请纳君。"与之盟而赦之。六月甲子,傅瑕杀郑子及其二子而纳厉公③。

初,内蛇与外蛇斗于郑南门中,内蛇死。六年而厉公入。公闻之,问于申繻曰:"犹有妖乎?"对曰:"人之所忌,其气焰以取之,妖由人兴也④。人无衅焉,妖不自作。人弃常则妖兴,故有妖。"

厉公入,遂杀傅瑕。使谓原繁曰:"傅瑕贰⑤,周有常刑,既伏其罪矣。纳我而无二心者,吾皆许之上大夫之事,吾愿与伯父图之⑥。且寡人出,伯父无裹言⑦;入,又不念寡人⑧,寡人憾焉。"对曰:"先君桓公命我先人典司宗祏⑨。社稷有主而外其心,其何贰如之?苟主社稷,国内之民其谁不为臣?臣无二心,天之制也。子仪在位十四年矣⑩,而谋召君者,庸非贰乎⑪。庄公之子犹有八人,若皆以官爵行赂,劝贰而可以济事,君其若之何?臣闻命矣。"乃缢而死⑫。

① 厉公以桓十五年入栎,遂居之。○ 栎,音历。　② 大陵,郑地。傅瑕,郑大夫。　③ 郑子,庄四年称伯,会诸侯。今见杀不称君无谥者,微弱,臣子不以君礼成丧告诸侯。○ 舍,音捨。郑子,子仪。　④《尚书·洛诰》:"无若火始焰焰。"未盛而进退之时,以喻人心不坚正。○ 蛇,市

奢切。繻,音须。妖,于骄切。焰,音艳,《注》同。诰,古报切。　⑤言有二心于己。○衅,许靳切。　⑥上大夫,卿也。伯父谓原繁,疑原繁有二心。　⑦无纳我之言。○裹,音里。　⑧不亲附己。　⑨桓公,郑始受封君也。宗祐,宗庙中藏主石室。言己世为宗庙守臣。○憾,户暗切。祐,音石,藏主石函也。守,手又切。　⑩子仪,郑子也。⑪庸,用也。　⑫○庄公之子,犹有八人,《传》唯见四人：子忽、子亹、子仪并死,独厉公在。八人名字,记传无闻。缢,一赐切。

蔡哀侯为莘故,绳息妫以语楚子①。楚子如息,以食入享,遂灭息②。以息妫归,生堵敖及成王焉,未言③。楚子问之,对曰："吾一妇人而事二夫,纵弗能死,其又奚言？"楚子以蔡侯灭息,遂伐蔡④。秋七月,楚入蔡。君子曰："《商书》所谓'恶之易也,如火之燎于原,不可乡迩,其犹可扑灭'者,其如蔡哀侯乎⑤。"

①莘役在十年。绳,誉也。○为,于伪切。莘,所巾切。语,鱼据切。绳,食承切；《说文》作䋲。誉音余,又如字。　②伪设享食之具。○食,音嗣。　③未与王言。○堵,丁古切。敖,五羔切。杜云,楚人谓未成君为敖,《史记》作杜敖。　④欲以说息妫。○说,音悦。　⑤《商书·盘庚》。言恶易长而难灭。○易,以豉切,《注》同。燎,力召切,又力吊切。乡,许亮切。扑,普卜切。盘,步干切,本又作般。长,丁丈切。

冬,会于郲,宋服故也。

经

十有五年春,齐侯、宋公、陈侯、卫侯、郑伯会于郲。

夏,夫人姜氏如齐①。
秋,宋人、齐人、邾人伐郳②。
郑人侵宋。
冬十月。

① 无《传》。夫人,文姜,齐桓公姊妹。父母在则礼有归宁,没则使卿宁。　② 宋主兵,故序齐上。○郳,五兮切。

传

十五年春,复会焉,齐始霸也①。

① 始为诸侯长。○复,扶又切。长,丁丈切。

秋,诸侯为宋伐郳①。郑人间之而侵宋②。

① 郳,附庸,属宋而叛,故齐桓为之伐郳。○为,于伪切。　②○间,间厕之间,一本作闻。

经

十有六年春,王正月。
夏,宋人、齐人、卫人伐郑①。
秋,荆伐郑。
冬十有二月,会齐侯、宋公、陈侯、卫侯、郑伯、许男、滑伯、滕子同盟于幽②。
邾子克卒③。

① 宋主兵也。班序上下，以国大小为次，征伐则以主兵为先，《春秋》之常也。他皆放此。　　② 书会，鲁会之。不书其人，微者也。言同盟，服异也。陈国小，每盟会皆在卫下，齐桓始霸，楚亦始强，陈侯介于二大国之间，而为三恪之客，故齐桓因而进之，遂班在卫上，终于《春秋》。滑国都费，河南缑氏县。幽，宋地。○介，音界。恪，苦各切；一本或无之客二字。费，扶味切，又音秘。缑，古侯切，又苦侯切。　　③ 无《传》。克，仪父名。称子者，盖齐桓请王命以为诸侯，再同盟。

传

十六年夏，诸侯伐郑，宋故也①。

① 郑侵宋故。○宋故也，本或作为宋故。

郑伯自栎入①，缓告于楚。秋，楚伐郑，及栎，为不礼故也。

郑伯治与于雍纠之乱者②。九月，杀公子阏，刖强鉏③。公父定叔出奔卫④。三年而复之，曰："不可使共叔无后于郑。"使以十月入，曰："良月也，就盈数焉⑤。"君子谓："强鉏不能卫其足⑥。"

① 在十四年。　　② 在桓十五年。○为，于伪切，下同。与，音预。③ 二子，祭仲党。断足曰刖。○公子阏，安末切。案：隐十一年，郑有公孙阏，距此三十五年，不容复有公子阏。若非阏字误，则子当为孙。刖，音月，又五刮切。鉏，仕鱼切。断，丁管切。　　④ 共叔段之孙。定，谥也。○父，音甫；王，音如字。共，音恭。　　⑤ 数满于十。　　⑥ 言其不能早辟害。

冬,同盟于幽,郑成也。

王使虢公命曲沃伯以一军为晋侯①。初,晋武公伐夷,执夷诡诸②。芮国请而免之③。既而弗报④。故子国作乱,谓晋人曰:"与我伐夷而取其地⑤。"遂以晋师伐夷,杀夷诡诸。周公忌父出奔虢⑥。惠王立而复之⑦。

① 曲沃武公遂并晋国,僖王因就命为晋侯。小国,故一军。○ 并,如字;王,必政切。　② 夷诡诸,周大夫。夷,采地名。○ 诡,九委切。采,七代切,后放此。　③ 芮国,周大夫。○ 芮,于委切。　④ 诡诸不报施于芮国。○ 施,始豉切。　⑤ 使晋取夷地。　⑥ 周公忌父,王卿士,辟子匄之难。○ 难,乃旦切。　⑦ 鲁桓十五年《经》书桓王崩,鲁庄三年《经》书葬桓王。自此以来,周有庄王,又有僖王,崩葬皆不见于《经》《传》。王室微弱,不能复自通于诸侯,故《传》因周公忌父之事而见惠王。惠王立在此年之末。○ 见,贤遍切,下同。复,扶又切。

经

十有七年春,齐人执郑詹①。

夏,齐人歼于遂②。

秋,郑詹自齐逃来③。

冬,多麋④。

① 齐桓始伯,郑既伐宋,又不朝齐。詹为郑执政大臣,诣齐见执,不称行人,罪之也。行人例在襄十一年。诸执大夫皆称人以执之,大夫贱故。○ 詹,之廉切。伯,音霸,又如字;本又作霸。　② 歼,尽也。齐人戍遂,酖而无备,遂人讨而尽杀之,故时史因以自尽为文。○ 歼,子廉切。酖,五乱切。尽,津忍切。　③ 无《传》。詹不能伏节守死以解国患,而遁逃苟

免,书逃以贱之。○遁,徒逊切。　④无《传》。麋多则害五稼,故以灾书。○麋,亡悲切。

传
十七年春,齐人执郑詹,郑不朝也。
夏,遂因氏、颌氏、工娄氏、须遂氏飨齐戍,醉而杀之,齐人歼焉①。

①飨,酒食也。四族,遂之强宗。齐灭遂,戍之,在十三年。○颌,乌纳切,又苦苔切。娄,力侯切。飨,本又作享。

经
十有八年春,王三月,日有食之①。
夏,公追戎于济西②。
秋,有蜮③。
冬十月。

①无《传》。不书日,官失之。　②戎来侵鲁,公逐之于济水之西。　③蜮,短狐也,盖以含沙射人为灾。○蜮,本又作䘇,音或;《本草》谓之射工。短,本又作断,同,丁管切。狐,又作弧,音胡。射,食亦切。

传
十八年春,虢公、晋侯朝王,王飨醴,命之宥①,皆赐玉五瑴,马三匹。非礼也②。王命诸侯,名位不同,礼亦异数,不以礼假人③。

108

① 王之觐群后，始则行飨礼，先置醴酒，示不忘古。饮宴则命以币物。宥，助也，所以助欢敬之意，言备设。○ 醴，音礼。宥，音又。　② 双玉为毂。○ 毂，音角，又作珏。　③ 侯而与公同赐，是借人礼。○ 借，子夜切。

虢公、晋侯、郑伯使原庄公逆王后于陈。陈妫归于京师①，实惠后②。

① 虢、晋朝王，郑伯又以齐执其卿，故求王为援，皆在周，倡义为王定昏。陈人敬从。得同姓宗国之礼，故《传》详其事。不书，不告。○ 为，于伪切。　② 陈妫后号惠后，宠爱少子，乱周室，事在僖二十四年，故《传》于此并正其后称。○ 少，诗照切。称，尺证切。

夏，公追戎于济西。不言其来，讳之也①。

① 戎来侵鲁，鲁人不知，去乃追之，故讳不言其来。

秋，有蜮。为灾也。

初，楚武王克权，使斗缗尹之①。以叛，围而杀之②。迁权于那处③，使阎敖尹之④。及文王即位，与巴人伐申而惊其师⑤。巴人叛楚而伐那处，取之，遂门于楚⑥。阎敖游涌而逸⑦。楚子杀之，其族为乱。冬，巴人因之以伐楚。

① 权，国名，南郡当阳县东南有权城。斗缗，楚大夫。○ 缗，亡巾切。② 缗以权叛。○ 以叛，绝句；本或作畔，俗字也。　③ 那处，楚地，南郡编县东南有那口城。○ 那，又作那，同，乃多切。处，昌吕切，又昌虑切。

编,必绵切,又步典切。　④ 阎敖,楚大夫。　⑤ 惊巴师。　⑥ 攻楚城门。　⑦ 涌水在南郡华容县。阎敖既不能守城,又游涌水而走。○ 涌,音勇,水名。

经

十有九年春,王正月。

夏四月。

秋,公子结媵陈人之妇于鄄,遂及齐侯、宋公盟①。

夫人姜氏如莒②。

冬,齐人、宋人、陈人伐我西鄙③。

① 无《传》。公子结,鲁大夫。《公羊》、《穀梁》皆以为鲁女媵陈侯之妇,其称陈人之妇,未入国,略言也。大夫出竟有可以安社稷、利国家者,则专之可也。结在鄄闻齐、宋有会,权事之宜,去其本职,遂与二君为盟,故备书之。本非鲁公意,而又失媵陈之好,故冬各来伐。○ 媵,以证切,又绳证切,送也。竟,音境。好,呼报切。　② 无《传》。非父母国而往,书奸。　③ 无《传》。幽之盟鲁使微者会,鄄之盟又使媵臣行,所以受敌。鄙,边邑。

传

十九年春,楚子御之,大败于津①。还,鬻拳弗纳。遂伐黄②,败黄师于踖陵③。还,及湫,有疾④。夏六月庚申卒。鬻拳葬诸夕室⑤,亦自杀也,而葬于绖皇⑥。

初,鬻拳强谏楚子,楚子弗从,临之以兵,惧而从之。鬻拳曰:"吾惧君以兵,罪莫大焉。"遂自刖也。楚人以为大阍,谓之大伯⑦,使其后掌之⑧。君子曰:"鬻拳可谓爱君矣,谏以自纳于刑,刑犹不忘纳君于善⑨。"

110

① 御巴人,为巴人所败。津,楚地;或曰江陵县有津乡。　② 鬻拳,楚大阍。黄,嬴姓国,今弋阳县。○ 鬻,音育。拳,求圆切。阍,音昏,守门人也。嬴,音盈,姓也,字从女。　③ 踏陵,黄地。○ 踏,在亦切,又七略切。　④ 南郡鄀县东南有湫城。○ 湫,子小切。鄀,音若。　⑤ 夕室,地名。○ 夕,朝夕之夕。　⑥ 绖皇,冢前阙。生守门,故死不失职。○ 绖,田结切。绖皇,阙也。　⑦ 若今城门校尉官。○ 强,其丈切。大,音泰。校,户教切,字从木。　⑧ 使其子孙常主此官。　⑨ 言爱君,明非臣法也。楚能尽其忠爱,所以兴。

初,王姚嬖于庄王,生子颓①。子颓有宠,蒍国为之师。及惠王即位②,取蒍国之圃以为囿③。边伯之宫近于王宫,王取之④。王夺子禽、祝跪与詹父田⑤,而收膳夫之秩⑥,故蒍国、边伯、石速、詹父、子禽、祝跪作乱,因苏氏⑦。秋,五大夫奉子颓以伐王⑧,不克,出奔温⑨。苏子奉子颓以奔卫。卫师、燕师伐周⑩。冬,立子颓。

① 王姚,庄王之妾也,姚姓。○ 姚,羊消切。嬖,必计切。颓,徒回切。② 周惠王,庄王孙。　③ 圃,园也。囿,苑也。○ 圃,必古切,又音布。囿,音又;徐,于目切。苑,于阮切。　④ 边伯,周大夫。○ 近,附近之近。　⑤ 三子,周大夫。○ 跪,求委切。　⑥ 膳夫,石速也。秩,禄也。○ 收,式周切。　⑦ 苏氏,周大夫,桓王夺其十二邑以与郑,自此以来遂不和。　⑧ 石速,士也,故不在五大夫数。　⑨ 温,苏氏邑。⑩ 燕,南燕。

经

二十年春,王二月,夫人姜氏如莒①。

夏,齐大灾②。
秋七月。
冬,齐人伐戎③。

①③ 无《传》。　②无《传》。来告以火,故书。天火曰灾,例在宣十六年。

传

二十年春,郑伯和王室,不克①。执燕仲父②。夏,郑伯遂以王归,王处于栎。秋,王及郑伯入于邬③。遂入成周,取其宝器而还。冬,王子颓享五大夫,乐及徧舞④。郑伯闻之,见虢叔⑤,曰:"寡人闻之,哀乐失时,殃咎必至。今王子颓歌舞不倦,乐祸也。夫司寇行戮⑥,君为之不举⑦,而况敢乐祸乎!奸王之位,祸孰大焉?临祸忘忧,忧必及之。盍纳王乎?"虢公曰:"寡人之愿也⑧。"

① 克,能也。　② 燕仲父,南燕伯,为伐周故。○为,于伪切。
③ 邬,王所取郑邑。○邬,乌苦切。　④ 皆舞六代之乐。○徧,音遍。
⑤ 叔,虢公字。　⑥ 司寇,刑官。○乐,音洛。殃,於良切。咎,其九切。
⑦ 去盛馔。○去,起吕切。馔,仕眷切。　⑧ ○奸,音干。盍,胡腊切,何不也。

经

二十有一年春,王正月。
夏五月辛酉,郑伯突卒①。

秋七月戊戌,夫人姜氏薨②。

冬十有二月,葬郑厉公③。

① 十六年与鲁大夫盟于幽。② 无《传》。薨寝祔姑,赴于诸侯,故具小君礼书之。○祔,音附。③ 无《传》。八月乃葬,缓慢也。

传

二十一年春,胥命于弭。夏,同伐王城①。郑伯将王,自圉门入,虢叔自北门入,杀王子颓及五大夫。郑伯享王于阙西辟,乐备②。王与之武公之略,自虎牢以东③。原伯曰:"郑伯效尤,其亦将有咎④。"五月,郑厉公卒。

王巡虢守⑤。虢公为王宫于玤⑥,王与之酒泉⑦。郑伯之享王也,王以后之鞶鉴予之⑧。虢公请器,王予之爵⑨。郑伯由是始恶于王⑩。冬,王归自虢⑪。

① 郑、虢相命。弭,郑地。○弭,面尔切。② 阙,象魏也。乐备,备六代之乐。○圉,鱼吕切。辟,蒲历切。③ 略,界也。郑武公傅平王,平王赐之自虎牢以东,后失其地,故惠王今复与之。虎牢,河南成皋县。○复,扶又切。④ 原伯,原庄公也。言效子颓舞徧乐。○效,户教切。徧,音遍。⑤ 巡守于虢国也。天子省方,谓之巡守。○守,音狩;本或作狩,后放此。⑥ 玤,虢地。○玤,蒲项切。⑦ 酒泉,周邑。⑧ 后,王后也。鞶,带而以镜为饰也。今西方羌胡犹然。古之遗服。○鞶,步丹切,又蒲官切,绅带也。鉴,工暂切,镜也。⑨ 爵,饮酒器。⑩ 为僖二十四年郑执王使张本。○恶,乌路切,又如字。使,所吏切。⑪《传》言王之偏也。

113

经

二十有二年春，王正月，肆大眚①。

癸丑，葬我小君文姜②。

陈人杀其公子御寇③。

夏五月。

秋七月丙申，及齐高傒盟于防④。

冬，公如齐纳币⑤。

① 无《传》。赦有罪也。《易》称赦过宥罪，《书》称眚灾肆赦，《传》称肆眚围郑，皆放赦罪人，荡涤众故，以新其心。有时而用之，非制所常，故书。○眚，所景切。荡，音荡；本又作荡。涤，徒历切。　② 无《传》。所哭成丧，故称小君。　③ 宣公大子也。陈人恶其杀大子之名，故不称君父，以国讨公子告。○御，音御，本亦作御。恶，乌路切，《注》同。　④ 无《传》。高傒，齐之贵卿而与鲁之微者盟，齐桓谦接诸侯，以崇霸业。
⑤ 无《传》。公不使卿而亲纳币，非礼也。母丧未再期而图昏，二《传》不见所讥，左氏又无《传》，失礼明故。○见，贤遍切。

传

二十二年春，陈人杀其大子御寇①，陈公子完与颛孙奔齐②。颛孙自齐来奔③。齐侯使敬仲为卿④。辞曰："羁旅之臣⑤，幸若获宥，及于宽政⑥，赦其不闲于教训而免于罪戾，弛于负担⑦，君之惠也，所获多矣。敢辱高位，以速官谤⑧？请以死告⑨。《诗》云：'翘翘车乘，招我以弓。岂不欲往，畏我友朋⑩。'"使为工正⑪。

饮桓公酒，乐⑫。公曰："以火继之。"辞曰："臣卜其昼，未卜其夜，不敢。"君子曰："酒以成礼，不继以淫，义也⑬。以君成礼，弗纳于淫，仁也。"

初，懿氏卜妻敬仲⑭，其妻占之，曰："吉⑮。是谓'凤皇于飞，和鸣锵锵⑯。有妫之后，将育于姜⑰。五世其昌，并于正卿。八世之后，莫之与京⑱。'"陈厉公，蔡出也⑲，故蔡人杀五父而立之⑳，生敬仲。其少也，周史有以《周易》见陈侯者㉑，陈侯使筮之㉒，遇《观》㉓☷㉔之《否》㉕☷。曰："是谓'观国之光，利用宾于王㉖'。此其代陈有国乎？不在此，其在异国；非此其身，在其子孙。光远而自他有耀者也。《坤》，土也。《巽》，风也。《乾》，天也。风为天于土上，山也㉗。有山之材而照之以天光，于是乎居土上㉘。故曰：'观国之光，利用宾于王㉙。'庭实旅百，奉之以玉帛，天地之美具焉，故曰：'利用宾于王㉚。'犹有观焉，故曰：'其在后乎㉛。'风行而著于土，故曰：'其在异国乎。'若在异国，必姜姓也。姜，大嶽之后也㉜。山岳则配天，物莫能两大。陈衰，此其昌乎㉝。"

及陈之初亡也㉞，陈桓子始大于齐㉟。其后亡也㊱，成子得政㊲。

①《传》称大子，以实言。　②公子完、颛孙，皆御寇之党。○颛，音专。　③不书，非卿。　④敬仲，陈公子完。　⑤羁，寄也。旅，客也。　⑥宥，赦也。　⑦弛，去离也。○弛，失氏切。担，丁暂切。离，力智切。　⑧敢，不敢也。○谤，布浪切。　⑨以死自誓。⑩逸《诗》也。翘翘，远貌。古者聘士以弓，言虽贪显命，惧为朋友所讥责。○翘，祁尧切。乘，绳证切。　⑪掌百工之官。　⑫齐桓贤之，故就其家会，据主人之辞。故言饮桓公酒。○饮，於鸩切。乐，音洛。

⑬ 夜饮为淫乐。　⑭ 懿氏,陈大夫。龟曰卜。○ 妻,七计切。
⑮ 懿氏妻。　⑯ 雄曰凤,雌曰皇。雄雌俱飞,相和而鸣锵锵然,犹敬仲夫妻相随适齐,有声誉。○ 和,如字,又户卧切。锵,七羊切;本又作将将。
⑰ 妫,陈姓。姜,齐姓。　⑱ 京,大也。○ 并于,本或作并为,误。
⑲ 姊妹之子曰出。　⑳ 五父,陈佗也。杀陈佗在桓六年。○ 佗,徒多切。　㉑ 周大史也。○ 少,诗照切。见,贤遍切,又如字。大,音泰。
㉒ 蓍曰筮。○ 筮,上制切。蓍,音尸。　㉓ ○ 观,古乱切。　㉔《坤》下《巽》上,《观》。　㉕《坤》下《乾》上,《否》。《观》六四爻变而为《否》。○ 否,备矣切,《注》同。　㉖ 此《周易·观卦》六四《爻辞》。《易》之为书,六爻皆有变象,又有互体,圣人随其义而论之。○ 爻,户交切。
㉗《巽》变为《乾》,故曰风为天。自二至四,有《艮》象。《艮》为山。○ 乾,其然切。　㉘ 山则材之所生。上有《乾》,下有《坤》,故言居土上,照之以天光。　㉙ 四为诸侯,变而之《乾》,有国朝王之象。　㉚《艮》为门庭,《乾》为金玉,《坤》为布帛。诸侯朝王,陈挚币之象。旅,陈也。百,言物备。○ 挚,音至,本又作贽,同。　㉛ 因《观》文以博占,故言犹有观,非在己之言,故知在子孙。○ 观,古乱切。　㉜ 姜姓之先为尧四岳。○ 蓍,直略切。大,音泰。岳,音岳。　㉝ 变而象《艮》,故知当兴于大岳之后。得大岳之权,则有配天之大功,故知陈必衰。　㉞ 昭八年,楚灭陈。　㉟ 桓子,敬仲五世孙陈无宇。　㊱ 哀十七年,楚复灭陈。○ 复,扶又切。　㊲ 成子,陈常也,敬仲八世孙。陈完有礼于齐,子孙世不忘德,德协于卜,故《传》备言其终始。卜筮者,圣人所以定犹豫,决疑似,因生义教者也。《尚书·洪范》:通龟筮以同卿士之数。南蒯卜乱而遇元吉,惠伯答以忠信则可。臧会卜僭,遂获其应。丘明故举诸县验于行事者,以示来世,而君子志其善者、远者。他皆放此。○ 豫,音预;本亦作预。蒯,苦怪切。僭,子念切。应,应对之应。县,音玄。

经

二十有三年春,公至自齐①。

祭叔来聘②。

夏，公如齐观社③。

公至自齐④。

荆人来聘⑤。

公及齐侯遇于穀⑥。

萧叔朝公⑦。

秋，丹桓宫楹⑧。

冬十有一月，曹伯射姑卒⑨。

十有二月甲寅，公会齐侯，盟于扈⑩。

① 无《传》。　② 无《传》。《穀梁》以祭叔为祭公。来聘鲁，天子内臣不得外交，故不言使，不与其得使聘。○祭，侧界切。为，于伪切。
③ 齐因祭社蒐军实，故公往观之。　④ 无《传》。　⑤ 无《传》。不书荆子使某来聘，君臣同辞者，盖楚之始通，未成其礼。　⑥ 无《传》。○穀，音穀。　⑦ 无《传》。萧，附庸国。叔，名。就穀朝公，故不言来。凡在外朝，则礼不得具，嘉礼不野合。　⑧ 桓公庙也。楹，柱也。○楹，音盈。　⑨ 无《传》。未同盟而赴以名。○射，示亦切，又音亦。
⑩ 无《传》。扈，郑地，在荥阳卷县西北。○扈，音户。卷，音权；《字林》，丘权切；韦昭，丘云切；《说文》，丘粉切。

传

二十三年夏，公如齐观社，非礼也。曹刿谏曰："不可。夫礼所以整民也，故会以训上下之则，制财用之节①，朝以正班爵之义，帅长幼之序，征伐以讨其不然②。诸侯有王③，王有巡守④，以大习之⑤。非是，君不举矣。君举必书⑥，书而不法，后嗣何观？"

① 贡赋多少。　②不然,不用命。○长,丁丈切。　③从王事。④省四方。　⑤大习,会朝之礼。　⑥书于策。

晋桓、庄之族偪①,献公患之。士蒍曰:"去富子,则群公子可谋也已②。"公曰:"尔试其事。"士蒍与群公子谋,谮富子而去之③。

① 桓叔、庄伯之子孙强盛,偪迫公室。○偪,彼力切。　② 士蒍,晋大夫。富子,二族之富强者。○蒍,于委切。去,起吕切。　③ 以罪状诬之,同族恶其富强,故士蒍得因而间之。用其所亲为谮则似信,离其骨肉则党弱,群公子终所以见灭。○恶,乌路切。间,间隙之间。

秋,丹桓宫之楹。

经
二十有四年春,王三月,刻桓宫桷①。
葬曹庄公②。
夏,公如齐逆女③。
秋,公至自齐④。
八月丁丑,夫人姜氏入⑤。
戊寅,大夫、宗妇觌,用币⑥。
大水⑦。
冬,戎侵曹⑧。
曹羁出奔陈⑨。
赤归于曹⑩。

郭公⑪。

① 刻,镂也。桷,椽也。将逆夫人,故为盛饰。○刻,音克。桷,音角;《字林》云,齐鲁谓椽为桷。椽,直专切。　②④⑦⑧无《传》。　③无《传》。亲逆,礼也。　⑤哀姜也。《公羊传》以为姜氏要公,不与公俱入,盖以孟任故,丁丑入而明日乃朝庙。○要,於遥切。任,音壬,后孟任皆同。　⑥宗妇,同姓大夫之妇。礼,小君至,大夫执贽以见,明臣子之道。庄公欲奢夸夫人,故使大夫、宗妇同贽俱见。○觌,徒历切,见也。见,贤遍切。夸,苦瓜切。　⑨无《传》。羁盖曹世子也。先君既葬而不称爵者,微弱不能自定,曹人以名赴。　⑩无《传》。赤,曹僖公也。盖为戎所纳,故曰归。　⑪无《传》。盖《经》阙误也。自曹羁以下,《公羊》、《穀梁》之说既不了,又可通之于《左氏》,故不采用。

传

二十四年春,刻其桷,皆非礼也①。御孙谏曰:"臣闻之,俭,德之共也;侈,恶之大也②。先君有共德而君纳诸大恶,无乃不可乎③?"

① 并非丹楹,故言皆。　② 御孙,鲁大夫。○御,鱼吕切,本亦作御。侈,昌纸切,又尸氏切。　③ 以不丹楹刻桷为共。

秋,哀姜至。公使宗妇觌,用币,非礼也①。御孙曰:"男贽大者玉帛②,小者禽鸟③,以章物也④。女贽不过榛栗枣脩,以告虔也⑤。今男女同贽,是无别也。男女之别,国之大节也,而由夫人乱之,无乃不可乎?"

①《传》不言大夫,唯举非常。　②公、侯、伯、子、男执玉,诸侯、世子、附庸、孤卿执帛。○贽,真二切。　③卿执羔,大夫执雁,士执雉。④章所执之物,别贵贱。○别,彼列切。　⑤榛,小栗。脩,脯。虔,敬也。皆取其名以示敬。○榛,侧巾切。锻脯加姜桂曰脩。虔,音乾。

晋士𫇭又与群公子谋,使杀游氏之二子①。士𫇭告晋侯曰:"可矣。不过二年,君必无患。"

①游氏二子,亦桓、庄之族。

经

二十有五年春,陈侯使女叔来聘①。
夏五月癸丑,卫侯朔卒②。
六月辛未朔,日有食之。鼓,用牲于社③。
伯姬归于杞④。
秋,大水。鼓,用牲于社、于门⑤。
冬,公子友如陈⑥。

①女叔,陈卿。女,氏;叔,字。○女,音汝,陈大夫氏。　②无《传》。惠公也。书名,十六年与内大夫盟于幽。　③鼓,伐鼓也。用牲以祭社。《传》例曰:非常也。　④无《传》。不书逆女,逆者微。⑤门,国门也。《传》例曰:亦非常也。　⑥无《传》。报女叔之聘。诸鲁出朝聘,皆书。如不果,彼国必成其礼,故不称朝聘,《春秋》之常也。公子友,庄公之母弟,称公子者,史策之通言。母弟至亲,异于他臣,其相杀害,则称弟以示义。至于嘉好之事,兄弟笃睦,非例所兴。或称弟,或称公子,仍旧史之文也。母弟例在宣十七年。○好,呼报切,下同。

传

二十五年春,陈女叔来聘,始结陈好也。嘉之,故不名①。

① 季友相鲁,原仲相陈,二人有旧,故女叔来聘,季友冬亦报聘。嘉好接备。卿以字为嘉,则称名其常也。○ 相,息亮切,下同。

夏六月辛未朔,日有食之。鼓,用牲于社,非常也①。唯正月之朔,慝未作②,日有食之,于是乎用币于社,伐鼓于朝③。

① 非常鼓之月。《长历》推之,辛未实七月朔,置闰失所,故致月错。② 正月,夏之四月,周之六月,谓正阳之月。今书六月而《传》云唯者,明此月非正阳月也。慝,阴气。○ 正,音政。正月,建巳之月。慝,他得切。夏,户雅切。 ③ 日食,历之常也。然食于正阳之月,则诸侯用币于社,请救于上。公伐鼓于朝,退而自责,以明阴不宜侵阳,臣不宜掩君,以示大义。

秋,大水。鼓,用牲于社、于门,亦非常也①。凡天灾,有币无牲②。非日月之眚,不鼓③。

① 失常礼。 ② 天灾,日月食、大水也。祈请而已,不用牲也。 ③ 眚,犹灾也。月侵日为眚,阴阳逆顺之事,贤圣所重,故特鼓之。○ 眚,所景切。

晋士蒍使群公子尽杀游氏之族,乃城聚而处之①。

① 聚,晋邑。○ 聚,才喻切。

冬,晋侯围聚,尽杀群公子①。

① 卒如士蒍之计。

经
二十有六年春,公伐戎①。
夏,公至自伐戎②。
曹杀其大夫③。
秋,公会宋人、齐人伐徐④。
冬十有二月癸亥朔,日有食之⑤。

①②⑤ 无《传》。　③ 无《传》。不称名,非其罪,例在文七年。
④ 无《传》。宋序齐上,主兵。

传
二十六年春,晋士蒍为大司空①。

① 大司空,卿官。

夏,士蒍城绛,以深其宫①。

① 绛,晋所都也,今平阳绛邑县。

秋,虢人侵晋。冬,虢人又侵晋①。

① 为《传》明年晋将伐虢张本。此年《经》《传》各自言其事者,或《经》是直文,或策书虽存而简牍散落,不究其本末,故《传》不复申解,但言《传》事而已。○牍,徒木切。究,音救。复,扶又切。解,居蟹切。

经

二十有七年春,公会杞伯姬于洮①。
夏六月,公会齐侯、宋公、陈侯、郑伯,同盟于幽。
秋,公子友如陈,葬原仲②。
冬,杞伯姬来③。
莒庆来逆叔姬④。
杞伯来朝⑤。
公会齐侯于城濮⑥。

① 伯姬,庄公女。洮,鲁地。○洮,他刀切。 ② 原仲,陈大夫。原,氏;仲,字也。礼,臣既卒不名,故称字。季友违礼会外大夫葬,具见其事,亦所以知讥。○见,贤遍切。 ③《传》例曰:归宁。 ④ 无《传》。庆,莒大夫。叔姬,庄公女。卿自为逆则称字。例在宣五年。 ⑤ 无《传》。杞称伯者,盖为时王所黜。○黜,敕律切。 ⑥ 无《传》。城濮,卫地。将讨卫也。○濮,音卜。

传

二十七年春,公会杞伯姬于洮,非事也①。天子非展义不巡守②,诸侯非民事不举,卿非君命不越竟。

123

① 非诸侯之事。　　② 天子巡守,所以宣布德义。

夏,同盟于幽,陈、郑服也①。

① 二十二年,陈乱而齐纳敬仲;二十五年,郑文公之四年,获成于楚。皆有二心于齐,今始服也。

秋,公子友如陈,葬原仲,非礼也。原仲,季友之旧也。
冬,杞伯姬来,归宁也①。凡诸侯之女,归宁曰来,出曰来归②。夫人归宁曰如某,出曰归于某。

① 宁,问父母安否。　　② 归,不反之辞。

晋侯将伐虢,士蒍曰:"不可。虢公骄,若骤得胜于我,必弃其民①,无众而后伐之,欲御我,谁与? 夫礼乐慈爱,战所畜也。夫民让事乐和,爱亲哀丧而后可用也②。虢弗畜也,亟战将饥③。"

① 弃民不养之。　　② 上之使民,以义让哀乐为本,言不可力强。○ 畜,敕六切。乐,音洛。强,其丈切。　　③ 言虢不畜义让而力战。○ 畜,敕六切。亟,欺冀切。饥,音机。

王使召伯廖赐齐侯命①,且请伐卫,以其立子颓也②。

① 召伯廖,王卿士。赐,命为侯伯。○ 召,音邵。廖,力彫切。

② 立子颓,在十九年。

经

二十有八年春,王三月甲寅,齐人伐卫。卫人及齐人战,卫人败绩①。

夏四月丁未,邾子琐卒②。

秋,荆伐郑。公会齐人、宋人救郑。

冬,筑郿③。

大无麦禾④。

臧孙辰告籴于齐⑤。

① 齐侯称人者,讳取赂而还,以贱者告。不地者,史失之。　② 无《传》。未同盟而赴以名。〇 琐,素果切。　③ 郿,鲁下邑。《传》例曰:邑曰筑。〇 郿,亡悲切。　④ 书于冬者,五穀毕入,计食不足而后书也。　⑤ 臧孙辰,鲁大夫臧文仲。

传

二十八年春,齐侯伐卫,战,败卫师,数之以王命,取赂而还。

晋献公娶于贾,无子①。烝于齐姜②,生秦穆夫人及大子申生。又娶二女于戎,大戎狐姬生重耳③,小戎子生夷吾④。晋伐骊戎,骊戎男女以骊姬⑤。归生奚齐。其娣生卓子。

骊姬嬖,欲立其子,赂外嬖梁五与东关嬖五⑥,使言于公曰:"曲沃,君之宗也⑦。蒲与二屈,君之疆也⑧。不可以无主。宗邑无主则民不威,疆埸无主则启戎心。戎之生心,民慢其政,国之患也。若使大子主曲沃,而重耳、夷吾主蒲与屈,则可以威民而惧戎,且旌君伐⑨。"使俱曰:"狄之广莫,于晋为都。晋之启土,不亦宜乎⑩?"晋侯说之。夏,使大子居曲沃,重耳居蒲城,夷吾居屈。群公子皆鄙⑪,唯二姬之子在绛。二五卒与骊姬谮群公子而立奚齐,晋人谓之"二五耦"⑫。

① 贾,姬姓国也。　② 齐姜,武公妾。○ 烝,之承切。　③ 大戎,唐叔子孙别在戎狄者。○ 重,直龙切。　④ 小戎,允姓之戎。子,女也。　⑤ 骊戎在京兆新丰县。其君姬姓,其爵男也。纳女于人曰女。○ 女,昵据切,《注》曰女同。　⑥ 姓梁名五。在闺闼之外者。东关嬖五,别在关塞者,亦名五。皆大夫,为献公所嬖幸,视听外事。○ 卓,敕角切。闺,音圭。闼,吐达切。塞,素代切。　⑦ 曲沃,桓叔所封,先君宗庙所在。　⑧ 蒲今平阳蒲子县。二屈今平阳北屈县。或云:二当为北。○ 屈,求勿切,又居勿切。疆,居良切。　⑨ 旌,章也。伐,功也。○ 埸,音亦。　⑩ 广莫,狄地之旷绝也。即谓蒲子、北屈也。言遣二公子出都之,则晋方当大开土界。献公未决,故复使二五俱说此美。○ 复,扶又切。　⑪ 鄙,边邑。○ 说,音悦。　⑫ 二耜相耦,广一尺,共起一伐。言二人俱共垦伤晋室若此。○ 谮,责鸩切。耜,音似。广,古旷切。垦,苦狠切。

楚令尹子元欲蛊文夫人①,为馆于其宫侧而振《万》焉②。夫人闻之,泣曰:"先君以是舞也,习戎备也。今令尹不寻诸仇雠,而于未亡人之侧,不亦异乎③!"御人以告子元④。子元曰:"妇人不忘袭雠,我反忘之!"

秋,子元以车六百乘伐郑,入于桔柣之门⑤。子元、鬭御强、鬭梧、耿之不比为旆⑥,鬭班、王孙游、王孙喜殿⑦。众车入自纯门,及逵市⑧。县门不发,楚言而出。子元曰:"郑有人焉⑨。"诸侯救郑,楚师夜遁。郑人将奔桐丘⑩,谍告曰:"楚幕有乌。"乃止⑪。

① 文王夫人,息妫也。子元,文王弟。蛊,惑以淫事。○蛊,音古。② 振,动也。《万》,舞也。　③ 寻,用也。妇人既寡,自称未亡人。④ 御人,夫人之侍人。　⑤ 桔柣,郑远郊之门也。○乘,绳证切。桔,户结切。柣,待结切,《注》同。　⑥ 子元自与三子特建旆以居前广。充幅长寻曰旐,继旐曰旆。○御,鱼吕切;本亦作禦,下《注》反禦同。强,其良切,又居良切。梧,音吾。比,并里切。旆,蒲贝切。长,直亮切。旐,音兆。⑦ 三子在后为反御。○殿,丁见切。　⑧ 纯门,郑外郭门也。逵市,郭内道上市。○纯,如字。逵,求龟切。　⑨ 县门,施于内城门。郑示楚以闲暇,故不闭城门,出兵而效楚言,故子元畏之,不敢进。○县,音玄。⑩ 许昌县东北有桐丘城。○遁,徒困切。　⑪ 谍,间也。幕,帐也。○谍,音牒。幕,音莫。间,间厕之间。

冬,饥。臧孙辰告籴于齐,礼也①。

① 《经》书"大无麦禾",《传》言"饥"。《传》又先书"饥"在"筑郿"上者,说始籴。《经》在下,须得籴。嫌或讳饥,故曰礼。

筑郿,非都也。凡邑有宗庙先君之主曰都,无曰邑。邑曰筑,都曰城①。

① 《周礼》:四县为都,四井为邑。然宗庙所在,则虽邑曰都,尊之也。

言凡邑则他筑非例。

经

二十有九年春,新延厩①。

夏,郑人侵许②。

秋,有蜚③。

冬十有二月,纪叔姬卒④。

城诸及防⑤。

①《传》例曰:书不时。言新者,皆旧物不可用,更造之辞。○厩,居又切。　②《传》例曰:无钟鼓曰侵。　③《传》例曰:为灾。○蜚,扶味切。　④ 无《传》。纪国虽灭,叔姬执节守义,故系之纪,贤而录之。⑤ 诸、防,皆鲁邑。《传》例曰:书时也。诸非备难而兴作,《传》皆重云时以释之。他皆放此。诸,今城阳诸县。○难,乃旦切。重,直用切。

传

二十九年春,新作延厩,书不时也①。凡马日中而出,日中而入②。

①《经》无作字,盖阙。　② 日中,春秋分也。治厩当以秋分,因马向人而修之,今以春作,故曰不时。○向,许亮切。

夏,郑人侵许。凡师有钟鼓曰伐①,无曰侵②,轻曰袭③。

① 声其罪。　② 钟鼓无声。　③ 掩其不备。○轻,遣政切。

秋,有蜮。为灾也。凡物不为灾不书。

冬十二月,城诸及防,书时也。凡土功,龙见而毕务,戒事也①。火见而致用②,水昏正而栽③,日至而毕④。

① 谓今九月,周十一月,龙星、角亢晨见东方,三务始毕。戒民以土功事。○ 见,贤遍切。亢,苦浪切,又音刚。　② 大火,心星,次角亢。见者,致筑作之物。　③ 谓今十月,定星昏而中,于是树板干而兴作。○ 栽,《字林》,才代切,又音再;《说文》云,筑墙长板。定,多佞切。　④ 日南至,微阳始动,故土功息。

樊皮叛王①。

① 樊皮,周大夫。樊,其采地。皮,名。

经

三十年春,王正月。
夏,次于成①。
秋七月,齐人降鄣②。
八月癸亥,葬纪叔姬③。
九月庚午朔,日有食之。鼓,用牲于社④。
冬,公及齐侯遇于鲁济⑤。
齐人伐山戎⑥。

① 无《传》。将卑师少,故直言次。齐将降鄣,故设备。○ 将卑,子匠切。降,户江切,下同。鄣,音章。　② 无《传》。鄣,纪附庸国。东平无

盐县东北有郕城。小国孤危,不能自固,盖齐遥以兵威胁使降附。　③ 无《传》。以贤录也。无臣子,故不作谥。　④ 无《传》。　⑤ 济水历齐、鲁界,在齐界为齐济,在鲁界为鲁济,盖鲁地。○ 济,子礼切。⑥ 山戎,北戎。

传

三十年春,王命虢公讨樊皮。夏四月丙辰,虢公入樊,执樊仲皮,归于京师。

楚公子元归自伐郑而处王宫①,鬬射师谏,则执而梏之②。秋,申公鬬班杀子元③。鬬縠於菟为令尹,自毁其家以纾楚国之难④。

① 欲遂蛊文夫人。　② 射师,鬬廉也。足曰桎,手曰梏。○ 射,食亦切,又食夜切。梏,古毒切。桎,之实切。　③ 申,楚县也。楚僭号,县尹皆称公。○ 僭,子念切。　④ 鬬縠於菟,令尹子文也。毁,减;纾,缓也。○ 縠,奴走切;楚人谓乳曰縠;《汉书》作彀,音同。於,音乌。菟,音徒。纾,音舒,又直汝切。难,乃旦切。

冬,遇于鲁济,谋山戎也,以其病燕故也①。

① 齐桓行霸,故欲为燕谋难。燕国,今蓟县。○ 为,于伪切。蓟,音计。

经

三十有一年春,筑台于郎①。
夏四月,薛伯卒②。

筑台于薛③。

六月,齐侯来献戎捷④。

秋,筑台于秦⑤。

冬,不雨⑥。

① 无《传》。刺奢,且非土功之时。○ 刺,七赐切。　② 无《传》。未同盟。　③ 无《传》。薛,鲁地。　④《传》例曰:诸侯不相遗俘。捷,获也。献,奉上之辞。齐侯以献捷礼来,故书以示过。○ 捷,在妾切。遗,唯季切,《传》同。俘,音孚。　⑤ 无《传》。东平范县西北有秦亭。
⑥ 无《传》。不书旱,不为灾,例在僖三年。

传

三十一年夏六月,齐侯来献戎捷,非礼也。凡诸侯有四夷之功,则献于王,王以警于夷①。中国则否。诸侯不相遗俘②。

① 以警惧夷狄。○ 警,音景,戒惧也。　② 虽夷狄俘,犹不以相遗。

经

三十有二年春,城小穀①。

夏,宋公、齐侯遇于梁丘②。

秋七月癸巳,公子牙卒③。

八月癸亥,化薨于路寝④。

冬十月己未,子般卒⑤。

公子庆父如齐⑥。

狄伐邢⑦。

① 小穀,齐邑,济北穀城县城中有管仲井。大都以名通者,则不系国。② 齐善宋之请见,故进其班。梁丘,在高平昌邑县西南。　③ 牙,庆父同母弟僖叔也。饮酖而死,不以罪告,故得书卒。书日者,公有疾,不责公不与小敛。○ 酖,音鸩,本亦作鸩。与,音预。敛,力艳切。　④ 路寝,正寝也。公薨皆书其所,详凶变。　⑤ 子般,庄公大子。先君未葬,故不称爵。不书杀,讳之也。○ 般,音班。杀,音试,又如字,下同。　⑥ 无《传》。庆父既杀子般,季友出奔,国人不与,故惧而適齐,欲以求援。时无君,假赴告之礼而行。　⑦ 无《传》。邢国在广平襄国县。

传

三十二年春,城小穀,为管仲也①。

① 公感齐桓之德,故为管仲城私邑。○ 为,于伪切。

齐侯为楚伐郑之故,请会于诸侯①。宋公请先见于齐侯。夏,遇于梁丘。

① 楚伐郑在二十八年,谋为郑报楚。

秋七月,有神降于莘①。惠王问诸内史过曰:"是何故也②?"对曰:"国之将兴,明神降之,监其德也;将亡,神又降之,观其恶也。故有得神以兴,亦有以亡。虞、夏、商、周皆有之③。"王曰:"若之何?"对曰:"以其物享焉,其至之日,亦其物也④。"王从之。内史过往,闻虢请命⑤,反曰:"虢必亡矣,虐而听于神。"

神居莘六月。虢公使祝应、宗区、史嚚享焉。神赐之土田⑥。史嚚曰:"虢其亡乎！吾闻之,国将兴,听于民⑦;将亡,听于神⑧。神,聪明正直而壹者也,依人而行⑨。虢多凉德,其何土之能得⑩!"

① 有神声以接人。莘,虢地。○ 见,贤遍切,又如字。莘,所巾切。
② 内史过,周大夫。○ 过,古禾切。　③ 亦有神异。　④ 享,祭也。若以甲、乙日至,祭先脾,玉用苍,服上青。以此类祭之。　⑤ 闻虢请于神,求赐土田之命。　⑥ 祝,大祝。宗,宗人。史,大史。应、区、嚚皆名。○ 区,音驱。嚚,五巾切。　⑦ 政顺民心。　⑧ 求福于神。
⑨ 唯德是与。　⑩ 凉,薄也。为僖二年晋灭下阳《传》。

初,公筑台临党氏①,见孟任,从之。闷②,而以夫人言许之③。割臂盟公,生子般焉。雩,讲于梁氏,女公子观之④。圉人荦自墙外与之戏⑤。子般怒,使鞭之。公曰:"不如杀之,是不可鞭。荦有力焉,能投盖于稷门⑥。"

公疾,问后于叔牙。对曰:"庆父材⑦。"问于季友,对曰:"臣以死奉般⑧。"公曰:"乡者牙曰庆父材。"成季使以君命,命僖叔待于鍼巫氏⑨,使鍼季酖之⑩,曰:"饮此则有后于鲁国,不然,死且无后。"饮之,归,及逵泉而卒。立叔孙氏⑪。

八月癸亥,公薨于路寝。子般即位,次于党氏⑫。冬十月己未,共仲使圉人荦贼子般于党氏⑬。成季奔陈⑭。立闵公⑮。

① 党氏，鲁大夫。筑台不书，不告庙。○ 党，音掌。　② 孟任，党氏女。闶，不从公。○ 闶，音秘。　③ 许以为夫人。　④ 雩，祭天也。讲，肆也。梁氏，鲁大夫。女公子，子般妹。○ 肆，音四，又以二切。　⑤ 圉人，掌养马者，以慢言戏之。○ 荦，音洛。　⑥ 盖，覆也。稷门，鲁南城门。走而自投，接其屋之桷，反覆门上。　⑦ 盖欲进其同母兄。　⑧ 季友，庄公母弟，故欲立般。　⑨ 成季，季友也。鍼巫氏，鲁大夫。○ 乡，许亮切。鍼，其廉切。　⑩ 酖，鸟名，其羽有毒，以画酒，饮之则死。○ 画，音获。　⑪ 逵泉，鲁地。不以罪诛，故得立后，世其禄。　⑫ 即丧位。次，舍也。　⑬ 共仲，庆父。○ 共，音恭。　⑭ 出奔不书，国乱，史失之。　⑮ 闵公，庄公庶子，于是年八岁。

春秋经传集解第四

闵　公

　　○闵公名启方,庄公之子,母叔姜。《史记》云:名开。《谥法》,在国遭难曰闵。

经

元年春,王正月。

齐人救邢。

夏六月辛酉,葬我君庄公。

秋八月,公及齐侯盟于落姑①。季子来归②。

冬,齐仲孙来③。

　　① 落姑,齐地。　　② 季子,公子友之字。季子忠于社稷,为国人所思,故贤而字之。齐侯许纳,故曰归。　　③ 仲孙,齐大夫,以事出疆,因来省难,非齐侯命,故不称使也。还使齐侯务宁鲁难,故嘉而字之。来者事实,省难其志也。故《经》但书仲孙之来,而《传》寻仲孙之志。○疆,居良切。难,乃旦切,下及《传》同。

传

元年春,不书即位,乱故也①。

①国乱不得成礼。

狄人伐邢①。管敬仲言于齐侯曰:"戎狄豺狼,不可厌也②。诸夏亲暱,不可弃也③。宴安酖毒,不可怀也④。《诗》云:'岂不怀归,畏此简书⑤。'简书,同恶相恤之谓也⑥。请救邢以从简书。"齐人救邢。

①狄伐邢在往年冬。 ②敬仲,管夷吾。○豺,仕皆切。狼,音郎。厌,一盐切。 ③诸夏,中国也。暱,近也。○夏,户雅切。暱,女一切。 ④以宴安比之酖毒。○宴,於见切;本又作晏,音同,一音乌谏切。酖,直荫切。 ⑤《诗·小雅》也。文王为西伯,劳来诸侯之诗。○劳,力报切。来,力代切。 ⑥同恤所恶。

夏六月,葬庄公,乱故,是以缓①。

①十一月乃葬。

秋八月,公及齐侯盟于落姑,请复季友也①。齐侯许之,使召诸陈,公次于郎以待之②。季子来归,嘉之也。

①闵公初立,国家多难,以季子忠贤,故请霸主而复之。 ②非师旅之事,故不书次。

冬,齐仲孙湫来省难①。书曰"仲孙",亦嘉之也。仲孙归曰:"不去庆父,鲁难未已②。"公曰:"若之何而去之?"对曰:"难不已,将自毙③,君其待之。"公曰:"鲁可取乎?"对曰:

"不可,犹秉周礼。周礼,所以本也。臣闻之,国将亡,本必先颠而后枝叶从之。鲁不弃周礼,未可动也。君其务宁鲁难而亲之,亲有礼,因重固④,间携贰⑤,覆昏乱⑥,霸王之器也⑦。"

① 湫,仲孙名。○ 湫,子小切。　② 时庆父亦已还鲁。○ 去,起吕切,下同。　③ 毙,踣也。○ 毙,婢世切。踣,蒲北切。　④ 能重能固,则当就成之。　⑤ 离而相疑者,则当因而间之。○ 间,间厕之间,《注》同。　⑥ 覆,败也。○ 覆,芳服切,《注》同。　⑦ 霸王所用,故以器为喻。○ 王,于况切,《注》同。

晋侯作二军①,公将上军,大子申生将下军。赵夙御戎,毕万为右②,以灭耿、灭霍、灭魏③。

还,为大子城曲沃。赐赵夙耿,赐毕万魏,以为大夫。士蒍曰:"大子不得立矣,分之都城而位以卿,先为之极,又焉得立④。不如逃之,无使罪至。为吴大伯,不亦可乎⑤?犹有令名,与其及也⑥。且谚曰:'心苟无瑕,何恤乎无家。'天若祚大子,其无晋乎⑦?"

卜偃曰:"毕万之后必大⑧。万,盈数也,魏,大名也,以是始赏,天启之矣。天子曰兆民,诸侯曰万民,今名之大,以从盈数,其必有众⑨。"

初,毕万筮仕于晋,遇《屯》䷂⑩之《比》䷇⑪。辛廖占之,曰:"吉⑫。《屯》固《比》入,吉孰大焉,其必蕃昌⑬。《震》为土⑭,车从马⑮,足居之⑯,兄长之⑰,母覆之⑱,众归之⑲,六体不易⑳,合而能固,安而能杀,公侯之卦也㉑。公侯之子孙,必复其始㉒。"

① 晋本一军,见庄十六年。○见,贤遍切。　② 为公御右也。夙,赵衰兄。毕万,魏犨祖父。○将,子匠切,下及《注》同。衰,初危切。犨,尺由切。　③ 平阳皮氏县东南有耿乡。永安县东北有霍大山。三国皆姬姓。○耿,古幸切。　④ 位以卿,谓将下军。○为,于伪切。焉,於虔切。　⑤ 大伯,周大王之適子,知其父欲立季历,故让位而适吴。○大,音泰,《注》同。適子,丁历切,又作嫡。　⑥ 言虽去犹有令名,胜于留而及祸。　⑦ 为晋杀申生《传》。○谚,音彦,祚,在路切。　⑧ 卜偃,晋掌卜大夫。　⑨ 以魏从万,有众象。　⑩《震》下《坎》上,《屯》。○屯,张伦切。　⑪《坤》下《坎》上,《比》。《屯》初九变而为《比》。○比,毗志切,《注》及下同。　⑫ 辛廖,晋大夫。○廖,力雕切。　⑬《屯》险难,所以为坚固。《比》亲密,所以得入。○蕃,音烦。　⑭《震》变为《坤》。　⑮《震》为车,《坤》为马。　⑯《震》为足。　⑰《震》为长男。○长,丁丈切。　⑱《坤》为母。　⑲《坤》为众。　⑳ 初一爻变,有此六义,不可易也。　㉑《比》合《屯》固,《坤》安《震》杀,故曰公侯之卦。　㉒ 万,毕公高之后。《传》为魏之子孙众多张本。

经

二年春,王正月,齐人迁阳①。
夏五月乙酉,吉禘于庄公②。
秋八月辛丑,公薨③。
九月,夫人姜氏孙于邾④。
公子庆父出奔莒⑤。
冬,齐高子来盟⑥。
十有二月狄入卫⑦。

郑弃其师⑧。

① 无《传》。阳,国名。盖齐人俉徙之。 ② 三年丧毕,致新死者之主于庙,庙之远主当迁入祧,因是大祭以审昭穆,谓之禘。庄公丧制未阕,时别立庙,庙成而吉祭又不于大庙,故详书以示讥。○禘,大计切。祧,他雕切。昭,上饶切。阕,苦穴切。大,音泰。 ③ 实弑,书薨又不地者,皆史策讳之。 ④ 哀姜外淫,故孙称姜氏。○孙,音逊,《注》同。 ⑤ 弑闵公故。 ⑥ 无《传》。盖高傒也。齐侯使来平鲁乱,僖公新立,因遂结盟,故不称使也。鲁人贵之,故不书名。子,男子之美称。○称,尺证切。 ⑦ 书入,不能有其地。例在襄十三年。 ⑧ 高克见恶,久不得还,师溃而克奔陈。故克状其事以告鲁也。○恶,乌路切。溃,户内切。

传

二年春,虢公败犬戎于渭汭①。舟之侨曰:"无德而禄,殃也。殃将至矣。"遂奔晋②。

① 犬戎,西戎别在中国者。渭水出陇西,东入河。水之隈曲曰汭。○汭,如锐切。隈,乌回切。 ② 舟之侨,虢大夫。○侨,音乔,《注》同。

夏,吉禘于庄公,速也。
初,公傅夺卜齮田,公不禁①。

① 卜齮,鲁大夫也。公即位,年八岁,知爱其傅而遂成其意以夺齮田。齮忿其傅,并及公,故庆父因之。○齮,鱼绮切。

秋八月辛丑,共仲使卜齮贼公于武闱①。成季以僖公适邾②。共仲奔莒,乃入,立之。以赂求共仲于莒,莒人归之。及密,使公子鱼请③,不许。哭而往,共仲曰:"奚斯之声也。"乃缢④。闵公,哀姜之娣叔姜之子也,故齐人立之。共仲通于哀姜,哀姜欲立之。闵公之死也,哀姜与知之,故孙于邾。齐人取而杀之于夷,以其尸归⑤。僖公请而葬之⑥。

① 宫中小门谓之闱。○ 共,音恭。闱,音韦,一音晖。　② 僖公,闵公庶兄,成风之子。　③ 密,鲁地。琅邪费县北有密如亭。公子鱼,奚斯也。○ 费,音祕,又扶未切。　④ 庆父之罪虽重,季子推亲亲之恩,欲同之叔牙,存孟氏之族,故略其罪,不书杀,又不书卒。○ 缢,一赐切。⑤ 为僖元年,齐人杀哀姜《传》。夷,鲁地。○ 与,音预。孙,音逊。⑥ 哀姜之罪已重,而僖公请其丧还者,外欲固齐以居厚,内存母子不绝之义,为国家之大计。

成季之将生也,桓公使卜楚丘之父卜之①。曰:"男也。其名曰友,在公之右②,间于两社,为公室辅③。季氏亡则鲁不昌。"又筮之,遇《大有》☰④之《乾》☰⑤,曰:"同复于父,敬如君所⑥。"及生,有文在其手曰"友",遂以命之⑦。

① 卜楚丘,鲁掌卜大夫。　② 在右言用事。　③ 两社,周社、亳社。两社之间,朝廷执政所在。○ 亳,步各切。　④《乾》下《离》上,《大有》。　⑤《乾》下《乾》上,《乾》。《大有》六五变而为《乾》。　⑥ 筮者之辞也。《乾》为君父,《离》变为《乾》,故曰:同复于父,见敬与君同。⑦ 遂以为名。

冬十二月,狄人伐卫。卫懿公好鹤,鹤有乘轩者①。将战,国人受甲者皆曰:"使鹤,鹤实有禄位,余焉能战!"公与石祁子玦,与甯庄子矢,使守②,曰:"以此赞国,择利而为之③。"与夫人绣衣,曰:"听于二子④。"渠孔御戎,子伯为右,黄夷前驱,孔婴齐殿⑤。及狄人战于荧泽,卫师败绩,遂灭卫⑥。卫侯不去其旗,是以甚败。狄人囚史华龙滑与礼孔以逐卫人。二人曰:"我,大史也,实掌其祭,不先,国不可得也⑦。"乃先之。至则告守曰:"不可待也⑧。"夜与国人出。狄入卫,遂从之,又败诸河⑨。

　　初,惠公之即位也少⑩,齐人使昭伯烝于宣姜。不可,强之⑪。生齐子、戴公、文公、宋桓夫人、许穆夫人。文公为卫之多患也,先適齐。及败,宋桓公逆诸河⑫,宵济⑬。卫之遗民男女七百有三十人,益之以共、滕之民为五千人⑭,立戴公以庐于曹⑮。许穆夫人赋《载驰》⑯。齐侯使公子无亏帅车三百乘、甲士三千人以戍曹⑰。归公乘马,祭服五称,牛羊豕鸡狗皆三百,与门材⑱。归夫人鱼轩⑲,重锦三十两⑳。

① 轩,大夫车。○ 好,呼报切。鹤,户各切。轩,许言切。　② 庄子,甯速也。玦,玉玦。○ 焉,於虔切。玦,古穴切。守,手又切,下告守及《注》同。　③ 赞,助也。玦,示以当决断;矢,示以御难。○ 断,丁乱切。难,乃旦切。　④ 取其文章顺序。　⑤《传》言卫侯失民有素,虽临事而戒,犹无所及。○ 殿,丁练切。　⑥ 此荧泽当在河北。君死国散,《经》不书灭者,狄不能赴。卫之君臣皆尽,无复文告,齐桓为之告诸侯,言狄已去,言卫之存,故但以入为文。○ 荧,户扃切。复,扶又切,下复逐同。为,于伪切,下文为卫同。　⑦ 夷狄畏鬼,故恐言当先白神。○ 去,起吕切,藏也;一云除也。华,户化切。大,音泰。恐,丘勇切。　⑧ 守,石、甯二大夫。　⑨ 卫将东走渡河,狄复逐而败之。　⑩ 盖年十五六。

○少,诗照切。　⑪昭伯,惠公庶兄,宣公子顽也。昭伯不可。○烝,之承切。强,其丈切。　⑫迎卫败众。　⑬夜渡,畏狄。　⑭共及滕,卫别邑。○共,音恭。　⑮庐,舍也。曹,卫下邑。戴公名申,立,其年卒,而立文公。○庐,力居切。曹,《诗》作漕,音同。　⑯《载驰》,《诗·卫风》也。许穆夫人痛卫之亡,思归,言之不可,故作诗以言志。○唁,音彦。　⑰无亏,齐桓公子武孟也。车甲之赋异于常,故《传》别见之。○亏,去危切。乘,绳证切,下及《注》同。见,贤遍切。　⑱归,遗也。四马曰乘。衣单复具曰称。门材,使先立门户。○称,尺证切。狗,音苟。遗,于季切。单,音丹。复,方服切。　⑲鱼轩,夫人车,以鱼皮为饰。　⑳重锦,锦之熟细者。以二丈双行,故曰两。三十两,三十匹也。

郑人恶高克,使帅师次于河上,久而弗召,师溃而归。高克奔陈①。郑人为之赋《清人》②。

①高克,郑大夫也,好利而不顾其君,文公恶之而不能远,故使帅师而不召。○恶,乌路切,《注》同。好,呼报切。远,于万切。　②《清人》,《诗·郑风》也,刺文公退臣不以道,危国亡师之本。○为,于伪切。

晋侯使大子申生伐东山皋落氏①。里克谏曰:"大子奉冢祀社稷之粢盛②,以朝夕视君膳者也③,故曰冢子。君行则守,有守则从,从曰抚军,守曰监国,古之制也。夫帅师,专行谋④,誓军旅⑤,君与国政之所图也,非大子之事也⑥。师在制命而已⑦。禀命则不威,专命则不孝。故君之嗣适不可以帅师。君失其官,帅师不威,将焉用之⑧?且臣闻皋落氏将战,君其舍之。"公曰:"寡人有子,未知其谁立焉。"不对而退。见大子,大子曰:"吾其废乎?"对曰:"告之以临民⑨,教之以军旅⑩,不共是惧,何故废乎?且子惧不孝,无惧弗得立,修己而不责人,则免于难。"

大子帅师,公衣之偏衣⑪,佩之金玦⑫。狐突御戎,先友为右⑬。梁馀子养御罕夷,先丹木为右⑭。羊舌大夫为尉⑮。先友曰:"衣身之偏⑯,握兵之要⑰。在此行也,子其勉之。偏躬无慝⑱,兵要远灾⑲,亲以无灾,又何患焉!"狐突叹曰:"时,事之征也⑳。衣,身之章也㉑。佩,衷之旗也㉒。故敬其事则命以始㉓,服其身则衣之纯㉔,用其衷则佩之度㉕。今命以时卒,闷其事也㉖;衣之尨服,远其躬也㉗,佩以金玦,弃其衷也。服以远之,时以闷之,尨凉冬杀,金寒玦离,胡可恃也㉘?虽欲勉之,狄可尽乎?"梁馀子养曰:"帅师者受命于庙,受脤于社㉙,有常服矣。不获而尨,命可知也㉚。死而不孝,不如逃之。"罕夷曰:"尨奇无常㉛,金玦不复,虽复何为?君有心矣㉜。"先丹木曰:"是服也,狂夫阻之㉝。曰'尽敌而反'㉞,敌可尽乎!虽尽敌,犹有内谗,不如违之㉟。"狐突欲行㊱。羊舌大夫曰:"不可。违命不孝,弃事不忠,虽知其寒,恶不可取,子其死之㊲。"大子将战,狐突谏曰:"不可。昔辛伯谂周桓公㊳云:'内宠并后,外宠二政,嬖子配适,大都耦国,乱之本也。'周公弗从,故及于难。今乱本成矣㊴,立可必乎?孝而安民,子其图之㊵,与其危身以速罪也㊶。"

① 赤狄别种也。皋落,其氏族。○皋,古刀切。种,章勇切。
② 里克,晋大夫。冢,大也。○粢,音咨。盛,音成。　③ 膳,厨膳。○朝,如字,又张遥切。膳,市战切。　④ 帅师者必专谋军事。○守,手

143

又切,下同。从,才用切,下同。监,古衔切。　⑤ 宣号令也。　　⑥ 国政,正卿。　　⑦ 命,将军所制。　　⑧ 大子统师,是失其官也。专命则不孝,是为帅必不威也。○ 適,丁历切,本又作嫡,下配適同。焉,於虔切。⑨ 谓居曲沃。　⑩ 谓将下军。○ 将,子匠切,下将上军并同。⑪ 偏衣,左右异色,其半似公服。○ 共,音恭,本又作供。难,乃旦切,下同。公衣之偏,於既切。下衣身之偏、衣之纯、衣之尨服,《注》衣之,同。⑫ 以金为玦。⑬ 狐突,伯行,重耳外祖父也,为申生御。申生以大子将上军。⑭ 罕夷,晋下军卿也。梁馀子养为罕夷御。　⑮ 羊舌大夫,叔向祖父也。尉,军尉。○ 向,许丈切。　⑯ 偏,半也。　⑰ 谓佩金玦,将上军。　⑱ 分身衣之半,非恶意也。○ 愿,他得切。　⑲ 威权在己,可以远害。○ 远,于万切,《注》及下同。　⑳ 叹,以先友为不知君心。　㉑ 章贵贱。　㉒ 旗,表也,所以表明其中心。○ 衷,音忠。旗,音其。　㉓ 赏以春夏。　㉔ 必以纯色为服。　㉕ 衷,中也。佩玉者,士君子常度。　㉖ 冬十二月,闭尽之时。○ 闭,音秘。　㉗ 尨,杂色。○ 尨,莫江切。　㉘ 寒、凉、杀、离,言无温润。玦如环而缺,不连。　㉙ 脤,宜社之肉,盛以脤器。○ 脤,市轸切。盛,音成。　㉚ 韦弁服,军之常也。尨,偏衣。　㉛ 杂色奇怪,非常之服。　㉜ 有害大子之心。　㉝ 阻,疑也。言虽狂夫犹知有疑。○ 阻,庄吕切。㉞ 曰,公辞。○ 尽,子忍切,下尽敌同。　㉟ 违,去也。　㊱ 行,亦去也。　㊲ 寒,薄也。　㊳ 谂,告也。事在桓十八年。○ 谂,音审;《说文》云,深谋。　㊴ 骊姬为内宠,二五为外宠,奚齐为嬖子,曲沃为大都,故曰乱本成矣。　㊵ 奉身为孝,不战为安民。　㊶ 有功益见害,故言孰与危身以召罪。

成风闻成季之繇,乃事之①,**而属僖公焉,故成季立之。**

　　① 成风,庄公之妾,僖公之母也。繇,卦兆之占辞。○ 繇,直救切。属,章欲切。

僖之元年,齐桓公迁邢于夷仪。二年,封卫于楚丘。邢迁如归,卫国忘亡①。

　　① 忘其灭亡之困。

　　卫文公大布之衣,大帛之冠①,务材训农,通商惠工②,敬教劝学,授方任能③。元年革车三十乘,季年乃三百乘④。

　　① 大布,粗布。大帛,厚缯。盖用诸侯谅闇之服。○《释文》:卫文公大布之衣,本或作衣大布之衣,误。缯,疾陵切。谅,音良,又音亮。　② 加惠于百工,赏其利器用。　③ 方,百事之宜也。　④ 卫文公以此年冬立,齐桓公始平鲁乱,故《传》因言齐之所以霸,卫之所由兴。革车,兵车。季年,在僖二十五年。盖招怀迸散,故能致十倍之众。○乘,绳证切,下同。迸,檗净切。

春秋经传集解第五

僖公上

○僖公名申,庄公之子,闵公之兄,母成风。《谥法》,小心畏忌曰僖。

经

元年春,王正月。

齐师、宋师、曹师次于聂北,救邢①。

夏六月,邢迁于夷仪②。

齐师、宋师、曹师城邢③。

秋七月戊辰,夫人姜氏薨于夷,齐人以归④。

楚人伐郑⑤。

八月,公会齐侯、宋公、郑伯、曹伯、邾人于柽⑥。

九月,公败邾师于偃⑦。

冬十月壬午,公子友帅师败莒师于郦,获莒拏⑧。

十有二月丁巳,夫人氏之丧至自齐⑨。

①齐帅诸侯之师救邢,次于聂北者,案兵观衅以待事也。次例在庄三年。聂北,邢地。○聂,女辄切。衅,许觐切。　②邢迁如归,故以自迁为辞。夷仪,邢地。　③《传》例曰:救患分灾,礼也。一事而再列三国,于文不可言诸侯师故。　④《传》在闵二年,不言齐人杀,讳之。书地者,明在外薨。　⑤荆始改号曰楚。　⑥柽,宋地。陈国陈县西北有柽

城。公及其会而不书盟,还不以盟告。○桎,敕呈切。　⑦偃,邾地。⑧郦,鲁地。挐,莒子之弟。不书弟者,非卿。非卿则不应书,嘉季友之功,故特书其所获。大夫生死皆曰获。获例在昭二十三年。○郦,力知切。挐,女居切,又女加切。　⑨僖公请而葬之,故告于庙而书丧至也。齐侯既杀哀姜,以其尸归,绝之于鲁。僖公请其丧而还,不称姜,阙文。

传

元年春,不称即位,公出故也①。公出复入,不书,讳之也。讳国恶,礼也②。

① 国乱,身出复入,故即位之礼有阙。○复,扶又切,下文同。② 掩恶扬善,义存君亲,故通有讳例,皆当时臣子率意而隐,故无深浅常准。圣贤从之以通人理,有时而听之可也。○准,之尹切。

诸侯救邢①。邢人溃,出奔师②。师遂逐狄人,具邢器用而迁之,师无私焉③。

① 实大夫而曰诸侯,总众国之辞。　② 奔聂北之师也。邢溃不书,不告也。○溃,户内切。　③ 皆撰具还之,无所私取。○撰,仕眷切,又仕转切。

夏,邢迁于夷仪,诸侯城之,救患也。凡侯伯救患分灾讨罪,礼也①。

① 侯伯,州长也。分穀帛。○分,甫问切,又如字。长,丁丈切。

左 传

秋,楚人伐郑,郑即齐故也。盟于荦,谋救郑也①。

① 荦即柽也,地有二名。○ 荦,音洛,又力角切。

九月,公败邾师于偃,虚丘之戍将归者也①。

① 虚丘,邾地。邾人既送哀姜还,齐人杀之,因戍虚丘,欲以侵鲁。公以义求齐,齐送姜氏之丧。邾人惧,乃归,故公要而败之。○ 虚,起居切。要,於遥切。

冬,莒人来求赂①。公子友败诸郦,获莒子之弟挐。非卿也,嘉获之也②。公赐季友汶阳之田,及费③。

① 来还庆父之赂。 ② 莒既不能为鲁讨庆父,受鲁之赂而又重来,其求无厌,故嘉季友之获而书之。○ 为,于伪切。重,直用切。厌,於盐切。 ③ 汶阳田,汶水北地。汶水出泰山莱芜县西,入济。○ 汶,音问。费,音祕。莱,音来。

夫人氏之丧至自齐。君子以齐人之杀哀姜也为已甚矣,女子,从人者也①。

① 言女子有三从之义。在夫家有罪,非父母家所宜讨也。

经
二年春,王正月,城楚丘①。
夏五月辛巳,葬我小君哀姜②。

虞师、晋师灭下阳③。
秋九月,齐侯、宋公、江人、黄人盟于贯④。
冬十月,不雨⑤。
楚人侵郑。

① 楚丘,卫邑。不言城卫,卫未迁。　② 无《传》。反哭成丧,故称小君。例在定十五年。　③ 下阳,虢邑,在河东大阳县。晋于此始赴,见《经》。灭例在襄十三年。○ 大,音泰,一音如字。见,贤遍切。　④ 贯,宋地。梁国蒙县西北有贳城。贳与贯,字相似。江国在汝南安阳县。○ 贯,古乱切。贳,市夜切,又音世。　⑤《传》在三年。

传

二年春,诸侯城楚丘而封卫焉①。不书所会,后也②。

① 君死国灭,故《传》言封。　② 诸侯既罢,而鲁后至,讳不及期,故以独城为文。

晋荀息请以屈产之乘,与垂棘之璧,假道于虞以伐虢①。公曰:"是吾宝也。"对曰:"若得道于虞,犹外府也。"公曰:"宫之奇存焉②。"对曰:"宫之奇之为人也,懦而不能强谏③,且少长于君,君暱之,虽谏,将不听④。"乃使荀息假道于虞,曰:"冀为不道,入自颠转,伐鄍三门⑤。冀之既病,则亦唯君故⑥。今虢为不道,保于逆旅⑦,以侵敝邑之南鄙。敢请假道以请罪于虢⑧。"虞公许之,且请先伐虢⑨。宫之奇谏,不听,遂起师。夏,晋里克、荀息帅师会虞师伐虢,灭下阳⑩。

先书虞,贿故也①。

① 荀息,荀叔也。屈地生良马,垂棘出美玉,故以为名。四马曰乘。自晋適虢,途出于虞,故借道。○ 屈,求勿切,又居勿切,《注》同。乘,绳证切。　② 宫之奇,虞忠臣。○ 奇,其宜切。　③ 懦,弱也。○ 懦,本又作燸,乃乱切,又乃货切;《字林》作偄,音乃乱切。强,其良切,又其丈切。　④ 亲而狎之,必轻其言。○ 少,诗照切。长,丁丈切。暱,女乙切。　⑤ 前是冀伐虞至郹。郹,虞邑。河东大阳县东北有颠軨坂。○ 軨,音零。郹,亡丁切。坂,音反。　⑥ 言虞报伐冀使病。将欲假道,故称虞强以说其心。冀,国名,平阳皮氏县东北有冀亭。○ 说,音悦。　⑦ 逆旅,客舍也。虢稍遣人分依客舍,以聚众抄晋边邑。○ 抄,初孝切,又楚稍切,强取物也。　⑧ 问虢伐己以何罪。　⑨ 喜于厚赂而欲求媚。　⑩ 晋犹主兵,不信虞。　⑪ 虞非倡兵之首而先书之,恶贪贿也。○ 贿,呼罪切。恶,乌路切。

秋,盟于贯,服江、黄也①。

① 江、黄,楚与国也,始来服齐,故为合诸侯。○ 为,于伪切,下同。

齐寺人貂始漏师于多鱼①。

① 寺人,内奄官竖貂也。多鱼,地名,阙。齐桓多嬖宠,内则如夫人者六人,外则幸竖貂、易牙之等,终以此乱国。《传》言貂于此始擅贵宠,漏洩桓公军事,为齐乱张本。○ 寺,如字,又音侍。貂,音雕。竖,上主切。擅,时战切。洩,息列切,又以制切。

虢公败戎于桑田①。晋卜偃曰:"虢必亡矣,亡下阳不惧,而又有功,是天夺之鉴②,而益其疾也③。必易晋而不抚其民矣,不可以五稔④。"

① 桑田,虢地,在弘农陕县东北。　② 鉴,所以自照。　③ 骄则生疾。　④ 稔,熟也,为下五年晋灭虢张本。○ 易,以豉切。稔,人甚切。

冬,楚人伐郑,鬭章囚郑聃伯①。

①《经》书侵,《传》言伐。本以伐兴,权行侵掠,为后年楚伐郑,郑伯欲成张本。○ 聃,乃甘切。掠,音亮。

经
三年春,王正月,不雨。
夏四月,不雨①。
徐人取舒②。
六月,雨③。
秋,齐侯、宋公、江人、黄人会于阳穀④。
冬,公子友如齐涖盟⑤。
楚人伐郑。

① 一时不雨则书首月。《传》例曰:不曰旱,不为灾。　② 无《传》。徐国,在下邳僮县东南。舒国,今庐江舒县。胜国而不用大师,亦曰取。例在襄十三年。○ 邳,皮悲切。僮,音童。庐,力居切。　③ 示旱不竟夏。　④ 阳穀,齐地,在东平须昌县北。　⑤ 涖,临也。○ 涖,音利,又音类。

传

三年春，不雨。夏六月，雨。自十月不雨至于五月，不曰旱，不为灾也①。

① 周六月，夏四月，于播种苗稼无损。○ 夏，户雅切。

秋，会于阳穀，谋伐楚也①。

① 二年楚侵郑故。

齐侯为阳穀之会，来寻盟。冬，公子友如齐涖盟①。

① 公时不会阳穀，故齐侯自阳穀遣人诣鲁来寻盟。鲁使上卿诣齐受盟，谦也。○ 为，于伪切。

楚人伐郑，郑伯欲成，孔叔不可。曰："齐方勤我①，弃德不祥②。"

① 孔叔，郑大夫。勤，恤郑难。○ 难，乃旦切。　② 祥，善也。

齐侯与蔡姬乘舟于囿，荡公①。公惧变色，禁之不可。公怒，归之，未之绝也。蔡人嫁之②。

① 蔡姬，齐侯夫人。荡，摇也。囿，苑也。盖鱼池在苑中。○ 囿，音又。　② 为明年齐侵蔡《传》。

经

四年春，王正月，公会齐侯、宋公、陈侯、卫侯、郑伯、许男、曹伯侵蔡。蔡溃①。遂伐楚，次于陉②。

夏，许男新臣卒③。

楚屈完来盟于师，盟于召陵④。

齐人执陈辕涛涂⑤。

秋，及江人、黄人伐陈⑥。

八月，公至自伐楚⑦。

葬许穆公。

冬十有二月，公孙兹帅师会齐人、宋人、卫人、郑人、许人、曹人侵陈⑧。

① 民逃其上曰溃，例在文三年。　② 遂，两事之辞。楚强，齐欲绥之以德，故不速进而次陉。陉，楚地，颍川召陵县南有陉亭。○陉，音刑。召，上照切。　③ 未同盟而赴以名。　④ 屈完，楚大夫也。楚子遣完如师以观齐。屈完觌齐之盛，因而求盟，故不称使，以完来盟为文，齐桓退舍以礼楚，故盟召陵。召陵，颍川县也。　⑤ 辕涛涂，陈大夫。○辕，本亦作袁。涛，音桃。　⑥ 受齐命讨陈之罪而以与谋为文者，时齐不行，使鲁为主。与谋例在宣七年。○与，音预，下同。　⑦ 无《传》。告于庙。　⑧ 公孙兹，叔牙子叔孙戴伯。

传

四年春，齐侯以诸侯之师侵蔡，蔡溃，遂伐楚。楚子使与师言曰："君处北海，寡人处南海，唯是风马牛不相及也①。不虞君之涉吾地也，何故？"管仲对曰："昔召康公命我先君大公②曰:'五侯九伯,女实征之,以夹辅周室③。'赐我先君履,东至于海,西至于河,南至于穆陵,北至于无棣④。尔贡包茅不入,王祭不共,无以缩酒,寡人是征⑤。昭王南征而不复,寡人是问⑥。"对曰:"贡之不入,寡君之罪也,敢不共给。昭王之不复,君其问诸水滨⑦。"师进,次于陉⑧。

夏,楚子使屈完如师⑨。师退,次于召陵⑩。齐侯陈诸侯之师,与屈完乘而观之⑪。齐侯曰:"岂不穀是为?先君之好是继。与不穀同好如何⑫?"对曰:"君惠徼福于敝邑之社稷,辱收寡君,寡君之愿也。"齐侯曰:"以此众战,谁能御之?以此攻城,何城不克?"对曰:"君若以德绥诸侯,谁敢不服?君若以力,楚国方城以为城,汉水以为池⑬,虽众,无所用之。"屈完及诸侯盟。

① 楚界犹未至南海,因齐处北海,遂称所近。牛马风逸,盖末界之微事,故以取喻。○近,附近之近。　② 召康公,周大保召公奭也。○大,音泰,《注》同。奭,音释。　③ 五等诸侯,九州之伯,皆得征讨其罪。齐桓因此命以夸楚。○女,音汝。夹,古洽切,旧古协切。夸,苦瓜切。　④ 穆陵、无棣皆齐竟也。履,所践履之界。齐桓又因以自言其盛。○棣,大计切。竟,音境,下同。　⑤ 包,裹束也。茅,菁茅也。束茅而灌之以酒为缩酒。《尚书》:包匦菁茅。茅之为异未审。○共,本亦作供,音恭,下及《注》同。缩,所六切。裹,音果。菁,子丁切。包,或作苞。匦,本或作轨,音同。　⑥ 昭王,成王之孙,南巡守,涉汉,船坏而溺。周人讳而不赴,诸侯不知其故,故问之。○守,手又切。溺,乃历切。　⑦ 昭王时,汉非楚竟,故不受罪。○滨,音宾。　⑧ 楚不服罪,故复进师。○复,扶又切。　⑨ 如陉之师,观强弱。　⑩ 完请盟故。　⑪ 乘,共载。○乘,绳证切,《注》同。　⑫ 言诸侯之附从非为己,乃寻先君之好,谦而自广,因求

与楚同好。孤、寡、不穀,诸侯谦称。○为,于伪切,《注》同。好,呼报切,下及《注》同。称,尺证切。 ⑬方城山在南阳叶县南,以言竟土之远。汉水出武都,至江夏南入江,言其险固以当城池。○徼,古尧切,要也。汉水以为池,一本或作汉以为池,水衍字。叶,始涉切。当,丁浪切。

陈辕涛涂谓郑申侯曰:"师出于陈、郑之间,国必甚病①。若出于东方,观兵于东夷,循海而归,其可也②。"申侯曰:"善。"涛涂以告,齐侯许之③。申侯见,曰:"师老矣,若出于东方而遇敌,惧不可用也。若出于陈、郑之间,共其资粮扉屦,其可也④。"齐侯说,与之虎牢⑤。执辕涛涂。秋,伐陈,讨不忠也⑥。

① 申侯,郑大夫。当有共给之费故。○费,芳味切。 ② 东夷,郯、莒、徐夷也。观兵,示威。○郯,音谈。 ③ 许出东方。 ④ 扉,草屦。○见,贤遍切。粮,音良。扉,符费切。 ⑤ 还以郑邑赐之。○说,音悦。 ⑥ 以涛涂为误军道。

许穆公卒于师,葬之以侯,礼也①。凡诸侯薨于朝会,加一等②;死王事,加二等③。于是有以衮敛④。

① 男而以侯礼,加一等。 ② 诸侯命有三等:公为上等,侯、伯为中等,子、男为下等。 ③ 谓以死勤事。 ④ 衮衣,公服也,谓加二等。○衮,古本切。敛,力验切。

冬,叔孙戴伯帅师,会诸侯之师侵陈。陈成,归辕涛涂①。

① 陈服罪,故归其大夫。戴,谥也。

　　初,晋献公欲以骊姬为夫人,卜之不吉,筮之吉。公曰:"从筮。"卜人曰:"筮短龟长,不如从长①。且其繇曰:'专之渝,攘公之羭②。一薰一莸,十年尚犹有臭③。'必不可。"弗听。立之,生奚齐。其娣生卓子。及将立奚齐,既与中大夫成谋,姬谓大子曰:"君梦齐姜,必速祭之④。"大子祭于曲沃,归胙于公⑤。公田,姬寘诸宫六日。公至,毒而献之⑥。公祭之地,地坟;与犬,犬毙;与小臣,小臣亦毙。姬泣曰:"贼由大子。"大子奔新城⑦。公杀其傅杜原款。或谓大子:"子辞,君必辩焉⑧。"大子曰:"君非姬氏,居不安,食不饱。我辞,姬必有罪。君老矣,吾又不乐⑨。"曰:"子其行乎!"大子曰:"君实不察其罪,被此名也以出,人谁纳我?"十二月戊申,缢于新城。姬遂谮二公子曰:"皆知之。"重耳奔蒲,夷吾奔屈⑩。

① 物生而后有象,象而后有滋,滋而后有数。龟象筮数,故象长数短。○ 如,依字读;或音而据切。　② 繇,卜兆辞。渝,变也。攘,除也。羭,美也。言变乃除公之美。○ 繇,直救切。渝,羊朱切,下羭同音。攘,如羊切。　③ 薰,香草。莸,臭草。十年有臭,言善易消,恶难除。○ 薰,许云切。莸,音由。易,以豉切。　④ 齐姜,大子母,言求食。○ 卓,吐浊切。　⑤ 胙,祭之酒肉。○ 胙,才故切。　⑥ 毒酒经宿辄败,而经六日,明公之惑。○ 寘,之豉切。　⑦ 新城,曲沃。○ 坟,扶粉切。毙,婢世切。　⑧ 以六日之状自理。○ 款,苦管切。辩,兵免切。　⑨ 吾自理则姬死,姬死则君必不乐。不乐,为由吾也。○ 乐,音洛,《注》同。　⑩ 二子时在朝,为明年晋杀申生《传》。○ 被,皮寄切,又皮绮切。缢,一赐

切。潛,侧鸩切。

经

五年春,晋侯杀其世子申生①。

杞伯姬来,朝其子②。

夏,公孙兹如牟③。

公及齐侯、宋公、陈侯、卫侯、郑伯、许男、曹伯会王世子于首止④。

秋八月,诸侯盟于首止⑤。

郑伯逃归,不盟⑥。

楚人灭弦,弦子奔黄⑦。

九月戊申朔,日有食之⑧。

冬,晋人执虞公⑨。

① 称晋侯,恶用谗。书春,从告。○ 恶,乌路切。 ② 无《传》。伯姬来宁,宁成风也。朝其子者,时子年在十岁左右,因有诸侯,子得行朝义,而卒不成朝礼,故系于母而曰朝其子。○ 杞伯姬来,绝句。来,归宁。朝其子,犹言其子朝。 ③ 叔孙戴伯娶于牟。卿非君命不越竟,故奉公命聘于牟,因自为逆。○ 竟,音境。为,于伪切。 ④ 惠王大子郑也。不名而殊会,尊之也。首止,卫地。陈留襄邑县东南有首乡。 ⑤ 间无异事,复称诸侯者,王世子不盟故也。王之世子尊与王同,齐桓行霸,翼戴天子,尊崇王室,故殊贵世子。○ 复,扶又切。 ⑥ 逃其师而归也。逃例在文三年。 ⑦ 弦国在弋阳轪县东南。○ 轪,音大。 ⑧ 无《传》。 ⑨ 虞公贪璧、马之宝,距绝忠谏,称人以执,同于无道于其民之例。例在成十五年。所以罪虞,且言易也。晋侯修虞之祀而归其职贡于王,故不以灭同姓为讥。○ 易,以豉切。

157

左 传

传
　　五年春，王正月辛亥朔，日南至①。公既视朔，遂登观台以望。而书，礼也②。凡分、至、启、闭，必书云物③，为备故也④。

　　① 周正月，今十一月。冬至之日，日南极。　② 视朔，亲告朔也。观台，台上构屋可以远观者也。朔旦冬至，历数之所始。治历者因此则可以明其术数，审别阴阳，叙事训民。鲁君不能常修此礼，故善公之得礼。○ 观，古乱切，《注》同。台以望，绝句。而书，本或作而书云物，非也。别，彼列切。　③ 分，春秋分也。至，冬夏至也。启，立春、立夏。闭，立秋、立冬。云物，气色灾变也。《传》重申周典。不言公者，日官掌其职。○ 重，直用切。　④ 素察妖祥，逆为之备。

　　晋侯使以杀大子申生之故来告①。初，晋侯使士𫇭为二公子筑蒲与屈，不慎，寘薪焉②。夷吾诉之。公使让之③。士𫇭稽首而对曰："臣闻之，无丧而慼，忧必讐焉④。无戎而城，讐必保焉⑤。寇讐之保，又何慎焉！守官废命不敬，固讐之保不忠，失忠与敬，何以事君？《诗》云：'怀德惟宁，宗子惟城⑥。'君其修德而固宗子，何城如之⑦？三年将寻师焉，焉用慎⑧？"退而赋曰："狐裘尨茸，一国三公，吾谁适从⑨？"及难，公使寺人披伐蒲。重耳曰："君父之命不校。"乃徇曰："校者吾讐也。"逾垣而走。披斩其袪，遂出奔翟⑩。

　　① 释《经》必须告乃书。　② 不谨慎。○ 为，于伪切，下乃为同。寘，之豉切。　③ 遣让之。○ 遣，弃战切。　④ 讐，犹对也。⑤ 保而守之。　⑥《诗·大雅》。怀德以安，则宗子之固若城。⑦ 言城不如固宗子。　⑧ 寻，用也。○ 焉，於虔切。　⑨ 士𫇭自作

诗也。尨茸，乱貌。公与二公子为三，言城不坚则为公子所诉，为公所让；坚之则为固雠不忠，无以事君，故不知所从。○尨，莫江切，又音蒙。茸，如容切。適，丁历切。　⑩袪，袂也。○难，乃旦切。披，普皮切。校，音教。徇，似俊切。垣，音袁。袪，起鱼切。翟，音狄。袂，面世切。

夏，公孙兹如牟，娶焉①。

① 因聘而娶，故《传》实其事。○娶，本或作取，七喻切。

会于首止，会王大子郑，谋宁周也①。

① 惠王以惠后故，将废大子郑而立王子带，故齐桓帅诸侯会王大子以定其位。

陈辕宣仲怨郑申侯之反己于召陵①，故劝之城其赐邑②，曰："美城之，大名也，子孙不忘。吾助子请。"乃为之请于诸侯而城之，美③。遂谮诸郑伯曰："美城其赐邑，将以叛也。"申侯由是得罪④。

① 宣仲，辕涛涂。　② 齐桓所赐虎牢。　③ 楼橹之备美设。○美城之，绝句。橹，音鲁。　④ 为七年郑杀申侯《传》。

秋，诸侯盟。王使周公召郑伯，曰："吾抚女以从楚，辅之以晋，可以少安①。"郑伯喜于王命而惧其不朝于齐也，故逃归不盟。孔叔止之曰："国君不可以轻，轻则失亲②。失亲患必至，病而乞盟，所丧多矣，君必悔之。"弗听，逃其师而归③。

①<u>周公</u>,<u>宰孔</u>也。王恨齐桓定大子之位,故召郑伯使叛齐也。晋、楚不服于齐,故以镇安郑。○秋,诸侯盟,本或此下更有"于首止"三字,非。女,音汝。②<u>孔叔</u>,郑大夫。亲,党援也。○轻,遣正切,下同。 ③○丧,息浪切。

<u>楚鬭穀於菟灭弦</u>,<u>弦子奔黄</u>。于是<u>江</u>、<u>黄</u>、<u>道</u>、<u>柏</u>方睦于<u>齐</u>,皆<u>弦</u>姻也①,<u>弦子</u>恃之而不事<u>楚</u>,又不设备,故亡。

①姻,外亲也。<u>道</u>国在<u>汝南</u> <u>安阳县</u>南。<u>柏</u>,国名,<u>汝南</u> <u>西平县</u>有<u>柏亭</u>。

晋侯复假道于<u>虞</u>以伐<u>虢</u>。宫之奇谏曰:"<u>虢</u>,<u>虞</u>之表也。<u>虢</u>亡,<u>虞</u>必从之。<u>晋</u>不可启,寇不可玩①,一之谓甚,其可再乎②?谚所谓'辅车相依,唇亡齿寒'者,其<u>虞</u>、<u>虢</u>之谓也③。"公曰:"<u>晋</u>,吾宗也。岂害我哉?"对曰:"<u>大伯</u>、<u>虞仲</u>,<u>大王</u>之昭也。<u>大伯</u>不从,是以不嗣④。<u>虢仲</u>、<u>虢叔</u>,<u>王季</u>之穆也⑤,为<u>文王</u>卿士,勋在王室,藏于盟府⑥。将<u>虢</u>是灭,何爱于<u>虞</u>。且<u>虞</u>能亲于<u>桓</u>、<u>庄</u>乎,其爱之也?<u>桓</u>、<u>庄</u>之族何罪,而以为戮,不唯偪乎⑦?亲以宠偪,犹尚害之,况以国乎?"公曰:"吾享祀丰絜,神必据我⑧。"对曰:"臣闻之,鬼神非人实亲,惟德是依。故《周书》曰:'皇天无亲,惟德是辅⑨。'又曰:'黍稷非馨,明德惟馨⑩。'又曰:'民不易物,惟德繄物⑪。'如是,则非德民不和,神不享矣。神所冯依,将在德矣。若<u>晋</u>取<u>虞</u>而明德以荐馨香,神其吐之乎?"弗听,许<u>晋</u>使。宫之奇以其族行⑫,曰:"<u>虞</u>不腊矣⑬,在此行也,<u>晋</u>不更举矣⑭。"

八月甲午,<u>晋侯</u>围<u>上阳</u>⑮。问于卜偃曰:"吾其济乎?"对曰："克之。"公曰："何时?"对曰："童谣云:'丙之晨,龙尾伏辰⑯,均服振振,取虢之旂⑰。鹑之贲贲,天策焞焞,火中成军,虢公其奔⑱。'其九月、十月之交乎⑲。丙子旦,日在尾,月在策⑳,鹑火中,必是时也。"

冬十二月丙子朔,晋灭虢,虢公醜奔京师㉑。师还,馆于虞,遂袭虞,灭之,执虞公及其大夫井伯,以媵秦穆姬㉒。而修虞祀,且归其职贡于王㉓。故书曰:"晋人执虞公。"罪虞,且言易也㉔。

① 玩,习也。○ 复,扶又切,下六年同。 ② 为二年假晋道灭下阳。 ③ 辅,颊辅。车,牙车。○ 车,尺奢切。 ④ 大伯、虞仲皆大王之子,不从父命,俱让適吴。仲雍支子别封西吴,虞公其后也。穆生昭,昭生穆,以世次计。故大伯、虞仲于周为昭。○ 大,音泰,下及《注》同。昭,上饶切,《注》同,后昭穆仿此。 ⑤ 王季者,大伯、虞仲之母弟也。虢仲、虢叔,王季之子,文王之母弟也。仲、叔皆虢君字。 ⑥ 盟府,司盟之官。 ⑦ 桓叔、庄伯之族,晋献公之从祖昆弟,献公患其偪,尽杀之。事在庄二十五年。○ 偪,彼力切。 ⑧ 据犹安也。○ 享,兴两切。 ⑨《周书》,逸《书》。 ⑩ 馨,香之远闻。○ 闻,音问,又如字。 ⑪ 黍、稷、牲、玉,无德则不见飨,有德则见飨,言物一而异用。○ 繄,乌兮切,是也。 ⑫ 行,去也。○ 冯,皮冰切,下《注》同。使,所吏切。 ⑬ 腊,岁终祭众神之名。○ 腊,力盍切。 ⑭ 不更举兵。 ⑮ 上阳,虢国都,在弘农陕县东南。 ⑯ 龙尾,尾星也,日月之会曰辰。日在尾,故尾星伏不见。○ 谣,音遥。见,贤遍切。 ⑰ 戎事上下同服。振振,盛貌。旂,军之旌旗。○ 均,如字,同也;《字林》作袀,音同。振,音真,《注》同。 ⑱ 鹑,鹑火星也。贲贲,鸟星之体也。天策,傅说星。时近日,星微。焞焞,无光耀也。言丙子平旦,鹑火中,军事有成功也。此已上皆童谣言也。童龀之子,未有念虑之感,而会成嬉戏之言,似若有冯者,其言或中或否。博览之

士,能惧思之人,兼而志之,以为鉴戒,以为将来之验,有益于世教。○鹝,述春切,又常伦切。贲,音奔。焯,他门切。说,音悦。近,附近之近。上,时掌切。乱,初问切,又耻问切,毁齿也。嬉,许宜切。中,丁仲切。 ⑲ 以星验推之,知九月、十月之交,谓夏之九月、十月也。交,晦朔交会。○夏,户雅切,下同。 ⑳ 是夜日月合朔于尾,月行疾,故至旦而过在策。㉑ 不书,不告也。周十二月,夏之十月。 ㉒ 秦穆姬,晋献公女。送女曰媵,以屈辱之。 ㉓ 虞所命祀。 ㉔ ○易,以豉切。

经

六年春,王正月。

夏,公会齐侯、宋公、陈侯、卫侯、曹伯伐郑,围新城①。

秋,楚人围许②。

诸侯遂救许③。

冬,公至自伐郑④。

① 新城,郑新密。今荥阳密县。　② 楚子不亲围,以围者告。
③ 皆伐郑之诸侯,故不复更叙。　④ 无《传》。

传

六年春,晋侯使贾华伐屈,夷吾不能守,盟而行①。将奔狄。郤芮曰:"后出同走,罪也②。不如之梁。梁近秦而幸焉。"乃之梁③。

① 贾华,晋大夫。非不欲校,力不能守,言不如重耳之贤。　② 嫌与重耳同谋而相随。○郤,去逆切。芮,如锐切。　③ 以梁为秦所亲幸,秦既大国,且穆姬在焉,故欲因以求入。○近,附近之近。

夏，诸侯伐郑，以其逃首止之盟故也①。围新密，郑所以不时城也②。

① 首止盟在五年。　② 实新密而《经》言新城者，郑以非时兴土功。齐桓声其罪以告诸侯。

秋，楚子围许以救郑。诸侯救许，乃还。冬，蔡穆侯将许僖公以见楚子于武城①。许男面缚衔璧，大夫衰绖，士舆榇②。楚子问诸逢伯③。对曰："昔武王克殷，微子启如是④。武王亲释其缚，受其璧而祓之⑤。焚其榇，礼而命之，使复其所。"楚子从之。

① 楚子退舍武城，犹有忿志，而诸侯各罢兵，故蔡将许君归楚。武城，楚地，在南阳宛县北。○ 见，贤遍切。罢，扶骂切，又扶买切。宛，於元切。　② 缚手于后，唯见其面，以璧为贽，手缚故衔之。榇，棺也。将受死，故衰绖。○ 衰，七雷切。绖，直结切，《注》同。榇，初觐切。贽，本又作质，音置，又如字。缚，如字，旧扶卧切。　③ 逢伯，楚大夫。　④ 微子启，纣庶兄，宋之祖也。　⑤ 祓，除凶之礼。○ 祓，芳弗切；徐音废。

经

七年春，齐人伐郑。
夏，小邾子来朝①。
郑杀其大夫申侯②。
秋七月，公会齐侯、宋公、陈世子款、郑世子华，盟于甯母③。

163

曹伯班卒④。

公子友如齐⑤。

冬,葬曹昭公⑥。

① 无《传》。郳犁来始得王命而来朝也。郳之别封,故曰小邾。
② 申侯,郑卿。专利而不厌,故称名以杀,罪之也。例在文六年。○厌,於盐切,《传》同。　　③ 高平方与县东有泥母亭,音如甯。○母,如字,又音无,《注》同。方,音房。与,音预。泥,乃丽切,又音甯;王,奴兮切。
④ 无《传》。五年同盟于首止。　　⑤ 无《传》。罢盟而聘,谢不敏也。
⑥ 无《传》。

传

七年春,齐人伐郑,孔叔言于郑伯曰:"谚有之曰:'心则不竞,何惮于病①。'既不能强,又不能弱,所以毙也。国危矣,请下齐以救国。"公曰:"吾知其所由来矣。姑少待我②。"对曰:"朝不及夕,何以待君?"夏,郑杀申侯以说于齐,且用陈辕涛涂之谮也③。

初,申侯,申出也④,有宠于楚文王。文王将死,与之璧,使行,曰,"唯我知女,女专利而不厌,予取予求,不女疵瑕也⑤。后之人将求多于女⑥,女必不免。我死,女必速行。无適小国,将不女容焉⑦。"既葬,出奔郑,又有宠于厉公。子文闻其死也,曰:"古人有言曰:'知臣莫若君。'弗可改也已。"

① 竞,强也。惮,难也。○惮,徒旦切。难,乃旦切,下及八年《经》、《传》并同。　　② 欲以申侯说。○下,户嫁切。　　③ 涛涂谮在五年。

○朝，如字。　④姊妹之子为出。　⑤从我取，从我求，我不以女为罪衅。○女，音汝，下皆同。疵，似斯切，又疾移切。衅，许靳切，下同。⑥谓嗣君也。求多，以礼义大望责之。　⑦政狭法峻。○狭，音洽。

秋，盟于甯母，谋郑故也。管仲言于齐侯曰："臣闻之，招携以礼，怀远以德①，德礼不易，无人不怀。"齐侯修礼于诸侯，诸侯官受方物②。

郑伯使大子华听命于会。言于齐侯曰："洩氏、孔氏、子人氏三族，实违君命③。若君去之以为成，我以郑为内臣，君亦无所不利焉④。"齐侯将许之。管仲曰："君以礼与信属诸侯，而以奸终之，无乃不可乎？子父不奸之谓礼，守命共时之谓信⑤。违此二者，奸莫大焉。"公曰："诸侯有讨于郑，未捷，今苟有衅，从之不亦可乎⑥？"对曰："君若绥之以德，加之以训辞，而帅诸侯以讨郑，郑将覆亡之不暇，岂敢不惧？若总其罪人以临之⑦，郑有辞矣，何惧⑧？且夫合诸侯以崇德也，会而列奸，何以示后嗣⑨？夫诸侯之会，其德刑礼义，无国不记。记奸之位⑩，君盟替矣⑪。作而不记，非盛德也⑫。君其勿许，郑必受盟。夫子华既为大子而求介于大国，以弱其国，亦必不免⑬。郑有叔詹、堵叔、师叔三良为政，未可间也。"齐侯辞焉。子华由是得罪于郑。

冬，郑伯请盟于齐⑭。

①携，离也。　②诸侯官司，各于齐受其方所当贡天子之物。③三族，郑大夫。○洩，息列切。　④以郑事齐，如封内臣。○去，起吕切。　⑤守君命，共时事。○奸，音干。共，音恭。《注》同。

165

⑥ 子华犯父命,是其衅隙。○ 隙,去逆切。　　⑦ 总,将领也。子华奸父之命,即罪人。○ 覆,芳服切。　⑧ 以大义为辞。　⑨ 列奸,用子华。⑩ 位,会位也。子华为奸人而列在会位,将为诸侯所记。　⑪ 替,废也。○ 替,他计切。　⑫ 君举必书,虽复齐史隐讳,亦损盛德。○ 复,扶又切。　　⑬ 介,因也。○ 介,音界。　⑭ 以齐侯不听子华故。○ 堵,丁古切,又音者。间,间厕之间。

闰月,惠王崩。襄王恶大叔带之难①。惧不立,不发丧而告难于齐②。

① 襄王,惠王大子郑也。大叔带,襄王弟,惠后之子也,有宠于惠后,惠后欲立之,未及而卒。○ 恶,乌路切。大,音泰。叔,又作朿。　② 为八年盟洮《传》。○ 洮,他刀切。

经

八年春,王正月,公会王人、齐侯、宋公、卫侯、许男、曹伯、陈世子款,盟于洮①。郑伯乞盟②。

夏,狄伐晋。

秋七月,禘于大庙,用致夫人③。

冬十有二月丁未,天王崩④。

① 王人与诸侯盟不讥者,王室有难故。洮,曹地。　② 新服未与会,故不序列,别言乞盟。○ 与,音预,下同。　③ 禘,三年大祭之名。大庙,周公庙。致者,致新死之主于庙,而列之昭穆。夫人淫而与弑,不薨于寝,于礼不应致,故僖公疑其礼。历三禘,今果行之,嫌异常,故书之。○ 大,音泰。弑,音试。　④ 实以前年闰月崩,以今年十二月丁未告。

传

八年春,盟于洮,谋王室也。郑伯乞盟,请服也。襄王定位而后发丧①。

① 王人会洮,还而后王位定。

晋里克帅师,梁由靡御,虢射为右,以败狄于采桑①。梁由靡曰:"狄无耻,从之必大克②。"里克曰:"拒之而已,无速众狄③。"虢射曰:"期年,狄必至,示之弱矣。"夏,狄伐晋,报采桑之役也。复期月④。

①《传》言前年事也。平阳北屈县西南有采桑津。○ 射,食亦切。② 不耻走,故可逐。 ③ 恐怨深而群党来报。 ④ 明期年之言验。○ 期,音基,本或作朞,《注》同。

秋,禘而致哀姜焉,非礼也。凡夫人不薨于寝,不殡于庙,不赴于同,不祔于姑,则弗致也①。

① 寝,小寝。同,同盟。将葬又不以殡过庙。据《经》哀姜薨葬之文,则为殡庙、赴同、祔姑。今当以不薨于寝,不得致也。○ 祔,音附。

冬,王人来告丧,难故也,是以缓①。

① 有大叔带之难。

宋公疾,大子兹父固请曰:"目夷长,且仁,君其立之①。"公命子鱼。子鱼辞,曰:"能以国让,仁孰大焉？臣不及也,且又不顺②"遂走而退。

① 兹父,襄公也。目夷,兹父庶兄子鱼也。○父,音甫。长,丁丈切。
② 立庶不顺礼。

经

九年春,王三月丁丑,宋公御说卒①。

夏,公会宰周公、齐侯、宋子、卫侯、郑伯、许男、曹伯于葵丘②。

秋七月乙酉,伯姬卒③。

九月戊辰,诸侯盟于葵丘④。

甲子,晋侯佹诸卒⑤。

冬,晋里克杀其君之子奚齐⑥。

① 四同盟。○御,鱼吕切。说,音悦。　② 周公,宰孔也。宰,官。周,采地。天子三公不字。宋子,襄公也;《传》例曰:在丧公侯曰子。陈留外黄县东有葵丘。　③ 无《传》。《公羊》、《穀梁》曰:未適人,故不称国。已许嫁,则以成人之礼书,不复殇也。妇人许嫁而笄,犹丈夫之冠。○复,扶又切。殇,式羊切。笄,古兮切。冠,古唤切。　④ 夏会葵丘,次伯姬卒,文不相比,故重言诸侯。宰孔先归,不与盟。○比,毗志切。重,直用切。与,音预。　⑤ 未同盟而赴以名。甲子,九月十一日。戊辰,十五日也。书在盟后,从赴。○佹,九委切。　⑥ 献公未葬,奚齐未成君,故称君之子。奚齐受命继位,无罪,故里克称名。○杀,如字,《传》同;《公羊》音试。

传

九年春，宋桓公卒，未葬而襄公会诸侯，故曰子。凡在丧，王曰小童，公侯曰子①。

① 在丧，未葬也。小童者，童蒙幼末之称。子者，继父之辞。公侯位尊，上连王者，下绝伯子男。周康王在丧，称予一人钊。礼称亦不言小童；或所称之辞，各有所施。此谓王自称之辞，非诸夏所得书，故《经》无其事，《传》通取旧典之文，以事相接。○称，尺证切。钊，古尧切，又音昭。

夏，会于葵丘，寻盟，且修好，礼也①。王使宰孔赐齐侯胙②，曰："天子有事于文武③，使孔赐伯舅胙④。"齐侯将下拜。孔曰："且有后命。天子使孔曰：'以伯舅耋老，加劳，赐一级，无下拜⑤。'"对曰："天威不违颜咫尺⑥，小白余敢贪天子之命无下拜⑦！恐陨越于下⑧，以遗天子羞。敢不下拜！"下拜，登受⑨。

秋，齐侯盟诸侯于葵丘曰："凡我同盟之人，既盟之后，言归于好⑩。"宰孔先归⑪，遇晋侯曰："可无会也⑫。齐侯不务德而勤远略，故北伐山戎⑬，南伐楚⑭，西为此会也。东略之不知，西则否矣⑮。其在乱乎。君务靖乱，无勤于行⑯。"晋侯乃还⑰。

① ○ 好，呼报切，下于好并《注》同。　② 胙，祭肉。尊之，比二王后。○ 胙，才素切。　③ 有祭事也。　④ 天子谓异姓诸侯曰伯舅。　⑤ 七十曰耋。级，等也。○ 耋，田节切，又他结切。劳，力报切。级，音急。　⑥ 言天鉴察不远，威严常在颜面之前。八寸曰咫。○ 咫，之氏切。

169

⑦ 小白,齐侯名。余,身也。 ⑧ 陨越,颠坠也。据天王居上,故言恐颠坠于下。○坠,直类切,下同。 ⑨ 拜堂下,受胙于堂上。○遗,于季切。 ⑩ 义取修好,故《传》显其盟辞。 ⑪ 既会,先诸侯去。○先,悉荐切。 ⑫ 晋侯欲来会葵丘。 ⑬ 在庄三十一年。 ⑭ 在四年。 ⑮ 言或向东,必不能复西略。○复,扶又切,下不复会同。 ⑯ 在,存也。微戒献公,言晋将有乱。 ⑰ 不复会齐。

九月,晋献公卒,里克、丕郑欲纳文公,故以三公子之徒作乱①。

初,献公使荀息傅奚齐,公疾,召之,曰:"以是藐诸孤②,辱在大夫,其若之何③?"稽首而对曰:"臣竭其股肱之力,加之以忠贞。其济,君之灵也;不济,则以死继之。"公曰:"何谓忠贞?"对曰:"公家之利,知无不为,忠也。送往事居,耦俱无猜,贞也④。"及里克将杀奚齐,先告荀息曰:"三怨将作⑤,秦、晋辅之,子将何如?"荀息曰:"将死之。"里克曰:"无益也。"荀叔曰:"吾与先君言矣,不可以贰。能欲复言而爱身乎⑥?虽无益也,将焉辟之?且人之欲善,谁不如我?我欲无贰,而能谓人已乎⑦。"

冬十月,里克杀奚齐于次⑧。书曰:"杀其君之子。"未葬也。荀息将死之,人曰:"不如立卓子而辅之。"荀息立公子卓以葬。

十一月,里克杀公子卓于朝,荀息死之。君子曰:"诗所谓'白圭之玷,尚可磨也;斯言之玷,不可为也'⑨,荀息有焉⑩。"

① 丕郑,晋大夫。三公子:申生、重耳、夷吾。○ 丕,普悲切。② 言其幼贱,与诸子县藐。○ 藐,妙小切,又亡角切。县,音玄。 ③ 欲屈辱荀息使保护之。 ④ 往,死者。居,生者。耦,两也。送死事生,两无疑恨,所谓正也。○ 猜,七才切。 ⑤ 三公子之徒。 ⑥ 荀叔,荀息也。复言,言可复也。 ⑦ 言不能止里克,使不忠于申生等。○ 焉,於虔切,下文焉能克同。 ⑧ 次,丧寝。 ⑨《诗·大雅》。言此言之缺难治甚于白圭。○ 玷,丁簟切,又丁念切。 ⑩ 有此诗人重言之义。

　　齐侯以诸侯之师伐晋,及高梁而还,讨晋乱也①。令不及鲁,故不书②。

　　① 高梁,晋地,在平阳县西南。 ② 前已发不书例,今复重发,嫌霸者异于凡诸侯。○ 令,力政切;本又作命。复,扶又切。重,直用切。

　　晋郤芮使夷吾重赂秦以求入①,曰:"人实有国,我何爱焉②。入而能民,土于何有。"从之③。齐隰朋帅师会秦师,纳晋惠公④。秦伯谓郤芮曰:"公子谁恃?"对曰:"臣闻亡人无党,有党必有雠⑤。夷吾弱不好弄⑥,能斗不过⑦,长亦不改,不识其他。"
　　公谓公孙枝曰:"夷吾其定乎⑧?"对曰:"臣闻之,唯则定国。《诗》曰:'不识不知,顺帝之则。'文王之谓也⑨。又曰:'不僭不贼,鲜不为则。'无好无恶,不忌不克之谓也。今其言多忌克⑪,难哉⑫!"公曰:"忌则多怨,又焉能克? 是吾利也⑬。"

　　① 郤芮,郤克祖父,从夷吾者。○ 从,才用切。 ② 言国非己之有,何爱而不以赂秦。 ③ 能得民,不患无土。 ④ 隰朋,齐大夫。惠

公,夷吾。○ 隰,音习。 ⑤ 言夷吾无党,无党则无雠,易出易入,以微劝秦。○ 易,以豉切。 ⑥ 弄,戏也。○ 好,呼报切。 ⑦ 有节制。 ⑧ 公孙枝,秦大夫子桑也。○ 长,丁丈切。 ⑨《诗·大雅》。帝,天也。则,法也。言文王闇行自然,合天之法。 ⑩ 僭,过差也;贼,伤害也;皆忌克也。能不然,则可为人法则。○ 僭,子念切,下《注》同。鲜,息浅切。 ⑪ 既僭而贼。○ 好,呼报切,又如字。恶,乌路切。 ⑫ 言能自定难。 ⑬ 其言虽多忌,适足以自害,不能胜人也。秦伯虑其还害己,故曰是吾利。

宋襄公即位,以公子目夷为仁,使为左师以听政。于是宋治。故鱼氏世为左师。

经

十年春,王正月,公如齐①。

狄灭温,温子奔卫②。

晋里克弑其君卓,及其大夫荀息③。

夏,齐侯、许男伐北戎④。

晋杀其大夫里克⑤。

秋七月。

冬,大雨雪⑥。

① 无《传》。 ② 盖中国之狄灭而居其土地。 ③ 弑卓在前年而以今春书者,从赴也。献公既葬,卓已免丧,故称君也。荀息称名者,虽欲复言,本无远谋,从君于昏。 ④ 无《传》。北戎,山戎。 ⑤ 奚齐者,先君所命,卓子又以在国嗣位,罪未为无道,而里克亲为三怨之主,累弑二君,故称名以罪之。 ⑥ 无《传》。平地尺为大雪。○ 雨,于付切。

传

十年春,狄灭温,苏子无信也。苏子叛王即狄,又不能于狄,狄人伐之,王不救,故灭。苏子奔卫①。

① 苏子,周司寇苏公之后也。国于温,故曰温子。叛王事在庄十九年。

夏四月,周公忌父、王子党会齐隰朋立晋侯①。晋侯杀里克以说②。将杀里克,公使谓之曰:"微子,则不及此。虽然,子弑二君与一大夫,为子君者不亦难乎?"对曰:"不有废也,君何以兴?欲加之罪,其无辞乎③?臣闻命矣。"伏剑而死。于是丕郑聘于秦,且谢缓赂,故不及④。

晋侯改葬共大子⑤。秋,狐突适下国⑥,遇大子,大子使登仆⑦而告之曰:"夷吾无礼,余得请于帝矣⑧。将以晋畀秦,秦将祀余。"对曰:"臣闻之,神不歆非类,民不祀非族,君祀无乃殄乎⑨?且民何罪。失刑乏祀,君其图之。"君曰:"诺。吾将复请。七日新城西偏,将有巫者而见我焉⑩。"许之,遂不见⑪。及期而往,告之曰:"帝许我罚有罪矣,敝于韩⑫。"

丕郑之如秦也,言于秦伯曰:"吕甥、郤称、冀芮实为不从,若重问以召之⑬,臣出晋君,君纳重耳,蔑不济矣⑭。"

冬,秦伯使泠至报问,且召三子⑮。郤芮曰:"币重而言甘,诱我也。"遂杀丕郑、祁举⑯及七舆大夫⑰:左行共华、右行贾华、叔坚、骓歂、累虎、特宫、山祁,皆里、丕之党也⑱。丕豹奔秦⑲,言于秦伯曰:"晋侯背大主而忌小怨,民弗与也,伐之必出⑳。"公曰:"失众,焉能杀㉑。违祸,谁能出君㉒。"

① 周公忌父,周卿士。王子党,周大夫。　② 自解说不篡。○篡,初患切。　③ 言欲加己罪,不患无辞。　④ 丕郑,里克党,以在秦,故不及里克俱死。　⑤ 共大子,申生也。○共,音恭;本亦作恭。大,音泰。　⑥ 下国,曲沃新城。　⑦ 忽如梦而相见,狐突本为申生御,故复使登车为仆。○复,扶又切,下及《注》同。　⑧ 请罚夷吾。　⑨ 歆,飨也。殄,绝也。○畀,必利切,下《注》同。歆,许金切。　⑩ 新城,曲沃也。将因巫而见。○偏,匹绵切。　⑪ 狐突许其言,申生之象亦没。○见,贤遍切,又如字。　⑫ 敝,败也。韩,晋地。独敝惠公,故言罚有罪。明不复以晋畀秦。夷吾忌克多怨,终于失国,虽改葬加谥,申生犹忿。《传》言鬼神所冯,有时而信。○冯,皮冰切。　⑬ 三子,晋大夫。不从,不与秦赂。问,聘问之币。○称,尺证切,又如字。　⑭ 蔑,无也。　⑮ 泠至,秦大夫。○泠,力丁切。　⑯ 祁举,晋大夫。　⑰ 侯伯七命,副车七乘。○乘,绳证切。　⑱ 七子,七舆大夫。○行,户刚切,下同。共,音恭。雅,音佳。歜,市专切。累,力追切。祁,巨之切,又上尸切。　⑲ 丕豹,丕郑之子。　⑳ 大主,秦也。小怨,里丕。○背,音佩。　㉑ 谓杀里丕之党。○焉,於虔切。　㉒ 为豹辟祸也。为明年晋杀丕郑《传》。

经

十有一年春,晋杀其大夫丕郑父①。

夏,公及夫人姜氏会齐侯于阳穀②。

秋八月,大雩③。

冬,楚人伐黄。

① 以私怨谋乱国,书名,罪之。书春,从告。　② 无《传》。妇人送迎不出门,见兄弟不踰阈。与公俱会齐侯,非礼。○阈,音域,门限也;一音况域切。　③ 无《传》。过时故书。

传

十一年春,晋侯使以丕郑之乱来告①。天王使召武公、内史过赐晋侯命②。受玉惰。过归,告王曰:"晋侯其无后乎。王赐之命而惰于受瑞,先自弃也已,其何继之有?礼,国之干也。敬,礼之舆也。不敬则礼不行,礼不行则上下昏,何以长世③?"

① 释《经》书在今年。　② 天王,周襄王。召武公,周卿士。内史过,周大夫。诸侯即位,天子赐之命圭为瑞。〇 过,古禾切。　③ 为惠公不终张本。〇 惰,徒卧切。长,直良切,又丁丈切。

夏,扬拒、泉皋、伊雒之戎同伐京师,入王城,焚东门①。王子带召之也②。秦、晋伐戎以救周。秋,晋侯平戎于王③。

① 扬拒、泉皋皆戎邑,及诸杂戎居伊水、雒水之间者。今伊阙北有泉亭。〇 拒,俱宇切。皋,古刀切。　② 王子带,甘昭公也。召戎欲因以篡位。　③ 为二十四年天王出居郑《传》。

黄人不归楚贡。冬,楚人伐黄①。

① 黄人恃齐故。

经

十有二年春,王三月庚午,日有食之①。
夏,楚人灭黄。

秋七月。

冬十有二月丁丑,陈侯杵臼卒②。

① 无《传》。不书朔,官失之。　② 无《传》。遣世子与僖公同盟甯母及洮。○ 杵,昌吕切。臼,其九切。

传

十二年春,诸侯城卫楚丘之郭,惧狄难也①。

① 楚丘,卫国都。郭,郛也。为明年春狄侵卫《传》。○ 郛,芳夫切。难,乃旦切,下同。

黄人恃诸侯之睦于齐也,不共楚职,曰:"自郢及我九百里,焉能害我?"夏,楚灭黄①。

① 郢,楚都。○ 共,音恭。焉,於虔切。

王以戎难故,讨王子带①。

① 子带前年召戎伐周。

秋,王子带奔齐。冬,齐侯使管夷吾平戎于王,使隰朋平戎于晋①。

王以上卿之礼飨管仲,管仲辞曰:"臣,贱有司也,有天子之二守国、高在②。若节春秋,来承王命,何以礼焉③?陪臣敢辞④。"王曰:"舅氏⑤,余嘉乃勋,应乃懿德,谓督不忘。往践乃职,无逆朕命⑥。"管仲受下卿之礼而还⑦。

君子曰:"管氏之世祀也宜哉!让不忘其上。《诗》曰:'恺悌君子,神所劳矣⑧。'"

① 平,和也。前年晋救周伐戎,故戎与周、晋不和。 ② 国子、高子,天子所命为齐守臣,皆上卿也。庄二十二年,高傒始见《经》;僖二十八年,国归父乃见《传》。归父之父曰懿仲,高傒之子曰庄子,不知今当谁世。○守,手又切,《注》同。见,贤遍切,下同。 ③ 节,时也。 ④ 诸侯之臣曰陪臣。○陪,步回切。 ⑤ 伯舅之使,故曰舅氏。○使,所吏切。 ⑥ 功勋美德,可谓正而不可忘者。不言位而言职者,管仲位卑而执齐政,故欲以职尊之。○督,音笃。 ⑦ 管仲不敢以职自高,卒受本位之礼。 ⑧《诗·大雅》。恺,乐也。悌,易也。言乐易君子,为神所劳来,故世祀也。管仲之后,于齐没不复见,《传》亦举其无验。○恺,本亦作凯,开在切。悌,音弟;本亦作弟。劳,力报切《注》同。乐,音洛,下同。易,以豉切,下同。来,力代切。复,扶又切。

经

十有三年春,狄侵卫①。

夏四月,葬陈宣公②。

公会齐侯、宋公、陈侯、卫侯、郑伯、许男、曹伯于咸③。

秋九月,大雩④。

冬,公子友如齐⑤。

①《传》在前年春。 ②⑤ 无《传》。 ③ 咸,卫地。东郡濮阳县东南有咸城。○濮,音卜。 ④ 无《传》。书过。

传

十三年春,齐侯使仲孙湫聘于周,且言王子带①。事毕,不与王言②。归复命曰:"未可,王怒未怠,其十年乎。不十年,王弗召也。"

① 前年王子带奔齐,言欲复之。　② 不言子带事。

夏,会于咸,淮夷病杞故,且谋王室也。
秋,为戎难故,诸侯戍周,齐仲孙湫致之①。

① 戍,守也。致诸侯戍卒于周。○ 为,于伪切,下《注》欲为同。难,乃旦切。卒,子忽切。

冬,晋荐饥,使乞籴于秦①。
秦伯谓子桑:"与诸乎?"对曰:"重施而报,君将何求②。重施而不报,其民必携,携而讨焉,无众必败③。"谓百里:"与诸乎④?"对曰:"天灾流行,国家代有。救灾恤邻,道也。行道有福。"
丕郑之子豹在秦,请伐晋⑤。秦伯曰:"其君是恶,其民何罪?"秦于是乎输粟于晋,自雍及绛,相继⑥。命之曰"汎舟之役⑦"。

① 麦、禾皆不熟。○ 荐,在荐切,重也。饥,音饥。籴,直历切。② 言不损秦。○ 施,式豉切,下同。　③ 不义故民离。　④ 百里,秦大夫。　⑤ 欲为父报怨。　⑥ 雍,秦国都。绛,晋国都。○ 雍,於用

切。绛,古巷切。　⑦从渭水运入河、汾。○汎,芳剑切。汾,扶云切。

经

十有四年春,诸侯城缘陵①。

夏六月,季姬及鄫子遇于防,使鄫子来朝②。

秋八月辛卯,沙鹿崩③。

狄侵郑④。

冬,蔡侯肸卒⑤。

　① 缘陵,杞邑。辟淮夷,迁都于缘陵。　② 季姬,鲁女,鄫夫人也。鄫子本无朝志,为季姬所召而来,故言使鄫子来朝。鄫国今琅邪鄫县。○鄫,似绫切;本或作缯。　③ 沙鹿,山名。平阳元城县东有沙鹿土山,在晋地。灾害系于所灾所害,故不系国。　④ 无《传》。　⑤ 无《传》。未同盟而赴以名。○肸,许乙切。

传

十四年春,诸侯城缘陵而迁杞焉。不书其人,有阙也①。

　① 阙,谓器用不具,城池未固而去,为惠不终也。澶渊之会,既而无归,大夫不书,而国别称人,今此总曰诸侯,君臣之辞,不言城杞,杞未迁也。○澶,市然切。

鄫季姬来宁,公怒止之,以鄫子之不朝也①。夏,遇于防而使来朝。

　① 来宁不书,而后年书归鄫,更嫁之文也。明公绝鄫昏,既来朝而还。

179

○还,户关切。

秋八月辛卯,沙鹿崩。晋卜偃曰:"期年将有大咎,几亡国①。"

① 国主山川。山崩川竭,亡国之征。○ 期,音基。咎,其九切。几,音祈,又音机。

冬,秦饥,使乞籴于晋,晋人弗与。
庆郑曰:"背施无亲①,幸灾不仁,贪爱不祥,怒邻不义。四德皆失,何以守国?"虢射曰:"皮之不存,毛将安傅②?"庆郑曰:"弃信背邻,患孰恤之?无信患作,失援必毙,是则然矣。"虢射曰:"无损无怨而厚于寇,不如勿与③。"庆郑曰:"背施幸灾,民所弃也。近犹仇之,况怨敌乎。"弗听。退曰:"君其悔是哉!"

① 庆郑,晋大夫。○ 背,音佩,后皆同。施,式豉切,《注》及下而施毛,十五年皆同。　② 虢射,惠公舅也。皮以喻所许秦城,毛以喻籴。言既背秦施,为怨已深,虽与之籴,犹无皮而施毛。○ 傅,音附。　③ 言与秦粟不足解怨,适足使秦强。

经
十有五年春,王正月,公如齐①。
楚人伐徐。
三月,公会齐侯、宋公、陈侯、卫侯、郑伯、许男、曹伯,盟于牡丘②,遂次于匡③。公孙敖帅师及诸侯之大夫救徐④。

夏五月,日有食之。

秋七月,齐师、曹师伐厉⑤。

八月,螽⑥。

九月,公至自会⑦。

季姬归于鄫⑧。

己卯晦,震夷伯之庙⑨。

冬,宋人伐曹。

楚人败徐于娄林⑩。

十有一月壬戌,晋侯及秦伯战于韩。获晋侯⑪。

① 无《传》。诸侯五年再相朝,礼也。例在文十五年。　② 牡丘,地名,阙。○ 牡,茂后切。　③ 匡,卫地,在陈留长垣县西南。　④ 公孙敖,庆父之子。诸侯既盟,次匡,皆遣大夫将兵救徐,故不复列国别也。○ 复,扶又切。　⑤ 厉,楚与国。义阳随县北有厉乡。　⑥ 无《传》。为灾。○ 螽,音终;本亦作蝬。　⑦ 无《传》。　⑧ 无《传》。来宁不书,此书者,以明中绝。○ 中,丁仲切,又如字。　⑨ 夷伯,鲁大夫展氏之祖父。夷,谥;伯,字。震者雷电击之。大夫既卒书字。○ 晦,音悔。　⑩ 娄林,徐地,下邳僮县东南有娄亭。○ 娄,力侯切。邳,蒲悲切。　⑪ 例,得大夫曰获。晋侯背施无亲,愎谏违卜,故贬绝,下从众臣之例,而不言以归。不书败绩,晋师不大崩。○ 愎,皮逼切。

传

十五年春,楚人伐徐,徐即诸夏故也。三月,盟于牡丘,寻葵丘之盟,且救徐也①。孟穆伯帅师及诸侯之师救徐,诸侯次于匡以待之。

① 葵丘盟在九年。○夏，户雅切，下《注》同。

夏五月，日有食之。不书朔与日，官失之也。
秋，伐厉，以救徐也。
晋侯之入也，秦穆姬属贾君焉①，且曰："尽纳群公子②。"晋侯烝于贾君，又不纳群公子，是以穆姬怨之。晋侯许赂中大夫③，既而皆背之。赂秦伯以河外列城五，东尽虢略，南及华山，内及解梁城，既而不与④。晋饥，秦输之粟⑤；秦饥，晋闭之籴⑥，故秦伯伐晋。
卜徒父筮之，吉⑦。"涉河，侯车败。"诘之⑧。对曰："乃大吉也，三败必获晋君。其卦遇《蛊》䷑⑨，曰：'千乘三去，三去之馀，获其雄狐。'夫狐蛊，必其君也⑩。《蛊》之贞，风也；其悔，山也⑪。岁云秋矣，我落其实而取其材，所以克也⑫。实落材亡，不败何待？"三败及韩⑬。
晋侯谓庆郑曰："寇深矣，若之何？"对曰："君实深之，可若何？"公曰："不孙。"卜右，庆郑吉，弗使⑭。步扬御戎，家仆徒为右⑮，乘小驷，郑入也⑯。庆郑曰："古者大事，必乘其产，生其水土而知其人心，安其教训而服习其道，唯所纳之，无不如志。今乘异产以从戎事，及惧而变，将与人易⑰。乱气狡愤，阴血周作，张脉偾兴，外强中乾⑱。进退不可，周旋不能，君必悔之。"弗听。
九月，晋侯逆秦师，使韩简视师⑲，复曰："师少于我，斗士倍我。"公曰："何故？"对曰："出因其资⑳，入用其宠㉑。饥食其粟，三施而无报，是以来也。今又击之，我怠秦奋，倍犹未也。"公曰："一夫不可狃，况国乎㉒。"遂使请战，曰："寡人不佞，能合其众而不能离也。君若不还，无所逃命。"秦伯使公孙枝对曰："君之未入，寡人惧之，入而未定列，犹吾忧也㉓。苟列定矣，敢不承命。"韩简退曰："吾幸而得囚㉔。"

壬戌，战于韩原㉕，晋戎马还泞而止㉖。公号庆郑。庆郑曰："愎谏违卜㉗，固败是求，又何逃焉。"遂去之。梁由靡御韩简，虢射为右，辂秦伯，将止之㉘。郑以救公误之，遂失秦伯。秦获晋侯以归㉙。晋大夫反首拔舍从之㉚。秦伯使辞焉，曰："二三子何其戚也？寡人之从君而西也，亦晋之妖梦是践，岂敢以至㉛。"晋大夫三拜稽首曰："君履后土而戴皇天，皇天后土实闻君之言，群臣敢在下风。"

穆姬闻晋侯将至，以大子罃、弘与女简、璧登台而履薪焉㉜。使以免服衰绖逆，且告㉝曰："上天降灾，使我两君匪以玉帛相见，而以兴戎。若晋君朝以入，则婢子夕以死；夕以入，则朝以死。唯君裁之。"乃舍诸灵台㉞。

大夫请以入。公曰："获晋侯，以厚归也，既而丧归，焉用之㉟？大夫其何有焉㊱？且晋人戚忧以重我㊲，天地以要我。不图晋忧，重其怒也；我食吾言，背天地也㊳。重怒难任，背天不祥，必归晋君㊴。"公子縶曰："不如杀之，无聚慝焉㊵。"子桑曰："归之而质其大子，必得大成。晋未可灭，而杀其君，祇以成恶㊶。且史佚有言曰：'无始祸㊷，无怙乱㊸，无重怒。'重怒难任，陵人不祥。"乃许晋平。

晋侯使郤乞告瑕吕饴甥，且召之㊹。子金教之言曰："朝国人而以君命赏㊺，且告之曰：'孤虽归，辱社稷矣。其卜贰圉也㊻。'"众皆哭㊼。晋于是乎作爰田㊽。吕甥曰："君亡之不恤，而群臣是忧，惠之至也。将若君何？"众曰："何为而可？"对曰："征缮以辅孺子⁴⁹。诸侯闻之，丧君有君，群臣辑睦，甲兵益多，好我者劝，恶我者惧，庶有益乎！"众说。晋于是乎作州兵⁵⁰。

初，晋献公筮嫁伯姬于秦，遇《归妹》☷⁵¹之《睽》☷⁵²。史苏占之曰："不吉⁵³。其繇曰：'士刲羊，亦无衁也。女承筐，亦无贶也⁵⁴。西邻责言，不可偿也⁵⁵。《归妹》之《睽》，犹无相也⁵⁶。'《震》之《离》，亦《离》之《震》⁵⁷，为雷为火，为嬴败姬⁵⁸，车说其䡴，火焚其旗，不利行师，败于宗丘⁵⁹。《归妹》《睽》孤，寇张之弧⁶⁰，侄其从姑⁶¹，六年其逋，逃归其国，而弃其家⁶²，明年其死于高梁之虚⁶³。"

及惠公在秦，曰："先君若从史苏之占，吾不及此夫。"韩简侍，曰："龟，象也；筮，数也。物生而后有象，象而后有滋，滋而后有数。先君之败德及，可数乎？史苏是占，勿从何益⁶⁴？《诗》曰：'下民之孽，匪降自天，僔沓背憎，职竞由人⁶⁵。'"

① 晋侯入在九年。穆姬，申生姊秦穆夫人。贾君，晋献公次妃，贾女也。○ 属，音烛。　② 群公子，晋武、献之族。宣二年《传》曰：骊姬之乱，诅无畜群公子。○ 诅，庄据切。　③ 中大夫，国内执政里、丕等。○ 烝，之承切。　④ 河外，河南也。东尽虢略，从河南而东尽虢界也。解梁城，今河东解县也。华山在弘农华阴县西南。○ 解，音蟹，《注》及下《注》同。　⑤ 在十三年。　⑥ 在十四年。　⑦ 徒父，秦之掌龟卜者。卜人而用筮，不能通三《易》之占，故据其所见杂占而言之。　⑧ 秦伯之军涉河，则晋侯车败也。秦伯不解，谓败在己，故诘之。○ 诘，起吉切。　⑨《巽》下《艮》上，《蛊》。○ 蛊，音古。　⑩ 于《周易》："利涉大川，往有事也。"亦秦胜晋之卦也。今此所言，盖卜筮书杂辞，以狐蛊为君。其义欲

184

以喻晋惠公,其象未闻。○乘,绳证切。去,起居切,又起据切,一音起吕切,下同。 ⑪内卦为贞,外卦为悔。《巽》为风,秦象。《艮》为山,晋象。 ⑫周九月,夏之七月,孟秋也。《艮》为山,山有木,今岁已秋,风吹落山木之实,则材为人所取。 ⑬晋侯车三坏。 ⑭恶其不孙,不以为车右,此夷吾之多忌。○孙,音逊,《注》同。恶,乌路切。 ⑮步扬,郤犫之父。 ⑯郑所献马名小驷。○驷,音四。 ⑰变易人意。 ⑱狃,戾也。愤,动也。气狃愤于外,则血脉必周身而作,随气张动。外虽有强形,而内实乾竭。○狃,古卯切。愤,扶粉切。张,中亮切,《注》同。脉,音麦。偾,方问切。 ⑲韩简,晋大夫韩万之孙。 ⑳谓奔梁求秦。 ㉑为秦所纳。 ㉒狃,伏也。言辟秦则使伏来。○施,式氏切,年末《注》同。狃,女九切。伏,时世切,又时设切。 ㉓列,位也。 ㉔得因为幸,言必败。 ㉕九月十三日。 ㉖泞,泥也。还,便旋也。小驷不调,故隋泥中。○泞,乃定切。隋,大果切。 ㉗愎,戾也。○号,户刀切,又户报切。 ㉘辂,迎也。止,获也。○辂,五嫁切。 ㉙《经》书十一月壬戌,十四日。《经》从赴。 ㉚反首,乱头发下垂也。拔草舍止,坏形毁服。○拔,蒲末切,《注》皆同。 ㉛狐突不寐而与神言,故谓之妖梦。申生言帝许罚有罪,今将晋君而西,以厌息此语。践,厌也。○厌,於冉切,一音於甲切,又於辄切,下同。 ㉜嬴,康公名;弘,其母弟也。简、璧、嬴、弘姊妹。古之宫闭者,皆居之台以抗绝之。穆姬欲自罪,故登台而荐之以薪,左右上下者,皆履柴乃得通。○嬴,於耕切。履,如字;徐,本作屦,九具切。抗,苦浪切。荐,在薦切。上,时掌切。 ㉝免、衰、绖,遭丧之服,令行人服此服迎秦伯,且告将以耻辱自杀。○免,音问,又作绝,音同。衰,七雷切。绖,大结切。令,力呈切,下同。 ㉞在京兆鄠县,周之故台。亦所以抗绝,令不得通外内。○"曰上天降灾"此凡四十七字,检古本皆无,寻杜《注》亦不得有,有是后人加也。鄠,音户。 ㉟若将晋侯入,则夫人或自杀。○焉,於虔切。 ㊱何有犹何得。 ㊲谓反首拔舍。 ㊳食,消也。要,於遥切。重,直用切,下皆同。 ㊴任,当也。○任,音壬,《注》及下同。 ㊵公子縶,秦大夫。恐夷吾归,复相聚为恶。○ 絷,张执切,又丁立切。慝,他得切。复,扶又切。 ㊶ 衹,適也。○ 质,音置。下《注》质秦同。衹,音支。 ㊷ 史佚,周武王时大史,名佚。○ 佚,音逸。大,音泰。 ㊸ 恃人乱为己利。○ 怙,音户。 ㊹ 郤乞,晋大夫也。瑕吕饴甥即吕甥也,盖姓瑕吕,名饴甥,字子金。晋侯闻秦将许之平,故告吕甥,召使迎己。○ 饴,音怡。 ㊺ 恐国人不从,故先赏之于朝。 ㊻ 贰,代也。圉,惠公大子怀公。 ㊼ 哀君不还国。 ㊽ 分公田之税应入公者,爰之于所赏之众。○ 爰,于元切。 ㊾ 征,赋也。缮,治也。孺子,大子圉。○ 孺,如喻切。 ㊿ 五党为州,州二千五百家也,因此又使州长各缮甲兵。○ 丧,息浪切,后同。辑,音集,又七入切。好,呼报切。恶,乌路切。说,音悦。长,丁丈切,下长男同。 (51)《兑》下《震》上,《归妹》。 (52)《兑》下《离》上,《睽》。《归妹》上六变而为《睽》。○ 睽,苦圭切;徐音圭。 (53) 史苏,晋卜筮之史。 (54)《周易·归妹》上六《爻辞》也。衁,血也。贶,赐也。刲羊,士之功;承筐,女之职。上六无应所求不获,故下刲无血,上承无实,不吉之象。《离》为中女,《震》为长男,故称士女。○ 繇,直救切。刲,苦圭切。刺,割也。衁,音荒。筐,曲方切。贶,音况,本亦作况。应,应对之应,下无应同。中,丁仲切。 (55) 将嫁女于西,而遇不吉之卦,故知有责让之言,不可报偿。○ 责,侧介切,又如字。偿,市亮切,又音常。 (56)《归妹》,女嫁之卦;《睽》,乖离之象。故曰无相。相,助也。○ 相,息亮切。 (57) 二卦变而气相通。 (58) 嬴,秦姓。姬,晋姓。《震》为雷,《离》为火,火动炽而害其母,女嫁反害其家之象。故曰为嬴败姬。○ 嬴,音盈。 (59) 輹,车下缚也。丘犹邑也。《震》为车,《离》为火。上六爻在《震》则无应,故车脱輹;在《离》则失位,故火焚旗,言皆失车火之用也。车败旗焚,故不利行师。火还害母,故败不出国,近在宗邑。○ 说,吐活切,《注》同。輹,音福,又音服。案车旁著畐,音福。《老子》所云"三十辐共一毂"是也。车旁著复,音服,是车下伏菟。缚,如字,又扶卧切。 (60) 此《睽》上九《爻辞》也。处《睽》之极,故曰《睽》孤。失位孤绝,故遇寇难而有弓矢之警,皆不吉之象。○ 难,乃旦切。警,音景。 (61)《震》为木,《离》为火,火从木生,《离》为《震》妹,于火为姑,谓我姪者,我谓之姑。谓子圉质秦。○姪,待结切;《字林》,丈一切。 ㉒逋,亡也。家,谓子圉妇怀嬴。○逋,补吾切。 ㉓惠公死之明年,文公入,杀怀公于高梁。高梁,晋地,在平阳杨氏县西南。凡筮者用《周易》,则其象可推,非此而往,则临时占者或取于象,或取于气,或取于时日王相,以成其占。若尽附会以爻象,则构虚而不经,故略言其归趣。他皆仿此。○虚,去鱼切。王,于况切。相,息亮切。构,本又作讲,各依字读。 ㉔言龟以象示,筮以数告,象数相因而生,然后有占,占所以知吉凶,不能变吉凶。故先君败德,非筮数所生,虽复不从史苏,不能益祸。○夫,音扶。先君之败德及,绝句。可数乎,一读及可数乎。数,色主切。复,扶又切。 ㉕《诗·小雅》。言民之有邪恶,非天所降。傅沓面语,背相憎疾,皆人竞所主作,因以讽谏惠公有以召此祸也。○孽,鱼列切。傅,尊本切。沓,徒合切。邪,似嗟切。讽,方凤切。

震夷伯之庙,罪之也。于是展氏有隐慝焉①。

① 隐恶非法所得,尊贵罪所不加,是以圣人因天地之变,自然之妖,以感动之。知达之主,则识先圣之情以自厉,中下之主,亦信妖祥以不妄。神道助教,唯此为深。○知,音智。

冬,宋人伐曹,讨旧怨也①。

① 庄十四年,曹与诸侯伐宋。

楚败徐于娄林,徐恃救也①。

① 恃齐救。

左 传

十月,晋阴饴甥会秦伯,盟于王城①。秦伯曰:"晋国和乎?"对曰:"不和。小人耻失其君而悼丧其亲②,不惮征缮以立圉也,曰:'必报仇,宁事戎狄。'君子爱其君而知其罪,不惮征缮以待秦命,曰:'必报德,有死无二。'以此不和。"秦伯曰:"国谓君何?"对曰:"小人慼,谓之不免。君子恕,以为必归。小人曰:'我毒秦,秦岂归君③?'君子曰:'我知罪矣。秦必归君。贰而执之,服而舍之,德莫厚焉,刑莫威焉。服者怀德,贰者畏刑。此一役也④,秦可以霸。纳而不定,废而不立,以德为怨,秦不其然。'"秦伯曰:"是吾心也。"改馆晋侯,馈七牢焉⑤。

蛾析谓庆郑曰:"盍行乎⑥?"对曰:"陷君于败⑦,败而不死,又使失刑,非人臣也。臣而不臣,行将焉入?"十一月晋侯归。丁丑,杀庆郑而后入⑧。

是岁,晋又饥,秦伯又饩之粟,曰:"吾怨其君而矜其民。且吾闻唐叔之封也,箕子曰'其后必大。'晋其庸可冀乎⑨!姑树德焉,以待能者。"于是秦始征晋河东,置官司焉⑩。

① 阴饴甥即吕甥也。食采于阴,故曰阴饴甥。王城,秦地,冯翊临晋县东有王城,今名武乡。　② 痛其亲为秦所杀。　③ 毒谓三施不报。○惮,徒旦切。　④ 言还惠公,使诸侯威服,复可当一事之功。○舍,如字,又音捨。还,音环。　⑤ 牛、羊、豕各一为一牢。○馈,其位切。　⑥ 蛾析,晋大夫也。○蛾,鱼绮切;本或作蚁,一音五何切。析,本或作晳,星历切。盍,户臘切。　⑦ 谓呼不往,误晋师,失秦伯。　⑧ 丁丑,月二十九日。○焉,於虔切。　⑨ 唐叔,晋始封之君,武王之子。箕子,殷王帝乙之子,纣之庶兄。○饩,许气切。　⑩ 征,赋也。

188

春秋经传集解第六

僖公中

经

十有六年春，王正月戊申朔，陨石于宋五①。是月，六鹢退飞过宋都②。

三月壬申，公子季友卒③。

夏四月丙申，鄫季姬卒④。

秋七月甲子，公孙兹卒⑤。

冬十有二月，公会齐侯、宋公、陈侯、卫侯、郑伯、许男、邢侯、曹伯于淮⑥。

① 陨，落也。闻其陨，视之石，数之五，各随其闻见先后而记之。庄七年，星陨如雨，见星之陨而坠于四远若山若水，不见在地之验。此则见在地之验，而不见始陨之星。史各据事而书。○陨，于敏切。数，色主切。队，直类切。　② 是月，陨石之月。重言是月，嫌同日。鹢，水鸟，高飞遇风而退，宋人以为灾，告于诸侯，故书。○是月，本或作是日。鹢，五历切，本或作鸡，音同。六其数也。过，古禾切。重，直用切，《传》同。　③ 无《传》。称字者贵之。公与小敛，故书日。○与，音预。敛，力验切。公与小敛，本亦作公与敛。　④ 无《传》。○鄫，似陵切。　⑤ 无《传》。　⑥ 临淮郡左右。○邢，音刑。淮，音怀。

传

十六年春,陨石于宋五,陨星也①。六鹢退飞过宋都,风也②。周内史叔兴聘于宋。宋襄公问焉,曰:"是何祥也?吉凶焉在③?"对曰:"今兹鲁多大丧④,明年齐有乱,君将得诸侯而不终⑤。"退而告人曰:"君失问。是阴阳之事,非吉凶所在也⑥。吉凶由人,吾不敢逆君故也⑦。"

① 但言星,则嫌星使石陨,故重言陨星。　② 六鹢遇迅风而退飞,风高不为物害,不记风之异。○迅,音信,又音峻,疾也。　③ 祥,吉凶之先见者。襄公以为石陨鹢退,能为祸福之始,故问其所在。○焉,於虔切。见,贤遍切,又如字。　④ 今兹,此岁。　⑤ 鲁丧齐乱,宋襄不终,别以政刑吉凶他占知之。　⑥ 言石鹢阴阳错逆所为,非人所生。襄公不知阴阳而问人事,故曰君失问。叔兴自以对非其实,恐为有识所讥,故退而告人。○错,七各切。　⑦ 积善馀庆,积恶馀殃,故曰吉凶由人。君问吉凶,不敢逆之,故假他占以对。○殃,於良切。

夏,齐伐厉不克,救徐而还①。

① 十五年齐伐厉以救徐。

秋,狄侵晋,取狐厨、受铎,涉汾,及昆都,因晋败也①。

① 狐厨、受铎、昆都,晋三邑。平阳临汾县西北有狐谷亭。汾水出大原,南入河。○狐,音胡。厨,直诛切。铎,徒各切。汾,扶云切。大,音泰。

王以戎难告于齐,齐征诸侯而戍周①。

① 十一年戎伐京师以来,遂为王室难。○难,乃旦切,《注》同。

冬,十一月乙卯,郑杀子华①。

① 终管仲之言,事在七年。

十二月会于淮,谋鄫,且东略也①。城鄫,役人病。有夜登丘而呼曰:"齐有乱。"不果城而还②。

① 鄫为淮夷所病故。○为,于伪切。　② 役人遇厉气,不堪久驻,故作妖言。○呼,火故切。还,音旋。

经

十有七年春,齐人、徐人伐英氏①。
夏,灭项②。
秋,夫人姜氏会齐侯于卞③。
九月,公至自会④。
冬十有二月乙亥,齐侯小白卒⑤。

① ○英,於京切。　② 项国,今汝阴项县。公在会,别遣师灭项,不言师,讳之。○项,胡讲切,鲁灭之也。二《传》以为齐灭。　③ 卞,今鲁国卞县。○卞,皮彦切。　④ 公既见执于齐,犹以会致者,讳之。　⑤ 与僖公八同盟,赴以名。

传

十七年春,齐人为徐伐英氏,以报娄林之役也①。

① 英氏,楚与国。娄林役在十五年。○ 为,于伪切。

夏,晋大子圉为质于秦,秦归河东而妻之①。惠公之在梁也,梁伯妻之。梁嬴孕过期②,卜招父与其子卜之③。其子曰:"将生一男一女。"招曰:"然。男为人臣,女为人妾。"故名男曰圉,女曰妾④。及子圉西质,妾为宦女焉⑤。

① 秦征河东置官司,在十五年。○ 圉,鱼吕切。质,音致,下同。妻,七计切,下同。　② 过十月不产。怀子曰孕。○ 嬴,音盈,下同。孕,以证切。过,古禾切。　③ 卜招父,梁大卜。○ 招,上遥切。大,音泰。　④ 圉,养马者。不聘曰妾。　⑤ 宦,事秦为妾。○ 宦,音患。

师灭项①。淮之会,公有诸侯之事未归,而取项②。齐人以为讨而止公③。

① 师,鲁师。　② 淮会在前年冬,诸侯之事,会同讲礼之事。　③ 内讳执,皆言止。

秋,声姜以公故,会齐侯于卞①。九月,公至。书曰:"至自会。"犹有诸侯之事焉,且讳之也②。

① 声姜,僖公夫人,齐女。　② 耻见执,故托会以告庙。

齐侯之夫人三:王姬,徐嬴,蔡姬,皆无子。齐侯好内,多内宠,内嬖如夫人者六人:长卫姬生武孟①。少卫姬生惠

192

公②，郑姬生孝公③，葛嬴生昭公④，密姬生懿公⑤，宋华子生公子雍⑥。公与管仲属孝公于宋襄公，以为大子。

雍巫有宠于卫共姬，因寺人貂以荐羞于公⑦，亦有宠，公许之立武孟⑧。

管仲卒，五公子皆求立。冬十月乙亥，齐桓公卒⑨。易牙入，与寺人貂因内宠以杀群吏⑩，而立公子无亏。孝公奔宋。十二月乙亥赴，辛巳夜殡⑪。

①武孟，公子无亏。○好，呼报切。嬖，必计切。长，丁丈切，下《注》同。　②公子元。○少，诗照切。　③公子昭。　④公子潘。○潘，判丹切。　⑤公子商人。　⑥华氏之女，子姓。○华，户化切。　⑦雍巫，雍人，名巫，即易牙。○属，音烛。共，音恭，亦作恭。貂，音雕。易，音亦。　⑧易牙既有宠于公，为长卫姬请立武孟。○为，于伪切。　⑨乙亥，月八日。　⑩内宠，内官之有权宠者。　⑪六十七日乃殡。○殡，必刃切。

经

十有八年春，王正月，宋公、曹伯、卫人、邾人伐齐①。

夏，师救齐②。

五月戊寅，宋师及齐师战于甗，齐师败绩③。

狄救齐④。

秋八月丁亥，葬齐桓公⑤。

冬，邢人、狄人伐卫⑥。

①纳孝公。　②无《传》。　③无亏既死，曹、卫、邾先去，鲁亦罢

193

归,故宋师独与齐战。不称宋公,不亲战也。大崩曰败绩。甗,齐地。○甗,鱼偃切,又音言,一音彦。 ④ 无《传》。救四公子之徒。 ⑤ 十一月而葬,乱故。八月无丁亥,日误。 ⑥ 狄称人者,史异辞,《传》无义例。

传

十八年春,宋襄公以诸侯伐齐。三月,齐人杀无亏①。

① 以说宋。○说,音悦,又如字。

郑伯始朝于楚①,楚子赐之金,既而悔之,与之盟曰:"无以铸兵②。"故以铸三钟③。

① 中国无霸故。 ② 楚金利故。○铸,之树切。 ③ 古者以铜为兵,《传》言楚无霸者远略。

齐人将立孝公,不胜,四公子之徒遂与宋人战①。夏五月,宋败齐师于甗,立孝公而还。

① 无亏已死,故曰四公子。○胜,音升,又升证切。

秋八月,葬齐桓公①。

① 孝公立而后得葬。

冬,邢人、狄人伐卫,围菟圃。卫侯以国让父兄子弟及朝众曰："苟能治之，燬请从焉①。"众不可②，而后师于訾娄③。狄师还④。

① 燬，卫文公名。○ 菟，音徒。圃，布古切，又音布。燬，呼委切。　② 不听卫侯让。　③ 陈师訾娄。訾娄，卫邑。○ 訾，子斯切。娄，郎句切，又郎钩切。　④ 独言狄还，则邢留距卫，言邢所以终为卫所灭。

梁伯益其国而不能实也①，命曰新里，秦取之。

① 多筑城邑，而无民以实之。

经

十有九年春，王三月，宋人执滕子婴齐①。

夏六月，宋公、曹人、邾人盟于曹南②。鄫子会盟于邾③。己酉，邾人执鄫子，用之④。

秋，宋人围曹。

卫人伐邢⑤。

冬，会陈人、蔡人、楚人、郑人盟于齐⑥。

梁亡⑦。

① 称人以执，宋以罪及民告。例在成十五年。《传》例不以名为义，书名及不书名，皆从赴。○ 婴，於盈切。　② 无《传》。曹虽与盟而犹不服，不肯致饩，无地主之礼，故不以国地，而曰曹南，所以及秋而见围。○ 与，音预，下亦与同。饩，许气切。　③ 不及曹南之盟。诸侯既罢，鄫乃会之于邾，故不言如会。　④ 称人以执，宋以罪及民告也。鄫虽失大国会盟之信，然宋用之，为罚已虐，故直书用之，言若用畜产也。不书社，赴

不及也。不书宋使邾而以邾自用为文,南面之君,善恶自专,不得托之于他命。○畜,许又切。　⑤伐邢在围曹前。《经》书在后,从赴。　⑥地于齐,齐亦与盟。　⑦以自亡为文,非取者之罪,所以恶梁。○恶,乌路切。

传

十九年春,遂城而居之①。

①承前年《传》取新里,故不复言秦也。为此冬梁亡《传》。○复,扶又切。

宋人执滕宣公。

夏,宋公使邾文公用鄫子于次睢之社,欲以属东夷①。司马子鱼曰:"古者六畜不相为用②,小事不用大牲,而况敢用人乎?祭祀以为人也,民,神之主也,用人,其谁飨之?齐桓公存三亡国以属诸侯③,义士犹曰薄德④。今一会而虐二国之君⑤,又用诸淫昏之鬼⑥,将以求霸,不亦难乎?得死为幸⑦!"

①睢水受汴,东经陈留、梁、谯、沛、彭城县入泗,此水次有妖神,东夷皆社祠之,盖杀人而用祭。○睢,音虽。属,朱欲切。谯,在消切。沛,音贝。泗,音四。祠,音辞,或音祀。　②司马子鱼,公子目夷也。六畜不相为用,谓若祭马先,不用马。○畜,许又切,《注》同。为,于伪切,下为人同,又如字,《注》仿此。　③三亡国,鲁、卫、邢。　④谓欲因乱取鲁,缓救邢、卫。　⑤宋公三月以会召诸侯,执滕子,六月而会盟,其月二十二日执鄫子,故云一会而虐二国之君。　⑥非周社故。　⑦恐其亡国。

196

秋,卫人伐邢,以报菟圃之役①。于是卫大旱,卜有事于山川,不言②。甯庄子曰:"昔周饥,克殷而年丰。今邢方无道,诸侯无伯③,天其或者欲使卫讨邢乎?"从之,师兴而雨。

① 邢不速退,所以独见伐。　② 有事祭也。　③ 伯,长也。○ 长,丁丈切。

宋人围曹,讨不服也①。子鱼言于宋公曰:"文王闻崇德乱而伐之,军三旬而不降②,退修教而复伐之,因垒而降③。《诗》曰:刑于寡妻,至于兄弟,以御于家邦④。'今君德无乃犹有所阙,而以伐人,若之何?盍姑内省德乎?无阙而后动⑤。"

① 曹背盟,不修地主之礼故。　② 崇,崇侯虎。○ 降,户江切,下同。　③ 复往攻之,备不改前,而崇自服。○ 复,扶又切,《注》同;一本作而复之,伐,衍字。垒,力鬼切,军垒。　④《诗·大雅》。言文王之教,自近及远。寡妻,嫡妻,谓大姒也。刑,法也。○ 御,如字,治也;《诗》音五嫁切,迓也。嫡,或作適,丁历切。大,音泰。姒,音似。　⑤ ○ 盍,胡腊切。

陈穆公请修好于诸侯以无忘齐桓之德。冬,盟于齐,修桓公之好也①。

① 宋襄暴虐,故思齐桓。○ 好,呼报切,下同。

梁亡。不书其主,自取之也①。初,梁伯好土功,亟城而弗处,民罢而弗堪,则曰:"某寇将至。"乃沟公宫②,曰:"秦将袭我。"民惧而溃,秦遂取梁③。

① 不书取梁者主名。　　② 沟,堑。○亟,欺冀切。罢,音皮。堑,七艳切。　　③ ○溃,户内切。

经
二十年春,新作南门①。
夏,郜子来朝②。
五月乙巳,西宫灾③。
郑人入滑④。
秋,齐人、狄人盟于邢。
冬,楚人伐随。

① 鲁城南门也,本名稷门。僖公更高大之,今犹不与诸门同,改名高门也。言新以易旧,言作以兴事,皆更造之文也。　　② 无《传》。郜,姬姓国。○郜,古报切;《字林》,工竺切。　　③ 无《传》。西宫,公别宫也。天火曰灾,例在宣十六年。　　④ 入例在襄十三年。○滑,于八切。

传
二十年春,新作南门,书不时也①。凡启塞从时②。

① 失土功之时。　　② 门户道桥谓之启,城郭墙堑谓之塞,皆官民之开闭,不可一日而阙,故特随坏时而治之。今僖公修饰城门,非开闭之急,故以土功之制讥之。《传》嫌启塞皆从土功之时,故别起从时之例。○塞,素则切。

滑人叛郑而服于卫。夏,郑公子士、洩堵寇帅师入滑①。

① 公子士,郑文公子。洩堵寇,郑大夫。○ 洩,息列切。堵,丁古切;王又音者。

秋,齐、狄盟于邢,为邢谋卫难也。于是卫方病邢①。随以汉东诸侯叛楚。冬,楚鬬縠於菟帅师伐随,取成而还。君子曰:"随之见伐,不量力也。量力而动,其过鲜矣。善败由己,而由人乎哉?《诗》曰:'岂不夙夜,谓行多露②。'"

① ○ 为,于伪切。难,乃旦切。　② 《诗·召南》。言岂不欲早暮而行,惧多露之濡己,以喻违礼而行,必有汙辱,是亦量宜相时而动之义。○ 縠,奴口切。於,音乌。菟,音徒。鲜,息浅切,下同。召,上照切。暮,本亦作莫,音暮。汙,汙秽之汙,一音乌路切。

宋襄公欲合诸侯,臧文仲闻之,曰:"以欲从人则可①,以人从欲鲜济②。"

① 屈己之欲,从众之善。　② 为明年鹿上盟《传》。

经
二十有一年春,狄侵卫①。
宋人、齐人、楚人盟于鹿上②。
夏,大旱③。
秋,宋公、楚子、陈侯、蔡侯、郑伯、许男、曹伯会于盂④。

执宋公以伐宋⑤。

冬,公伐邾⑥。

楚人使宜申来献捷⑦。

十有二月癸丑,公会诸侯盟于薄,释宋公⑧。

① 无《传》。为邢故。○ 为,于伪切,下为邾同。　② 鹿上,宋地。汝阴有原鹿县。宋为盟主,故在齐人上。　③ 雩不获雨,故书旱。自夏及秋,五稼皆不收。　④ 盂,宋地。楚始与中国行会礼,故称爵。○ 盂,音于。　⑤ 不言楚执宋公者,宋无德而争盟,为诸侯所疾,故总见众国共执之文。○ 见,贤遍切。　⑥ 无《传》。为邾灭须句故。○ 句,其俱切,《传》同。　⑦ 无《传》。献宋捷也。不言宋者,秋伐宋,冬来献捷,事不异年,从可知。不称楚子,使来不称君命行礼。○ 献,轩建切。捷,在接切。⑧ 诸侯既与楚共伐宋,宋服,故为薄盟以释之。公本无会期,闻盟而往,故书公会诸侯。○ 薄,如字。

传

二十一年春,宋人为鹿上之盟,以求诸侯于楚。楚人许之。公子目夷曰:"小国争盟,祸也。宋其亡乎,幸而后败①。"

① 谓军败。

夏,大旱,公欲焚巫尪①。臧文仲曰:"非旱备也。修城郭,贬食省用,务穑劝分②,此其务也。巫尪何为?天欲杀之,则如勿生,若能为旱,焚之滋甚。"公从之。是岁也,饥而不害③。

① 巫尫，女巫也，主祈祷请雨者。或以为尫非巫也，瘠病之人，其面上向，俗谓天哀其病，恐雨入其鼻，故为之旱，是以公欲焚之。○尫，乌黄切。祷，丁老切，或丁报切。瘠，在亦切。向，本亦作嚮，许亮切。故为，于伪切。② 穑，俭也。劝分，有无相济。○贬，彼检切。省，所景切。　③ 不伤害民。

秋，诸侯会宋公于盂。子鱼曰："祸其在此乎！君欲已甚，其何以堪之？"于是楚执宋公以伐宋。冬，会于薄以释之。子鱼曰："祸犹未也，未足以惩君①。"任、宿、须句、颛臾，风姓也，实司大皞与有济之祀②，以服事诸夏③。邾人灭须句，须句子来奔，因成风也④。成风为之言于公曰："崇明祀，保小寡，周礼也⑤。蛮夷猾夏，周祸也⑥。若封须句是崇皞、济而修祀纾祸也⑦。"

① 为二十二年战泓《传》。○惩，直升切。泓，乌宏切。　② 司主也。大皞，伏羲。四国，伏羲之后，故主其祀。任，今任城县也。颛臾在泰山南武阳县东北。须句在东平须昌县西北。四国封近于济，故世祀之。○任，音壬，《注》同。颛，音专。臾，羊朱切。风姓也，本或作皆风姓。大，音泰。皞，胡老切。济，子礼切，《注》及下《注》同。羲，本或作戏，许宜切。近，附近之近。　③ 与诸夏同服王事。○夏，户雅切，《注》及下同。④ 须句，成风家。　⑤ 明祀，大皞、有济之祀。保，安也。○为，于伪切。⑥ 此邾灭须句而曰蛮夷。昭二十三年，叔孙豹曰："邾又夷也。"然则邾虽曹姓之国，迫近诸戎，杂用夷礼，故极言之。猾夏，乱诸夏。○猾，于八切。豹，百教切。案杜《注》所引，是叔孙婼语，今传本多作豹，恐是传写误也，宜为婼。婼，音敕若切。　⑦ 纾，解也，为明年伐邾《传》。○纾，音舒。

经

二十有二年春,公伐邾,取须句①。

夏,宋公、卫侯、许男、滕子伐郑。

秋八月丁未,及邾人战于升陉②。

冬十有一月己巳朔,宋公及楚人战于泓,宋师败绩③。

①须句虽别国,而削弱不能自通,为鲁私属,若颛臾之比。鲁谓之社稷之臣,故灭、奔及反其君,皆略不备书,唯书伐邾,取须句。○比,必二切。②升陉,鲁地。邾人县公胄于鱼门,故深耻之。不言公,又不言师败绩。○陉,音刑。县,音玄。胄,直救切。 ③泓,水名。宋伐郑,楚救之,故战也。楚告命,不以主帅人数,故略称人。○帅,所类切。

传

二十二年春,伐邾,取须句,反其君焉,礼也①。

①得恤寡小之礼。

三月、郑伯如楚。夏,宋公伐郑。子鱼曰:"所谓祸在此矣①。"

①怒郑至楚,故伐之,为下泓战起。

初,平王之东迁也①,辛有适伊川,见被发而祭于野者②,曰:"不及百年,此其戎乎! 其礼先亡矣③。"

① 周幽王为犬戎所灭,平王嗣位,故东迁洛邑。　② 辛有,周大夫。伊川,周地。伊,水也。○ 被,皮寄切,下《注》同。　③ 被发而祭,有象夷狄。

秋,秦、晋迁陆浑之戎于伊川①。

① 允姓之戎居陆浑,在秦、晋西北。二国诱而徙之伊川,遂从戎号,至今为陆浑县也。计此去辛有过百年,而云不及百年,《传》举其事验,不必其年信。○ 浑,户门切,一音胡困切。

晋大子圉为质于秦,将逃归,谓嬴氏曰:"与子归乎①?"对曰:"子,晋大子,而辱于秦,子之欲归,不亦宜乎?寡君之使婢子侍执巾栉②,以固子也。从子而归,弃君命也。不敢从,亦不敢言。"遂逃归③。

① 嬴氏,秦所妻子圉怀嬴也。○ 质,音致,妻,七计切。　② 婢子,妇人之卑称也。○ 栉,侧乙切。称,尺证切,下之称同。　③《传》终史苏之占。

富辰言于王曰:"请召大叔①。《诗》曰:'协比其邻,昏姻孔云②。'吾兄弟之不协,焉能怨诸侯之不睦?"王说。王子带自齐夏归于京师,王召之也③。

① 富辰,周大夫。大叔,王子带,十二年奔齐。○ 大,音泰,《注》同。②《诗·小雅》,言王者为政,先和协近亲,则昏姻甚相归附也。邻,犹近也。孔,甚也。云,旋也。○ 比,毗志切。　③《传》终仲孙湫之言也,为二十

203

四年天王出居于郑起。○焉,於虔切。说,音悦。湫,子小切。

邾人以须句故出师。公卑邾,不设备而御之①。臧文仲曰:"国无小,不可易也。无备,虽众不可恃也。《诗》曰:'战战兢兢,如临深渊,如履薄冰②。'又曰:'敬之敬之,天惟显思③,命不易哉④!'先王之明德,犹无不难也,无不惧也,况我小国乎!君其无谓邾小。蠭虿有毒,而况国乎?"弗听。八月丁未,公及邾师战于升陉,我师败绩。邾人获公胄,县诸鱼门⑤。

① 卑,小也。○御,本亦作禦,音鱼吕切。 ②《诗·小雅》。言常戒惧。○易,以豉切,下同。兢,居陵切,本或作矝。 ③ 显,明也。思,犹辞也。 ④《周颂》。言有国宜敬戒,天明临,下奉承其命,甚难。 ⑤ 胄,兜鍪。鱼门,邾城门。○蠭,芳容切;本又作蠭,俗作蜂,皆同。虿,敕迈切,一音敕戒切;《字林》作蠆,丑介切,又他割切。升陉,本亦作登陉。县,音玄。兜,丁侯切。鍪,莫侯切。

楚人伐宋以救郑。宋公将战,大司马固谏曰:"天之弃商久矣,君将兴之,弗可赦也已①。"弗听。冬十一月己巳朔,宋公及楚人战于泓。宋人既成列,楚人未既济②。司马曰③:"彼众我寡,及其未既济也,请击之。"公曰:"不可。"既济而未成列,又以告。公曰:"未可。"既陈而后击之,宋师败绩。公伤股,门官歼焉④。

国人皆咎公。公曰:"君子不重伤,不禽二毛⑤。古之为军也,不以阻隘也⑥。寡人虽亡国之余⑦,不鼓不成列⑧。"子鱼曰:"君未知战。勍敌之人隘而不列,天赞我也⑨。阻而鼓之,不亦可乎?犹有惧焉⑩。且今之勍者,皆吾敌也,虽及胡耈,获则取之,何有于二毛⑪?明耻教战,求杀敌也⑫,伤未及死,如何勿重⑬?若爱重伤,则如勿伤;爱其二毛,则如服焉⑭。三军以利用也⑮,金鼓以声气也⑯,利而用之,阻隘可也,声盛致志,鼓儳可也⑰。"

① 大司马固,庄公之孙公孙固也。言君兴天所弃,必不可,不如赦楚,勿与战。 ② 未尽渡泓水。 ③ 子鱼也。 ④ 门官,守门者,师行则在君左右。歼,尽也。○陈,直觐切。歼,将廉切。 ⑤ 二毛,头白有二色。○咎,其久切。重,直用切,下同。 ⑥ 不因阻隘以求胜。○隘,於卖切。 ⑦ 宋,商纣之后。 ⑧ 耻以诈胜。 ⑨ 勍,强也。言楚在险隘,不得陈列,天所以佐宋。○勍,其京切。 ⑩ 虽因阻击之,犹恐不胜。 ⑪ 今之勍者,谓与吾竞者。胡耈,元老之称。○耈,音苟。 ⑫ 明设刑戮,以耻不果。 ⑬ 言尚能害己。 ⑭ 言苟不欲伤杀敌人,则本可不须斗。 ⑮ 为利兴。○为,于伪切。 ⑯ 鼓以佐士众之声气。 ⑰ 儳,岩,未整陈。○儳,仕衔、仕减二切。陈,直觐切,又如字。

丙子晨,郑文夫人芈氏、姜氏劳楚子于柯泽①。楚子使师缙示之俘馘②。君子曰:"非礼也。妇人送迎不出门,见兄弟不逾阈③,戎事不迩女器④。"

丁丑,楚子入享于郑⑤,九献⑥,庭实旅百⑦,加笾豆六品⑧。享毕,夜出文芈送于军,取郑二姬以归⑨。叔詹曰:"楚王其不没乎⑩!为礼卒于无别,无别不可谓礼,将何以没?"诸侯是以知其不遂霸也⑪。

① 楚子还,过郑。郑文公夫人芈氏,楚女;姜氏,齐女也。柯泽,郑地。○ 芈,弥尔切,楚姓也。劳,力报切。柯,音哥。　② 师缙,楚乐师也。俘,所得囚。馘,所截耳。○ 缙,音晋。俘,芳扶切。馘,古获切。③ 阈,门限。○ 阈,音域,一音况域切。　④ 迩,近也。器,物也。言俘馘非近妇人之物。○ 近,如字,又附近之近,下同。　⑤ 为郑所飨。○ 为,于伪切。　⑥ 用上公之礼,九献酒而礼毕。　⑦ 庭中所陈,品数百也。　⑧ 食物六品加于笾豆。笾豆,礼食器。　⑨ 二姬,文芈女也。　⑩ 不以寿终。○ 詹,章廉切。没,门忽切。　⑪ 言楚子所以师败城濮,终为商臣所弑。○ 卒,子恤切。别,彼列切,下同。濮,音卜。弑,音试。

经

二十有三年春,齐侯伐宋,围缗①。

夏五月庚寅,宋公兹父卒②。

秋,楚人伐陈。

冬十有一月,杞子卒③。

① 缗,宋邑。高平昌邑县东南有东缗城。○ 缗,亡巾切。　② 三同盟。　③《传》例曰:不书名,未同盟也。杞入春秋称侯,庄二十七年绌称伯,至此用夷礼,贬称子。○ 绌,本又作黜,敕律切。

传

二十三年春,齐侯伐宋,围缗,以讨其不与盟于齐也①。

① 十九年盟于齐,以无忘桓公之德,而宋独不会,复召齐人共盟鹿上,故今讨之。○ 与,音预。复,扶又切,下不复成嫁同。

夏五月,宋襄公卒,伤于泓故也①。

① 终子鱼之言,得死为幸。

秋,楚成得臣帅师伐陈,讨其贰于宋也①。遂取焦、夷,城顿而还②。子文以为之功,使为令尹。叔伯曰:"子若国何③?"对曰:"吾以靖国也。夫有大功而无贵仕④,其人能靖者与,有几⑤?"

① 成得臣,子玉也。　② 焦,今谯县也。夷,一名城父,今谯郡城父县。二地皆陈邑。顿国,今汝阴南顿县。○ 焦,子消切。　③ 叔伯,楚大夫蒍吕臣也。以为子玉不任令尹。○ 蒍,为彼切。任,音壬。　④ 贵仕,贵位。○ 靖,音静。　⑤ 言必矜功为乱,不可不赏。○《释文》:其人能靖者与,绝句。与,音余。几,居岂切。

九月,晋惠公卒①。怀公命无从亡人②。期,期而不至,无赦。狐突之子毛及偃从重耳在秦,弗召③。冬,怀公执狐突曰:"子来则免④。"对曰:"子之能仕,父教之忠,古之制也。策名委质,贰乃辟也⑤。今臣之子名在重耳,有年数矣。若又召之,教之贰也。父教子贰,何以事君?刑之不滥,君之明也,臣之愿也。淫刑以逞,谁则无罪?臣闻命矣。"乃杀之。卜偃称疾不出,曰:"《周书》有之:'乃大明服⑥。'己则不明而杀人以逞,不亦难乎?民不见德而唯戮是闻,其何后之有⑦?"

①《经》在明年。从赴。　②怀公,子圉。亡人,重耳。○重,直龙切。　③偃,子犯也。○期,期,上如字,下音基;一本亦作朞,下《注》未期,亦音基。从,才用切,后皆同。　④未期而执絷,以不召子故。⑤名书于所臣之策,屈膝而君事之,则不可以贰。辟,罪也。○质,如字。辟,婢亦切,《注》同。膝,辛七切。　⑥《周书·康诰》。言君能大明则民服。○滥,力暂切。　⑦言怀公必无后于晋,为二十四年杀怀公张本。○逞,本亦作呈,敕景切。

十一月,杞成公卒。书曰"子"。杞,夷也①。不书名,未同盟也。凡诸侯同盟,死则赴以名,礼也②。赴以名则亦书之③,不然则否④,辟不敏也⑤。

①成公始行夷礼以终其身,故于卒贬之。杞实称伯,仲尼以文贬称子,故《传》言"书曰子"以明之。　②隐七年已见,今重发不书名者,疑降爵故也。此凡又为国史承告而书例。○见,贤遍切。重,直用切,下重详同。③谓未同盟。　④谓同盟而不以名告。　⑤敏,犹审也。同盟然后告名,赴者之礼也。承赴,然后书策,史官之制也。内外之宜不同,故《传》重详其义。

晋公子重耳之及于难也,晋人伐诸蒲城①。蒲城人欲战,重耳不可,曰:"保君父之命而享其生禄②,于是乎得人③。有人而校,罪莫大焉④。吾其奔也。"遂奔狄。从者狐偃、赵衰⑤、颠颉、魏武子⑥、司空季子⑦。狄人伐廧咎如⑧,获其二女:叔隗、季隗,纳诸公子。公子取季隗,生伯儵、叔刘;以叔隗妻赵衰,生盾⑨。将适齐,谓季隗曰:"待我二十五年,不来而后嫁。"对曰:"我二十五年矣,又如是而嫁,则就木焉⑩。请待子。"处狄十二年而行⑪。

过卫，卫文公不礼焉。出于五鹿⑫，乞食于野人，野人与之块，公子怒，欲鞭之。子犯曰："天赐也⑬。"稽首，受而载之。

及齐，齐桓公妻之，有马二十乘⑭，公子安之。从者以为不可。将行，谋于桑下⑮。蚕妾在其上，以告姜氏。姜氏杀之⑯，而谓公子曰："子有四方之志，其闻之者，吾杀之矣。"公子曰："无之。"姜曰："行也。怀与安，实败名。"公子不可，姜与子犯谋，醉而遣之。醒，以戈逐子犯⑰。

及曹，曹共公闻其骈胁，欲观其裸。浴，薄而观之⑱。僖负羁之妻曰："吾观晋公子之从者，皆足以相国。若以相⑲，夫子必反其国。反其国，必得志于诸侯。得志于诸侯而诛无礼，曹其首也。子盍蚤自贰焉⑳。"乃馈盘飧，寘璧焉㉑。公子受飧反璧。

及宋，宋襄公赠之以马二十乘㉒。

及郑，郑文公亦不礼焉。叔詹谏曰："臣闻天之所启，人弗及也㉓。晋公子有三焉，天其或者将建诸，君其礼焉。男女同姓，其生不蕃㉔。晋公子，姬出也，而至于今，一也㉕。离外之患㉖，而天不靖晋国，殆将启之，二也。有三士足以上人，而从之，三也㉗。晋、郑同侪㉘，其过子弟，固将礼焉，况天之所启乎？"弗听。

及楚，楚子飨之，曰："公子若反晋国，则何以报不穀？"对曰："子女玉帛则君有之，羽毛齿革则君地生焉。其波及晋国者，君之馀也，其何以报君？"曰："虽然，何以报我？"对曰："若以君之灵，得反晋国，晋、楚治兵，遇于中原，其辟君三舍。若不获命㉙，其左执鞭弭，右属櫜鞬，以与君周旋㉚。"子玉请杀之㉛。楚子曰："晋公子广而俭㉜，文而有礼。其从者肃而宽㉝，忠而能力。晋侯无亲，外内恶之㉞。吾闻姬姓，唐叔之后，其后衰者也，其将由晋公子乎。天将兴之，谁能废之！违天必有大咎。"乃送诸秦。

秦伯纳女五人，怀嬴与焉㉟，奉匜沃盥，既而挥之㊱。怒曰："秦、晋匹也，何以卑我㊲！"公子惧，降服而囚㊳。他日，公享之。子犯曰："吾不如衰之文也㊴。请使衰从。"公子赋《河水》㊵，公赋《六月》㊶。赵衰曰："重耳拜赐。"公子降拜稽首，公降一级而辞焉㊷。衰曰："君称所以佐天子者命重耳，重耳敢不拜㊸。"

① 事在五年。〇难，乃旦切。　② 享，受也。保，犹恃也。　③ 以禄致众。　④ 校，报也。〇校，音教。　⑤ 衰，赵凤弟。〇衰，初危切。　⑥ 武子，魏犨。〇颉，户结切。犨，尺由切。　⑦ 胥臣臼季也。时狐毛、贾佗皆从，而独举此五人，贤而有大功。〇曰，其久切。佗，徒何切。　⑧ 廧咎如，赤狄之别种也，隗姓。〇廧，在良切。咎，古刀切。隗，五罪切，下文皆同。　⑨ 盾，赵宣子。〇儵，直由切，本又作俦，音同。妻，七计切，下同。盾，徒本切。　⑩ 言将死入木，不复成嫁。　⑪ 以五年奔狄，至十六年而去。〇请待子，绝句。　⑫ 五鹿，卫地。今卫县西北有地名五鹿，阳平元城县东亦有五鹿。　⑬ 得土，有国之祥，故以为天赐。〇块，苦对切，又苦怪切。　⑭ 四马为乘，八十匹也。〇乘，绳证切，《注》及下皆同。　⑮ 齐桓既卒，知孝公不可恃故。　⑯ 姜氏，重耳妻，恐孝公怒其去，故杀妾以灭口。　⑰ 无去志，故怒。〇敗，必迈切。醒，星顶切。　⑱ 薄，迫也。骈胁，合幹。〇共，音恭。闻其骈

胁,绝句。骿,薄贤切。胁,许业切。《说文》,骿胁,并也;《广雅》云,胁幹谓之肋;《通俗》云,腋下谓之胁。欲观,如字,绝句;一读至裸字绝句。裸,力果切,又户化切。浴,音欲。薄,如字。《国语》云,薄,帘也。幹,古旦切。 ⑲ 若遂以为傅相。○ 羁,纪宜切。相,息亮切。　　⑳ 自贰,自别异于曹。○ 盍,户臘切。蚤,音早。别,彼列切。　　㉑ 臣无竟外之交,故用盘,藏璧飧中,不欲令人见。○ 馈,其贵切,遗也。飧,音孙;《说文》云,餔也;《字林》云,水浇饭也。寘,之豉切。竟,音境。令,力呈切。　　㉒ 赠,送也。㉓ 启,开也。　　㉔ 蕃,息也。○ 蕃,音烦。《注》同。　　㉕ 大戎狐姬之子,故曰姬出。　　㉖ 出奔在外。　　㉗《国语》:狐偃、赵衰、贾佗三人,皆卿才。○ 从,如字,一音才用切。　　㉘ 侪,等也。○ 侪,仕皆切。㉙ 三退不得楚止命也。○ 过,古禾切。　　㉚ 弭,弓末无缘者。櫜以受箭,鞬以受弓。属,著也。周旋,相追逐也。○ 弭,莫尔切。属,音烛,《注》同。櫜,古刀切。鞬,九言切。缘,悦绢切。　　㉛ 畏其志大。　　㉜ 志广而体俭。　　㉝ 肃,敬也。　　㉞ 晋侯,惠公也。○ 恶,乌路切。㉟ 怀嬴,子圉妻。子圉谥怀公,故号为怀嬴。○ 咎,其九切。与,音预。㊱ 匜,沃盥器也。挥,湔也。○ 奉,芳勇切。匜,以支切,一音以纸切;《说文》云,似羹魁,柄中有道可注水。盥,古缓切。挥,许韦切。湔,音荐;王音赞,一音箭,又音笺。　　㊲ 匹,敌也。　　㊳ 去上服,自拘囚以谢之。○ 去,起吕切。拘,音俱。　　㊴ 有文辞也。○ 衰,初危切,下同。㊵《河水》,逸《诗》。义取河水朝宗于海,海喻秦。　　㊶《六月》,《诗·小雅》。道尹吉甫佐宣王征伐,喻公子还晋,必能匡王国。古者礼会,因古诗以见意,故言赋诗断章也。其全称《诗》篇者,多取首章之义,他皆放此。○ 见,贤遍切。断,端缓切。　　㊷ 下阶一级,辞公子稽首。○ 级,音急。㊸ 诗首章言匡王国,次章言佐天子,故赵衰因通言之,为明年秦伯纳之张本。

经

二十有四年春,王正月。

夏,狄伐郑。

秋七月。

冬,天王出居于郑①。

晋侯夷吾卒②。

①襄王也。天子以天下为家,故所在称居。天子无外而书出者,讥王蔽于匹夫之孝,不顾天下之重,因其辟母弟之难书出,言其自绝于周。○蔽,必世切。难,乃旦切。　②文公定位而后告,未同盟而赴以名。

传

二十四年春,王正月,秦伯纳之。不书,不告入也①。及河,子犯以璧授公子曰:"臣负羁绁从君巡于天下②,臣之罪甚多矣。臣犹知之,而况君乎。请由此亡。"公子曰:"所不与舅氏同心者,有如白水③。"投其璧于河④。济河,围令狐,入桑泉,取臼衰⑤。二月甲午,晋师军于庐柳⑥。秦伯使公子縶如晋师,师退,军于郇⑦。辛丑,狐偃及秦、晋之大夫盟于郇。壬寅,公子入于晋师。丙午,入于曲沃。丁未,朝于武宫⑧。戊申,使杀怀公于高梁。不书,亦不告也⑨。

吕、郤畏偪⑩,将焚公宫而弑晋侯。寺人披请见,公使让之,且辞焉⑪。曰:"蒲城之役⑫,君命一宿,女即至⑬。其后余从狄君以田渭滨⑭,女为惠公来求杀余,命女三宿,女中宿至。虽有君命,何其速也。夫袪犹在⑮,女其行乎。"对曰:"臣谓君之入也,其知之矣⑯。若犹未也,又将及难。君命无二,古之制也。除君之恶,唯力是视,蒲人、狄人,余何有焉⑰。今君即位,其无蒲、狄乎?齐桓公置射鉤而使管仲相⑱,君若易之,何辱命焉⑲?行者甚众,岂唯刑臣⑳。"公见之,以难告㉑。三月,晋侯潜会秦伯于王城。己丑晦,公宫火,瑕甥、郤芮不获公,乃如河上,秦伯诱而杀之。晋侯逆夫人嬴氏以归㉒。秦伯送卫于晋三千人,实纪纲之仆㉓。

初,晋侯之竖头须,守藏者也㉔。其出也,窃藏以逃㉕,尽用以求纳之㉖。及入,求见,公辞焉以沐。谓仆人曰:"沐则心覆,心覆则图反,宜吾不得见也。居者为社稷之守,行者为羁绁之仆,其亦可也,何必罪居者?国君而仇匹夫,惧者甚众矣。"仆人以告,公遽见之㉗。

狄人归季隗于晋而请其二子㉘。文公妻赵衰,生原同、屏括、楼婴㉙。赵姬请逆盾与其母㉚,子馀辞㉛。姬曰:"得宠而忘旧,何以使人?必逆之。"固请,许之,来,以盾为才,固请于公以为嫡子,而使其三子下之,以叔隗为内子而己下之㉜。

晋侯赏从亡者,介之推不言禄,禄亦弗及㉝。推曰:"献公之子九人,唯君在矣。惠、怀无亲,外内弃之。天未绝晋,必将有主。主晋祀者,非君而谁。天实置之,而二三子以为己力,不亦诬乎?窃人之财,犹谓之盗,况贪天之功,以为己力乎?下义其罪,上赏其奸,上下相蒙㉞,难与处矣!"其母曰:"盍亦求之,以死谁怼?"对曰:"尤而效之,罪又甚焉,且出怨言,不食其食㉟。"其母曰:"亦使知之若何㊱?"对曰:"言,身之文也,身将隐,焉用文之?是求显也。"其母曰:"能如是乎?与女偕隐㊲。"遂隐而死。晋侯求之,不获,以绵上为之田,曰:"以志吾过,且旌善人㊳。"

① 纳重耳也。　②羁,马羁。绁,马缰。○羁,纪宜切;《说文》云,马络头也。绁,息列切;《说文》云,系也。从,才用切,又如字。缰,居良切。③子犯,重耳舅也,言与舅氏同心之明,如此白水,犹《诗》言"谓予不信,有如皦日"。○皦,古了切。　④质信于河。○质,音致。　⑤桑泉在河东解县西。解县东南有臼城。○令,力丁切。衰,初危切。解,户买切。⑥怀公遣军距重耳。○庐,力居切。柳,力久切。　⑦解县西北有郇城。○絷,张立切。郇,音荀。　⑧文公之祖武公庙。　⑨怀公奔高梁。高梁在平阳杨县西南。再发不告者,言外诸侯入及见杀,亦皆须告乃书于策。　⑩吕甥、郤芮,惠公旧臣,故畏为文公所偪害。○偪,彼力切。为,于伪切。　⑪辞不见。○弑,音试,又作杀。寺,本又作侍。披,普皮切。见,贤遍切。　⑫在五年。　⑬即日至。○女,音汝,下皆同。　⑭田,猎。○渭,音谓,水名。滨,音宾。　⑮披所斩文公衣袂也。○为,于伪切。中,丁仲切,下及《注》同。女中宿至,或无至字。祛,起鱼切。袂,灭制切。　⑯知君人之道。　⑰当二君世,君为蒲、狄之人,于我有何义。○难,乃旦切,下及《注》皆同。　⑱乾时之役,管仲射桓公,中带鉤。○射,食亦切,《注》同。相,息亮切。　⑲言若反齐桓,已将自去,不须辱君命。　⑳披,奄人,故称刑臣。○甚众,一本甚作其。　㉑告吕、郤欲焚公宫。　㉒秦穆公女文嬴也。　㉓新有吕、郤之难,国未辑睦,故以兵卫文公。诸门户仆隶之事,皆秦卒共之,为之纪纲。○辑,音集,又七入切,本亦作集。卒,子忽切。共,音恭;本亦作供。㉔头须,一曰里凫须。竖,左右小吏。○竖,上注切。藏,才浪切,下同。凫,房孚切。《韩诗外传》云:晋文公亡,过曹,里凫须从,因盗重耳资而亡。重耳无粮,馁不能行,介子推割股以食重耳,然后能行。　㉕文公出时。㉖求纳文公。　㉗言弃小怨所以能安众。○见,贤遍切,下得见同。覆,芳服切,下同。守,手又切,又如字。甚或作其。　㉘二子,伯儵、叔刘。　㉙原、屏、楼,三子之邑。○妻,七计切。屏,步丁切。括,古活切。　㉚赵姬,文公女也。盾,狄女叔隗之子。　㉛子馀,赵衰字。㉜卿之嫡妻为内子。皆非此年事,盖因狄人归季隗,遂终言叔隗。○嫡,

亦作適，丁历切。下，遐嫁切，下同。　㉝ 介推，文公微臣。之，语助。〇 从，才用切。　㉞ 蒙，欺也。　㉟ 怨言，谓上下相蒙，难与处。〇 盍，户腊切。怼，直类切。　㊱ 既不求之，且欲令推达言于文公。㊲ 偕，俱也。〇 焉，於虔切。女，音汝。　㊳ 旌，表也。西河界休县南有地名绵上。

郑之入滑也，滑人听命①。师还，又即卫。郑公子士洩、堵俞弥帅师伐滑②。王使伯服、游孙伯如郑请盟③。郑伯怨惠王之入而不与厉公爵也④，又怨襄王之与卫、滑也⑤，故不听王命而执二子。王怒，将以狄伐郑。富辰谏曰："不可。臣闻之，大上以德抚民⑥，其次亲亲以相及也⑦。昔周公吊二叔之不咸，故封建亲戚以蕃屏周⑧。管蔡郕霍、鲁卫毛聃，郜雍曹滕，毕原酆郇，文之昭也⑨。邘晋应韩，武之穆也⑩。凡蒋邢茅胙祭，周公之胤也⑪。召穆公思周德之不类，故纠合宗族于成周而作诗⑫曰：'常棣之华，鄂不韡韡⑬，凡今之人，莫如兄弟⑭。'其四章曰：'兄弟阋于墙，外御其侮⑮。'如是则兄弟虽有小忿，不废懿亲⑯。今天子不忍小忿以弃郑亲，其若之何？庸勋亲亲，暱近尊贤，德之大者也⑰。即聋从昧，与顽用嚚，奸之大者也。弃德崇奸，祸之大者也⑱。郑有平、惠之勋⑲，又有厉、宣之亲⑳，弃嬖宠而用三良㉑，于诸姬为近㉒。四德具矣。耳不听五声之和为聋，目不别五色之章为昧，心不则德义之经为顽，口不道忠信之言为嚚，狄皆则之，四奸具矣。周之有懿德也，犹曰'莫如兄弟'，故封建之㉓。其怀柔天下也，犹惧有外侮，扞御侮者莫如亲亲，故以亲屏周。召穆公亦云㉔。今周德既衰，于是乎又渝周、召以从诸奸,无乃不可乎㉕?民未忘祸,王又兴之㉖,其若文、武何㉗?"王弗听,使颓叔、桃子出狄师㉘。夏,狄伐郑,取栎。王德狄人,将以其女为后。富辰谏曰:"不可。臣闻之曰:'报者倦矣,施者未厌㉙。'狄固贪惏,王又启之,女德无极,妇怨无终㉚,狄必为患。"王又弗听。

初,甘昭公有宠于惠后㉛,惠后将立之,未及而卒。昭公奔齐㉜,王复之㉝。又通于隗氏㉞。王替隗氏㉟,颓叔、桃子曰:"我实使狄,狄其怨我。"遂奉大叔,以狄师攻王。王御士将御之㊱。王曰:"先后其谓我何㊲?宁使诸侯图之。"王遂出。及坎欿,国人纳之㊳。秋,颓叔、桃子奉大叔,以狄师伐周,大败周师,获周公忌父、原伯、毛伯、富辰㊴。王出適郑,处于氾㊵。大叔以隗氏居于温。

　　①入滑在二十年。　　②堵俞弥,郑大夫。　　③二子,周大夫。④事在庄二十一年。　⑤怨王助卫为滑请。○为,于伪切。　　⑥无亲疏也。○听,吐定切。而执二子,本或作而执其二子,其,衍字也。大,音泰。　　⑦先亲以及疏,推恩以成义。　　⑧吊,伤也。咸,同也。周公伤夏、殷之叔世,疏其亲戚,以至灭亡,故广封其兄弟。○蕃,方元切。⑨十六国皆文王子也。管国在荥阳京县东北。雍国在河内山阳县西。毕国在长安县西北。鄣国在始平鄠县东。○郕,音成。聃,乃甘切。雍,於用切,《注》同。鄣,音丰。郇,音荀。　　⑩四国皆武王子。应国在襄阳城父县西南。韩国在河东郡界。河内野王县西北有邘城。○邘,音于。⑪胤,嗣也。蒋在弋阳期思县。高平昌邑县西有茅乡。东郡燕县西南有胙亭。○蒋,将丈切。茅,亡交切。胙,才故切,下《注》祭胙同。祭,侧界切。　　⑫类,善也。纠,收也。召穆公,周卿士,名虎。召,采地,扶风雍县东南有召亭。周厉王之时,周德衰微,兄弟道缺,召穆公于东都收会宗

族,特作此周公之乐,歌《常棣》。《诗》属《小雅》。○ 召,上照切,《注》同。纠,居黝切。棣,大计切;《字林》,大内切。 ⑬ 常棣,棣也。鄂鄂然,华外发。不韡韡,言韡韡。以喻兄弟和睦,则强盛而有光辉韡韡然。○ 鄂,五各切。不,方九切。韡,韦鬼切。 ⑭ 言致韡韡之盛,莫如亲兄弟。 ⑮ 阋,讼争貌。言内虽不和,犹宜外扞异族之侵侮。○ 阋,呼历切;《毛诗》传云,很也。御,鱼吕切,下同。侮,亡甫切,《诗》作务。争,争斗之争;本又作诤。扞,户旦切。 ⑯ 懿,美也。 ⑰ 庸,用也。暱,亲也。○ 暱,女乙切。 ⑱ 崇 ,聚也。○ 聋,鹿工切。昧,音妹。嚚,鱼巾切。 ⑲ 平王东迁,晋、郑是依。惠王出奔,虢、郑纳之。是其勋也。 ⑳ 郑始封之祖桓公友,周厉王之子,宣王之母弟。 ㉑ 七年杀嬖臣申侯,十六年杀宠子子华也。三良,叔詹、堵叔、师叔,所谓尊贤。○ 堵,丁古切,又音者。 ㉒ 道近当暱之。 ㉓ 当周公时,故言周之有懿德。○ 别,彼列切。 ㉔ 周公作诗,召公歌之,故言亦云。 ㉕ 变周、召亲兄弟之道。○ 渝,羊朱切。 ㉖ 前有子颓之乱,中有叔带召狄,故曰民未忘祸。○ 颓,徒回切。 ㉗ 言将废文、武之功业。 ㉘ 二子,周大夫。○ 桃,如字;一本或作姚,亦宜音桃。 ㉙ 施,功劳也,有劳则望报过甚。○ 栎,力狄切。施,如字,《注》同。厌,於艳切,又於盐切。 ㉚ 妇女之志,近之则不知止足,远之则忿怨无已。终,犹已也。○ 惏,力南切;《方言》云,杀人而取其财曰惏。近,附近之近。远,于万切。 ㉛ 甘昭公,王子带也,食邑于甘。河南县西南有甘水。 ㉜ 奔齐在十二年。 ㉝ 在二十二年。 ㉞ 隗氏,王所立狄后。 ㉟ 替,废也。○ 替,他计切。 ㊱《周礼》:王之御士十二人。 ㊲ 先后,惠后也。诛大叔,恐违先后志。 ㊳ 坎欿,周地,在河南巩县东。○ 坎,苦感切。欿,大感切。巩,九勇切。 ㊴ 原、毛皆采邑。 ㊵ 郑南氾也,在襄城县南。○ 氾,音凡,后皆同。

郑子华之弟子臧出奔宋①,好聚鹬冠②。郑伯闻而恶之③,使盗诱之。八月,盗杀之于陈、宋之间。君子曰:“服之不衷,身之灾也④。《诗》曰:'彼己之子,不称其服⑤。'子臧之服,不称也夫。《诗》曰,'自诒伊慼',其子臧之谓矣⑥。《夏书》曰,'地平天成',称也⑦。"

① 十六年杀子华故。　② 鹬,鸟名。聚鹬羽以为冠,非法之服。○ 好,呼报切。鹬,尹桔切。　③ 恶其服非法。○ 恶,乌路切。④ 衷,犹適也。○ 衷,音忠,一音丁仲切,《注》同。　⑤《诗·曹风》。刺小人在位,言彼人之德,不称其服。○ 己,音记。称,尺证切,《注》及下同。刺,七赐切。　⑥《诗·小雅》。诒,遗出。慼,忧也。取其自遗忧。○ 之服,一本作之及。夫,音扶。诒,以支切。遗,唯季切,下同。⑦《夏书》,逸《书》。地平其化,天成其施,上下相称为宜。○ 夏,户雅切;后《夏书》皆仿此。施,始豉切。

宋及楚平。宋成公如楚,还,入于郑。郑伯将享之,问礼于皇武子①。对曰:"宋,先代之后也,于周为客,天子有事膰焉②,有丧拜焉③,丰厚可也。"郑伯从之,享宋公有加,礼也④。

① 皇武子,郑卿。　② 有事,祭宗庙也。膰,祭肉。尊之,故赐以祭胙。○ 膰,符袁切;《周礼》又作燔字,音、义皆同。　③ 宋吊周丧,王特拜谢之。　④ 礼物事事加厚。善郑能尊先代。○《释文》:享宋公有加,绝句。礼也,一本无也字,读总为一句。

冬,王使来告难曰:"不穀不德,得罪于母弟之宠子带,鄙在郑地氾①,敢告叔父②。"臧文仲对曰:"天子蒙尘于外,敢不奔问官守③。"王使简师父告于晋,使左鄢父告于秦④。

天子无出，书曰"天王出居于郑"，辟母弟之难也[5]。天子凶服降名，礼也[6]。郑伯与孔将鉏、石甲父、侯宣多省视官具于氾[7]，而后听其私政，礼也[8]。

① 鄙，野也。○ 难，乃旦切，下同。　② 天子谓同姓诸侯曰叔父。③ 官守，王之群臣。○ 守，手又切，《注》及下同。　④ 二子，周大夫。○ 鄙，於晚切。　⑤ 叔带，襄王同母弟。　⑥ 凶服，素服。降名，称不穀。　⑦ 三子，郑大夫。省官司，具器用。○ 鉏，仕居切。　⑧ 得先君后己之礼。○ 听，吐定切。

卫人将伐邢，礼至曰："不得其守，国不可得也[1]。我请昆弟仕焉。"乃往，得仕[2]。

① 礼至，卫大夫。守，谓邢正卿国子。　② 为明年灭邢《传》。

经

二十有五年春，王正月丙午，卫侯燬灭邢[1]。
夏四月癸酉，卫侯燬卒[2]。
宋荡伯姬来逆妇[3]。
宋杀其大夫[4]。
秋，楚人围陈，纳顿子于顿[5]。
葬卫文公[6]。
冬十有二月癸亥，公会卫子、莒庆，盟于洮[7]。

① 卫、邢同姬姓，恶其亲亲相灭，故称名罪之。○ 燬，况委切。恶，乌

路切。　②无《传》。五同盟。　③无《传》。伯姬，鲁女，为宋大夫荡氏妻也。自为其子来逆。称妇，姑存之辞。妇人越竟迎妇，非礼，故书。○为，于伪切。竟，音境。　④无《传》。其事则未闻。于例为大夫无罪，故不称名。　⑤顿迫于陈而出奔楚，故楚围陈以纳顿子。不言遂，明一事也。子玉称人，从告。顿子不言归，兴师见纳故。　⑥无《传》。⑦洮，鲁地。卫文公既葬，成公不称爵者，述父之志，降名从未成君，故书子以善之。莒庆不称氏，未赐族。○洮，吐刀切。

传

二十五年春，卫人伐邢，二礼从国子巡城，掖以赴外，杀之。正月丙午，卫侯燬灭邢。同姓也，故名。礼至为铭曰："余掖杀国子，莫余敢止①。"

①恶其不知耻，诈以灭同姓，而反铭功于器。○掖，音亦；《说文》，以手持人臂曰掖。恶，乌路切。

秦伯师于河上，将纳王。狐偃言于晋侯曰："求诸侯，莫如勤王①。诸侯信之，且大义也。继文之业而信宣于诸侯，今为可矣②。"使卜偃卜之，曰："吉，遇黄帝战于阪泉之兆③。"公曰："吾不堪也④。"对曰："周礼未改。今之王，古之帝也⑤。"公曰："筮之。"筮之，遇《大有》☰⑥之《睽》☰⑦，曰："吉，遇'公用享于天子'之卦⑧。战克而王享，吉孰大焉⑨。且是卦也⑩，天为泽以当日，天子降心以逆公，不亦可乎⑪？《大有》去《睽》而复，亦其所也⑫。"晋侯辞秦师而下⑬。三月甲辰，次于阳樊。右师围温⑭，左师逆王。夏四月丁巳，王入于王城，取大叔于温，杀之于隰城。

220

戊午,晋侯朝王,王享醴,命之宥⑮。请隧,弗许⑯,曰:"王章也⑰。未有代德而有二王,亦叔父之所恶也。"与之阳樊、温、原、欑茅之田。晋于是始启南阳⑱。

　　阳樊不服,围之。苍葛呼曰⑲:"德以柔中国,刑以威四夷,宜吾不敢服也。此谁非王之亲姻,其俘之也?"乃出其民⑳。

　　① 勤,纳王也。　　② 晋文侯仇为平王侯伯,匡辅周室。○仇,音求。　　③ 黄帝与神农之后姜氏战于阪泉之野,胜之。今得其兆,故以为吉。　　④ 文公自以为己当此兆,故曰不堪。　　⑤ 言周德虽衰,其命未改。今之周王自当帝兆,不谓晋。　　⑥《乾》下《离》上,《大有》。　　⑦《兑》下《离》上,《睽》。《大有》九三变而为《睽》。　　⑧《大有》九三《爻辞》也。三为三公而得位,变而为《兑》,《兑》为说,得位而说,故能为王所宴飨。　　⑨ 言卜筮协吉。　　⑩ 方更总言二卦之义,不系于一爻。　　⑪《乾》为天,《兑》为泽,《乾》变为《兑》而上当《离》,《离》为日。日之在天,垂曜在泽,天子在上,说心在下,是降心逆公之象。　　⑫ 言去《睽》卦还论《大有》,亦有天子降心之象。《乾》尊《离》卑,降尊下卑,亦其义也。○下,遐嫁切。　　⑬ 辞让秦师使还。顺流故曰下。　　⑭ 大叔在温故。　　⑮ 既行享礼而设醴酒,又加之以币帛,以助欢也。宥,助也。○隰,音习。醴,音礼。宥,音又。　　⑯ 阙地通路曰隧,王之葬礼也。诸侯皆县柩而下。○隧,音遂,今之延道。阙,其月切。县,音玄。柩,其又切。　　⑰ 章,显王者与诸侯异。　　⑱ 在晋山南河北,故曰南阳。○恶,乌路切。欑,才官切。　　⑲ 苍葛,阳樊人。○呼,唤故切。　　⑳ 取其土而已。○俘,芳扶切。

　　秋,秦、晋伐鄀①。楚鬬克、屈御寇以申、息之师戍商密②。秦人过析隈,入而系舆人以围商密,昏而傅焉③。宵,坎血加书,伪与子仪、子边盟者④。商密人惧曰:"秦取析矣,戍人反矣。"乃降秦师。秦师囚申公子仪、息公子边以归⑤。楚令尹子玉追秦师,弗及⑥,遂围陈,纳顿子于顿⑦。

① 鄀本在商密,秦、楚界上小国,其后迁于南郡鄀县。○鄀,音若;《字林》云,楚邑,楮斫切。　② 鬬克,申公子仪。屈御寇,息公子边。商密,鄀别邑,今南乡丹水县。戍,守也。二子屯兵于析,以为商密援。○御,鱼吕切。屯,徒门切。援,于眷切。　③ 析,楚邑,一名白羽,今南乡析县。隈,隐蔽之处。系缚舆人,诈为克析得其囚俘者。昏而傅城,不欲令商密知囚非析人。○过,古卧切;王音戈。析,星历切,俗作枥。隈,乌回切。系,音计。舆,音余。傅,音附,《注》同。处,昌虑切。令,力呈切。　④ 掘地为坎,以埋盟之余血,加盟书其上。○掘,其勿切,又其月切;本又作阙,其月切。　⑤ 商密既降,析戍亦败,故得囚二子。○降,户江切,后除《注》降名皆同。　⑥ 不复言晋者,秦为兵主。○复,扶又切。　⑦ 为顿围陈。○为,于伪切。

冬,晋侯围原,命三日之粮。原不降,命去之。谍出①,曰:"原将降矣。"军吏曰:"请待之。"公曰:"信,国之宝也,民之所庇也,得原失信,何以庇之?所亡滋多。"退一舍而原降。迁原伯贯于冀②。赵衰为原大夫,狐溱为温大夫③。

① 谍,间也。○谍,音牒。间,间厕之间。　② 伯贯,周守原大夫也。○庇,必利切,又音祕。贯,古乱切。　③ 狐溱,狐毛之子。○溱,侧巾切。

卫人平莒于我。十二月,盟于洮,修卫文公之好,且及莒平也①。

① 莒以元年郦之役怨鲁,卫文公将平之,未及而卒。成公追成父志,降名以行事,故曰修文公之好。○ 好,呼报切,《注》同。郦,力知切。

晋侯问原守于寺人勃鞮①。对曰:"昔赵衰以壶飧从径,馁而弗食②。"故使处原③。

① 勃鞮,披也。○ 守,手又切。勃,步忽切。鞮,丁兮切。 ② 言其廉且仁不忘君也。径犹行也。○ 飧,音孙。从,才用切,旧如字。径,古定切。一读以壶飧从,绝句,读径为经,连下句,乖于杜义。馁,奴罪切,饿也。 ③ 从披言也。衰虽有大功,犹简小善以进之,示不遗劳。○ 披,普皮切。

经

二十有六年春,王正月己未,公会莒子、卫甯速,盟于向①。
齐人侵我西鄙。公追齐师至酅,弗及②。
夏,齐人伐我北鄙③。
卫人伐齐。
公子遂如楚乞师④。
秋,楚人灭夔,以夔子归⑤。
冬,楚人伐宋,围缗。公以楚师伐齐,取穀⑥。公至自伐齐⑦。

① 向,莒地。甯速,卫大夫庄子也。○ 向,舒亮切。 ② 公逐齐师,远至齐地,故书之。济北榖城县西有地名酅下。○ 酅,本又作巂,户圭切,

《注》同,一音似转切。　　③孝公未入鲁竟,先使微者伐之。○竟,音境,《传》同。　　④公子遂,鲁卿也。乞,不保得之辞。　　⑤夔,楚同姓国,今建平秭归县。夔有不祀之罪,故不讥楚灭同姓。○夔,求龟切。秭,音姊。　　⑥《传》例曰:师能左右之曰以。○缗,亡巾切。　　⑦无《传》。

传

二十六年春,王正月,公会莒兹伾公①、甯庄子,盟于向,寻洮之盟也②。齐师侵我西鄙,讨是二盟也。夏,齐孝公伐我北鄙。卫人伐齐,洮之盟故也。公使展喜犒师③,使受命于展禽④。

齐侯未入竟,展喜从之,曰:"寡君闻君亲举玉趾,将辱于敝邑,使下臣犒执事⑤。"齐侯曰:"鲁人恐乎?"对曰:"小人恐矣,君子则否。"齐侯曰:"室如县罄,野无青草,何恃而不恐⑥?"对曰:"恃先王之命。昔周公、大公股肱周室,夹辅成王。成王劳之而赐之盟曰:'世世子孙,无相害也。'载在盟府⑦,大师职之⑧。桓公是以纠合诸侯而谋其不协,弥缝其阙而匡救其灾,昭旧职也。及君即位,诸侯之望曰:'其率桓之功⑨。'我敝邑用不敢保聚⑩,曰:'岂其嗣世九年而弃命废职,其若先君何?'君必不然。恃此以不恐。"齐侯乃还。

东门襄仲、臧文仲如楚乞师⑪,臧孙见子玉而道之伐齐、宋,以其不臣也⑫。

①兹伾,时君之号,莒,夷,无谥,以号为称。○伾,普悲切。称,尺证切。　　②洮盟在前年。　　③劳齐师。○犒,苦报切。劳,力报切,下文同。　　④柳下惠。　　⑤言执事,不敢斥尊。○趾,音止,足也。

⑥如,而也。时夏四月,今之二月,野物未成,故言居室而资粮县尽,在野则无蔬食之物,所以当恐。○恐,曲勇切,下及《注》皆同。县,音玄,《注》同。馨,亦作罄。　⑦载,载书也。○大,音泰,下及《注》同。夹,古洽切,旧音古协切。　⑧职,主也。大公为大师,兼主司盟之官。　⑨率,循也。○缝,扶容切。　⑩用此旧盟,故不聚众保守。　⑪襄仲居东门,故以为氏。臧文仲为襄仲副使,故不书。○使,所吏切。　⑫言其不臣事周室,可以此罪责而伐之。○道,音导。

夔子不祀祝融与鬻熊①,楚人让之,对曰:"我先王熊挚有疾,鬼神弗赦,而自窜于夔②。吾是以失楚,又何祀焉③?"秋,楚成得臣、鬬宜申帅师灭夔,以夔子归④。

①祝融,高辛氏之火正,楚之远祖也。鬻熊,祝融之十二世孙。夔,楚之别封,故亦世绍其祀。○融,余忠切。鬻,音育。　②熊挚,楚嫡子,有疾不得嗣位,故别封为夔子。○挚,音至。窜,七乱切;《字林》,又千外切。嫡,丁历切。　③废其常祀而饰辞文过。　④成得臣,令尹子玉也。鬬宜申,司马子西也。

宋以其善于晋侯也①,叛楚即晋。冬,楚令尹子玉、司马子西帅师伐宋,围缗。

①重耳之出也,宋襄公赠马二十乘。○乘,绳证切。

公以楚师伐齐,取榖。凡师能左右之曰"以"①。寘桓公子雍于榖,易牙奉之以为鲁援②。楚申公叔侯戍之③。桓公之子七人,为七大夫于楚④。

左　传

① 左右,谓进退在己。○ 左右,并如字。　② 雍本与孝公争立,故使居穀以偪齐。○ 寘,之豉切。援,于眷切。　③ 为二十八年楚子使申叔去穀张本。　④ 言孝公不能抚公族。

春秋经传集解第七

僖公下

经

二十有七年春,杞子来朝。

夏六月庚寅,齐侯昭卒①。

秋八月乙未,葬齐孝公②。

乙巳,公子遂帅师入杞③。

冬,楚人、陈侯、蔡侯、郑伯、许男围宋④。

十有二月甲戌,公会诸侯盟于宋⑤。

① 十九年与鲁大夫盟于齐。　② 无《传》。三月而葬,速。
③ 弗地曰入。八月无乙巳;乙巳,九月六日。　④《传》言楚子使子玉去宋。《经》书人者,耻不得志,以微者告。犹序诸侯之上,楚主兵故。
⑤ 无《传》。诸侯伐宋,公与楚有好而往会之,非后期。宋方见围,无嫌于与盟,故直以宋地。○ 好,呼报切。与,音预。

传

二十七年春,杞桓公来朝,用夷礼,故曰子①。公卑杞,杞不共也②。

① 杞,先代之后,而迫于东夷,风俗杂坏,言语衣服有时而夷,故杞子

227

卒,《传》言其夷也。今称朝者,始于朝礼,终而不全,异于介葛卢,故唯贬其爵。　②杞用夷礼,故贱之。○共,音恭;本亦作恭,下《注》同。

夏,齐孝公卒。有齐怨①,不废丧纪,礼也②。

①前年齐再伐鲁。　②吊赠之数不有废。

秋,入杞,责礼也①。

①责不共也。○责礼,本或作责无礼者,非。

楚子将围宋,使子文治兵于睽①,终朝而毕,不戮一人②。子玉复治兵于蒍③,终日而毕,鞭七人,贯三人耳。国老皆贺子文,子文饮之酒④。蒍贾尚幼,后至不贺⑤。子文问之,对曰:"不知所贺。子之传政于子玉,曰:'以靖国也。'靖诸内而败诸外,所获几何?子玉之败,子之举也,举以败国,将何贺焉?子玉刚而无礼,不可以治民,过三百乘,其不能以入矣。苟入而贺,何后之有⑥?"

冬,楚子及诸侯围宋,宋公孙固如晋告急⑦。先轸曰:"报施救患,取威定霸,于是乎在矣⑧。"狐偃曰:"楚始得曹而新昏于卫,若伐曹、卫,楚必救之,则齐、宋免矣⑨。"于是乎蒐于被庐⑩,作三军⑪,谋元帅⑫。赵衰曰:"郤縠可。臣亟闻其言矣。说礼乐而敦诗书。诗书,义之府也。礼乐,德之则也。德义,利之本也。《夏书》曰:'赋纳以言,明试以功,车服以庸⑬。'君其试之。"乃使郤縠将中军,郤溱佐之;使狐偃将上军,让于狐毛而佐之⑭;命赵衰为卿,让于栾枝、先轸⑮。使栾枝将下军,先轸佐之。荀林父御戎,魏犨为右⑯。

① 子文时不为令尹,故云使治兵,习号令也。睽,楚邑。○ 睽,苦圭切,又音圭。 ② 终朝,自旦及食时也。子文欲委重于子玉,故略其事。○ 朝,如字,《注》同。蔿,音六。 ③ 子玉为令尹故。蔿,楚邑。○ 复,扶又切。蔿,于委切。 ④ 贺子玉堪其事。○ 贯,音官,又古乱切。饮,於鸩切。 ⑤ 蔿贾,伯嬴,孙叔敖之父。幼,少也。○ 嬴,音盈。少,诗照切,下同。 ⑥ 三百乘,二万二千五百人。○ 传,音直专切。几,居岂切。乘,绳证切,下同。 ⑦ 公孙固,宋庄公孙。 ⑧ 先轸,晋下军之佐原轸也。报宋赠马之施。○ 轸,之忍切。施,式氏切,《注》同。 ⑨ 前年楚使申叔侯戍穀以偪齐。 ⑩ 晋常以春蒐礼,改政令,敬其始也。被庐,晋地。○ 蒐,所求切。被,皮义切。庐,力居切。 ⑪ 闵元年晋献公作二军,今复大国之礼。 ⑫ 中军帅。○ 帅,所类切,《注》同。 ⑬ 《尚书》,《虞》、《夏书》也。赋纳以言,观其志也;明试以功,考其事也;车服以庸,报其劳也。赋,犹取也。庸,功也。○ 縠,本又作榖,同,胡木切。亟,欺冀切,数也。说,音悦。 ⑭ 狐毛,偃之兄。○ 将,子匠切,下将上、将下皆同。溱,侧巾切。 ⑮ 栾枝,贞子也,栾宾之孙。○ 栾,鲁官切。 ⑯ 荀林父,中行桓子。○ 行,户刚切。

晋侯始入而教其民,二年欲用之①。子犯曰:"民未知义,未安其居②。"于是乎出定襄王③,入务利民,民怀生矣,将用之。子犯曰:"民未知信,未宣其用④。"于是乎伐原以示之信⑤。民易资者不求丰焉⑥,明征其辞⑦。公曰:"可矣乎?"子犯曰:"民未知礼,未生其共。"于是乎大蒐以示之礼⑧,作执秩以正其官⑨,民听不惑而后用之。出穀戍,释宋围⑩,一战而霸,文以教也⑪。

① 二十四年入。　② 无义则苟生。　③ 二十五年定襄王,以示事君之义。　④ 宣,明也,未明于见用之信。　⑤ 伐原在二十五年。⑥ 不诈以求多。　⑦ 重言信。　⑧ 蒐,顺少长,明贵贱。○ 长,丁丈切。　⑨ 执秩,主爵秩之官。○ 秩,直乙切。　⑩ 楚子使申叔去穀,子玉去宋。　⑪ 谓明年战城濮。

经

二十有八年春,晋侯侵曹。晋侯伐卫①。

公子买戍卫,不卒戍,刺之②。

楚人救卫。

三月丙午,晋侯入曹,执曹伯,畀宋人③。

夏四月己巳,晋侯、齐师、宋师、秦师及楚人战于城濮,楚师败绩④。

楚杀其大夫得臣⑤。

卫侯出奔楚。

五月癸丑,公会晋侯、齐侯、宋公、蔡侯、郑伯、卫子、莒子,盟于践土⑥。陈侯如会⑦。

公朝于王所⑧。

六月,卫侯郑自楚复归于卫⑨。

卫元咺出奔晋⑩。

陈侯款卒⑪。

秋,杞伯姬来⑫。

公子遂如齐⑬。

冬，公会晋侯、齐侯、宋公、蔡侯、郑伯、陈子、莒子、邾子、秦人于温⑭。

天王狩于河阳⑮。壬申，公朝于王所⑯。

晋人执卫侯，归之于京师⑰。

卫元咺自晋复归于卫⑱。

诸侯遂围许⑲。

曹伯襄复归于曹⑳，遂会诸侯围许㉑。

① 再举晋侯者，曹、卫两来告。　② 公子买，鲁大夫子丛也。内杀大夫皆书。刺，言用《周礼》三刺之法，示不枉滥也。公实畏晋，杀子丛而诬丛以废戍之罪。恐不为远近所信，故显书其罪。○刺，七赐切。丛，似东切。枉，纡往切。　③ 畀，与也。执诸侯当以归京师，晋欲怒楚使战，故以与宋，所谓"谲而不正"。○畀，必利切，《注》同。谲，古穴切。　④ 宋公、齐国归父、秦小子慭既次城濮，以师属晋，不与战也。子玉及陈、蔡之师不书，楚人耻败，告文略也。大崩曰败绩。○濮，音卜。慭，鱼觐切。与，音预。　⑤ 子玉违其君命以取败，称名以杀，罪之。　⑥ 践土，郑地。王子虎临盟，不同歃，故不书。卫侯出奔，其弟叔武摄位受盟，非王命所加，从未成君之礼，故称子而序郑伯之下。《经》书癸丑，月十八日也。《传》书癸亥，月二十八日。《经》、《传》必有误。○践，似浅切。土，如字，或一音杜。歃，所洽切；本又作唼。　⑦ 无《传》。陈本与楚，楚败，惧而属晋，来不及盟，故曰如会。　⑧ 无《传》。王在践土，非京师，故曰王所。　⑨ 复其位曰复归。晋人感叔武之贤而复卫侯。卫侯之入由于叔武，故以国逆为文，例在成十八年。　⑩ 元咺，卫大夫，虽为叔武讼诉，失君臣之节，故无贤文。奔例在宣十年。○咺，况晚切。为，于伪切，下为其同。诉，本又作愬，苏路切。　⑪ 无《传》。凡四同盟。　⑫ 无《传》。庄公女。归宁曰来。　⑬ 无《传》。聘也。　⑭ 陈共公称子，先君未葬，例在九年。宋襄公称子，自在本班。陈共公称子，降在郑下，陈怀公称子而在郑

231

上，《传》无义例，盖主会所次，非褒贬也。○共，音恭，下共公同。
⑮晋地，今河内有河阳县。晋实召王，为其辞逆而意顺，故《经》以王狩为辞。○狩，本又作守，音同。　⑯壬申，十月十日，有日而无月，史阙文。
⑰称人以执，罪及民也，例在成十五年。诸侯不得相治，故归之京师。
⑱元咺与卫侯讼，得胜而归。从国逆例者，明卫侯无道于民，国人与元咺。
⑲会温诸侯也。许比再会不至，故因会共伐之。○比，如字；王，俾利切。
⑳晋感侯獳之言而复曹伯，故从国逆之例。○獳，乃侯切。　㉑言遂得复而行，不归国也。

传

二十八年春，晋侯将伐曹，假道于卫①，卫人弗许。还，自南河济②。侵曹伐卫。正月戊申，取五鹿③。

二月，晋郤縠卒。原轸将中军，胥臣佐下军，上德也④。

晋侯、齐侯盟于敛盂⑤。卫侯请盟，晋人弗许。卫侯欲与楚，国人不欲，故出其君以说于晋。卫侯出居于襄牛⑥。

公子买戍卫⑦，楚人救卫，不克。公惧于晋，杀子丛以说焉⑧。谓楚人曰："不卒戍也⑨。"

晋侯围曹，门焉，多死⑩，曹人尸诸城上⑪，晋侯患之，听舆人之谋曰："称舍于墓⑫。"师迁焉，曹人兇惧⑬，为其所得者棺而出之。因其兇也而攻之。三月丙午，入曹。数之，以其不用僖负羁而乘轩者三百人也，且曰："献状⑭。"令无入僖负羁之宫而免其族，报施也⑮。魏犨、颠颉怒曰："劳之不图，报于何有⑯！"爇僖负羁氏⑰。魏犨伤于胸，公欲杀之，而爱其材⑱，使问，且视之，病，将杀之。魏犨束胸见使者曰："以君之灵，不有宁也⑲。"距跃三百，曲踊三百⑳。乃舍之。杀颠颉以徇于师,立舟之侨以为戎右㊶。

宋人使门尹般如晋师告急㊷。公曰:"宋人告急,舍之则绝㊸。告楚不许,我欲战矣,齐、秦未可,若之何㊹?"先轸曰:"使宋舍我而赂齐、秦㊺,藉之告楚㊻。我执曹君而分曹、卫之田以赐宋人。楚爱曹、卫,必不许也㊼。喜赂怒顽,能无战乎㊽?"公说,执曹伯,分曹、卫之田以畀宋人。

楚子入居于申㊾,使申叔去榖,使子玉去宋,曰:"无从晋师。晋侯在外十九年矣,而果得晋国㊿。险阻艰难,备尝之矣;民之情伪,尽知之矣。天假之年㉝,而除其害㉞。天之所置,其可废乎?《军志》曰:'允当则归㉟。'又曰:'知难而退。'又曰:'有德不可敌。'此三志者,晋之谓矣㉟。"

子玉使伯棼请战㊱,曰:"非敢必有功也,愿以间执谗慝之口㊲。"王怒,少与之师,唯西广、东宫与若敖之六卒实从之㊳。

子玉使宛春告于晋师曰:"请复卫侯而封曹,臣亦释宋之围㊴。"子犯曰:"子玉无礼哉!君取一,臣取二㊵,不可失矣㊶。"先轸曰:"子与之。定人之谓礼,楚一言而定三国,我一言而亡之,我则无礼,何以战乎?不许楚言,是弃宋也,救而弃之,谓诸侯何㊷?楚有三施,我有三怨,怨仇已多,将何以战?不如私许复曹、卫以携之㊸,执宛春以怒楚,既战而后图之㊹。"公说,乃拘宛春于卫,且私许复曹、卫。曹、卫告绝于楚。

子玉怒,从晋师。晋师退。军吏曰:"以君辟臣,辱也。且楚师老矣,何故退?"子犯曰:"师直为壮,曲为老。岂在久

233

乎？微楚之惠不及此㊺，退三舍辟之，所以报也㊻。背惠食言，以亢其仇㊼，我曲楚直，其众素饱，不可谓老㊽。我退而楚还，我将何求。若其不还，君退臣犯，曲在彼矣。"退三舍，楚众欲止，子玉不可。夏四月戊辰，晋侯、宋公、齐国归父崔夭、秦小子憖次于城濮㊾。楚师背鄩而舍㊿，晋侯患之，听舆人之诵㉛，曰："原田每每，舍其旧而新是谋㉜。"公疑焉㉝。子犯曰："战也。战而捷，必得诸侯。若其不捷，表里山河，必无害也㉞。"公曰："若楚惠何？"栾贞子曰："汉阳诸姬，楚实尽之㉟。思小惠而忘大耻，不如战也。"晋侯梦与楚子搏㊱，楚子伏己而盬其脑㊲，是以惧。子犯曰："吉。我得天，楚伏其罪，吾且柔之矣㊳。"

子玉使鬥勃请战㊴，曰："请与君之士戏，君冯轼而观之，得臣与寓目焉㊵。"晋侯使栾枝对曰："寡君闻命矣。楚君之惠未之敢忘，是以在此。为大夫退，其敢当君乎？既不获命矣㊶，敢烦大夫谓二三子㊷，戒尔车乘，敬尔君事，诘朝将见㊸。"

晋车七百乘，韅、靷、鞅、靽㊹。晋侯登有莘之虚以观师，曰："少长有礼，其可用也㊺。"遂伐其木以益其兵㊻。己巳，晋师陈于莘北，胥臣以下军之佐当陈、蔡。子玉以若敖之六卒将中军，曰："今日必无晋矣。"子西将左，子上将右㊼。胥臣蒙马以虎皮，先犯陈、蔡。陈、蔡奔，楚右师溃㊽。狐毛设二旆而退之㊾。栾枝使舆曳柴而伪遁㊿，楚师驰之。原轸、郤溱以中军公族横击之㊉，狐毛、狐偃以上军夹攻子西，楚左师溃。楚师败绩。子玉收其卒而止，故不败㊁。

晋师三日馆穀(73)，及癸酉而还。甲午，至于衡雍，作王宫于践土(74)。乡役之三月(75)，郑伯如楚致其师，为楚师既败而惧，使子人九行成于晋(76)。晋栾枝入盟郑伯。五月丙午，晋侯及郑伯盟于衡雍。丁未，献楚俘于王，驷介百乘，徒兵千(77)。郑伯傅王，用平礼也(78)。己酉，王享醴，命晋侯宥(79)。王命尹氏及王子虎、内史叔兴父策命晋侯为侯伯(80)。赐之大辂之服，戎辂之服(81)，彤弓一，彤矢百，玈弓矢千(82)，秬鬯一卣(83)，虎贲三百人。曰："王谓叔父，敬服王命，以绥四国，纠逖王慝(84)。"晋侯三辞，从命。曰："重耳敢再拜稽首，奉扬天子之丕显休命(85)。"受策以出，出入三觐(86)。卫侯闻楚师败，惧出奔楚，遂适陈(87)，使元咺奉叔武以受盟(88)。癸亥，王子虎盟诸侯于王庭(89)，要言曰："皆奖王室，无相害也。有渝此盟，明神殛之，俾队其师，无克祚国(90)，及而玄孙，无有老幼。"君子谓是盟也信(91)，谓晋于是役也能以德攻(92)。

初，楚子玉自为琼弁玉缨，未之服也(93)。先战，梦河神谓己曰："畀余，余赐女孟诸之麋(94)。"弗致也。大心与子西使荣黄谏(95)，弗听。荣季曰："死而利国，犹或为之，况琼玉乎？是粪土也，而可以济师，将何爱焉(96)？"弗听。出告二子曰："非神败令尹，令尹其不勤民，实自败也(97)。"既败，王使谓之曰："大夫若入，其若申、息之老何(98)？"子西、孙伯曰："得臣将死，二臣止之曰：'君其将以为戮(99)。'"及连穀而死(100)。晋侯闻之而后喜可知也(101)，曰："莫余毒也已！蒍吕臣实为令尹，奉己而已，不在民矣(102)。"

或诉元咺于卫侯曰："立叔武矣。"其子角从公，公使杀之⑩。咺不废命，奉夷叔以入守⑭。六月，晋人复卫侯⑮。甯武子与卫人盟于宛濮⑯，曰："天祸卫国，君臣不协，以及此忧也⑰。今天诱其衷⑱，使皆降心以相从也。不有居者，谁守社稷？不有行者，谁扞牧圉⑲？不协之故，用昭乞盟于尔大神以诱天衷。自今日以往，既盟之后，行者无保其力，居者无惧其罪。有渝此盟，以相及也⑳。明神先君，是纠是殛。"国人闻此盟也，而后不贰㉑。卫侯先期入㉒，甯子先长牂，守门以为使也，与之乘而入㉓。公子歂犬、华仲前驱㉔。叔武将沐，闻君至，喜，捉发走出，前驱射而杀之。公知其无罪也，枕之股而哭之㉕。歂犬走出㉖，公使杀之。元咺出奔晋㉗。

城濮之战，晋中军风于泽㉘，亡大旆之左旃㉙。祁瞒奸命㉚，司马杀之，以徇于诸侯。使茅茷代之。师还。壬午，济河。舟之侨先归，士会摄右㉛。秋七月丙申，振旅，恺以入于晋㉜。献俘授馘，饮至大赏㉝，征会讨贰㉞。杀舟之侨以徇于国，民于是大服。君子谓："文公其能刑矣，三罪而民服㉟。《诗》云：'惠此中国，以绥四方。'不失赏刑之谓也㊱。"

①曹在卫东故。　　②从汲郡南渡，出卫南而东。○汲，音急。③五鹿，卫地。　　④先轸以下军佐超将中军，故曰上德。胥臣，司空季子。○将，子匠切，《注》同。胥，思徐切。　　⑤敛盂，卫地。○敛，徐音廉，又力检切。盂，音于。　　⑥襄牛，卫地。○说，音悦，或如字。⑦晋伐卫，卫，楚之昏姻，鲁欲与楚，故戍卫。　　⑧召子丛而杀之，以谢晋。○说，音悦。　　⑨诈告楚人，言子丛不终戍事而归，故杀之。杀子丛在楚救卫下，《经》在上者，救卫赴晚至。　　⑩攻曹城门。　　⑪磔晋

死人于城上。○磔,张宅切。 ⑫舆,众也。舍墓,为将发冢。○舆,音余。为,如字,又于伪切。 ⑬迁至曹人墓。兇兇,恐惧声。○兇,凶勇切。恐,丘勇切。 ⑭轩,大夫车,言其无德居位者多,故责其功状。○棺,古患切,一音官。轩,许言切。 ⑮报殡璧之施。○施,始豉切,《注》同。殡,音孙。 ⑯二子各有从亡之劳。○颉,户结切。从,才用切。 ⑰爇,烧也。○爇,如悦切。 ⑱材,力。 ⑲言不以病故自安宁。○见,贤遍切。使,所吏切。 ⑳距跃,超越也。曲踊,跳踊也。百,犹劢也。○距,音巨。跃,羊略切。三,如字,又于息暂切。百,音陌,下仿此。跳,徒雕切。劢,音迈。 ㉑舟之侨,故虢臣,闵二年奔晋,以代魏犨,为先归张本。○舍,如字,又音捨,下同。徇,似俊切。 ㉒门尹般,宋大夫。○般,音班。 ㉓与晋绝。 ㉔未肯战。 ㉕求救于齐、秦。○舍,音捨。 ㉖假借齐、秦,使为宋请。○藉,在亦切。为,于伪切。 ㉗不许齐、秦之请。 ㉘言齐、秦喜得宋赂而怒楚之顽,必自战也。不可告请,故曰顽。 ㉙申在方城内,故曰入。○说,音悦。畀,必利切。 ㉚二十六年申叔戍穀。 ㉛晋侯生十七年而亡,亡十九年而反,凡三十六年,至此四十矣。 ㉜献公之子九人,唯文公在,故曰天假之年。 ㉝除惠、怀、吕、郤。 ㉞无求过分。《军志》,兵书。○当,丁浪切。分,扶问切。 ㉟谓今与晋遇当用此三《志》。 ㊱伯棼,子越椒也,鬬伯比之孙。○棼,扶云切。王,扶粉切。 ㊲间执,犹塞也。谗慝,若芳贾之言,谓子玉不能以三百乘入。○间,间厕之间,《注》同。慝,吐得切。乘,绳证切。 ㊳楚子还申,遣此兵以续前围宋之众。楚有左、右广,又大子有宫甲,分取以给之。若敖,楚武王之祖父,葬若敖者,子玉之祖也。六卒,子玉宗人之兵六百人,言不悉师以益之。○广,古旷切,《注》同。卒,子忽切,《注》同。 ㊴卫侯未出竟,曹伯见执在宋,已失位,故言复卫封曹。○宛,於元切,又於阮切。竟,音境。 ㊵君取一,以释宋围,惠晋侯。臣取二,复卫、曹为己功。 ㊶言可伐。 ㊷言将为诸侯所怪。 ㊸私许二国,使告绝于楚而后复之。携,离也。○施,始豉切。 ㊹须胜负决乃定计。 ㊺重耳过楚,楚成王有赠送之惠。

○说,音悦。拘,音俱。过,古禾切。　㊻一舍,三十里。初,楚子云:"若反国何以报我?"故以退三舍为报。　㊼亢,犹当也,仇,谓楚也。○背,音佩,下及《注》同。亢,苦浪切。　㊽直,气盈饱。　㊾国归父、崔夭,齐大夫也。小子憖,秦穆公子也。城濮,卫地。○夭,於表切。㊿鄏,丘陵险阻名。○鄏,户圭切。　㊶恐众畏险,故听其歌诵。㊷高平曰原。喻晋君美盛,若原田之草每每然,可以谋立新功,不足念旧惠。○每,亡回切,又梅对切。舍,音捨。　㊸疑众谓己背旧谋新。㊹晋国外河而内山。　㊺贞子,栾枝也。水北曰阳。姬姓之国在汉北者,楚尽灭之。　㊻搏,手搏。○搏,音博。　㊼盬,嘬也。○盬,音古。脑,乃老切。嘬,子答切,又所答切,又子甲切。　㊽晋侯上向故得天,楚子下向地故伏其罪。脑所以柔物。子犯审见事宜,故权言以答梦。○向,或作嚮,许亮切,下同。　㊾鬭勃,楚大夫。　㊿寓,寄也。○冯,皮冰切。轼,音式。与,音预。寓,音遇。　㊶不获止命。○为,于伪切。　㊷烦鬭勃,令戒敕子玉、子西之属。○令,力呈切。㊸诘朝,平旦。○乘,绳证切,下及《注》皆同。诘,起吉切。朝,如字,《注》同。见,如字,又贤遍切。　㊹五万二千五百人。在背曰鞯,在胸曰靷,在腹曰鞅,在后曰鞦。言驾乘修备。○鞯,许见切;《说文》作鞪,云著掖皮。靷,以刃切;《说文》云,轴也。鞅,於杖切;《说文》云,颈皮也。鞦,音半,一云縈也。背,如字。　㊺有莘,故国名。少长,犹言大小。○莘,所巾切。虚,丘鱼切。少,诗照切,《注》同。长,丁丈切,《注》同。　㊻伐木以益攻战之具,舆曳柴亦是也。○攻,如字,又音贡。　㊼子西,鬭宜申。子上,鬭勃。○陈,直觐切。卒,子忽切,下同。将,子匠切,下及《注》同。㊽陈、蔡属楚右师。○溃,户内切。　㊾旆,大旗也,又建二旆而退,使若大将稍却。○旆,薄贝切。　㊿曳柴起尘,诈为众走。○遁,徒困切。㊶公族,公所率之军。　㊷三军唯中军完,是不大崩。○夹,古洽切,又音颊。　㊸馆,舍也,食楚军穀三日。　㊹衡雍,郑地,今荥阳卷县。襄王闻晋战胜,自往劳之,故为作宫。○雍,於用切。卷,音权,又丘权切。劳,力报切。为,于伪切。　㊺乡,犹属也。城濮役之前三月。○乡,许亮切,本又作纛,同。属,音烛。 ㊻ 子人,氏;九,名。○ 为,于伪切。
㊼ 驷介,四马被甲。徒兵,步卒。○ 驷,音四。介,音界。被,皮义切。卒,
子忽切。 ㊽ 傅,相也。以周平王享晋文侯仇之礼享晋侯。○ 相,息亮
切。 ㊾ 既飨,又命晋侯助以束帛,以将厚意。 ㊿ 以策书命晋侯为
伯也。《周礼》:九命作伯。尹氏、王子虎,皆王卿士也。叔兴父,大夫也。
三宫命之以宠晋。 ㉛ 大辂,金辂。戎辂,戎车。二辂各有服。
㉜ 彤,赤弓。旅,黑弓。弓一矢百,则矢千弓十矣。诸侯赐弓矢,然后专征
伐。○ 彤,徒冬切。旅,音卢,本或作旅字,非也。矢千,本或作旅矢千,后
人专辄加也。 ㉝ 秬,黑黍。鬯,香酒,所以降神。卣,器名。○ 秬,音
巨。鬯,敕亮切。卣,音酉,又音由;《尔雅》云,卣,中尊也。 ㉞ 逖,远
也。有恶于王者,纠而远之。○ 贲,音奔。逖,敕历切。慝,他得切。
㉟ 稽首,首至地。丕,大也。休,美也。○ 三,息暂切,又如字,后例放此。
丕,普悲切。休,许虬切,《注》同。 ㊱ 出入,犹去来也。从来至去,凡三
见王。○ 见,贤遍切。 ㊲ 自襄牛出。 ㊳ 奉,使摄君事。○ 使摄
君事,并如字。或读连上奉字为句;使,音所吏切,非也。 ㊴ 践土宫之
庭。书践土,别于京师。○ 别,彼列切。 ㊵ 奖,助也。渝,变也。殛,
诛也。俾,使也。队,陨也。克,能也。○ 奖,将丈切。渝,羊朱切。殛,纪
力切,本又作极,下是殛同。俾,本亦作卑,必尔切。队,直类切。祚,才故
切。陨,于敏切。 ㊶ 合义信。 ㊷ 以文德教民而后用之。○ 攻,如
字;一音公送切。 ㊸ 弁以鹿子皮为之。琼,玉之别名。次之以饰弁及
缨。《诗》云:会弁如星。○ 琼,求营切;《说文》云,赤玉。弁,本又作䛒,皮
彦切。会,本又作琀,古外切,又户外切。 ㊹ 孟诸,宋薮泽。水草之交
曰麋。○ 先,如字,又悉荐切。畀,必利切,与也。女,音汝。麋,亡皮切。
薮,素口切。 ㊺ 大心,子玉之子。子西,子玉之族。子玉刚愎,故因荣
黄。荣黄,荣季也。○ 愎,反逼切。 ㊻ 因神之欲,以附百姓之愿,济师
之理。○ 粪,弗问切。 ㊼ 尽心尽力,无所爱惜为勤。○ 尽,津忍切。
㊽ 申、息二邑子弟,皆从子玉而死,言何以见其父老。○ 从,如字,又才用
切。 ㊾ 孙伯即大心,子玉子也。二子以此答王使,言欲令子玉往就君

斁。○使，所吏切，下前使同。令，力呈切。　⑩至连谷，王无赦命，故自杀也。文十年《传》曰，城濮之役，王使止子玉曰"无死"，不及。子西亦自杀，缢而县绝，故得不死。王时别遣追前使。连谷，楚地。杀得臣，《经》在践土盟上，《传》在下者，说晋事毕而次及楚，属文之宜。○谷，胡木切。缢，一赐切，一音于计切。县，音玄。属，音烛。　⑩喜见于颜色。○见，贤遍切。　⑩言其自守无大志。　⑩角，元咺子。○从，才用切，又如字。　⑩夷，谥。○守，手又切。　⑩以叔武受盟于践土，故听卫侯归。○听，吐丁切。　⑩武子，甯俞也。陈留长垣县西南有宛亭，近濮水。○宛，于阮切。俞，羊朱切。近，附近之近。　⑩卫侯欲与楚，国人不欲，故不和也。　⑩衷，中也。○衷，音忠，或丁仲切，下同。　⑩牛曰牧，马曰圉。○扞，户旦切。牧，音目。　⑩以恶相及。　⑪《传》言叔武之贤，甯俞之忠，卫侯所以书复归。　⑫不信叔武。○先，悉荐切。　⑬长牂，卫大夫。甯子患公之欲速，故先入，欲安喻国人。○牂，子郎切。使，所吏切。　⑭卫侯遂驱，掩甯子未备。二子，卫大夫。○歜，市专切。华，户化切，又如字。　⑮公以叔武尸枕其股。○射，食亦切，下《注》同。枕，支鸩切，《注》同。　⑯手射叔武故。　⑰元咺以卫侯驱入，杀叔武，故至晋愬之。　⑱牛马因风而走，皆失之。　⑲大旆，旗名。系旍曰旆，通帛曰旃。○旃，章然切；《尔雅》云，因章曰旃。　⑳掌此二事而不修，为奸军令。○瞒，莫干切。奸，音干。　㉑权代舟之侨也。士会，随武子，士芳之孙。○茇，扶废切。侨其骄切。　㉒恺，乐也。○恺，开在切。乐，音洛。　㉓授，数也，献楚俘于庙。○馘，古获切。数，色主切。　㉔征召诸侯，将冬会于温。　㉕三罪，颠颉、祁瞒、舟之侨。　㉖《诗·大雅》。言赏刑不失，则中国受惠，四方安靖。

冬，会于温，讨不服也①。

① 讨卫、许。

卫侯与元咺讼①，甯武子为辅，鍼庄子为坐，士荣为大士②。卫侯不胜③。杀士荣，刖鍼庄子，谓甯俞忠而免之。执卫侯，归之于京师，寘诸深室④。甯子职纳橐饘焉⑤。元咺归于卫，立公子瑕⑥。

① 争杀叔武事。　② 大士，治狱官也。《周礼》：命夫命妇，不躬坐狱讼。元咺又不宜与其君对坐，故使鍼庄子为主，又使卫之忠臣及其狱官质正元咺。《传》曰：王叔之宰与伯舆之大夫坐狱于王庭，各不身亲，盖令长吏有罪，先验吏卒之义。○ 鍼，其廉切。坐，如字；或一音才卧切。长，丁丈切。卒，子忽切。　③ 三子辞屈。　④ 深室，别为囚室。○ 刖，音月，又五刮切。寘，之豉切。　⑤ 甯俞以君在幽隘，故亲以衣食为己职。橐，衣囊；饘，糜也。言其忠至，所虑者深。○ 橐，音托。饘，之然切。隘，於卖切。囊，乃郎切。糜，亡皮切。　⑥ 瑕，卫公子适。○ 适，音的。

是会也，晋侯召王，以诸侯见，且使王狩①。仲尼曰："以臣召君，不可以训。"故书曰："天王狩于河阳。"言非其地也②，且明德也③。壬申，公朝于王所④。

① 晋侯大合诸侯，而欲尊事天子以为名义。自嫌强大，不敢朝周，喻王出狩，因得尽群臣之礼，皆谲而不正之事。○ 见，贤遍切。　② 使若天王自狩。以失地，故书河阳。实以属晋，非王狩地。　③ 隐其召君之阙，欲以明晋之功德。河阳之狩，赵盾之弑，洩冶之罪，皆违凡变例，以起大义危疑之理，故特称仲尼以明之。○ 弑，音试。洩，息列切。冶，音也。危疑，如字，一本危作佹，九委切。　④ 执卫侯，《经》在朝王下，《传》在上者，告执晚。

丁丑,诸侯围许①。

晋侯有疾,曹伯之竖侯獳货筮史②,使曰:"以曹为解③。齐桓公为会而封异姓④,今君为会而灭同姓。曹叔振铎,文之昭也⑤。先君唐叔,武之穆也。且合诸侯而灭兄弟,非礼也。与卫偕命⑥,而不与偕复,非信也。同罪异罚,非刑也⑦。礼以行义,信以守礼,刑以正邪,舍此三者,君将若之何?"公说,复曹伯,遂会诸侯于许。

① 十月十五日,有日无月。　　② 竖,掌通内外者。史,晋史。
③ 以灭曹为解故。○ 解,户卖切,《注》同,又古买切。　　④ 封邢、卫。
⑤ 叔振铎,曹始封君,文王之子。○ 铎,待洛切。　　⑥ 私许复曹、卫。
⑦ 卫已复故。

晋侯作三行以御狄,荀林父将中行,屠击将右行,先蔑将左行①。

① 晋置上、中、下三军,今复增置三行,以辟天子六军之名。三行无佐,疑大夫帅。○ 邪,似嗟切。舍,音捨。说,音悦。行,户郎切,下及《注》同。将,子匠切。屠,音徒。击,古狄切,一音计。蔑,亡结切。复,扶又切。

经
二十有九年春,介葛卢来①。

公至自围许②。

夏六月,会王人、晋人、宋人、齐人、陈人、蔡人、秦人盟于翟泉③。

秋,大雨雹④。

冬,介葛卢来。

① 介,东夷国也,在城阳黔陬县。葛卢,介君名也。不称朝,不见公,且不能行朝礼。虽不见公,国宾礼之,故书。○介,音界。黔,巨廉切,又音琴。陬,子侯切,又侧留切。　② 无《传》。　③ 翟泉,今洛阳城内大仓西南池水也。鲁侯讳盟天子大夫,诸侯大夫又违礼盟公侯,王子虎违礼下盟。故不言公会,又皆称人。○翟,直历切。大仓,音泰。　④ ○雨,于付切。

传

二十九年春,介葛卢来朝,舍于昌衍之上①。公在会,馈之刍米,礼也②。

① 鲁县东南有昌平城。○衍,以善切。　② 嫌公行不当致馈,故曰礼也。○馈,其愧切。刍,初俱切。

夏,公会王子虎、晋狐偃、宋公孙固、齐国归父、陈辕涛涂、秦小子慭,盟于翟泉,寻践土之盟,且谋伐郑也①。卿不书,罪之也②。在礼,卿不会公、侯,会伯、子、男可也③。

①《经》书蔡人而《传》无名氏,即微者。秦小子慭在蔡下者,若宋向戌之后会。○辕,音袁。涛,音桃。慭,鱼觐切。向,式亮切。　② 晋侯始霸,翼戴天子,诸侯辑睦,王室无虞,而王子虎下盟列国,以渎大典,诸侯大夫上敌公侯,亏礼伤教,故贬诸大夫,讳公与盟。○辑,音集,又七入切。渎,徒木切。上,时掌切,又如字。与,音预。　③ 大国之卿,当小国之

君,故可以会伯、子、男。诸卿之见贬,亦兼有此阙,故《传》重发之。〇重,直用切。

秋,大雨雹,为灾也。

冬,介葛卢来,以未见公,故复来朝,礼之,加燕好①。介葛卢闻牛鸣,曰:"是生三牺,皆用之矣,其音云。"问之而信②。

① 燕,燕礼也。好,好货也。一岁再来,故加之。〇复,扶又切。好,呼报切,《注》同。　② 《传》言人听或通鸟兽之情。〇牺,诈宜切。

经

三十年春,王正月。

夏,狄侵齐。

秋,卫杀其大夫元咺及公子瑕①。

卫侯郑归于卫②。

晋人、秦人围郑③。

介人侵萧④。

冬,天王使周公来聘⑤。

公子遂如京师,遂如晋⑥。

① 咺见杀称名者,讼君求直,又先归,立公子瑕,非国人所与,罪之也。瑕立经年,未会诸侯,故不称君。　② 鲁为之请,故从诸侯纳之例。例在成十八年。〇为,于伪切。　③ 晋军函陵,秦军氾南,各使微者围郑,故称人。〇函,音咸。氾,音凡,《传》同。　④ 无《传》。　⑤ 周公,天子

三公兼冢宰也。○兼,如字,又经念切。　⑥如京师,报宰周公。

传

三十年春,晋人侵郑,以观其可攻与否。狄间晋之有郑虞也,夏,狄侵齐①。

①齐,晋与国。○间,间厕之间。

晋侯使医衍酖卫侯①。甯俞货医,使薄其酖,不死②。公为之请,纳玉于王与晋侯,皆十瑴。王许之③。秋,乃释卫侯。卫侯使赂周歂、冶廑,曰:"苟能纳我,吾使尔为卿④。"周、冶杀元咺及子适、子仪⑤。公入祀先君。周、冶既服将命⑥,周歂先入,及门,遇疾而死。冶廑辞卿⑦。

①衍,医名。晋侯实怨卫侯,欲杀而罪不及死,故使医因治疾而加酖毒。○衍,以善切。酖,音鸩。　②甯俞视卫侯衣食,故得知之。　③双玉曰瑴。公本与卫同好,故为之请。○为,于伪切,及《注》同。瑴,音角。好,呼报切。　④恐元咺距己,故赂周、冶。○歂,市专切。冶,音也。廑,音觐,又音谨,人名也;《汉书音义》云,古勤字也;郑氏音勤。　⑤子仪,瑕母弟。不书杀,贱也。○適,丁历切。　⑥服卿服,将入庙受命。　⑦见周歂死而惧。

九月甲午,晋侯、秦伯围郑,以其无礼于晋①,且贰于楚也。晋军函陵,秦军氾南②。佚之狐言于郑伯曰:"国危矣,若使烛之武见秦君,师必退③。"公从之。辞曰:"臣之壮也,犹不如人,今老矣,无能为也已。"公曰:"吾不能早用子,今

245

急而求子,是寡人之过也。然郑亡,子亦有不利焉。"许之,夜缒而出④,见秦伯曰:"秦、晋围郑,郑既知亡矣。若亡郑而有益于君,敢以烦执事⑤。越国以鄙远,君知其难也⑥,焉用亡郑以陪邻⑦。邻之厚,君之薄也。若舍郑以为东道主,行李之往来,共其乏困⑧,君亦无所害。且君尝为晋君赐矣,许君焦、瑕,朝济而夕设版焉,君之所知也⑨。夫晋何厌之有?既东封郑,又欲肆其西封⑩,若不阙秦,将焉取之?阙秦以利晋,唯君图之。"秦伯说,与郑人盟,使杞子、逢孙、扬孙戍之。乃还⑪。

子犯请击之。公曰:"不可。微夫人之力不及此⑫。因人之力而敝之,不仁。失其所与,不知。以乱易整,不武⑬。吾其还也。"亦去之。

初,郑公子兰出奔晋⑭,从于晋侯。伐郑,请无与围郑。许之,使待命于东⑮。郑石甲父、侯宣多逆以为大子,以求成于晋,晋人许之⑯。

① 文公亡过郑,郑不礼之。○ 过,古禾切。　② 此东氾也,在荥阳中牟县南。　③ 佚之狐、烛之武,皆郑大夫。○ 佚,音逸。　④ 缒,县城而下。○ 缒,丈伪切。县,音玄。　⑤ 执事亦谓秦。　⑥ 设得郑以为秦边邑,则越晋而难保。　⑦ 陪,益也。○ 焉,於虔切,下焉取之同。陪,蒲回切。　⑧ 行李,使人。○ 舍,音捨,又如字。共,音恭;本亦作供。使,所吏切。　⑨ 晋君,谓惠公也。焦、瑕,晋河外五城之二邑。朝济河而夕设版筑以距秦,言背秦之速。○ 朝,如字,《注》同。版,音板。背,音佩。　⑩ 封,疆也。肆,申也。○ 厌,於盐切。疆,居良切。　⑪ 三子,秦大夫,反为郑守。○ 说,音悦。为,于伪切。　⑫ 请击秦也。夫人谓秦穆公。○ 夫,音扶,《注》同。　⑬ 秦、晋和整而还相攻,更为乱也。

○知,音智。　⑭兰,郑穆公。　⑮晋东界。○与,音预。　⑯二子,郑大夫。言穆公所以立。

冬,王使周公阅来聘,飨有昌歜、白、黑、形盐①。辞曰:"国君,文足昭也,武可畏也,则有备物之飨,以象其德。荐五味,羞嘉穀,盐虎形②,以献其功。吾何以堪之?"

①昌歜,昌蒲菹。白,熬稻。黑,熬黍。形盐,盐形象虎。○阅,音悦。歜,在感切。菹,庄居切。　②嘉穀,熬稻、黍也,以象其文也。盐,虎形,以象武也。

东门襄仲将聘于周,遂初聘于晋①。

①公既命襄仲聘周,未行,故曰将。又命自周聘晋,故曰遂。自入春秋,鲁始聘晋,故曰初。

经
三十有一年春,取济西田①。

公子遂如晋。

夏四月,四卜郊不从,乃免牲②,犹三望③。

秋七月。

冬,杞伯姬来求妇④。

狄围卫。十有二月,卫迁于帝丘⑤。

①晋分曹田以赐鲁,故不系曹。不用师徒,故曰取。　②龟曰卜。

不从,不吉也。卜郊不吉,故免牲。免犹纵也。　③ 三望,分野之星,国中山川,皆因郊祀望而祭之。鲁废郊天而修其小祀,故曰犹。犹者,可止之辞。○ 分,扶问切。　④ 无《传》。自为其子成昏。○ 为,于伪切。⑤ 辟狄难也。帝丘,今东郡濮阳县,故帝颛顼之虚,故曰帝丘。○ 难,乃旦切。颛,音专。顼,许玉切。虚,起鱼切。

传

三十一年春,取济西田,分曹地也①。使臧文仲往,宿于重馆②。重馆人告曰:"晋新得诸侯,必亲其共,不速行,将无及也。"从之,分曹地,自洮以南,东傅于济,尽曹地也③。

襄仲如晋,拜曹田也。

① 二十八年,晋文讨曹,分其地,竟界未定,至是乃以赐诸侯。○ 竟,音境。　② 高平方与县西北有重乡城。○ 重,直龙切,《注》同。方,音房。与,音预。　③ 文仲不书,请田而已,非聘享会同也。济水自荥阳东,过鲁之西,至乐安入海。○ 洮,吐刀切。傅,音附。尽,津忍切。乐,音洛。

夏四月,四卜郊不从,乃免牲,非礼也①。犹三望,亦非礼也。礼不卜常祀②,而卜其牲日③,牛卜日曰牲④。牲成而卜郊,上怠慢也⑤。望,郊之细也,不郊,亦无望可也。

① 诸侯不得郊天,鲁以周公故,得用天子礼乐,故郊为鲁常祀。② 必其时。　③ 卜牲与日,知吉凶。　④ 既得吉日,则牛改名曰牲。⑤ 怠于古典,慢渎龟策。

秋,晋蒐于清原,作五军以御狄①。赵衰为卿②。

① 二十八年,晋作三行;今罢之,更为上下新军。河东闻喜县北有清原。○行,户郎切。　② 二十七年,命赵衰为卿,让于栾枝;今始从原大夫为新军帅。○帅,所类切。

冬,狄围卫,卫迁于帝丘。卜曰三百年。卫成公梦康叔曰:"相夺予享①。"公命祀相。甯武子不可,曰:"鬼神非其族类,不歆其祀②。杞、鄫何事③？相之不享于此,久矣,非卫之罪也④,不可以间成王、周公之命祀⑤。请改祀命⑥。"

① 相,夏后启之孙,居帝丘。享,祭也。○曰,音越;或人实切,非也。相,息亮切,《注》及下同。夏,户雅切,下同。　② 歆,犹飨也。○歆,许金切。　③ 言杞、鄫夏后,自当祀相。　④ 言帝丘久不祀相,非卫所绝。　⑤ 诸侯受命,各有常祀。○间,间厕之间。　⑥ 改祀相之命。

郑洩驾恶公子瑕,郑伯亦恶之,故公子瑕出奔楚①。

① 瑕,文公子。《传》为纳瑕张本。洩驾,亦郑大夫。隐五年洩驾距此九十年,疑非一人。○恶,乌路切,下同。

经
三十有二年春,王正月。
夏四月己丑,郑伯捷卒①。
卫人侵狄②。
秋,卫人及狄盟③。

冬十有二月己卯,晋侯重耳卒④。

① 无《传》。文公也,三同盟。○ 捷,在接切。　② 报前年狄围卫。③ 不地者,就狄庐帐盟。○ 庐,力於切。帐,张亮切。　④ 同盟践土、翟泉。

传

三十二年春,楚鬭章请平于晋,晋阳处父报之。晋、楚始通①。

① 阳处父,晋大夫。晋、楚自春秋以来,始交使命,为和同。○ 使,所吏切。

夏,狄有乱。卫人侵狄,狄请平焉。秋,卫人及狄盟。冬,晋文公卒。庚辰,将殡于曲沃①,出绛,柩有声如牛②。卜偃使大夫拜。曰:"君命大事。将有西师过轶我,击之,必大捷焉③。"杞子自郑使告于秦④,曰:"郑人使我掌其北门之管⑤,若潜师以来,国可得也。"穆公访诸蹇叔,蹇叔曰:"劳师以袭远,非所闻也⑥。师劳力竭,远主备之,无乃不可乎!师之所为,郑必知之。勤而无所,必有悖心⑦。且行千里,其谁不知?"公辞焉⑧。召孟明、西乞、白乙,使出师于东门之外⑨。蹇叔哭之,曰:"孟子,吾见师之出而不见其入也。"公使谓之曰:"尔何知。中寿,尔墓之木拱矣⑩。"蹇叔之子与师,哭而送之,曰:"晋人御师必于殽⑪。殽有二陵焉⑫:其南陵,夏后皋之墓也⑬;其北陵,文王之所辟风雨也⑭。必死是间⑮,余收尔骨焉。"秦师遂东⑯。

① 殡,窆棺也。曲沃有旧宫焉。○窆,彼验切,一本作涂。 ② 如牛吼声。○柩,其救切。《礼》云:在床曰尸,在棺曰柩。吼,呼口切。 ③ 声自柩出,故曰君命。大事,戎事也。卜偃闻秦密谋,故因柩声以正众心。○过,古禾切,又古卧切。轶,直结切,又音逸。 ④ 三十年秦使大夫杞子戍郑。 ⑤ 管,籥也。○籥,余若切。 ⑥ 蹇叔,秦大夫。○蹇,纪辇切。 ⑦ 将害良善。○悖,必内切。 ⑧ 辞,不受其言。 ⑨ 孟明,百里孟明视。西乞,西乞术。白乙,白乙丙。 ⑩ 合手曰拱,言其过老,悖不可用。○孟子,本或作孟仔。寿,音授,又如字。拱,九勇切。 ⑪ 殽在弘农渑池县西。○殽,本又作崤,户交切;刘昌宗音豪。渑,绵善切。与,羊恕切。 ⑫ 大阜曰陵。 ⑬ 皋,夏桀之祖父。○夏,户雅切。皋,古刀切。 ⑭ 此道在二殽之间南谷中,谷深委曲,两山相嵌,故可以辟风雨。古道由此。魏武帝西讨巴、汉,恶其险而更开北山高道。○辟,音避。谷,古木切,又音欲。嵌,许金切,又音钦,本或作岚,力含切。恶,乌路切。 ⑮ 以其深险故。 ⑯ 为明年晋败秦于殽《传》。○为,于伪切。

经

三十有三年春,王二月,秦人入滑①。

齐侯使国归父来聘。

夏四月辛巳,晋人及姜戎败秦师于殽②。

癸巳,葬晋文公。

狄侵齐。

公伐邾,取訾娄。

秋,公子遂帅师伐邾。

晋人败狄于箕③。

冬十月，公如齐。十有二月，公至自齐。乙巳，公薨于小寝④。

陨霜不杀草，李、梅实⑤。

晋人、陈人、郑人伐许。

① 灭而书入，不能有其地。　② 晋侯讳背丧用兵，故通以贱者告。姜戎，姜姓之戎，居晋南鄙，戎子驹支之先也。晋人角之，诸戎掎之，不同陈，故言及。○背，音佩。掎，居绮切。陈，直觐切。　③ 大原阳邑县南有箕城。郤缺称人者，未为卿。○箐，子斯切。　④ 小寝，内寝也。乙巳，十一月十二日，《经》书十二月，误。　⑤ 无《传》。书时失也。周十一月，今九月，霜当微而重，重而不能杀草，所以为灾。○陨，于敏切。

传

三十三年春，秦师过周北门，左右免胄而下①。超乘者三百乘。王孙满尚幼，观之，言于王曰："秦师轻而无礼，必败②。轻则寡谋，无礼则脱③。入险而脱，又不能谋，能无败乎？"及滑，郑商人弦高将市于周，遇之。以乘韦先牛十二犒师④，曰："寡君闻吾子将步师出于敝邑，敢犒从者。不腆敝邑，为从者之淹，居则具一日之积⑤，行则备一夕之卫。"且使遽告于郑⑥。郑穆公使视客馆⑦，则束载、厉兵、秣马矣⑧。使皇武子辞焉，曰："吾子淹久于敝邑，唯是脯资饩牵竭矣⑨。为吾子之将行也⑩，郑之有原圃，犹秦之有具囿也⑪。吾子取其麋鹿以閒敝邑，若何⑫？"杞子奔齐，逢孙、扬孙奔宋。孟明曰："郑有备矣，不可冀也。攻之不克，围之不继，吾其还也。"灭滑而还。

① 王城之北门。胄，兜鍪。兵车非大将，御者在中，故左右下，御不下。○胄，直救切。兜，丁侯切。鍪，亡侯切。将，子匠切。　② 谓过天子门，不卷甲束兵，超乘示勇。○乘，绳证切，下及《注》皆同。轻，遣政切，下同。　③ 脱，易也。○脱，他活切。易，以豉切。　④ 商，行贾也。乘，四。韦，先韦乃入牛。古者将献遗于人，必有以先之。○先，悉荐切，《注》有以先之同。犒，苦报切。贾，音古。遗，唯季切。　⑤ 腆，厚也。淹，久也。积，刍、米、菜、薪。○步师，步犹行也。从，才用切，下同。腆，他典切。为，于伪切，下为吾子同。积，子赐切，《注》同。　⑥ 遽，传车。○遽，其据切。传，张恋切。　⑦ 视秦三大夫之舍。　⑧ 严兵待秦师。○秣，音末，穀马也。《说文》作䬴，云食马穀也。　⑨ 资，粮也。生曰饩。牵，谓牛、羊、豕。○饩，许气切，牲腥曰饩，牲生曰牵。　⑩ 示知其情。　⑪ 原圃、具囿，皆囿名。○圃，布古切。　⑫ 使秦戍自取麋鹿，以为行资，令敝邑得闲暇。若何犹如何。荥阳中牟县西有圃田泽。○麋，亡悲切。闲，音闲，《注》同。令，力呈切。

齐国庄子来聘，自郊劳至于赠贿，礼成而加之以敏①。臧文仲言于公曰："国子为政，齐犹有礼，君其朝焉。臣闻之，服于有礼，社稷之卫也②。"

① 迎来曰郊劳，送去曰赠贿。敏，审当于事。○劳，力报切，《注》同。贿，呼罪切。当，丁浪切，又如字。　② 为公如齐《传》。

晋原轸曰："秦违蹇叔而以贪勤民，天奉我也①。奉不可失，敌不可纵。纵敌患生，违天不祥。必伐秦师。"栾枝曰：

"未报秦施而伐其师,其为死君乎②。"先轸曰:"秦不哀吾丧而伐吾同姓,秦则无礼,何施之为③?吾闻之,一日纵敌,数世之患也。谋及子孙,可谓死君乎④?"遂发命,遽兴姜戎。子墨衰绖⑤,梁弘御戎,莱驹为右。夏四月辛巳,败秦师于殽,获百里孟明视、西乞术、白乙丙以归。遂墨以葬文公。晋于是始墨⑥。

文嬴请三帅⑦,曰:"彼实构吾二君,寡君若得而食之,不厌,君何辱讨焉!使归就戮于秦,以逞寡君之志,若何?"公许之。先轸朝,问秦囚。公曰:"夫人请之,吾舍之矣。"先轸怒曰:"武夫力而拘诸原,妇人暂而免诸国⑧。堕军实而长寇仇,亡无日矣⑨。"不顾而唾。公使阳处父追之,及诸河,则在舟中矣。释左骖,以公命赠孟明⑩。孟明稽首曰:"君之惠,不以累臣衅鼓⑪,使归就戮于秦,寡君之以为戮,死且不朽若从君惠而免之,三年将拜君赐⑫。"

秦伯素服郊次⑬,乡师而哭曰:"孤违蹇叔以辱二三子,孤之罪也。不替孟明,孤之过也。大夫何罪?且吾不以一眚掩大德⑭。"

① 奉,与也。○奉,扶用切,《注》及下同。　② 言以君死故忘秦施。○纵,子用切,下同。施,始豉切,《注》及下同。　③ 言秦以无礼加己,施不足顾。　④ 言不可谓背君。○数,所主切。背,音佩。　⑤ 晋文公未葬,故襄公称子,以凶服从戎,故墨之。○衰,七雷切。绖,直结切。　⑥ 后遂常以为俗,记礼所由变。○莱,音来。　⑦ 文嬴,晋文公始適秦,秦穆公所妻夫人,襄公嫡母。三帅,孟明等。○嬴,音盈。帅,所类切,《注》同。妻,七计切。嫡,丁历切。　⑧ 暂,犹卒也。○厌,於艳切,又於盐

切。戮,音六。逞,敕领切。拘,音俱。卒,寸忽切。 ⑨ 堕,毁也。○ 堕,许规切。长,丁丈切。 ⑩ 欲使还拜谢,因而执之。○ 唾,他卧切。骖,七南切。 ⑪ 累,囚系也。杀人以血涂鼓,谓之衅鼓。○ 累,律追切。衅,许觐切。 ⑫ 意欲报伐晋。 ⑬ 待之于郊。 ⑭ 眚,过也。○ 乡,许亮切。替,他计切。眚,所景切。掩,於检切。

狄侵齐,因晋丧也。

公伐邾,取訾娄,以报升陉之役①。邾人不设备,秋,襄仲复伐邾②。

① 在二十二年。 ② 鲁亦因晋丧以陵小国。○ 复,扶又切。

狄伐晋,及箕。八月戊子,晋侯败狄于箕。郤缺获白狄子①。先轸曰:"匹夫逞志于君②而无讨,敢不自讨乎?"免胄入狄师,死焉。狄人归其元③,面如生④。

初,臼季使过冀,见冀缺耨,其妻馌之⑤。敬,相待如宾。与之归,言诸文公曰:"敬,德之聚也。能敬必有德,德以治民,君请用之。臣闻之,出门如宾⑥,承事如祭⑦,仁之则也。"公曰:"其父有罪,可乎⑧?"对曰:"舜之罪也殛鲧,其举也兴禹⑨。管敬仲,桓之贼也,实相以济。《康诰》曰:'父不慈,子不祗,兄不友,弟不共,不相及也⑩。'《诗》曰:'采葑采菲,无以下体。'君取节焉可也⑪。"文公以为下军大夫。反自箕,襄公以三命命先且居将中军⑫,以再命命先茅之县赏胥臣曰:"举郤缺,子之功也⑬。"以一命命郤缺为卿,复与之冀⑭,亦未有军行⑮。

①白狄,狄别种也,故西河郡有白部胡。○箕,音基。种,章勇切。
②谓不顾而唾。　　③元,首。　④言其有异于人。　⑤臼季,胥
臣也。冀,晋邑。耨,锄也。野馈曰馌。○臼,其九切。使,所吏切。过,古
禾切。耨,乃豆切。馌,于辄切;《字林》,于劫切。锄,本又作鉏,仕居切。
馈,其位切,饷也。　⑥如见大宾。　⑦常谨敬也。　⑧缺父冀芮
欲杀文公,在二十四年。○芮,如锐切。杀,音试,或如字。　⑨禹,鲧子。
○殛,经力切,诛也。鲧,古本切。　⑩《康诰》,《周书》。祗,敬也。
○相,息亮切。共,音恭。　⑪《诗·国风》也。葑菲之菜,上善下恶,采
之者不以其恶而弃其善,言可取其善节。○葑,芳逢切。菲,芳匪切。
⑫且居,先轸之子,其父死敌,故进之。○且,子徐切。将,子匠切。
⑬先茅绝后,故取其县以赏胥臣。　⑭还其父故邑。○复,扶又切,又
音服。　⑮虽登卿位,未有军列。○行,户刚切。

冬,公如齐,朝,且吊有狄师也。反,薨于小寝,即安也①。

①小寝,夫人寝也。讥公就所安,不终于路寝。

晋、陈、郑伐许,讨其贰于楚也。楚令尹子上侵陈、蔡。
陈、蔡成,遂伐郑,将纳公子瑕①,门于桔柣之门。瑕覆于周
氏之汪②。外仆髡屯禽之以献③。文夫人敛而葬之郐城
之下④。

①三十一年瑕奔楚。　②车倾覆池水中。○桔,户结切。柣,大结
切。覆,芳服切,《注》同。汪,乌黄切。　③杀瑕以献郑伯。○髡,苦门
切。屯,徒门切。　④郑文公夫人也。郐城,故郐国,在荥阳密县东北。
《传》言穆公所以遂有国。○敛,力艳切。郐,古外切。

晋阳处父侵蔡，楚子上救之，与晋师夹泜而军[1]。阳子患之，使谓子上曰："吾闻之，文不犯顺，武不违敌。子若欲战，则吾退舍，子济而陈[2]，迟速唯命，不然纾我[3]。老师费财，亦无益也[4]。"乃驾以待。子上欲涉，大孙伯曰："不可。晋人无信，半涉而薄我，悔败何及，不如纾之。"乃退舍[5]。阳子宣言曰："楚师遁矣。"遂归。楚师亦归。大子商臣谮子上曰："受晋赂而辟之，楚之耻也，罪莫大焉。"王杀子上[6]。

[1] 泜水出鲁阳县东，经襄城定陵入汝。○夹，古洽切，一音古协切。泜，音雉，又直里切；王，又徒死切。　[2] 欲辟楚，使渡成陈而后战。○陈，直觐切，《注》同。　[3] 纾，缓也。○纾，音舒，一音直吕切。[4] 师久为老。○费，芳味切。　[5] 楚退，欲使晋渡。　[6] 商臣怨子上止王立己，故谮之。○遁，徒困切。

葬僖公缓[1]，作主，非礼也[2]。凡君薨卒哭而祔，祔而作主，特祀于主[3]，烝尝禘于庙[4]。

[1] 文公元年《经》书四月葬僖公。僖公实以今年十一月薨，并闰，七月乃葬，故《传》云缓。自此以下，遂因说作主祭祀之事，文相次也。皆当次在《经》葬僖公下，今在此，简编倒错。○编，必连切，又音布千切。倒，丁老切。　[2] 文二年乃作主，遂因葬文通讯之。　[3] 既葬反虞则免丧，故曰卒哭。哭止也。以新死者之神，祔之于祖，尸柩已远，孝子思慕，故造木主、立几筵焉。特用丧礼，祭祀于寝，不同之于宗庙。言凡君者，谓诸侯以上，不通于卿大夫。○祔，音附。上，时掌切。　[4] 冬祭曰烝，秋祭曰尝。新主既立，特祀于寝，则宗庙四时常祀自如旧也。三年礼毕，又大禘，乃皆同于吉。○烝，之承切。禘，大计切。

257

春秋经传集解第八

文公上

○《释文》：<u>文公</u>名<u>兴</u>，<u>僖公</u>子，母<u>声姜</u>。《谥法》，慈惠爱民曰文；忠信接礼曰文。

经

元年春，王正月，公即位①。

二月癸亥，日有食之②。

天王使<u>叔服</u>来会葬③。

夏四月丁巳，葬我君<u>僖公</u>④。

天王使<u>毛伯</u>来锡公命⑤。

<u>晋侯</u>伐<u>卫</u>⑥。

<u>叔孙得臣</u>如京师⑦。

<u>卫</u>人伐<u>晋</u>⑧。

秋，<u>公孙敖</u>会<u>晋侯</u>于<u>戚</u>⑨。

冬十月丁未，<u>楚</u>世子<u>商臣</u>弑其君<u>頵</u>⑩。

<u>公孙敖</u>如<u>齐</u>⑪。

① 无《传》。先君未葬而公即位，不可旷年无君。　② 无《传》。癸亥，月一日，不书朔，官失之。　③ <u>叔</u>，氏；<u>服</u>，字。诸侯丧，天子使大夫会葬，礼也。　④ 七月而葬，缓。　⑤ <u>毛</u>，国；伯，爵；诸侯为王卿士者。

诸侯即位,天子赐以命圭合瑞为信。僖十一年,王赐晋侯命,亦其比也。○锡,星历切。比,必利切,例也;又如字。 ⑥晋襄公先告诸侯而伐卫,虽大夫亲伐而称晋侯,从告辞也。 ⑦得臣,叔牙之孙。 ⑧卫孔达为政,不共盟主,兴兵邻国,受讨丧邑,故贬称人。○丧,息浪切。 ⑨戚,卫邑,在顿丘卫县西。礼,卿不会公侯,而《春秋》鲁大夫皆不贬者,体例已举,故据用《鲁史》成文而已。内称公,卒称薨,皆用《鲁史》。 ⑩商臣,穆王也。弑君例在宣四年。○頵,忧伦切,又丘伦切。 ⑪《传》例曰:始聘焉,礼也。

传

元年春,王使内史叔服来会葬。公孙敖闻其能相人也①,见其二子焉。叔服曰:"穀也食子,难也收子②。穀也丰下,必有后于鲁国③。"

①公孙敖,鲁大夫庆父之子。○相,息亮切。 ②穀,文伯。难,惠叔。食子,奉祭祀供养者也。收子,葬子身也。○见,贤遍切,下《注》孤见同。食,音嗣,《注》同。难,乃多切,又如字。供,俱用切。养,余亮切。 ③丰下,盖面方,为八年公孙敖奔莒《传》。

于是闰三月,非礼也①。先王之正时也,履端于始,举正于中,归馀于终②。履端于始,序则不愆③。举正于中,民则不惑④。归馀于终,事则不悖⑤。

①于历法,闰当在僖公末年,误于今年三月置闰,盖时达历者所讥。 ②步历之始,以为术之端首。期之日,三百六十有六日,日月之行又有迟速,而必分为十二月,举中气以正。月有馀日,则归之于终,积而为闰,故言

归馀于终。○期,居其切。　③ 四时无愆过。○愆,起虔切。
④ 斗建不失其次,寒暑不失其常,故无疑惑。　⑤ 四时得所,则事无悖乱。○悖,必内切。

夏四月丁巳,葬僖公①。

①《传》皆不虚载《经》文,而此《经》孤见,知僖公末年《传》宜在此下。

王使毛伯卫来锡公命①,叔孙得臣如周拜②。

① 卫,毛伯字。○《释文》:一本作毛伯卫来锡公命,又作天王使。② 谢赐命。

晋文公之季年,诸侯朝晋。卫成公不朝,使孔达侵郑,伐绵、訾,及匡①。晋襄公既祥②,使告于诸侯而伐卫,及南阳③。先且居曰:"效尤,祸也④。请君朝王,臣从师。"晋侯朝王于温,先且居、胥臣伐卫。五月辛酉朔,晋师围戚。六月戊戌,取之,获孙昭子⑤。卫人使告于陈。陈共公曰:"更伐之,我辞之⑥。"卫孔达帅师伐晋,君子以为古。古者越国而谋⑦。

① 孔达,卫大夫。匡在颍川新汲县东北。○訾,子斯切。伋,居及切,下同。　② 诸侯虽谅闇,亦因祥祭为位而哭。○谅,音良,又音亮。③ 今河内地。　④ 尤卫不朝故伐,今不朝王,是效卫致祸。时王在温,故劝之。○且,子余切。　⑤ 昭子,卫大夫,食戚邑。　⑥ 见伐求和,不竞大甚,故使报伐,示己力足以距晋。○共,音恭。更,古孟切,又音庚。

大,音泰,又如字。　　⑦ 合古之道,而失今事霸王之礼,故国失其邑,身见执辱。

秋,晋侯疆戚田,故公孙敖会之①。

① 晋取卫田,正其疆界。○ 疆,居良切,《注》同。

初,楚子将以商臣为大子,访诸令尹子上。子上曰:"君之齿未也①,而又多爱,黜乃乱也。楚国之举,恒在少者②。且是人也,蠭目而豺声,忍人也③,不可立也。"弗听。
既又欲立王子职而黜大子商臣④。商臣闻之而未察,告其师潘崇曰:"若之何而察之?"潘崇曰:"享江芈而勿敬也⑤。"从之。江芈怒曰:"呼,役夫⑥!宜君王之欲杀女而立职也。"告潘崇曰:"信矣。"潘崇曰:"能事诸乎⑦?"曰:"不能。""能行乎?"曰:"不能。""能行大事乎?"曰:"能⑧。"冬十月,以宫甲围成王⑨。王请食熊蹯而死⑩。弗听。丁未,王缢。谥之曰灵,不瞑;曰成,乃瞑⑪。穆王立,以其为大子之室与潘崇,使为大师,且掌环列之尹⑫。

① 齿,年也,言尚少。○ 少,诗照切,下文同。　　② 举,立也。③ 能忍行不义。○ 蠭,本又作蜂,芳逢切。豺,仕皆切。　　④ 职,商臣庶弟。　　⑤ 江芈,成王妹,嫁于江。○ 芈,亡氏切;《史记》以为成王妾。⑥ 呼,发声也。役夫,贱者称。○ 呼,好贺切,《注》同。役夫,如字。称,尺证切。　　⑦ 问能事职不。○ 女,音汝。　　⑧ 大事,谓弑君。○ 弑,音申志切;一本无此《注》。　　⑨ 大子宫甲。僖二十八年,王以东宫卒从子玉,盖取此宫甲。○ 卒,子忽切。从,如字,又才用切。　　⑩ 熊掌难熟,

冀久将有外救。○蹯,音烦。丁切,又亡千切。敛,力验切。○大,音泰。环,如字,又音患。　⑪ 言其忍甚,未敛而加恶谥。○瞑,亡⑫ 环列之尹,宫卫之官,列兵而环王宫。

穆伯如齐,始聘焉,礼也①。凡君即位,卿出并聘,践修旧好,要结外援②,好事邻国,以卫社稷,忠信卑让之道也。忠,德之正也;信,德之固也;卑让,德之基也③。

① 穆伯,公孙敖。　② 践,犹履行也。○好,呼报切,下同。要,於遥切。援,于眷切。　③《传》因此发凡,以明诸侯谅闇,则国事皆用吉礼。

殽之役①,晋人既归秦帅,秦大夫及左右皆言于秦伯曰:"是败也,孟明之罪也,必杀之。"秦伯曰:"是孤之罪也。周芮良夫之诗曰:'大风有隧,贪人败类②。听言则对,诵言如醉③,匪用其良,覆俾我悖④。'是贪故也,孤之谓矣。孤实贪以祸夫子,夫子何罪?"复使为政⑤。

① 在僖三十三年。　②《诗·大雅》。隧,蹊径也。周大夫芮伯刺厉王,言贪人之败善类,若大风之行,毁坏众物,所在成蹊径。○帅,所类切。芮,如锐切。《诗·大雅·桑柔篇》。隧,音遂。败,必迈切,《注》同。蹊,音兮。径,古定切。　③ 言昏乱之君,不好典诵之言,闻之若醉;得道听涂说之言,则喜而答对。○诵,似用切。昏,本亦作惛,音昏。④ 覆,反也。俾,使也。不用良臣之言,反使我为悖乱。○覆,芳服切。俾,本亦作卑,必尔切,《注》同。　⑤ 为明年秦、晋战彭衙《传》。○复,扶又切。

经

二年春，王二月甲子，晋侯及秦师战于彭衙，秦师败绩①。

丁丑，作僖公主②。

三月乙巳，及晋处父盟③。

夏六月，公孙敖会宋公、陈侯、郑伯、晋士縠盟于垂陇④。

自十有二月不雨，至于秋七月⑤。

八月丁卯，大事于大庙，跻僖公⑥。

冬，晋人、宋人、陈人、郑人伐秦⑦。

公子遂如齐纳币⑧。

① 孟明名氏不见，非命卿也。大崩曰败绩。冯翊郃阳县西北有彭衙城。○衙，音牙。见，贤遍切。郃，户纳切。　② 主者，殷人以柏，周人以栗。三年丧终，则迁入于庙。　③ 处父为晋正卿，不能匡君以礼而亲与公盟，故贬其族，族去则非卿，故以微人常称为耦。以直厌不直。不地者，盟晋都。○去，起吕切。称，尺证切。厌，於涉切。　④ 垂陇，郑地，荥阳县东有陇城。士縠出盟诸侯，受成于卫，故贵而书名氏。○縠，户木切，本亦作穀，同。陇，力勇切。　⑤ 无《传》。周七月，今五月也，不雨足为灾，不书旱，五穀犹有收。○收，如字，又手又切。　⑥ 大事，禘也。跻，升也。僖公，闵公庶兄。继闵而立，庙坐宜次闵下。今升在闵上，故书而讥之。时未应吉禘，而于大庙行之，其讥已明，徒以逆祀故，特大其事，异其文。○大，音泰，《注》及《传》大庙同。跻，子兮切。坐，才卧切，又如字。　⑦ 四人皆卿，秦穆悔过，终用孟明，故贬四国大夫以尊秦伯。　⑧《传》曰：礼也。僖公丧终此年十一月，则纳币在十二月也。士昏六礼，其一纳采，纳征始有玄𫄸束帛，诸侯则谓之纳币，其礼与士礼不同，盖公为大子时已行昏礼也。○𫄸，许云切。

传

二年春,秦孟明视帅师伐晋,以报殽之役。二月,晋侯御之。先且居将中军,赵衰佐之①。王官无地御戎②,狐鞫居为右③。甲子,及秦师战于彭衙。秦师败绩。晋人谓秦"拜赐之师④"。

战于殽也,晋梁弘御戎,莱驹为右。战之明日,晋襄公缚秦囚,使莱驹以戈斩之。因呼,莱驹失戈,狼瞫取戈以斩囚,禽之以从公乘,遂以为右。箕之役⑤,先轸黜之而立续简伯。狼瞫怒。其友曰:"盍死之?"瞫曰:"吾未获死所⑥。"其友曰:"吾与女为难⑦。"瞫曰:"《周志》有之,勇则害上,不登于明堂⑧。死而不义,非勇也。共用之谓勇⑨。吾以勇求右,无勇而黜,亦其所也⑩。谓上不我知,黜而宜,乃知我矣⑪。子姑待之。"及彭衙,既陈,以其属驰秦师,死焉⑫。晋师从之,大败秦师。君子谓:"狼瞫于是乎君子。《诗》曰:'君子如怒,乱庶遄沮⑬。'又曰:'王赫斯怒,爰整其旅⑭。'怒不作乱,而以从师,可谓君子矣。"

秦伯犹用孟明。孟明增修国政,重施于民。赵成子言于诸大夫⑮曰:"秦师又至,将必辟之,惧而增德,不可当也。《诗》曰:'毋念尔祖,聿修厥德⑯。'孟明念之矣。念德不怠,其可敌乎⑰。"

① 代郤溱。○御,鱼吕切。将,子匠切。衰,初危切。溱,侧巾切。 ② 代梁弘。 ③ 鞫居,续简伯。○鞫,九六切。 ④ 以孟明言三年将拜君赐,故嗤之。○嗤,尺之切。 ⑤ 箕役在僖三十三年。○呼,火故切。瞫,尺甚切;《字林》,式袵切。乘,绳证切。 ⑥ 未得可死处。

○盍,户腊切。处,昌虑切。　⑦欲共杀先轸。○女,音汝。难,乃旦切。　⑧《周志》,《周书》也。明堂,祖庙也,所以策功序德,故不义之士不得升。　⑨共用,死国用。○共,音恭,《注》同。　⑩言今死而不义,更成无勇,宜见退。　⑪言今见黜而合宜,则吾不得复言上不我知。○复,扶又切。　⑫属,属己兵。○陈,直觐切。　⑬《诗·小雅》。言君子之怒,必以止乱。遏,疾也。沮,止也。○遏,市专切。沮,在汝切。⑭《诗·大雅》。言文王赫然奋怒,则整师旅以讨乱。○赫,火百切。⑮成子,赵衰。○施,式豉切。　⑯《诗·大雅》。言念其祖考,则宜述修其德以显之。毋念,念也。○辟,音避。毋,音无,《注》同。　⑰为明年秦人伐晋《传》。

丁丑,作僖公主,书不时也①。

①过葬十月,故曰不时,例在僖(二)〔三〕十三年。

晋人以公不朝来讨。公如晋。夏四月己巳,晋人使阳处父盟公以耻之①。书曰:"及晋处父盟。"以厌之也②。适晋不书,讳之也③。公未至,六月,穆伯会诸侯及晋司空士縠盟于垂陇,晋讨卫故也④。书士縠,堪其事也⑤。陈侯为卫请成于晋,执孔达以说⑥。

①使大夫盟公,欲以耻辱鲁也。《经》书三月乙巳,《经》、《传》必有误。②厌,犹损也。晋以非礼盟公,故文厌之以示讥。○厌,於涉切,《注》同。③不书公如晋。　④讨元年卫人伐晋。士縠,士蔿子。○蔿,于委切。⑤晋司空,非卿也,以士縠能堪卿事,故书。○书士縠,或作书曰晋士縠。⑥陈始与卫谋,谓可以强得免。今晋不听,故更执孔达以苟免也。○为,

于伪切。

秋八月丁卯,大事于大庙,跻僖公,逆祀也①。于是夏父弗忌为宗伯②,尊僖公,且明见曰:"吾见新鬼大,故鬼小③。先大后小,顺也。跻圣贤,明也④。明顺,礼也。"

君子以为失礼。礼无不顺。祀,国之大事也,而逆之,可谓礼乎?子虽齐圣,不先父食久矣⑤。故禹不先鲧,汤不先契⑥,文、武不先不窋⑦。宋祖帝乙,郑祖厉王,犹上祖也⑧。是以《鲁颂》曰:"春秋匪解,享祀不忒,皇皇后帝,皇祖后稷⑨。"君子曰礼,谓其后稷亲而先帝也⑩。《诗》曰:"问我诸姑,遂及伯姊⑪。"君子曰礼,谓其姊亲而先姑也⑫。仲尼曰:"臧文仲,其不仁者三,不知者三。下展禽⑬,废六关⑭,妾织蒲,三不仁也⑮。作虚器⑯,纵逆祀⑰,祀爰居,三不知也⑱。"

① 僖是闵兄,不得为父子。尝为臣,位应在下,令居闵上,故曰逆祀。○令,力呈切。闵上,时掌切;一本或无上字。 ② 宗伯,掌宗庙昭穆之礼。○夏,户雅切。昭,上遥切,后昭穆之例仿此。 ③ 新鬼僖公,既为兄,死时年又长。故鬼闵公,死时年少。弗忌明言其所见。○长,丁丈切。少,诗照切。 ④ 又以僖公为圣贤。 ⑤ 齐,肃也。臣继君,犹子继父。○先,悉荐切,下不先皆同。 ⑥ 鲧,禹父。契,汤十三世祖。○鲧,古本切。契,息列切,殷始封之君。 ⑦ 不窋,后稷子。○窋,知律切。 ⑧ 帝乙,微子父。厉王,郑桓公父。二国不以帝乙、厉王不肖而犹尊尚之。○肖,悉召切。 ⑨ 忒,差也。皇皇,美也。后帝,天也。《诗》颂僖公郊祭上天,配以后稷。○解,佳买切。忒,他得切。 ⑩ 先称帝也。 ⑪《诗·邶风》也。卫女思归而不得,故愿致问于姑姊。

○邳,音佩。　⑫僖亲,文公父。夏父弗忌欲阿时君,先其所亲,故《传》以此二诗深责其意。　⑬展禽,柳下惠也。文仲知柳下惠之贤而使在下位。己欲立而立人。○知,音智,下同。　⑭塞关,阳关之属凡六关,所以禁绝末游,而废之。○塞,悉再切。　⑮家人贩席,言其与民争利。○贩,甫万切。　⑯谓居蔡,山节藻棁也。有其器而无其位,故曰虚。○棁,章悦切。　⑰听夏父,跻僖公。　⑱海鸟曰爰居,止于鲁东门外,文仲以为神,命国人祀之。○爰居,《尔雅》,一名杂县；樊光云,似凤皇。爰居事见《国语》。《庄子》云,鲁侯御而觞之于庙。

冬,晋先且居、宋公子成、陈辕选、郑公子归生伐秦,取汪,及彭衙而还,以报彭衙之役。卿不书,为穆公故,尊秦也,谓之崇德①。

①○成,音城；本或作戌,音恤。选,息兖切。汪,乌黄切。为,于伪切。

襄仲如齐纳币,礼也。凡君即位,好舅甥,修昏姻,娶元妃以奉粢盛,孝也①。孝,礼之始也。

①谓谅闇既终,嘉好之事通于外内,外内之礼始备。此除凶之即位也,于是遣卿申好舅甥之国,修礼以昏姻也。元妃,嫡夫人,奉粢盛,共祭祀。○好,呼报切,《注》同。娶,七住切。妃,芳非切。粢,音咨。盛,音成。嫡,丁历切。共,音恭。

经

三年春,王正月,叔孙得臣会晋人、宋人、陈人、卫人、郑

267

人伐沈。沈溃①。

夏五月,王子虎卒②。

秦人伐晋③。

秋,楚人围江。

雨螽于宋④。

冬,公如晋。十有二月己巳,公及晋侯盟。

晋阳处父帅师伐楚以救江。

①《传》例曰:民逃其上曰溃。沈,国名也,汝南平舆县北有沈亭。○沈,尸甚切。溃,户内切。舆,音余,一音预。 ② 不书爵者,天王赴也。翟泉之盟,虽辄假王命,周王因以同盟之例为赴。○ 为,于伪切,又如字;本或作来赴。 ③ 晋人耻不出,以微者告。 ④ 自上而隋,有似于雨。宋人以其死为得天祐,喜而来告,故书。○ 雨,于付切,《注》及《传》同。螽,音终。隋,徒火切,《传》、《注》同。祐,音又。

传

三年春,庄叔会诸侯之师伐沈,以其服于楚也。沈溃。凡民逃其上曰溃,在上曰逃①。

① 溃,众散流移,若积水之溃,自坏之象也。国君轻走,群臣不知其谋,与匹夫逃窜无异,是以在众曰溃,在上曰逃,各以类言之。○ 轻,如字,又遣政切。窜,七乱切。

卫侯如陈,拜晋成也①。

① 二年,陈侯为卫请成于晋。○ 为,于伪切。

夏四月乙亥,王叔文公卒,来赴吊如同盟,礼也①。

① 王子虎与僖公同盟于翟泉。文公是同盟之子,故赴以名。《传》因王子虎异于诸侯,王叔又未与文公盟,故于此显示体例也。《经》书五月,又不书日,从赴也。

秦伯伐晋,济河焚舟①,取王官,及郊②。晋人不出,遂自茅津济,封殽尸而还③。遂霸西戎,用孟明也。
君子是以知秦穆公之为君也,举人之周也④,与人之壹也⑤;孟明之臣也,其不解也,能惧思也;子桑之忠也,其知人也,能举善也⑥。《诗》曰,"于以采蘩,于沼于沚,于以用之,公侯之事",秦穆有焉⑦。"夙夜匪解,以事一人",孟明有焉⑧。"诒厥孙谋,以燕翼子",子桑有焉⑨。

① 示必死也。　② 王官、郊,晋地。　③ 茅津在河东大阳县西。封,埋藏之。○ 大,音泰。　④ 周,备也。不偏以一恶弃其善。⑤ 壹,无二心。　⑥ 子桑,公孙枝,举孟明者。○ 解,佳卖切。⑦《诗·国风》。言沼沚之蘩至薄,犹采以共公侯,以喻秦穆不遗小善。○ 蘩,音烦。沼,之绍切。沚,音止。共,音恭。　⑧《诗·大雅》。美仲山甫也。一人,天子也。　⑨ 诒,遗出。燕,安也。翼,成也。《诗·大雅》。美武王能遗其子孙善谋,以安成子孙。言子桑有举善之谋。○ 诒,以之切。遗,唯季切。

秋,雨螽于宋,队而死也①。

① 螽飞至宋,队地而死若雨。○ 队,直类切。

楚师围江。晋先仆伐楚以救江①。冬，晋以江故告于周②。王叔桓公、晋阳处父伐楚以救江③，门于方城，遇息公子朱而还④。

① 晋救江在雨螽下，故使围江之《经》随在雨螽下。　② 欲假天子之威以伐楚。　③ 桓公，周卿士，王叔文公之子。桓公不书，示威名，不亲伐。　④ 子朱，楚大夫，伐江之帅也。闻晋师起而江兵解，故晋亦还。○帅，所类切。解，音蟹，又佳卖切。

晋人惧其无礼于公也，请改盟①。公如晋，及晋侯盟。晋侯飨公，赋《菁菁者莪》②。庄叔以公降拜③，曰："小国受命于大国，敢不慎仪？君贶之以大礼，何乐如之。抑小国之乐，大国之惠也。"晋侯降辞④，登，成拜⑤。公赋《嘉乐》⑥。

① 改二年处父之盟。　②《菁菁者莪》，《诗·小雅》。取其"既见君子，乐且有仪"。○菁，子丁切。莪，五多切。乐，音洛，下文何乐、小国之乐同。　③ 谢其以公比君子也。　④ 降阶，辞让公。　⑤ 俱还上，成拜礼。○上，时掌切，又如字。　⑥《嘉乐》，《诗·大雅》。义取其显显令德，宜民宜人，受禄于天。○嘉，户嫁切。乐，如字，《注》同。

经

四年春，公至自晋①。

夏，逆妇姜于齐②。

狄侵齐③。

秋，楚人灭江④。

晋侯伐秦。

卫侯使宁俞来聘。

冬十有一月壬寅,夫人风氏薨⑤。

①③ 无《传》。　② 称妇,有姑之辞。　④ 灭例在文十五年。
⑤ 僖公母,风姓也。赴同祔姑,故称夫人。○俞,羊朱切。祔,音附。

传

四年春,晋人归孔达于卫,以为卫之良也,故免之①。夏,卫侯如晋拜②。曹伯如晋,会正③。

① 二年卫执孔达以说晋。　② 谢归孔达。　③ 会受贡赋之政也。《传》言襄公能继文之业,而诸侯服从。

逆妇姜于齐,卿不行,非礼也①。君子是以知出姜之不允于鲁也②。曰:"贵聘而贱逆之③,君而卑之,立而废之④,弃信而坏其主,在国必乱,在家必亡⑤。不允宜哉。《诗》曰:'畏天之威,于时保之。'敬主之谓也⑥。"

① 礼,诸侯有故则使卿逆。　② 允,信也。始来不见尊贵,故终不为国人所敬信也。文公薨而见出,故曰出姜。　③ 公子遂纳币,是贵聘也。　④ 君,小君也。不以夫人礼迎,是卑废之。　⑤ 主,内主也。○坏,音怪。　⑥《诗·颂》。言畏天威,于是保福禄。

秋,晋侯伐秦,围邧、新城,以报王官之役①。

① 邧、新城，秦邑也。王官役在前年。○ 邧，愿晚切，一音元。

楚人灭江，秦伯为之降服、出次、不举、过数①。大夫谏，公曰："同盟灭，虽不能救，敢不矜乎！吾自惧也②。"君子曰："《诗》云：'惟彼二国，其政不获，惟此四国，爰究爰度。'其秦穆之谓矣③。"

① 降服，素服也。出次，辟正寝。不举，去盛馔。邻国之礼有数，今秦伯过之。○ 为，于伪切；下《注》为赋、为歌，皆同。去，起吕切。馔，仕眷切。② 秦、江同盟，不告故不书。○ 矜，居陵切。 ③《诗·大雅》。言夏、商之君，政不得人心，故四方诸侯，皆惧而谋度其政事也。言秦穆亦能感江之灭，惧而思政。爰，于也。究、度，皆谋也。○ 究，音救。度，待洛切，《注》同。

卫甯武子来聘，公与之宴，为赋《湛露》及《彤弓》①。不辞，又不答赋。使行人私焉②。对曰："臣以为肄业及之也③。昔诸侯朝正于王④，王宴乐之，于是乎赋《湛露》，则天子当阳，诸侯用命也⑤。诸侯敌王所忾而献其功⑥，王于是乎赐之彤弓一，彤矢百，玈弓矢千，以觉报宴⑦。今陪臣来继旧好⑧，君辱贶之，其敢干大礼以自取戾⑨？"

① 非礼之常，公特命乐人以示意，故言为赋。《湛露》、《彤弓》，《诗·小雅》。○ 湛，直减切。彤，徒冬切。 ② 私问之。 ③ 肄，习也。鲁人失所赋，甯武子佯不知，此其愚不可及。○ 肄，字又作肆，以二切，《注》同。佯，音阳，一音祥。 ④ 朝而受政教也。 ⑤《湛露》曰："湛湛露斯，匪阳不晞。"晞，干也。言露见日而干，犹诸侯禀天子命而行。○ 乐，音洛，

下《注》宴乐同。晞,音希。　　⑥敌,犹当也。忾,恨怒也。○忾,苦爱切。　　⑦觉,明也。谓诸侯有四夷之功,王赐之弓矢,又为歌《彤弓》,以明报功宴乐。○旅,音卢。觉,音角。　　⑧方论天子之乐,故自称陪臣。○好,呼报切。　　⑨贶,赐也。干,犯也。戾,罪也。○贶,音况。戾,力计切。

冬,成风薨①。

①为明年王使来含赗《传》。

经

五年春,王正月,王使荣叔归含,且赗①。
三月辛亥,葬我小君成风②。王使召伯来会葬③。
夏,公孙敖如晋④。
秦人入鄀⑤。
秋,楚人灭六⑥。
冬十月甲申,许男业卒⑦。

①珠玉曰含。含,口实。车马曰赗。○含,本亦作晗,户暗切,《说文》作琀,云,送终口中玉。赗,芳凤切。　　②无《传》。反哭成丧,故曰葬我小君。　　③召伯,天子卿也。召,采地;伯,爵也。来不及葬,不讥者,不失五月之内。○召,上照切。　　④无《传》。　　⑤入例在十五年。○鄀,音若。　　⑥六国,今庐江六县。○庐,力居切。　　⑦无《传》。与僖公六同盟。

273

传

五年春,王使荣叔来含且赗,召昭公来会葬,礼也①。

① 成风,庄公之妾。天子以夫人礼赗之,明母以子贵,故曰礼。

初,鄀叛楚即秦,又贰于楚。夏,秦人入鄀。

六人叛楚即东夷。秋,楚成大心、仲归帅师灭六①。冬,楚子燮灭蓼②,臧文仲闻六与蓼灭,曰:"皋陶庭坚,不祀忽诸。德之不建,民之无援,哀哉③!"

① 仲归,子家。　② 蓼国,今安丰蓼县。○燮,息列切。蓼,音了。③ 蓼与六,皆皋陶后也。伤二国之君不能建德结援大国,忽然而亡。○陶,音遥。

晋阳处父聘于卫,反过甯,甯嬴从之①。及温而还,其妻问之,嬴曰:"以刚。《商书》曰:'沈渐刚克,高明柔克②。'夫子壹之,其不没乎③。天为刚德,犹不干时④,况在人乎？且华而不实,怨之所聚也⑤,犯而聚怨,不可以定身⑥。余惧不获其利而离其难,是以去之⑦。"晋赵成子、栾贞子、霍伯、臼季皆卒⑧。

① 甯,晋邑,汲郡修武县也。嬴,逆旅大夫。○嬴,音盈。　② 沈渐,犹滞溺也。高明,犹亢爽也。言各当以刚柔胜己本性,乃能成全也。此在《洪范》,今谓之《周书》。○渐,似廉切,《注》同。滞溺,一本作滞弱。亢,苦浪切。　③ 阳子性纯刚。　④ 寒暑相顺。　⑤ 言过其行。

○行,下孟切。　⑥刚则犯人。　⑦为六年晋杀处父《传》。○难,乃旦切。　⑧成子,赵衰,新上军帅、中军佐也。贞子,栾枝,下军帅也。霍伯,先且居,中军帅也。臼季,胥臣,下军佐也。为六年蒐于夷《传》。○帅,所类切,下同。蒐,所求切。

经

六年春,葬许僖公①。

夏,季孙行父如陈②。

秋,季孙行父如晋。

八月乙亥,晋侯驩卒③。

冬十月,公子遂如晋,葬晋襄公④。

晋杀其大夫阳处父⑤。

晋狐射姑出奔狄⑥。

闰月,不告月,犹朝于庙⑦。

①无《传》。　②行父,季友孙。　③再同盟。○驩,唤官切。④卿共葬事,文、襄之制也。三月而葬,速。○共,音恭。　⑤处父侵官,宜为国讨,故不言贾季杀。　⑥射姑,狐偃子贾季也。奔例在宣十年。○射,音亦,一音夜。　⑦诸侯每月必告朔听政,因朝宗庙。文公以闰非常月,故阙不告朔。怠慢政事,虽朝于庙,则如勿朝,故曰犹。犹者,可止之辞。○不告月,月或作朔,误也。告朔,本或作告月。

传

六年春,晋蒐于夷,舍二军①。使狐射姑将中军②,赵盾佐之③。阳处父至自温④,改蒐于董,易中军⑤。阳子,成季之属也⑥,故党于赵氏,且谓赵盾能,曰:"使能,国之利也。"是以上之。<u>宣子</u>于是乎始为国政⑦,制事典⑧,正法罪⑨,辟狱刑⑩,董逋逃⑪,由质要⑫,治旧洿⑬,本秩礼⑭,续常职⑮,出滞淹⑯。既成,以授大傅<u>阳子</u>与大师<u>贾佗</u>,使行诸晋国,以为常法⑰。

① <u>僖三十一年晋蒐清原</u>,作五军;今舍二军,复三军之制。夷,晋地。前年四卿卒,故蒐以谋军帅。○舍,音捨,《注》同。帅,所类切,下同。　② 代<u>先且居</u>。○将,子匠切。　③ 代赵衰也。盾,<u>赵衰</u>子。○盾,徒本切。　④ 往年聘<u>卫</u>过温,今始至。○过,古禾切。　⑤ 易以<u>赵盾</u>为帅,<u>射姑</u>佐之。<u>河东汾阴县有董亭</u>。　⑥ <u>处父尝为赵衰属大夫</u>。　⑦ 宣,<u>赵盾</u>谥。　⑧ 典,常也。　⑨ 轻重当。○当,丁浪切。　⑩ 辟,犹理也。○辟,婢亦切,后同者更不音。　⑪ 董,督也。○逋,补吾切。　⑫ 由,用也。质要,契券也。　⑬ 治,理;洿,秽。○洿,音乌;本又作汙,同。　⑭ 贵贱不失其本。　⑮ 修废官。　⑯ 拔贤能也。　⑰ <u>贾佗以公族从文公而不在五人之数</u>。○大,音泰,下同。佗,徒河切。从,才用切。

<u>臧文仲</u>以<u>陈</u>、<u>卫</u>之睦也,欲求好于<u>陈</u>。夏,<u>季文子</u>聘于陈,且娶焉①。

① 臣非君命不越竟,故因聘而自为娶。○好,呼报切。娶,七住切。竟,音境。为,于伪切。

<u>秦伯任好</u>卒①。以<u>子车氏</u>之三子<u>奄息</u>、<u>仲行</u>、<u>鍼虎</u>为殉②,皆秦之良也。国人哀之,为之赋《黄鸟》③。君子曰:"<u>秦穆</u>之不为盟主也,宜哉。死而弃民。先王违世,犹诒之法,而况夺之善人乎!《诗》曰:'人之云亡,邦国殄瘁④。'无

善人之谓。若之何夺之？古之王者知命之不长，是以并建圣哲⑤，树之风声⑥，分之采物⑦，著之话言⑧，为之律度⑨，陈之艺极⑩，引之表仪⑪，予之法制，告之训典⑫，教之防利⑬，委之常秩⑭，道之以礼，则使无失其土宜，众隶赖之而后即命⑮。圣王同之。今纵无法以遗后嗣，而又收其良以死，难以在上矣。"君子是以知秦之不复东征也⑯。

① 任好，秦穆公名。○任，音壬。　② 子车，秦大夫氏也。以人从葬为殉。○车，音居。仲，本亦作中，音仲。行，户郎切。鍼，其廉切。殉，似俊切；杀人从死曰殉；《字林》，弋绢切。　③《黄鸟》，《诗·秦风》。义取黄鸟止于棘、桑，往来得其所，伤三良不然。○为，于伪切，下《注》为立、为作善皆同。　④《诗·大雅》。言善人亡则国瘁病。○诒，以之切。瘁，似醉切。　⑤ 建立圣知，以司牧民。○王，如字；一音于况切。知，音智。　⑥ 因土地风俗，为立声教之法。　⑦ 旌旗衣服，各有分制。○分，扶问切，《注》同。　⑧ 话，善也，为作善言遗戒。○话，户快切。　⑨ 钟律度量，所以治历明时。○量，音亮。　⑩ 艺，准也。极，中也。贡献多少之法。《传》曰：贡之无艺。又曰：贡献无极。　⑪ 引，道也。表仪，犹威仪。○道，音导，下同。　⑫ 训典，先王之书。　⑬ 防恶兴利。　⑭ 委，任也。常秩，官司之常职。　⑮ 即，就也。　⑯ 不能复征讨东方诸侯，为霸主。○遗，唯季切。复，扶又切，《注》同。

秋，季文子将聘于晋，使求遭丧之礼以行①。其人曰："将焉用之②？"文子曰："备豫不虞，古之善教也。求而无之，实难③。过求何害④。"

八月乙亥，晋襄公卒。灵公少，晋人以难故，欲立长君⑤。赵孟曰："立公子雍⑥。好善而长，先君爱之，且近于秦。秦旧好也。置善则固,事长则顺,立爱则孝,结旧则安。为难故,故欲立长君,有此四德者,难必抒矣⑦。"贾季曰:"不如立公子乐⑧。辰嬴嬖于二君⑨,立其子,民必安之。"赵孟曰:"辰嬴贱,班在九人⑩,其子何震之有⑪?且为二嬖,淫也。为先君子,不能求大而出在小国,辟也。母淫子辟,无威。陈小而远,无援。将何安焉?杜祁以君故,让偪姞而上之⑫,以狄故,让季隗而已次之,故班在四⑬。先君是以爱其子而仕诸秦,为亚卿焉⑭。秦大而近,足以为援,母义子爱,足以威民,立之不亦可乎?"使先蔑、士会如秦,逆公子雍⑮。贾季亦使召公子乐于陈。赵孟使杀诸郫⑯。贾季怨阳子之易其班也⑰,而知其无援于晋也⑱。九月,贾季使续鞫居杀阳处父⑲。书曰:"晋杀其大夫。"侵官也⑳。

① 季文子,季孙行父也。闻晋侯疾故。　② 其人,从者。○焉,於虔切。从,才用切。　③ 难卒得。○卒,寸忽切。　④ 所谓文子三思。○三,息暂切。　⑤ 立少君,恐有难。○少,诗照切,《注》同。难,乃旦切,《注》及下皆同。长,丁丈切,下皆同。　⑥ 赵孟,赵盾也。公子雍,文公子,襄公庶弟,杜祁之子。　⑦ 抒,除也。○好,呼报切,下皆同。近,附近之近。抒,直吕切,又时吕切。　⑧ 乐,文公子。○乐,音岳,一音洛。　⑨ 辰嬴,怀嬴也。二君,怀公、文公也。○嬖,必计切。　⑩ 班,位也。　⑪ 震,威也。　⑫ 杜祁,杜伯之后。祁,姓也。偪姞,姞姓之女,生襄公为世子,故杜祁让使在己上。○辟,匹亦切;又作僻,下同。祁,巨之切。偪,彼力切。姞,其吉切,又其乙切。　⑬ 以季隗是文公托狄时妻,故复让之。然则杜祁本班在二。○隗,五罪切。复,扶又切,下将复怨同。　⑭ 亚,次也,言其贤故位尊。○亚,於嫁切。　⑮ 先蔑,士伯也。士会,随季也。　⑯ 郫,晋地。○郫,音婢支切。　⑰ 本

中军帅,易以为佐。○ 帅,所类切,下命帅同。　⑱ 少族多怨。 ⑲ 鞫居,狐氏之族。　⑳ 君已命帅,处父易之,故曰侵官。

冬十月,襄仲如晋,葬襄公。

十一月丙寅,晋杀续简伯[1]。贾季奔狄。宣子使臾骈送其帑[2]。夷之蒐,贾季戮臾骈,臾骈之人欲尽杀贾氏以报焉。臾骈曰:"不可。吾闻前志有之曰:'敌惠敌怨,不在后嗣',忠之道也[3]。夫子礼于贾季,我以其宠报私怨,无乃不可乎[4]。介人之宠,非勇也[5]。损怨益仇,非知也[6]。以私害公,非忠也。释此三者,何以事夫子?"尽具其帑,与其器用财贿,亲帅扞之,送致诸竟[7]。

[1] 简伯,续鞫居。十一月无丙寅;丙寅,十二月八日也。日月必有误。　[2] 帑,妻子也。宣子以贾季中军之佐,同官故。○ 臾,羊朱切。骈,蒲贤切,又蒲丁切。帑,音奴。　[3] 敌犹对也,若及子孙,则为非对,非对则为迁怨。○ 尽,津忍切。　[4] 言己蒙宣子宠位。　[5] 介,因也。○ 介,音界。　[6] 杀季家欲以除怨,宣子将复怨己,是益仇。○ 知,音智。　[7] 扞,卫也。○ 扞,户旦切。竟,音境。

闰月不告朔,非礼也[1]。闰以正时[2],时以作事[3],事以厚生[4],生民之道,于是乎在矣。不告闰朔,弃时政也,何以为民[5]?

[1]《经》称告月,《传》称告朔,明告月必以朔。　[2] 四时渐差,则致闰以正之。　[3] 顺时命事。　[4] 事不失时则年丰。　[5] ○ 为,如字,治也;或音于伪切,非也。

经

七年春,公伐邾。

三月甲戌,取须句①。遂城郚②。

夏四月,宋公王臣卒③。

宋人杀其大夫④。

戊子,晋人及秦人战于令狐⑤。

晋先蔑奔秦⑥。

狄侵我西鄙。

秋八月,公会诸侯、晋大夫,盟于扈⑦。

冬,徐伐莒⑧。

公孙敖如莒涖盟⑨。

① 须句,鲁之封内属国也。僖公反其君之后,邾复灭之。书取,易也。例在襄十三年。○句,其俱切。复,扶又切。易,以豉切。 ② 无《传》。因伐邾师以城郚。郚,鲁邑,卞县南有郚城。备邾难。○郚,音吾。难,乃旦切。 ③ 二年与鲁大夫盟于垂陇。○王,如字,又往方切。 ④ 宋人攻昭公,并杀二大夫,故以非罪书。 ⑤ 赵盾废嫡而外求君,故贬称人。晋讳背先蔑而夜薄秦师,以战告。○令,力呈切。嫡,本又作適,丁历切。背,音佩。 ⑥ 不言出,在外奔。 ⑦ 扈,郑地,荥阳卷县西北有扈亭。不分别书会人,总言诸侯、晋大夫盟者,公后会而及其盟。○扈,音户。卷,音权,又丘权切。别,彼列切。 ⑧ 不书将帅,徐夷告辞略。○将,子匠切。 ⑨ ○涖,音利,音类。

传

七年春,公伐邾,间晋难也①。三月甲戌,取须句,寘文公子焉,非礼也②。

①公因霸国有难而侵小。○间，间厕之间，或如字。难，乃旦切，《注》同。　②邾文公子叛，在鲁，故公使为守须句大夫也。绝大皡之祀以与邻国叛臣，故曰非礼。○寊，之豉切，下同。大，音泰。皡，户老切。

夏四月，宋成公卒。于是公子成为右师①，公孙友为左师②，乐豫为司马③，鳞矔为司徒④，公子荡为司城⑤，华御事为司寇⑥。

昭公将去群公子，乐豫曰："不可。公族，公室之枝叶也，若去之，则本根无所庇廕矣。葛藟犹能庇其本根⑦，故君子以为比⑧，况国君乎？此谚所谓庇焉而纵寻斧焉者也⑨。必不可，君其图之。亲之以德，皆股肱也，谁敢携贰？若之何去之？"不听。

穆、襄之族率国人以攻公⑩，杀公孙固、公孙郑于公宫⑪。六卿和公室，乐豫舍司马以让公子卬⑫，昭公即位而葬。书曰："宋人杀其大夫。"不称名，众也，且言非其罪也⑬。

①庄公子。　②目夷子。　③戴公玄孙。　④桓公孙。○矔，古乱切。　⑤桓公子也，以武公名，废司空为司城。　⑥华元父也。《传》言六卿皆公族，昭公不亲信之，所以致乱。○御，鱼吕切；本又作御，音同。　⑦葛之能藟蔓繁滋者，以本枝廕庥之多。○去，起吕切，下及《注》同。庇，必利切，又悲位切，下同。廕，本又作荫，於鸩切。藟，本或作蘽，力轨切。蔓，音万。庥，许求切；本又作庇。蘽，类龟切。　⑧谓诗人取以喻九族兄弟。○比，必尔切。　⑨纵，放也。　⑩穆公、襄公之子孙，昭公所欲去者。　⑪二子在公宫，故为乱兵所杀。　⑫卬，昭公弟。○舍，音捨，下同。卬，五郎切。　⑬不称杀者及死者名。杀者众，故名不可知；死者无罪，则例不称名。

左 传

　　秦康公送公子雍于晋,曰:"文公之入也无卫,故有吕、郤之难①。"乃多与之徒卫。穆嬴日抱大子以啼于朝,曰:"先君何罪? 其嗣亦何罪? 舍適嗣不立而外求君,将焉寘此②?"出朝,则抱以適赵氏,顿首于宣子曰:"先君奉此子也而属诸子,曰:'此子也才,吾受子之赐;不才,吾唯子之怨③。'今君虽终,言犹在耳④,而弃之,若何?"宣子与诸大夫皆患穆嬴,且畏偪⑤,乃背先蔑而立灵公,以御秦师。

　　箕郑居守。赵盾将中军,先克佐之⑥。荀林父佐上军⑦。先蔑将下军,先都佐之。步招御戎,戎津为右。及堇阴⑧,宣子曰:"我若受秦,秦则宾也;不受,寇也。既不受矣,而复缓师,秦将生心。先人有夺人之心⑨,军之善谋也。逐寇如追逃,军之善政也。"训卒利兵,秣马蓐食,潜师夜起⑩。戊子,败秦师于令狐,至于刳首。己丑,先蔑奔秦,士会从之⑪。

　　先蔑之使也,荀林父止之,曰:"夫人、大子犹在,而外求君,此必不行。子以疾辞,若何? 不然将及⑫。摄卿以往可也,何必子? 同官为寮,吾尝同寮,敢不尽心乎!"弗听。为赋《板》之三章⑬。又弗听。及亡,荀伯尽送其帑及其器用财贿于秦,曰:"为同寮故也⑭。"

　　士会在秦三年,不见士伯⑮。其人曰:"能亡人于国⑯,不能见于此,焉用之⑰?"士季曰:"吾与之同罪⑱,非义之也,将何见焉⑲?"及归,遂不见⑳。

① 僖二十四年文公入。○难,乃旦切。　　② 穆嬴,襄公夫人,灵公母也。○嬴,音盈。適,本又作嫡,同,丁历切。焉,於虔切,下焉用同。

282

③欲使宣子教训之。○属,音烛。 ④在宣子之耳。 ⑤畏国人以大义来偪己。○偪,彼力切。 ⑥克,先且居子,代狐射姑。○背,音佩。箕,音基。守,手又切,下《注》同。将,子匠切,下《注》同。 ⑦箕郑将上军,居守,故佐独行。 ⑧先蔑、士会逆公子雍,前还晋。晋人始以逆雍出军,卒然变计立灵公,故车右、戎御犹在职。堇阴、晋地。○招,上遥切。堇,音谨,一音靳。卒,寸忽切。 ⑨夺敌之战心也。○复,扶又切。先,悉荐切。有夺人之心,本或此句下有后人待其反,误。 ⑩蓐食,早食于寝蓐也。○卒,子忽切。秣,音末。蓐,音辱。 ⑪从刳首去也。令狐在河东,当与刳首相接。○刳,苦胡切。 ⑫祸将及己。○使,所吏切。 ⑬《板》,《诗·大雅》。其三章义取勿然之言,犹不可忽,况同寮乎。僖二十八年林父将中行,先蔑将左行。○寮,本又作僚,力彫切。为,于伪切,下为同寮同。勿,初俱切。然,音饶。行,户郎切,下同。 ⑭荀伯,林父。 ⑮士伯,先蔑。 ⑯言能与人俱亡于晋国。 ⑰何用如此。 ⑱俱有迎公子雍之罪。 ⑲言己非慕先蔑之义而从之。 ⑳责先蔑为正卿而不匡谏,且俱出奔,恶有党也。士会归在十三年。○恶,乌路切。

狄侵我西鄙,公使告于晋。赵宣子使因贾季问酆舒,且让之①。酆舒问于贾季曰:"赵衰、赵盾孰贤?"对曰:"赵衰,冬日之日也;赵盾,夏日之日也②。"

①酆舒,狄相。让其伐鲁。○酆,芳忠切。相,息亮切。 ②冬日可爱,夏日可畏。

秋八月,齐侯、宋公、卫侯、郑伯、许男、曹伯会晋赵盾盟于扈,晋侯立故也。公后至,故不书所会。凡会诸侯,不书所会,后也①。后至不书其国,辟不敏也②。

①不书所会,谓不具列公侯及卿大夫。 ②此《传》还自释凡例之意。

穆伯娶于莒,曰戴己,生文伯,其娣声己生惠叔①。戴己卒,又聘于莒,莒人以声己辞,则为襄仲聘焉②。冬,徐伐莒。莒人来请盟③。穆伯如莒涖盟,且为仲逆。及鄢陵,登城见之,美④,自为娶之。仲请攻之,公将许之。叔仲惠伯谏⑤曰:"臣闻之,兵作于内为乱,于外为寇,寇犹及人,乱自及也。今臣作乱而君不禁,以启寇仇,若之何?"公止之,惠伯成之⑥。使仲舍之⑦,公孙敖反之⑧,复为兄弟如初。从之⑨。

①穆伯,公孙敖也。文伯,穀也。惠叔,难也。○己,音纪,一音祀。娣,大计切。难,乃多切。 ②襄仲,公孙敖从父昆弟。○为,音于伪切。下且为、自为同。 ③见伐,故欲结援。 ④鄢陵,莒邑。○鄢,於晚切。 ⑤惠伯,叔牙孙。 ⑥平二子。 ⑦舍,不娶。○舍,音捨,《注》同。 ⑧还莒女。 ⑨为明年公孙敖奔莒《传》。○复,音服,又扶又切。

晋郤缺言于赵宣子曰:"日卫不睦,故取其地①,今已睦矣,可以归之。叛而不讨,何以示威?服而不柔,何以示怀②?非威非怀,何以示德?无德何以主盟?子为正卿以主诸侯,而不务德,将若之何?《夏书》曰③:'戒之用休④,董之用威⑤,劝之以九歌勿使坏。'九功之德皆可歌也,谓之九歌。六府、三事,谓之九功。水、火、金、木、土、穀,谓之六府。正德、利用、厚生,谓之三事。义而行之,谓之德礼⑥。无礼不乐,所由叛也。若吾子之德莫可歌也,其谁来之⑦?盍使睦者歌吾子乎?"宣子说之⑧。

① 日,往日。取卫地在元年。　② 柔,安也。　③ 逸《书》。④ 有休则戒之以勿休。　⑤ 董,督也。有罪则督之以威刑。　⑥ 德,正德也。礼以制财用之节,又以厚生民之命。　⑦ 来,犹归也。○乐,音洛。　⑧ 为明年晋归郑、卫田张本。○盍,户腊切。

经

八年春,王正月。

夏四月。

秋八月戊申,天王崩。

冬十月壬午,公子遂会晋赵盾,盟于衡雍①。

乙酉,公子遂会雒戎,盟于暴②。

公孙敖如京师,不至而复。丙戌,奔莒③。

螽④。

宋人杀其大夫司马,宋司城来奔⑤。

① 壬午,月五日。○雍,於用切。　② 乙酉,月八日也。暴,郑地。公子遂不受命而盟,宜去族,善其解国患,故称公子以贵之。○会雒戎,本或作伊、雒之戎,此后人妄取《传》文加耳。雒,音洛。去,起吕切。　③ 不言出,受命而出,自外行。　④ 无《传》。为灾故书。　⑤ 司马死不舍节,司城奉身而退,故皆书官而不名,贵之。○舍,音捨。

左 传

传
　　八年春,晋侯使解扬归匡、戚之田于卫①,且复致公婿池之封,自申至于虎牢之境②。

　　① 匡本卫邑,中属郑。孔达伐不能克,今晋令郑还卫。及取戚田,皆见元年。○解,音蟹。中,丁仲切。令,力呈切。见,贤遍切。　　② 公婿池,晋君女婿。又取卫地以封之,今并还卫也。申,郑地。《传》言赵盾所以能相幼主而盟诸侯。○复,扶又切。婿,音细,俗作聟。竟,音境,下《注》同。相,息亮切。

　　夏,秦人伐晋,取武城,以报令狐之役①。

　　① 令狐役在七年。

　　秋,襄王崩①。

　　① 为公孙敖如周吊《传》。

　　晋人以扈之盟来讨①。
　　冬,襄仲会晋赵孟,盟于衡雍,报扈之盟也,遂会伊、雒之戎②。书曰"公子遂",珍之也③。

　　① 前年盟扈,公后至。　　② 伊、雒之戎将伐鲁,公子遂不及复君,故专命与之盟。　　③ 珍,贵也。大夫出竟,有可以安社稷、利国家者,专之可。

穆伯如周吊丧，不至，以币奔莒，从己氏焉①。

① 己氏，莒女。

宋襄夫人，襄王之姊也，昭公不礼焉①。夫人因戴氏之族②，以杀襄公之孙孔叔、公孙钟离及大司马公子卬，皆昭公之党也。司马握节以死，故书以官③。司城荡意诸来奔，效节于府人而出④。公以其官逆之，皆复之，亦书以官，皆贵之也⑤。

① 昭公適祖母。○ 適，丁历切。　② 华、乐、皇皆戴族。③ 节，国之符信也。握之以死，示不废命。　④ 效，犹致也。意诸，公子荡之孙。○ 效，户教切。　⑤ 卿违从大夫，公贤其效节，故以本官逆之，请宋而复之，司城官属悉来奔，故言皆复。

夷之蒐，晋侯将登箕郑父、先都①，而使士穀、梁益耳将中军②。先克曰："狐、赵之勋，不可废也。"从之③。先克夺蒯得田于堇阴④。故箕郑父、先都、士穀、梁益耳、蒯得作乱⑤。

① 登之于上军也。夷蒐在六年。　② 士穀，本司空。○ 穀，户木切。将，子匠切。　③ 狐偃、赵衰有从亡之勋。○ 从，才用切。④ 七年，晋御秦师于堇阴，以军事夺其田也。先克，中军佐。○ 蒯，苦怪切。　⑤ 为明年杀先克张本。○ 为，于伪切。

287

左　传

经

九年春，毛伯来求金①。

夫人姜氏如齐②。

二月，叔孙得臣如京师。辛丑，葬襄王③。

晋人杀其大夫先都④。

三月，夫人姜氏至自齐⑤。

晋人杀其大夫士縠及箕郑父⑥。

楚人伐郑⑦。

公子遂会晋人、宋人、卫人、许人救郑。

夏，狄侵齐⑧。

秋八月，曹伯襄卒⑨。

九月癸酉，地震⑩。

冬，楚子使椒来聘⑪。

秦人来归僖公、成风之襚⑫。

葬曹共公⑬。

① 求金以共葬事，虽踰年而未葬，故不称王使。○共，音恭；本亦作供，下同。　② 无《传》。归宁。　③ 卿共葬事，礼也。　④ 下军佐也，以作乱讨，故书名。　⑤ 无《传》。告于庙。　⑥ 与先都同罪也。　⑦ 楚子师于狼渊，不亲伐。　⑧ 无《传》。　⑨ 无《传》。七年同盟于扈。　⑩ 无《传》。地道安静，以动为异，故书。　⑪ 称君以使大夫，其礼辞与中国同。椒不书氏，史略文。　⑫ 衣服曰襚。秦辟陋，故不称使，不称夫人，从来者辞。○襚，音遂；《说文》作禭，云，赠终者衣被曰禭，以此襚为衣死人衣。辟，匹亦切。　⑬ 无《传》。○共，音恭。

传

九年春，王正月己酉，使贼杀先克①。乙丑，晋人杀先都、梁益耳②。

① 箕郑等所使也。乱，杀先克，不赴，故不书。　② 乙丑，正月十九日。《经》书二月，从告。

毛伯卫来求金，非礼也①。不书王命，未葬也。

① 天子不私求财，故曰非礼。

二月，庄叔如周。葬襄王。
三月甲戌，晋人杀箕郑父、士穀、蒯得①。

① 梁益耳、蒯得不书，皆非卿。

范山言于楚子曰："晋君少，不在诸侯，北方可图也①。"楚子师于狼渊以伐郑②。囚公子坚、公子龙及乐耳③。郑及楚平。公子遂会晋赵盾、宋华耦、卫孔达、许大夫救郑，不及楚师。卿不书，缓也，以惩不恪④。

① 范山，楚大夫。○少，诗照切，下《注》同。　② 陈师狼渊为伐郑援也。颍川 颍阴县西有狼陂。○陂，彼皮切。　③ 三子，郑大夫。○龙，莫江切。　④ 华耦，华父督曾孙。公子遂独不在贬者，诸鲁事自非指为其国褒贬，则皆从国史，不同之于他国，此《春秋》大意。他皆仿此。

○惩,直升切。恪,苦各切。为,于伪切。

夏,楚侵陈,克壶丘①,以其服于晋也。秋,楚公子朱自东夷伐陈②,陈人败之,获公子茷。陈惧,乃及楚平③。

① 壶丘,陈邑。　② 子朱,息公也。　③ 以小胜大,故惧而请平也。《传》言晋君少,楚陵中国。明年所以有厥貉之会。○茷,扶废切。貉,武百切。

冬,楚子越椒来聘,执币傲①。叔仲惠伯曰:"是必灭若敖氏之宗。傲其先君,神弗福也②。"

① 子越椒,令尹子文从子。傲,不敬。○傲,五报切,《注》下同。从,才用切。　② 十二年《传》曰:"先君之敝器,使下臣致诸执事。"明奉使皆告庙,故言傲其先君也。为宣四年楚灭若敖氏张本。○敖,五刀切。使,所吏切。

秦人来归僖公、成风之禭,礼也①。诸侯相吊贺也,虽不当事,苟有礼焉,书也,以无忘旧好②。

① 秦慕诸夏,欲通敬于鲁,因有翟泉之盟,故追赠僖公,并及成风。本非鲁方岳同盟,无相赴吊之制,故不讥其缓而以接好为礼。○夏,户雅切。岳,音岳。好,呼报切,下文《注》同。　② 送死不及尸,故曰不当事。书者,书于典策,垂示子孙,使无忘过厚之好。

经

十年春，王正月辛卯，臧孙辰卒①。

夏，秦伐晋②。

楚杀其大夫宜申③。

自正月不雨，至于秋七月④。

及苏子盟于女栗⑤。

冬，狄侵宋⑥。

楚子、蔡侯次于厥貉⑦。

① 无《传》。公与小敛，故书日。○与，音预。敛，力验切。 ② 不称将帅，告辞略。○将，子匠切。帅，所类切。 ③ 宜申，子西也。谋弑君，故书名。 ④ 无《传》。义与二年同。 ⑤ 女栗，地名，阙。苏子，周卿士。顷王新立，故与鲁盟，亲诸侯也。○女，音汝，一音如字。顷，音倾。 ⑥ 无《传》。 ⑦ 厥貉，地名，阙。将伐宋而未行，故书次。

传

十年春，晋人伐秦，取少梁①。夏，秦伯伐晋，取北徵②。

① 少梁，冯翊夏阳县。○少，商照切，下《注》同。夏，户雅切。 ② 报少梁。○徵，如字；《三苍》云，县，属冯翊，音懲，一音张里切。

初，楚范巫矞似①谓成王与子玉、子西曰："三君皆将强死。"城濮之役，王思之，故使止子玉曰："毋死。"不及。止子西，子西缢而县绝②，王使适至，遂止之，使为商公③。沿汉溯江，将入郢④。王在渚宫⑤，下见之。惧而辞曰："臣免于死,又有谗言,谓臣将逃,臣归死于司败也⑥。"王使为工尹⑦,又与子家谋弑穆王。穆王闻之。五月,杀鬭宜申及仲归⑧。

① 鬻似,范邑之巫。○鬻,尹必切。　② 在僖二十八年。○强,其丈切。濮,音卜。毋,音无。缢,一致切。县,音玄。　③ 商,楚邑,今上雒商县。○使,所吏切。　④ 沿,顺流。泝,逆流。○沿,悦专切。泝,息路切。郢,以井切,又以政切。　⑤ 小洲曰渚。○渚,章吕切。水中可居者曰洲。洲,音州。　⑥ 陈、楚名司寇为司败。子西畏谗言,不敢之商县。　⑦ 掌百工之官。　⑧ 仲归,子家。不书,非卿。

秋七月,及苏子盟于女栗,顷王立故也①。

① 僖十年,狄灭温,苏子奔卫。今复见,盖王复之。○复,扶又切。见,贤遍切。

陈侯、郑伯会楚子于息。冬,遂及蔡侯次于厥貉①。将以伐宋。宋华御事曰:"楚欲弱我也。先为之弱乎,何必使诱我?我实不能,民何罪?"乃逆楚子,劳,且听命②。遂道以田孟诸③。宋公为右盂,郑伯为左盂④。期思公复遂为右司马⑤,子朱及文之无畏为左司马⑥。命夙驾载燧⑦,宋公违命⑧,无畏抶其仆以徇。或谓子舟曰:"国君不可戮也。"子舟曰:"当官而行,何强之有⑨!《诗》曰:'刚亦不吐,柔亦不茹⑩。''毋纵诡随,以谨罔极⑪。'是亦非辟强也,敢爱死以乱官乎⑫!"

① 陈、郑及宋麇子不书者，宋、郑执卑，苟免为楚仆，任受役于司马，麇子耻之，遂逃而归。三君失位降爵，故不列于诸侯。宋、郑犹然，则陈侯必同也。○麇，九伦切。　② 时楚欲诱呼宋共战。御事，华元父。○劳，力报切。　③ 孟诸，宋大薮也，在梁国睢阳县东北。○道，音导。薮，素口切。睢，音绥。　④ 孟，田猎陈名。○孟，音于。陈，直觐切。　⑤ 复遂，楚期思邑名。今弋阳期思县。○弋，以职切。　⑥ 将猎，张两甄，故置二左司马。然则右司马人当中央。○甄，吉然切。　⑦ 燧，取火者。○命，眉病切。燧，本又作㸂，音遂。　⑧ 不凤驾载燧。　⑨ 子舟，无畏字。○抶，耻乙切。徇，似俊切。舟，音州。　⑩《诗·大雅》。美仲山甫不辟强御。○茹，如吕切。　⑪《诗·大雅》。诡人随人，无正心者。谨，犹慎也。罔，无也。极，中也。○诡，九委切。　⑫ 为宣十四年宋人杀子舟张本。

厥貉之会，麇子逃归①。

① 为明年楚子伐麇《传》。

春秋经传集解第九

文公下

经

十有一年春,楚子伐麇①。

夏,叔彭生会晋郤缺于承筐②。

秋,曹伯来朝。

公子遂如宋。

狄侵齐。

冬十月甲午,叔孙得臣败狄于鹹③。

① 讨前年逃厥貉会。○麇,音九伦切。　② 承筐,宋地,在陈留襄邑县西。彭生,叔仲惠伯。郤缺,冀缺。○叔彭生,叔又作丗;本或作叔仲彭生,仲衍字。缺,丘悦切。　③ 鹹,鲁地。○鹹,音咸。

传

十一年春,楚子伐麇,成大心败麇师于防渚①。潘崇复伐麇,至于锡穴②。

① 成大心,子玉之子大孙伯也。防渚,麇地。　② 锡穴,麇地。○复,扶又切。锡,音羊;或作锡,星历切。

夏，叔仲惠伯会晋郤缺于承筐，谋诸侯之从于楚者①。

① 九年，陈、郑及楚平。十年，宋听楚命。

秋，曹文公来朝，即位而来见也①。

① ○见，贤遍切。

襄仲聘于宋，且言司城荡意诸而复之①，因贺楚师之不害也②。

① 八年意诸来奔。归不书，史失之。　② 往年楚次厥貉，将以伐宋也。

鄋瞒侵齐①。遂伐我。公卜使叔孙得臣追之，吉。侯叔夏御庄叔②，绵房甥为右，富父终甥驷乘③。冬十月甲午，败狄于鹹，获长狄侨如④。富父终甥舂其喉，以戈杀之⑤，埋其首于子驹之门⑥，以命宣伯⑦。初，宋武公之世，鄋瞒伐宋⑧，司徒皇父帅师御之，耏班御皇父充石⑨，公子榖甥为右，司寇牛父驷乘，以败狄于长丘⑩，获长狄缘斯⑪，皇父之二子死焉⑫。宋公于是以门赏耏班，使食其征⑬，谓之耏门。晋之灭潞也⑭，获侨如之弟焚如。齐襄公之二年⑮，鄋瞒伐齐，齐王子成父获其弟荣如⑯，埋其首于周首之北门⑰。卫人获其季弟简如⑱。鄋瞒由是遂亡⑲。

① 鄋瞒,狄国名,防风之后,漆姓。○ 鄋,所求切;《说文》作䚏,云,北方长狄国也,在夏为防风氏,殷为汪芒氏;《字林》,䚏,一音先牢切。瞒,莫干切。漆,音七。　② 庄叔,得臣。○ 夏,户雅切。　③ 驷乘,四人共车。○ 乘,绳证切,《注》及下同。　④ 侨如,鄋瞒国之君,盖长三丈。获侨如不书,贱夷狄也。○ 侨,又作乔,其骄切。长,如字,又直亮切。 ⑤ 摏,犹冲也。○ 摏,舒容切。喉,音侯。戈,古禾切。　⑥ 子驹,鲁郭门。骨节非常,恐后世怪之,故详其处。○ 处,昌吕切。　⑦ 得臣待事而名其三子,因名宣伯曰侨如,以旌其功。○ 名,如字,或亡政切。 ⑧ 在春秋前。　⑨ 皇父,戴公子;充石,皇父名。○ 御,本亦作御,鱼吕切。耏,音而。　⑩ 长丘,宋地。　⑪ 缘斯,侨如之先。　⑫ 皇父与穀甥及牛父皆死,故耏班独受赏。　⑬ 门,关门。征,税也。○ 税,舒锐切。　⑭ 在宣十五年。○ 潞,音路。　⑮ 鲁桓之十六年。 ⑯ 荣如,焚如之弟。焚如后死而先说者,欲其兄弟伯季相次。荣如以鲁桓十六年死,至宣十五年一百三岁,其兄犹在。《传》言既长且寿,有异于人。王子成父,齐大夫。○ 寿,如字,一音授。　⑰ 周首,齐邑,济北穀城县东北有周首亭。　⑱ 伐齐退走,至卫见获。　⑲ 长狄之种绝。○ 种,章勇切。

邾大子朱儒自安于夫钟①,国人弗徇②。

① 安,处也。夫钟,邾邑。○ 邾,音诛。儒,如朱切。夫,音扶。　② 徇,顺也。为明年邾伯来奔《传》。○ 徇,似俊切。

经
十有二年春,王正月,邾伯来奔①。
杞伯来朝②。
二月庚子,子叔姬卒③。

夏,楚人围巢④。

秋,滕子来朝。

秦伯使术来聘⑤。

冬十有二月戊午,晋人、秦人战于河曲⑥。

季孙行父帅师城诸及郓⑦。

① 称爵,见公以诸侯礼迎之。〇见,贤遍切。　② 复称伯,舍夷礼。〇复,扶又切,一音服。舍,音捨。　③ 既嫁成人,虽见出弃,犹以恩录其卒。　④ 巢,吴、楚间小国。庐江六县东有居巢城。　⑤ 术不称氏,史略文。　⑥ 不书败绩,交绥而退,不大崩也。称人,秦、晋无功,以微者告也。皆陈曰战,例在庄十一年。河曲在河东蒲坂县南。〇陈,直觐切。坂,音反。　⑦ 郓,莒、鲁所争者。城阳姑幕县南有员亭,员即郓也。以其远偪外国,故帅师城之。〇郓,音运。幕,音莫。员,音云,一音运;本又作鄆,音同。

传

十二年春,郕伯卒,郕人立君①。大子以夫钟与郕邽来奔②。公以诸侯逆之,非礼也③。故书曰:"郕伯来奔。"不书地,尊诸侯也④。

① 大子自安于外邑故。　② 郕邽,亦邑。〇邽,音圭。　③ 非公宠叛人。　④ 既尊以为诸侯,故不复见其窃邑之罪。〇复,扶又切。见,贤遍切。

杞桓公来朝,始朝公也①。且请绝叔姬而无绝昏,公许之②。二月,叔姬卒,不言杞,绝也③。书叔姬,言非女也④。

①公即位,始来朝。　②不绝昏,立其娣以为夫人。不书大归,未笄而卒。　③既许其绝,故不言杞。　④女未嫁而卒,不书。

楚令尹大孙伯卒,成嘉为令尹①。群舒叛楚②。夏,子孔执舒子平及宗子,遂围巢③。

①若敖曾孙子孔。　②群舒,偃姓,舒庸、舒鸠之属。今庐江南有舒城,舒城西南有龙舒。　③平,舒君名。宗、巢二国,群舒之属。

秋,滕昭公来朝,亦始朝公也。

秦伯使西乞术来聘,且言将伐晋。襄仲辞玉曰:"君不忘先君之好,照临鲁国,镇抚其社稷,重之以大器,寡君敢辞玉①。"对曰:"不腆敝器,不足辞也②。"主人三辞。宾答曰:"寡君愿徼福于周公、鲁公以事君③,不腆先君之敝器,使下臣致诸执事以为瑞节④,要结好命,所以藉寡君之命,结二国之好⑤,是以敢致之。"襄仲曰:"不有君子,其能国乎？国无陋矣。"厚贿之⑥。

①大器,圭璋也。不欲与秦为好,故辞玉。○好,呼报切,《注》及下皆同。重,直用切。璋,音章。　②腆,厚也。○腆,他典切。　③徼,要也。鲁公,伯禽也。言愿事君以并蒙先君之福。○徼,古尧切。要,於尧切,下同。　④节,信也。出聘必告庙,故称先君之器。○瑞,垂伪切。　⑤藉,荐也。○藉,在夜切,《注》同。　⑥贿,赠送也。○贿,呼罪切。

秦为令狐之役故,冬,秦伯伐晋,取羁马①。晋人御之。赵盾将中军,荀林父佐之②。郤缺将上军③,臾骈佐之④。栾盾将下军⑤,胥甲佐之⑥。范无恤御戎⑦,以从秦师于河曲。臾骈曰:"秦不能久,请深垒固军以待之。"从之。

秦人欲战,秦伯谓士会曰:"若何而战⑧?"对曰:"赵氏新出其属曰臾骈,必实为此谋,将以老我师也⑨。赵有侧室曰穿,晋君之婿也⑩,有宠而弱,不在军事⑪,好勇而狂,且恶臾骈之佐上军也,若使轻者肆焉,其可⑫。"秦伯以璧祈战于河⑬。十二月戊午,秦军掩晋上军,赵穿追之,不及⑭。反,怒曰:"裹粮坐甲,固敌是求,敌至不击,将何俟焉?"军吏曰:"将有待也⑮。"穿曰:"我不知谋,将独出。"乃以其属出。宣子曰:"秦获穿也,获一卿矣⑯。秦以胜归,我何以报?"乃皆出战,交绥⑰。秦行人夜戒晋师曰:"两君之士皆未慭也,明日请相见也⑱。"臾骈曰:"使者目动而言肆,惧我也⑲,将遁矣。薄诸河,必败之⑳。"胥甲、赵穿当军门呼曰:"死伤未收而弃之,不惠也;不待期而薄人于险,无勇也。"乃止㉑。秦师夜遁。复侵晋,入瑕㉒。

① 令狐役在七年。羁马,晋邑。○为,于伪切。令,力丁切。② 林父代先克。○将,子匠切。　③ 代箕郑。　④ 代林父。○骈,步边切。　⑤ 栾枝子,代先蔑。○栾,力官切。盾,徒本切。　⑥ 胥臣子,代先都。　⑦ 代步昭。○昭,上遥切。　⑧ 晋士会七年奔秦。○垒,力轨切。　⑨ 臾骈,赵盾属大夫,新出佐上军。　⑩ 侧室,支子。穿,赵夙庶孙。○穿,音川。　⑪ 弱,年少也,又未尝涉知军事。○少,诗照切。　⑫ 肆,暂往而退也。○恶,乌路切。轻,遣政切。肆,音四。　⑬ 祷求胜。○祷,丁老切,一音丁报切。　⑭ 上军不动,赵穿独追之。　⑮ 待可击。○裹,音果。　⑯ 僖三十三年,晋侯以一命命郤缺为卿,不在军帅之数。然则晋自有散位从卿者。○帅,所类切。散,

悉但切。　⑰《司马法》曰："逐奔不远，从绥不及。逐奔不远则难诱，从绥不及则难陷。"然则，古名退军为绥。秦、晋志未能坚战，短兵未至争而两退，故曰交绥。○争，争斗之争。　⑱憖，缺也。○憖，鱼觐切，又鱼辖切；《方言》云，伤也；《字林》云，闲也，牛吝切。　⑲目动心不安，言肆声放失常节。○使，所吏切。　⑳薄，迫也。○遁，徒困切。薄，蒲莫切，下同。败，卑卖切。　㉑晋师止，为宣元年放胥甲《传》。　㉒○复，扶又切。

城诸及郓，书时也。

经

十有三年春，王正月。

夏五月壬午，陈侯朔卒①。

邾子蘧蒢卒②。

自正月不雨至于秋七月③。

大室屋坏④。

冬，公如晋。

卫侯会公于沓⑤。

狄侵卫⑥。

十有二月己丑，公及晋侯盟⑦。

公还自晋。郑伯会公于棐⑧。

① 无《传》，再同盟。　② 未同盟而赴以名。○蘧，其居切。蒢，丈居切。　③ 无《传》。义与二年同。　④ 大庙之室。○大，音泰，《注》及《传》同。　⑤ 沓，地阙。○沓，徒答切。　⑥ 无《传》。　⑦ 十二月无己丑；己丑，十一月十一日。　⑧ 棐，郑地。○棐，芳味切，又非尾切。

传

十三年春,晋侯使詹嘉处瑕,以守桃林之塞①。

① 詹嘉,晋大夫,赐其瑕邑,令帅众守桃林以备秦。桃林在弘农华阴县东潼关。○詹,章廉切。塞,悉代切。令,力呈切。华,户化切。潼,音童。

晋人患秦之用士会也,夏,六卿相见于诸浮①。赵宣子曰:"随会在秦,贾季在狄,难日至矣,若之何②?"中行桓子曰:"请复贾季③,能外事,且由旧勋④。"郤成子曰:"贾季乱,且罪大⑤,不如随会,能贱而有耻,柔而不犯⑥,其知足使也,且无罪。"乃使魏寿馀伪以魏叛者以诱士会,执其帑于晋,使夜逸⑦。请自归于秦,秦伯许之⑧。履士会之足于朝⑨。秦伯师于河西⑩,魏人在东⑪。寿馀曰:"请东人之能与夫二三有司言者,吾与之先⑫。"使士会。士会辞曰:"晋人,虎狼也,若背其言,臣死,妻子为戮,无益于君,不可悔也⑬。"秦伯曰:"若背其言,所不归尔帑者,有如河⑭。"乃行。绕朝赠之以策⑮,曰:"子无谓秦无人,吾谋适不用也⑯。"既济,魏人噪而还⑰。秦人归其帑。其处者为刘氏⑱。

① 诸浮,晋地。 ② 六年贾季奔狄。○难,乃旦切。日,人实切。 ③ 中行桓子,荀林父也。僖二十八年始将中行,故以为氏。○行,户郎切,《注》同。将,子匠切。 ④ 有狐偃之旧勋。 ⑤ 杀阳处父故。 ⑥ 不可犯以不义。 ⑦ 魏寿馀,毕万之后。帑,寿馀子。○知,音智。帑,音奴。 ⑧ 许受其邑。 ⑨ 蹑士会足,欲使行。○蹑,女涉切。 ⑩ 将取魏。 ⑪ 今河北县,于秦为在河之东。 ⑫ 欲与晋人在秦者共,先告喻魏有司。○夫,音扶。 ⑬ 辞行,示己无去心。○背,音佩,

下同。　⑭言必归其妻子,明白如河。　⑮策,马棰。临别授之马棰,并示己所策以展情。绕朝,秦大夫。○绕,如字,又张遥切。策,本又作笶,初革切。棰,张瓜切,马杖也。王,邹华切;《字林》作箠,云,箠也,竹瓜切。　⑯示已觉其情。　⑰喜得士会。○噪,素报切。还,音旋。⑱士会,尧后刘累之胤,别族,复累之姓。○累,劣彼切。

邾文公卜迁于绎①。史曰:"利于民而不利于君。"邾子曰:"苟利于民,孤之利也。天生民而树之君,以利之也。民既利矣,孤必与焉。"左右曰:"命可长也,君何弗为?"邾子曰:"命在养民。死之短长,时也。民苟利矣,迁也,吉莫如之②!"遂迁于绎。五月,邾文公卒。君子曰:"知命。"

①绎,邾邑。鲁国邹县北有绎山。○绎,音亦。邹,侧留切。
②左右以一人之命为言,文公以百姓之命为主。一人之命,各有短长,不可如何;百姓之命,乃传世无穷,故徙之。○与,音预。专,直专切。

秋七月,大室之屋坏,书不共也①。

①简慢宗庙,使至倾颓,故书以见臣子不共。○颓,大回切。见,贤遍切。

冬,公如晋,朝,且寻盟。卫侯会公于沓,请平于晋。公还,郑伯会公于棐,亦请平于晋。公皆成之①。郑伯与公宴于棐。子家赋《鸿雁》②。季文子曰:"寡君未免于此③。"文子赋《四月》④。子家赋《载驰》之四章⑤,文子赋《采薇》之四章⑥。郑伯拜⑦,公答拜。

① 郑、卫贰于楚,畏晋,故因公请平。　② 子家,郑大夫公子归生也。《鸿雁》,《诗·小雅》。义取侯伯哀恤鳏寡有征行之劳。言郑国寡弱,欲使鲁侯还晋恤之。○ 鳏,古顽切。　③ 言亦同有微弱之忧。④《四月》,《诗·小雅》。义取行役踰时,思归祭祀,不欲为还晋。○ 为,于伪切,下皆同。　⑤《载驰》,《诗·鄘风》。四章以下义取小国有急,欲引大国以救助。○ 鄘,音容。　⑥《采薇》,《诗·小雅》。取其"岂敢定居,一月三捷",许为郑还,不敢安居。○ 三,息暂切,又如字。捷,在接切。⑦ 谢公为行。

经

十有四年春,王正月,公至自晋①。

邾人伐我南鄙。

叔彭生帅师伐邾。

夏五月乙亥,齐侯潘卒②。

六月,公会宋公、陈侯、卫侯、郑伯、许男、曹伯、晋赵盾,癸酉,同盟于新城③。

秋七月,有星孛入于北斗④。

公至自会⑤。

晋人纳捷菑于邾,弗克纳⑥。

九月甲申,公孙敖卒于齐⑦。

齐公子商人弑其君舍⑧。

宋子哀来奔⑨。

冬,单伯如齐⑩。

齐人执单伯⑪。

齐人执子叔姬⑫。

① 无《传》。告于庙。　　② 七年盟于扈,乙亥四月二十九日,书五月,从赴。○潘,判干切。　　③ 新城,宋地,在梁国榖熟县西。　　④ 孛,彗也。既见而移入北斗,非常所有,故书之。○孛,音佩;徐,无溃切;嵇康音渤海字。彗,稤,似岁切;一音虽遂切。见,贤遍切。　　⑤ 无《传》。　　⑥ 邾有成君,晋赵盾不度于义,而大兴诸侯之师,涉邾之竟,见辞而退。虽有服义之善,所兴者广,所害者众,故贬称人。○菑,侧其切。度,特洛切。竟,音境。　　⑦ 既许复之,故从大夫例书卒。　　⑧ 舍未踰年而称君者,先君既葬,舍已即位。弑君例在宣四年。　　⑨ 大夫奔例书名氏,贵之故书字。　　⑩ 单伯,周卿士,为鲁如齐,故书。○单,音善。为,于伪切。　　⑪ 诸侯无执王使之义,故不依行人例。○使,所吏切。　　⑫ 叔姬,鲁女,齐侯舍之母。不称夫人,自鲁录之,父母辞。

传

十四年春,顷王崩。周公阅与王孙苏争政,故不赴。凡崩、薨,不赴则不书。祸、福,不告亦不书①。惩不敬也②。

① 奔亡,祸也。归复,福也。○顷,音倾。阅,音悦。　　② 欲使怠慢者自戒。○惩,直升切。

邾文公之卒也①,公使吊焉,不敬。邾人来讨,伐我南鄙,故惠伯伐邾。

① 在前年。

子叔姬妃齐昭公,生舍。叔姬无宠,舍无威。公子商人骤施于国①,而多聚士,尽其家,贷于公、有司以继之②。夏五月,昭公卒,舍即位。

① 骤,数也。商人,桓公子。○ 妃,音配;本亦作配。骤,仕救切。施,式氏切。数,音朔。　② 家财尽,从公及国之有司富者贷。○ 尽,津忍切。贷,音特,又音忒,《注》同。

邾文公元妃齐姜生定公,二妃晋姬生捷菆。文公卒,邾人立定公,捷菆奔晋。
六月,同盟于新城,从于楚者服①,且谋邾也②。

① 从楚者,陈、郑、宋。　② 谋纳捷菆。

秋七月乙卯夜,齐商人弑舍而让元①。元曰:"尔求之久矣。我能事尔,尔不可使多蓄憾②。将免我乎?尔为之③。"

① 元,商人兄齐惠公也。书九月,从告。七月无乙卯,日误。○ 弑,本作杀,音试。　② 不为君则恨多。○ 蓄,敕六切;本又作畜。憾,本又作感,户暗切。　③ 言将复杀我。○ 复,扶又切。

有星孛入于北斗,周内史叔服曰:"不出七年,宋、齐、晋之君皆将死乱①。"

① 后三年宋弑昭公,五年齐弑懿公,七年晋弑灵公。史服但言事征而不论其占,固非末学所得详言。○ 弑,音试,下同。

晋赵盾以诸侯之师八百乘纳捷菆于邾①。邾人辞曰:

"齐出貜且长②。"宣子曰:"辞顺而弗从,不祥。"乃还③。

① 八百乘,六万人,言力有馀。○ 乘,绳证切,《注》同。　② 貜且,定公。○ 貜,俱缚切;徐,居碧切。且,子余切。长,丁丈切,下《注》同。
③ 立適以长,故曰辞顺。○ 適,丁历切。

周公将与王孙苏讼于晋,王叛王孙苏①,而使尹氏与聃启讼周公于晋②。赵宣子平王室而复之③。

① 王,匡王。叛,不与。　② 讼理之。尹氏,周卿士。聃启,周大夫。○ 聃,乃甘切。　③ 复使和亲。

楚庄王立①,子孔、潘崇将袭群舒,使公子燮与子仪守,而伐舒蓼②。二子作乱,城郢而使贼杀子孔,不克而还。八月,二子以楚子出,将如商密③。庐戢梨及叔麋诱之,遂杀鬭克及公子燮④。

初,鬭克囚于秦⑤,秦有殽之败⑥,而使归求成。成而不得志⑦,公子燮求令尹而不得,故二子作乱⑧。

① 穆王子也。　② 即群舒。○ 燮,昔协切。守,手又切。蓼,音了。
③ 《国语》曰:楚庄王幼弱,子仪为师,王子燮为傅。○ 还,音旋。
④ 庐今襄阳中庐县。戢梨,庐大夫。叔麋,其佐。鬭克,子仪也。○ 庐,力於切,又音卢,《注》同。戢,侧立切。麋,九伦切。　⑤ 在僖二十五年。
⑥ 在僖三十三年。　⑦ 无赏报也。　⑧《传》言楚庄幼弱,国内乱,所以不能与晋竞。

穆伯之从己氏也①,鲁人立文伯②。穆伯生二子于莒而求复,文伯以为请。襄仲使无朝。听命,复而不出③,三年而尽室以复適莒。文伯疾而请曰:"穀之子弱④,请立难也⑤。"许之。文伯卒,立惠叔。穆伯请重赂以求复,惠叔以为请,许之。将来,九月卒于齐,告丧请葬,弗许⑥。

① 在八年。○ 己,音纪,又音祀。　② 穆伯之子穀也。　③ 不得使与听政事,终寝于家,故出入不书。○ 为,如字,又于伪切,下为请同,十五年亦放此。与,音预。　④ 子,孟献子,年尚少。○ 尽,津忍切。复,扶又切。少,诗照切。　⑤ 难,穀弟。○ 难,乃多切,又如字。⑥ 请以卿礼葬。

宋高哀为萧封人,以为卿①,不义宋公而出,遂来奔②。书曰:"宋子哀来奔。"贵之也③。

① 萧,宋附庸。仕附庸,还升为卿。　② 出而待放,从放所来,故曰遂。　③ 贵其不食汙君之禄,辟祸速也。○ 汙,汙辱之汙。

齐人定懿公,使来告难,故书以九月①。齐公子元不顺懿公之为政也,终不曰"公",曰"夫己氏"②。

① 齐人不服,故三月而后定,书以九月,明经日月皆从赴。○ 难,乃旦切。② 犹言某甲。○ 夫,音扶。己,音纪。

襄仲使告于王,请以王宠求昭姬于齐①。曰:"杀其子,焉用其母?请受而罪之。"冬,单伯如齐,请子叔姬。齐人执之②。又执子叔姬③。

① 昭姬,子叔姬。　② 恨鲁恃王势以求女故。○ 焉,於虔切。
③ 欲以耻辱鲁。

经

十有五年春,季孙行父如晋。

三月,宋司马华孙来盟①。

夏,曹伯来朝。

齐人归公孙敖之丧②。

六月辛丑朔,日有食之。鼓,用牲于社③。

单伯至自齐。

晋郤缺帅师伐蔡。戊申,入蔡④。

秋,齐人侵我西鄙。

季孙行父如晋。

冬十有一月,诸侯盟于扈⑤。

十有二月,齐人来归子叔姬⑥。

齐侯侵我西鄙。遂伐曹,入其郛⑦。

① 华孙奉使邻国,能临事制宜,至鲁而后定盟,故不称使。其官皆从,故书司马。○ 华,户化切。使,所吏切。从,才用切。　② 大夫丧还不书,善鲁感子以赦父,敦公族之恩,崇仁孝之教,故特录敖丧归以示义。③《传》例曰:非礼也。　④《传》例曰:获大城曰入。　⑤ 将伐齐,晋侯受赂而止,故总曰诸侯,言不足序列。　⑥ 齐人以王故,来送子叔姬,故与直出者异文。　⑦ 郛,郭也。○ 郛,音孚。

传

十五年春,季文子如晋,为单伯与子叔姬故也①。

三月,宋华耦来盟,其官皆从之。书曰"宋司马华孙",贵之也②。公与之宴,辞曰:"君之先臣督,得罪于宋殇公,名在诸侯之策。臣承其祀,其敢辱君③!请承命于亚旅④。"鲁人以为敏⑤。

① 因晋请齐。○ 为,于伪切,下为孟氏、下《注》为惠叔皆同。② 古之盟会,必备威仪,崇贽币,宾主以成礼为敬。故《传》曰:卿行旅从。春秋时率多不能备仪,华孙能率其属以从古典,所以敬事而自重。使重而事敬,则鲁尊而礼笃,故贵而不名。○ 从,才用切,《注》旅从同,又音如字。贽,音至。率,所类切,又音律。使,所吏切。 ③ 耦,华督曾孙也。督弑殇公,在桓二年。耦自以罪人子孙,故不敢屈辱鲁君对共宴会。 ④ 亚旅,上大夫也。○ 亚,於嫁切。 ⑤ 无故扬其先祖之罪是不敏。鲁人以为敏,明君子所不与也。

夏,曹伯来朝,礼也。诸侯五年再相朝,以修王命,古之制也①。

① 十一年,曹伯来朝,虽至此乃来,亦五年。《传》为冬齐侯伐曹张本。

齐人或为孟氏谋①,曰:"鲁,尔亲也。饰棺寘诸堂阜②,鲁必取之。"从之。卞人以告③。惠叔犹毁以为请④,立于朝以待命。许之,取而殡之⑤。齐人送之。书曰:"齐人归公孙敖之丧。"为孟氏,且国故也⑥。葬视共仲⑦。

声己不视,帷堂而哭⑧。襄仲欲勿哭⑨,惠伯曰:"丧,亲之终也⑩。虽不能始，善终可也。史佚有言曰：'兄弟致美⑪。'救乏、贺善、吊灾、祭敬、丧哀，情虽不同，毋绝其爱，亲之道也。子无失道，何怨于人？"襄仲说，帅兄弟以哭之。

他年，其二子来⑫，孟献子爱之，闻于国⑬。或谮之曰："将杀子。"献子以告季文子。二子曰："夫子以爱我闻，我以将杀子闻，不亦远于礼乎？远礼不如死。"一人门于句鼆，一人门于戾丘，皆死⑭。

① 孟氏，公孙敖家，庆父为长庶，故或称孟氏。○长，丁丈切。② 堂阜，齐、鲁竟上地。饰棺不殡，示无所归。○寘，之豉切。竟，音境。殡，必刃切。③ 卞人，鲁卞邑大夫。○卞，皮彦切。④ 敖卒则惠叔请之，至今期年而犹未已，毁过丧礼。○期，居其切。⑤ 殡于孟氏之寝，终叔服之言。⑥ 为惠叔毁请，且国之公族，故听其归殡而书之。○为，于伪切。⑦ 制如庆父，皆以罪降。○共，音恭。⑧ 声己，惠叔母，怨敖从莒女，故帷堂。○己，音纪。⑨ 怨敖取其妻。⑩ 惠伯，叔彭生。⑪ 各尽其美义乃终。⑫ 敖在莒所生。○毋，音无。说，音悦。⑬ 献子，穀之子仲叔蔑。○闻，音问，或如字，下同。蔑，亡结切。⑭ 句鼆、戾丘，鲁邑。有寇攻门，二子御之而死。○远，于万切，下同。句，古侯切。鼆，又作䁕，莫幸切。戾，力计切。

六月辛丑朔，日有食之，鼓用牲于社，非礼也①。日有食之，天子不举②，伐鼓于社③，诸侯用币于社④，伐鼓于朝⑤，以昭事神，训民事君⑥。示有等威，古之道也⑦。

① 得常鼓之月而于社用牲，为非礼。② 去盛馔。○去，起吕切。馔，仕眷切。③ 责群阴。伐，犹击也。④ 社尊于诸侯，故请救而

不敢责之。　　⑤退自责。　　⑥天子不举,诸侯用币,所以事神。尊卑异制,所以训民。　　⑦等威,威仪之等差。○差,初佳切,又初宜切。

齐人许单伯请而赦之,使来致命①。书曰:"单伯至自齐。"贵之也②。

①以单伯执节不移,且畏晋,故许之。　　②单伯为鲁拘执,既免而不废礼,终来致命,故贵而告庙。○为,于伪切,下似为同。拘,音俱。

新城之盟①,蔡人不与②。晋郤缺以上军、下军伐蔡③,曰:"君弱,不可以怠④。"戊申,入蔡,以城下之盟而还。凡胜国,曰"灭之"⑤;获大城焉,曰"入之"⑥。

①在前年。　　②不会盟。○与,音预,下同。　　③兼帅二军。④怠,解也。○解,佳卖切。　　⑤胜国,绝其社稷,有其土地。○还,音旋。　　⑥得大都而不有。

秋,齐人侵我西鄙,故季文子告于晋。冬十一月,晋侯、宋公、卫侯、蔡侯、陈侯、郑伯、许男、曹伯盟于扈,寻新城之盟,且谋伐齐也①。齐人赂晋侯,故不克而还。于是有齐难,是以公不会②。书曰:"诸侯盟于扈。"无能为故也③。凡诸侯会,公不与,不书,讳君恶也④。与而不书,后也⑤。

①齐执王使,且数伐鲁。○使,所吏切,下王使同。数,音朔。②明今不序诸侯,不以公不会故。○难,乃旦切,下《注》同。　　③恶其受赂不能讨齐。○恶,乌路切。　　④谓国无难,不会义事,故为恶。不

311

书,谓不国别序诸侯。　　⑤谓后期也。今贬诸侯,似为公讳,故《传》发例以明之。○为,于伪切。

齐人来归<u>子叔姬</u>,王故也①。

①单伯虽见执,能守节不移,终达王命,使叔姬得归。

<u>齐侯</u>侵我西鄙,谓诸侯不能也①。遂伐曹,入其郛,讨其来朝也②。<u>季文子</u>曰:"齐侯其不免乎?己则无礼③,而讨于有礼者曰:'女何故行礼!'礼以顺天,天之道也。己则反天,而又以讨人,难以免矣。《诗》曰:'胡不相畏,不畏于天④?'君子之不虐幼贱,畏于天也。在《周颂》曰:'畏天之威,于时保之⑤。'不畏于天,将何能保?以乱取国,奉礼以守,犹惧不终,多行无礼,弗能在矣⑥!"

①不能讨己。　　②此年夏朝。　　③执王使而伐无罪。○己,音纪。使,所吏切。　　④《诗·小雅》。○女,音汝。相,息亮切,又如字。⑤《诗·周颂》。言畏天威,于是保福禄。　　⑥为十八年<u>齐</u>弑<u>商人</u>《传》。○守,手又切。

经

十有六年春,<u>季孙行父</u>会齐侯于<u>阳穀</u>,齐侯弗及盟①。
夏五月,公四不视朔②。
六月戊辰,<u>公子遂</u>及齐侯盟于<u>郪丘</u>③。
秋八月辛未,夫人姜氏薨④。

毁泉台⑤。

楚人、秦人、巴人灭庸⑥。

冬十有一月,宋人弑其君杵臼⑦。

① 及,与也。 ② 诸侯每月必告朔听政,因朝于庙。今公以疾阙,不得视二月、三月、四月、五月朔也。《春秋》十二公,以疾不视朔,非一也,义无所取,故特举此以表行事。因明公之实有疾,非诈齐。 ③ 信公疾,且以赂故。郪丘,齐地。○ 郪,音西,又七西切。 ④ 僖公夫人,文公母也。 ⑤ 泉台,台名。毁,坏之也。○ 坏,音怪。 ⑥ ○ 巴,必麻切。⑦ 称君,君无道也。例在宣四年。○ 杵,昌吕切。臼,强柳切。

传

十六年春,王正月,及齐平①。公有疾,使季文子会齐侯于阳榖,请盟。齐侯不肯,曰:"请俟君间②。"

① 齐前年再伐鲁,鲁为受弱,故平。○ 为,于伪切。 ② 间,疾瘳。○ 间,如字。瘳,敕周切,差也。

夏五月,公四不视朔,疾也。公使襄仲纳赂于齐侯,故盟于郪丘。

有蛇自泉宫出,入于国,如先君之数①。

秋八月辛未,声姜薨,毁泉台②。

① 伯禽至僖公十七君。○《释文》:《史记·鲁世家》,鲁公伯禽子考公酋,弟炀公熙,子幽公宰,弟魏公费,子厉公擢,子献公具,子顺公濞,弟武公敖,子懿公戏,弟孝公称,子惠公弗皇,子隐公息姑,弟桓公允,子庄公同,子

闵公开,兄僖公申,十七也。魏公,《世本》作徽公;顺公,一作慎公。
② 鲁公以为蛇妖所出而声姜薨,故坏之。○ 坏,音怪。

楚大饥,戎伐其西南,至于阜山,师于大林。又伐其东南,至于阳丘,以侵訾枝①。庸人帅群蛮以叛楚②。麇人率百濮聚于选,将伐楚③。

于是申、息之北门不启④,楚人谋徙于阪高⑤。蒍贾曰:"不可。我能往,寇亦能往。不如伐庸。夫麇与百濮,谓我饥不能师,故伐我也。若我出师,必惧而归。百濮离居,将各走其邑,谁暇谋人?"乃出师。旬有五日,百濮乃罢⑥。自庐以往,振廪同食⑦。次于句澨⑧。使庐戢棃侵庸⑨,及庸方城⑩。庸人逐之,囚子扬窗⑪。三宿而逸,曰:"庸师众,群蛮聚焉,不如复大师⑫,且起王卒,合而后进。"师叔曰:"不可⑬。姑又与之遇以骄之。彼骄我怒,而后可克,先君蚡冒所以服陉隰也⑭。"又与之遇,七遇皆北⑮,唯裨、鯈、鱼人实逐之⑯。庸人曰:"楚不足与战矣。"遂不设备。

楚子乘驲,会师于临品⑰,分为二队⑱:子越自石溪,子贝自仞,以伐庸⑲。秦人、巴人从楚师,群蛮从楚子盟⑳。遂灭庸㉑。

① 戎,山夷也。大林、阳丘、訾枝皆楚邑。○ 饥,音饥,一音机。訾,子斯切。　② 庸今上庸县,属楚之小国。　③ 选,楚地。百濮,夷也。○ 麇,九伦切。濮,音卜。选,息兖切,又息恋切。　④ 备中国。
⑤ 楚险地。○ 阪,音反,一音扶板切。　⑥ 濮夷无屯聚,见难则散归。○ 蒍,于委切。屯,徒门切。聚,才住切,又如字。难,乃旦切,又如字。

314

⑦往,往伐庸也。振,发也。廪,仓也。同食,上下无异馔也。○庐,力於切,又音卢。廪,力甚切。 ⑧楚西界也。○句,古侯切。澨,市世切。 ⑨戢梨,庐大夫。 ⑩方城,庸地,上庸县东有方城亭。 ⑪囱,戢梨官属。○囱,初江切。 ⑫还复句澨师。 ⑬师叔,楚大夫潘尪也。○卒,子忽切。尪,乌黄切。 ⑭蚡冒,楚武王父。陉隰,地名。○可克,或作可击。蚡,扶粉切。冒,莫报切。《史记·楚世家》云:"蚡冒卒,弟熊达杀蚡冒子而代立,是为楚武王。"与杜异。陉,音刑。隰,音习。 ⑮军走曰北。○北,如字,一音佩。 ⑯䛃、儵、鱼、庸三邑。鱼,鱼复县,今巴东永安县。轻楚,故但使三邑人逐之。○䛃,婢支切。儵,直留切。 ⑰驲,传车也。临品,地名。○驲,人实切。传,丁恋切。 ⑱队,部也。两道攻之。○队,徒对切。 ⑲子越,鬬椒也。石溪、仞,入庸道。○溪,苦兮切,本或作谿。贝,补盖切;今俗本多作员,音云。仞,人慎切。 ⑳蛮见楚强故。 ㉑《传》言楚有谋臣,所以兴。

宋公子鲍礼于国人①,宋饥,竭其粟而贷之。年自七十以上,无不馈饴也,时加羞珍异②。无日不数于六卿之门③,国之材人无不事也④,亲自桓以下无不恤也⑤。公子鲍美而艳,襄夫人欲通之⑥,而不可⑦,乃助之施。昭公无道,国人奉公子鲍以因夫人。

于是,华元为右师⑧,公孙友为左师,华耦为司马⑨,鳞鱹为司徒,荡意诸为司城,公子朝为司寇⑩。初,司城荡卒,公孙寿辞司城⑪,请使意诸为之⑫。既而告人曰:"君无道,吾官近,惧及焉⑬。弃官则族无所庇。子,身之贰也,姑纾死焉⑭。虽亡子,犹不亡族⑮。"既,夫人将使公田孟诸而杀之。公知之,尽以宝行。荡意诸曰:"盍适诸侯?"公曰:"不能其大夫,至于君祖母以及国人⑯,诸侯谁纳我?且既为人君,而

左 传

又为人臣,不如死。"尽以其宝赐左右而使行⑰。夫人使谓司城去公,对曰:"臣之而逃其难,若后君何⑱?"冬十一月甲寅,宋昭公将田孟诸,未至,夫人王姬使帅甸攻而杀之⑲。荡意诸死之⑳。书曰:"宋人弑其君杵臼。"君无道也㉑。文公即位,使母弟须为司城㉒。华耦卒而使荡虺为司马㉓。

① 鲍,昭公庶弟文公也。○鲍,步卯切。 ② 羞,进也。○上,时掌切。馈,其媿切。饴,以支切,又以志切,遗也。 ③ 数,不疏。○数,音朔。 ④ 有贤材者。 ⑤ 桓,鲍之曾祖。 ⑥ 鲍适祖母。○艳,移验切。适,丁历切。 ⑦ 以礼自防闲。 ⑧ 元,华督曾孙,代公子成。○施,式豉切。 ⑨ 代公子印。 ⑩ 代华御事。○鲽,古乱切。朝,如字。 ⑪ 寿,荡之子。 ⑫ 意诸,寿之子。 ⑬ 祸及己。 ⑭ 姑,且也。纾,缓也。○庇,必利切,又悲位切。纾,音舒。 ⑮ 己在故也。 ⑯ 君祖母,诸侯祖母之称,谓襄夫人。○盇,户臘切。称,尺证切。 ⑰ 行,去也。 ⑱ 言无以事后君。○难,乃旦切。 ⑲ 襄夫人,周襄王姊,故称王姬。帅甸,郊甸之师。○甸,徒遍切。 ⑳ 不书,不告。 ㉑ 始例发于臣之罪,今称国人,故重明君罪。○重,直用切。 ㉒ 代意诸。 ㉓ 虺,意诸之弟。○虺,况鬼切。

经

十有七年春,晋人、卫人、陈人、郑人伐宋①。

夏四月癸亥,葬我小君声姜。

齐侯伐我西鄙②。

六月癸未,公及齐侯盟于穀。诸侯会于扈③。

秋,公至自穀④。

冬,公子遂如齐。

① 自囧、僖已下终于《春秋》,陈侯常在卫侯上,今大夫会在卫下。《传》不言陈公孙宁后至,则宁位非上卿故也。　② 西当为北,盖《经》误。③ 昭公虽以无道见弑,而文公犹宜以弑君受讨,故林父伐宋以失所称人,晋侯平宋以无功不序,明君虽不君,臣不可不臣,所以督大教。○ 弑,本或作杀,音试,下同。　④ 无《传》。

传

十七年春,晋荀林父、卫孔达、陈公孙宁、郑石楚伐宋。讨曰:"何故弑君!"犹立文公而还,卿不书,失其所也①。

① 卿不书,谓称人。

夏四月癸亥,葬声姜。有齐难,是以缓①。

① 过五月之例。○ 难,乃旦切,下及《注》皆同。

齐侯伐我北鄙。襄仲请盟。六月,盟于榖①。

① 晋不能救鲁,故请服。

晋侯蒐于黄父①,遂复合诸侯于扈,平宋也②。公不与会,齐难故也。书曰"诸侯",无功也③。

于是,晋侯不见郑伯,以为贰于楚也。

郑子家使执讯而与之书,以告赵宣子④,曰:"寡君即位三年⑤,召蔡侯而与之事君。九月,蔡侯入于敝邑以行⑥。

敝邑以侯宣多之难，寡君是以不得与蔡侯偕⑦。十一月，克减侯宣多而随蔡侯以朝于执事⑧。十二年六月，归生佐寡君之嫡夷⑨，以请陈侯于楚而朝诸君⑩。十四年七月，寡君又朝，以蒇陈事⑪。十五年五月，陈侯自敝邑往朝于君。往年正月，烛之武往朝夷也⑫。八月，寡君又往朝。以陈、蔡之密迩于楚而不敢贰焉，则敝邑之故也⑬。虽敝邑之事君，何以不免⑭？在位之中，一朝于襄⑮，而再见于君⑯。夷与孤之二三臣相及于绛⑰，虽我小国，则蔑以过之矣。今大国曰：'尔未逞吾志。'敝邑有亡，无以加焉。古人有言曰：'畏首畏尾，身其余几⑱。'又曰：'鹿死不择音⑲。'小国之事大国也，德则其人也⑳，不德则其鹿也，铤而走险，急何能择㉑。命之罔极，亦知亡矣㉒。将悉敝赋以待于鯈，唯执事命之㉓。文公二年六月壬申，朝于齐㉔。四年二月壬戌，为齐侵蔡㉕，亦获成于楚㉖。居大国之间而从于强令，岂其罪也㉗。大国若弗图，无所逃命。"

晋巩朔行成于郑，赵穿、公婿池为质焉㉘。

① 一名黑壤，晋地。○父，音甫。壤，如丈切。　② 《传》不列诸国而言复合，则如上十五年会扈之诸侯可知也。○复，扶又切，《注》同。③ 刺欲平宋而复不能。○与，音预。　④ 执讯，通讯问之官。为书与宣子。○讯，音信。　⑤ 鲁文二年。　⑥ 行，朝晋也。　⑦ 宣多既立穆公，恃宠专权。○偕，音皆。　⑧ 减，损也。难未尽而行，言汲汲于朝晋。○汲，音急。　⑨ 归生，子家名。夷，大子名。○嫡，丁历切。⑩ 请陈于楚，与俱朝晋。　⑪ 蒇，敕也。敕成前好。○蒇，敕展切。好，呼报切；一本作事。　⑫ 将夷往朝晋。　⑬ 密迩，比近也。○比，毗志切。　⑭ 免，免罪也。　⑮ 襄公。○朝，直遥切。　⑯ 君，灵公也。○见，贤遍切。　⑰ 孤之二三臣，谓烛之武、归生自谓也。绛，晋国

都。　⑱言首尾有畏,则身中不畏者少。○几,居岂切。　⑲音,所茠荫之处。古字声同,皆相假借。○茠,虚求切。荫,於鸩切。　⑳以德加己,则以人道相事。　㉑铤,疾走貌。言急则欲荫茠于楚,如鹿赴险。○铤,它顶切。　㉒言晋命无极。　㉓儵,晋、郑之竟。言欲以兵距晋。○儵,直留切。竟,音境。　㉔郑文二年六月壬申,鲁庄二十三年六月二十日。　㉕鲁庄二十五年二月无壬戌,壬戌,三月二十日。○为,于伪切。　㉖郑与楚成。　㉗令,号令也。　㉘赵穿,卿也。公婿池,晋侯女婿。○巩,九勇切。质,音致,下同。

秋,周甘歜败戎于邥垂,乘其饮酒也①。

① 歜,周大夫。邥垂,周地,河南新城县北有垂亭。为成元年晋侯平戎于王张本。○歜,昌欲切。邥,音审。

冬十月,郑大子夷、石楚为质于晋①。

① 夷,灵公也。石楚,郑大夫。

襄仲如齐,拜穀之盟。复曰:"臣闻齐人将食鲁之麦。以臣观之,将不能。齐君之语偷。臧文仲有言曰:'民主偷必死①。'"

① 偷,犹苟且。○偷,他侯切。

经

十有八年春,王二月丁丑,公薨于台下。

秦伯罃卒①。

夏五月戊戌,齐人弑其君商人②。

六月癸酉,葬我君文公。

秋,公子遂、叔孙得臣如齐③。

冬十月,子卒④。

夫人姜氏归于齐。

季孙行父如齐⑤。

莒弑其君庶其⑥。

① 无《传》,未同盟而赴以名。○罃,于耕切。　② 不称盗,罪商人。
③ 书二卿,以两事行,非相为介。○介,音界。　④ 先君既葬不称君者,
鲁人讳弑,以未成君书之。子,在丧之称。○弑,申志切;本又作杀之。称,
尺证切。　⑤ 无《传》。　⑥ 称君,君无道也。

传

十八年春,齐侯戒师期①而有疾,医曰:"不及秋,将死。"公闻之,卜曰:"尚无及期②。"惠伯令龟③,卜楚丘占之曰:"齐侯不及期,非疾也。君亦不闻④。令龟有咎⑤。"二月丁丑,公薨。

① 将以伐鲁。　② 尚,庶几也,欲令先师期死。○令,力呈切。先,
悉荐切,下同。　③ 以卜事告龟。　④ 言君先齐侯终。　⑤ 言令
龟者亦有凶咎,见于卜兆,为惠伯死张本。○见,贤遍切。

齐懿公之为公子也,与邴歜之父争田,弗胜。及即位,乃掘而刖之①,而使歜仆②。纳阎职之妻,而使职骖乘③。夏

五月,公游于申池④。二人浴于池,歜以扑抶职⑤。职怒。歜曰:"人夺女妻而不怒,一抶女庸何伤!"职曰:"与刖其父而弗能病者何如⑥?"乃谋弑懿公,纳诸竹中。归,舍爵而行⑦。齐人立公子元⑧。

① 断其尸足。○邴,音丙,又彼病切。歜,昌欲切。掘,其勿切,又其月切。刖,音月,又五刮切。断,丁管切。　② 仆,御也。　③ 骖乘,陪乘。○骖,音七南切。乘,绳证切,《注》同。　④ 齐南城西门名申门,齐城无池,唯此门左右有池,疑此则是。　⑤ 扑,箠也。抶,击也。欲以相感激。○扑,普卜切;字宜从手,作木边,非也。抶,敕乙切。箠,市棩切,又之棩切。激,古历切。　⑥ 言不以父刖为病恨。○女,音汝。　⑦ 饮酒讫,乃去。言齐人恶懿公,二人无所畏。○舍,音赦,置也。恶,乌路切。　⑧ 桓公子惠公。

六月,葬文公。
秋,襄仲、庄叔如齐,惠公立故,且拜葬也①。

① 襄仲贺惠公立,庄叔谢齐来会葬。

文公二妃敬嬴生宣公。敬嬴嬖而私事襄仲。宣公长而属诸襄仲,襄仲欲立之,叔仲不可①。仲见于齐侯而请之。齐侯新立而欲亲鲁,许之。冬十月,仲杀恶及视而立宣公②。书曰"子卒",讳之也。仲以君命召惠伯③。其宰公冉务人止之,曰:"入必死。"叔仲曰:"死君命可也。"公冉务人曰:"若君命可死,非君命何听?"弗听,乃入,杀而埋之马矢之中④。公冉务人奉其帑以奔蔡,既而复叔仲氏⑤。

① 叔仲，惠伯。○ 嬴，音盈。嬖，必计切。长，丁丈切。属，音烛。② 恶，大子。视，其母弟。杀视不书，贱之。○ 见，贤遍切。　③ 诈以子恶命。　④ 惠伯死不书者，史畏襄仲不敢书杀惠伯。○ 听，音吐定切。⑤ 不绝其后。

夫人姜氏归于齐，大归也①。将行，哭而过市曰："天乎，仲为不道，杀适立庶。"市人皆哭，鲁人谓之哀姜②。

① 恶、视之母出姜也。嫌与有罪出者异，故复发《传》。○ 复，扶又切。② 所谓出姜，不允于鲁。○ 过，古禾切，又古卧切。适，丁历切。

莒纪公生大子仆，又生季佗，爱季佗而黜仆，且多行无礼于国①。仆因国人以弑纪公，以其宝玉来奔，纳诸宣公。公命与之邑，曰："今日必授。"季文子使司寇出诸竟，曰："今日必达②。"公问其故。季文子使大史克对曰："先大夫臧文仲教行父事君之礼，行父奉以周旋，弗敢失队。曰：'见有礼于其君者，事之如孝子之养父母也。见无礼于其君者，诛之如鹰鹯之逐鸟雀也。'先君周公制《周礼》曰：'则以观德③，德以处事④，事以度功⑤，功以食民⑥。'作誓命曰：'毁则为贼⑦，掩贼为藏⑧，窃贼为盗⑨，盗器为奸⑩。主藏之名⑪，赖奸之用⑫，为大凶德，有常无赦⑬，在《九刑》不忘⑭。'行父还观莒仆，莫可则也⑮。孝敬忠信为吉德，盗贼藏奸为凶德。夫莒仆，则其孝敬，则弑君父矣，则其忠信，则窃宝玉矣。其人则盗贼也，其器则奸兆也⑯，保而利之则主藏也。以训则昏，民无则焉。不度于善⑰，而皆在于凶德，是以去之。

"昔高阳氏有才子八人⑱：苍舒、隤敳、梼戭、大临、尨降、庭坚、仲容、叔达⑲，齐圣广渊，明允笃诚，天下之民谓之'八恺'⑳。高辛氏有才子八人㉑：伯奋、仲堪、叔献、季仲、伯虎、仲熊、叔豹、季狸㉒，忠肃共懿，宣慈惠和，天下之民谓之'八元'㉓。此十六族也，世济其美，不陨其名㉔，以至于尧，尧不能举。舜臣尧，举八恺，使主后土㉕，以揆百事，莫不时序，地平天成㉖；举八元，使布五教于四方㉗，父义、母慈、兄友、弟共、子孝，内平外成㉘。昔帝鸿氏有不才子㉙，掩义隐贼，好行凶德，丑类恶物，顽嚚不友，是与比周㉚，天下之民谓之'浑敦'㉛。少皞氏有不才子㉜，毁信废忠，崇饰恶言，靖谮庸回，服谗蒐慝，以诬盛德㉝，天下之民谓之'穷奇'㉞。颛顼氏有不才子，不可教训，不知话言㉟，告之则顽㊱，舍之则嚚㊲，傲很明德，以乱天常，天下之民谓之'梼杌'㊳。此三族也，世济其凶，增其恶名，以至于尧，尧不能去㊴。缙云氏有不才子㊵，贪于饮食，冒于货贿，侵欲崇侈，不可盈厌，聚敛积实，不知纪极，不分孤寡，不恤穷匮㊶，天下之民以比三凶㊷，谓之'饕餮'㊸。舜臣尧㊹，宾于四门㊺，流四凶族㊻浑敦、穷奇、梼杌、饕餮，投诸四裔，以御魑魅㊼。是以尧崩而天下如一，同心戴舜以为天子，以其举十六相，去四凶也。故《虞书》数舜之功曰'慎徽五典，五典克从'，无违教也㊽；曰'纳于百揆，百揆时序'，无废事也㊾；曰'宾于四门，四门穆穆'，无凶人也㊿。舜有大功二十而为天子㉛。今行父虽未获一吉人，去一凶矣，于舜之功，二十之一也，庶几免于戾乎㊅！"

323

① 纪,号也。莒夷无谥,故有别号。○ 佗,徒何切。　② 未见公而文子出之,故来不书。○ 竟,音境。　③ 则,法也。合法则为吉德。○ 大,音泰。队,直类切。养,余亮切。鹰,於陵切。鹯,之然切;《说文》,止仙切;《字林》,巳仙切。　④ 处,犹制也。　⑤ 度,量也。○ 度,待洛切,《注》及下同。　⑥ 食,养也。○ 食,音嗣,《注》同。　⑦ 誓,要信也。毁则,坏法也。○ 坏,音怪。　⑧ 掩,匿也。○ 匿,女乙切。　⑨ 贿财也。　⑩ 器,国用也。　⑪ 以掩贼为名。　⑫ 用奸器也。　⑬ 刑有常。　⑭《誓命》以下,皆《九刑》之书。《九刑》之书今亡。　⑮ 还,犹周旋。○ 还,音旋。　⑯ 兆,域也。　⑰ 度,居也。　⑱ 高阳,帝颛顼之号。八人,其苗裔。○ 去,起吕切。颛,音专。顼,许玉切。裔,以制切。　⑲ 此即垂、益、禹、皋陶之伦。庭坚即皋陶字。○ 隤,徒回切。敳,五才切,一音五回切;韦昭音瑰。梼,直由切;韦昭音桃。戭,以善切;《汉书》作戬;韦昭,已震切。尨,莫江切。降,下江切。陶,音遥。　⑳ 齐,中心。渊,深也。允,信也。笃,厚也。恺,和也。○ 恺,开在切。　㉑ 高辛,帝喾之号。八人亦其苗裔。○ 喾,苦毒切。　㉒ 此即稷、契、朱虎、熊罴之伦。○ 奋,甫问切。熊,音雄。狸,力之切。契,息列切,依字当作偰,古文作卨。罴,彼皮切。　㉓ 肃,敬也。懿,美也。宣,徧也。元,善也。○ 徧,音遍。　㉔ 济,成也。陨,队也。○ 陨,于敏切。队,直类切。　㉕ 后土,地官。禹作司空,平水土,即主地之官。　㉖ 揆,度也。成,亦平也。○ 揆,葵癸切。　㉗ 契作司徒,五教在宽,故知契在八元之中。○ 契,斯列切,下同。　㉘ 内诸夏,外夷狄。○ 夏,户雅切。　㉙ 帝鸿,黄帝。　㉚ 丑,亦恶也。比,近也。周,密也。○ 好,呼报切。嚚,鱼巾切。心不则德义之经为顽,口不道忠信之言为嚚。比,毗志切。　㉛ 谓驩兜。浑敦,不开通之貌。○ 浑,户本切。敦,徒本切。驩,呼端切。兜,都侯切。　㉜ 少皞,金天氏之号,次黄帝。○ 少,诗照切,《注》同。皞,胡老切。　㉝ 崇,聚也。靖,安也。庸,用也。回,邪也。服,行也。蒐,隐也。慝,恶也。盛德,贤人也。○ 蒐,所留切。慝,他得切。邪,似嗟切。　㉞ 谓共工。其行穷,其好奇。○ 奇,其宜切。共,音恭。行,下孟

切。好，呼报切。 ㉟ 话，善也。○ 话，户快切。 ㊱ 德义不入心。㊲ 不道忠信。○ 舍，音赦。 ㊳ 谓鲧。梼杌，顽凶无俦匹之貌。○ 傲，五报切。很，户垦切。梼，徒刀切。杌，五忽切。鲧，古本切。 ㊴ 方以宣公比尧，行父比舜，故言尧亦不能去，须贤臣而除之。○ 去，起吕切，《注》及下皆同。 ㊵ 缙云，黄帝时官名。 ㊶ 冒，亦贪也。盈，满也。实，财也。○ 厌，於艳切。匮，其媿切。 ㊷ 非帝子孙，故别以比三凶。㊸ 贪财为饕，贪食为餮。○ 饕，他刀切。餮，他结切，《注》同。 ㊹ 为尧臣。 ㊺ 辟四门，达四聪，以宾礼众贤。○ 辟，婢亦切。聪，本亦作窻，七工切。 ㊻ 案四凶罪状而流放之。 ㊼ 投，弃也。裔，远也。放之四远，使当魑魅之灾。魑魅，山林异气所生，为人害者。○ 御，鱼吕切。魑，敕知切，山神兽形。魅，亡备切；《说文》作鬽，云，老精物也；鬽或从未。㊽ 徽，美也。典，常也。此八元之功。○ 戴，多代切。相，息亮切，下《注》同。去，起吕切。数，色主切。徽，许归切。 ㊾ 此八恺之功。(50) 流四凶。 (51) 举十六相，去四凶也。 (52) 史克激称以辨宣公之惑，释行父之志，故其言美恶有过辞，盖事宜也。○ 激，古历切。

宋武氏之族道昭公子，将奉司城须以作乱①。十二月，宋公杀母弟须及昭公子，使戴、庄、桓之族攻武氏于司马子伯之馆②。遂出武、穆之族③，使公孙师为司城④，公子朝卒，使乐吕为司寇，以靖国人⑤。

① 文公弑昭公，故武族欲因其子以作乱。司城须，文公弟。○《释文》：宋武氏之族，本或作武、穆之族者，后人取下文妄加也。道，音导。② 戴族，华乐也。庄族，公孙师也。桓族，向、鱼、鳞、荡也。司马子伯，华耦也。○ 向，舒亮切。 ③ 穆族党于武氏故。 ④ 公孙师，庄公之孙。⑤ 乐吕，戴公之曾孙，为宣三年宋师围曹《传》。

春秋经传集解第十

宣公上

〇《释文》：宣公名倭，一名接，又作委，文公子，母敬嬴。《谥法》，善问周达曰宣。

经

元年春，王正月，公即位①。

公子遂如齐逆女②。

三月，遂以夫人妇姜至自齐③。

夏，季孙行父如齐。

晋放其大夫胥甲父于卫④。

公会齐侯于平州⑤。

公子遂如齐。

六月，齐人取济西田⑥。

秋，邾子来朝⑦。

楚子、郑人侵陈，遂侵宋。晋赵盾帅师救陈⑧。

宋公、陈侯、卫侯、曹伯会晋师于棐林，伐郑⑨。

冬，晋赵穿帅师侵崇⑩。

晋人、宋人伐郑。

① ⑦ 无《传》。　② 不讥丧娶者,不待贬责而自明也。卿为君逆,例在文四年。○ 娶,七喻切。为,于伪切。　③ 称妇,有姑之辞。不书氏,史阙文。　④ 放者,受罪黜免,宥之以远。○ 宥,音又。　⑤ 平州,齐地,在泰山牟县西。○ 牟,亡侯切。　⑥ 鲁以赂齐,齐人不用师徒,故曰取。　⑧《传》言救陈、宋。《经》无宋字,盖阙。○ 盾,徒本切。　⑨ 晋师救陈、宋,四国君往会之,共伐郑也。不言会赵盾,取于兵会,非好会也。棐林,郑地。荥阳宛陵县东南有林乡。○ 棐,芳尾切。好,呼报切。　⑩ ○ 崇,本亦作密。

传

元年春,王正月,公子遂如齐逆女,尊君命也①。三月,遂以夫人妇姜至自齐,尊夫人也②。

① 诸侯之卿,出入称名氏,所以尊君命也。《传》于此发者,与还文不同,故释之。　② 遂不言公子,替其尊称,所以成小君之尊也。公子,当时之宠号,非族也,故《传》不言舍族。《释例》论之备矣。○ 称,尺证切。舍,音捨。

夏,季文子如齐,纳赂以请会①。

① 宣公篡立,未列于会,故以赂请之。○ 篡,初患切。

晋人讨不用命者,放胥甲父于卫①,而立胥克②。先辛奔齐③。

① 胥甲,下军佐,文十二年战河曲,不肯薄秦于险。　② 克,甲之

子。　　③辛,甲之属大夫。

会于平州以定公位①。东门襄仲如齐拜成②。六月,齐人取济西之田,为立公故,以赂齐也③。

①篡立者,诸侯既与之会,则不得复讨。臣子杀之,与弑君同。故公与齐会而位定。○复,扶又切。　　②谢得会也。　　③济西,故曹地。僖三十一年晋文以分鲁。○为,于伪切。

宋人之弑昭公也①,晋荀林父以诸侯之师伐宋,宋及晋平。宋文公受盟于晋,又会诸侯于扈,将为鲁讨齐,皆取赂而还②。

郑穆公曰:"晋不足与也。"遂受盟于楚。陈共公之卒,楚人不礼焉③。陈灵公受盟于晋。秋,楚子侵陈,遂侵宋。晋赵盾帅师救陈、宋。会于棐林,以伐郑也。楚芳贾救郑,遇于北林④。囚晋解扬,晋人乃还⑤。

晋欲求成于秦,赵穿曰:"我侵崇,秦急崇,必救之⑥。吾以求成焉。"冬,赵穿侵崇,秦弗与成。晋人伐郑,以报北林之役⑦。

于是,晋侯侈,赵宣子为政,骤谏而不入,故不竞于楚⑧。

①在文十六年。　　②文十五年、十七年,二扈之盟,皆受赂。③卒在文十三年。○共,音恭。　　④与晋师相遇。荥阳中牟县西南有林亭,在郑北。　　⑤解扬,晋大夫。○解,音蟹。　　⑥崇,秦之与国。○秦急崇,绝句;本或作崇急秦必救之,是后人改耳。　　⑦报囚解扬。

⑧ 竞,强也。为明年郑伐宋张本。○ 侈,昌氏切,又户氏切。骤,仕救切。

经

二年春,王二月壬子,宋华元帅师及郑公子归生帅师,战于大棘。宋师败绩,获宋华元①。

秦师伐晋。

夏,晋人、宋人、卫人、陈人侵郑②。

秋九月乙丑,晋赵盾弑其君夷皋③。

冬十月乙亥,天王崩④。

① 得大夫,生死皆曰获。例在昭二十三年。大棘在陈留襄邑县南。② 郑为楚伐宋,获其大夫。晋赵盾兴诸侯之师将为宋报耻,畏楚而还。失霸者之义,故贬称人。○ 为,于伪切。　③ 灵公不君而称臣以弑者,以示良史之法,深责执政之臣,例在四年。○ 皋,古刀切。　④ 无《传》。

传

二年春,郑公子归生受命于楚,伐宋①。宋华元、乐吕御之。二月壬子,战于大棘,宋师败绩,囚华元,获乐吕②,及甲车四百六十乘,俘二百五十人,馘百人。狂狡辂郑人,郑人入于井③,倒戟而出之,获狂狡。君子曰:"失礼违命,宜其为禽也。戎昭果毅以听之之谓礼④,杀敌为果,致果为毅。易之,戮也⑤。"

将战,华元杀羊食士,其御羊斟不与。及战,曰:"畴昔之羊,子为政⑥;今日之事,我为政。"与入郑师,故败。君子谓:"羊斟非人也,以其私憾,败国殄民⑦。于是刑孰大焉。"

《诗》所谓'人之无良'者⑧,其羊斟之谓乎,残民以逞。"

宋人以兵车百乘、文马百驷⑨以赎华元于郑。半入,华元逃归,立于门外,告而入⑩。见叔牂曰:"子之马然也⑪。"对曰:"非马也,其人也⑫。"既合而来奔⑬。

宋城,华元为植,巡功⑭。城者讴曰:"睅其目,皤其腹,弃甲而复⑮。于思于思,弃甲复来⑯。"使其骖乘谓之曰:"牛则有皮,犀兕尚多,弃甲则那⑰?"役人曰:"从其有皮,丹漆若何?"华元曰:"去之,夫其口众我寡⑱。"

① 受楚命也。○ 受命于楚,本或作命于楚。　② 乐吕,司(空)〔寇〕。获不书,非元帅也。获生死通名。《经》言获华元,故《传》特护之曰囚,以明其生获,故得见赎而还。○ 帅,所类切。赎,食欲切。　③ 狂狡,宋大夫。辂,迎也。○ 乘,绳证切,下同。俘,芳夫切。馘,古获切。馘百人,或作馘百者,人,衍字。狡,古卯切。辂,五嫁切。　④ 听,谓常存于耳,著于心,想闻其政令。○ 倒,丁老切。宜其为禽,一本作宜其禽也。毅,鱼既切。著,直略切。　⑤ 易,反易。　⑥ 畴昔,犹前日也。○ 食,音嗣。斟,之金切。与,音预。　⑦ 憾,恨也。殄,尽也。○ 憾,本亦作感,户暗切,《注》同。败,必迈切,又如字。殄,大典切。　⑧《诗·小雅》。义取不良之人,相怨以亡。　⑨ 画马为文四百匹。○ 逞,敕领切。　⑩ 告宋城门而后入,言不苟。　⑪ 叔牂,羊斟也。卑贱得先归,华元见而慰之。○ 牂,子郎切。　⑫ 叔牂知前言以显,故不敢让罪。　⑬ 叔牂言毕,遂奔鲁。合,犹答也。　⑭ 植,将主也。○ 植,直吏切。《注》同。将,子匠切。　⑮ 睅,出目。皤,大腹。弃甲,谓亡师。○ 讴,乌侯切。睅,户板切;《说文》、《字林》云,大目也;苏林云,寝视不安貌;孟康曰,犹分然也。皤,步何切。　⑯ 于思,多鬓之貌。○ 思,如字,又西才切;贾逵云,白头貌。复,扶又切。来,力知切;又如字,以协上韵。鬓,字又作髯,修于切。　⑰ 那,犹何也。○ 骖,士南切。犀,音西。兕,徐履切。那,

⑱《传》言华元不吝其咎,宽而容众。○ 漆,音七。吝,力忍切。咎,其九切。

秦师伐晋,以报崇也①,遂围焦②。夏,晋赵盾救焦,遂自阴地,及诸侯之师侵郑③,以报大棘之役。楚鬭椒救郑,曰:"能欲诸侯而恶其难乎?"遂次于郑以待晋师。赵盾曰:"彼宗竞于楚,殆将毙矣④。姑益其疾。"乃去之⑤。

① 伐崇在元年。　② 焦,晋河外邑。　③ 阴地,晋河南山北,自上洛以东至陆浑。○ 浑,户昏切。　④ 竞,强也。鬭椒,若敖之族,自子文以来,世为令尹。○ 恶,乌路切。难,乃旦切。毙,婢世切。　⑤ 欲示弱以骄之。《传》言赵盾所以称人,且为四年楚灭若敖氏张本。

晋灵公不君①,厚敛以彫墙②,从台上弹人而观其辟丸也。宰夫胹熊蹯不熟,杀之,寘诸畚,使妇人载以过朝③。赵盾、士季见其手,问其故而患之。将谏。士季曰:"谏而不入,则莫之继也。会请先,不入则子继之。"三进,及溜而后视之④。曰:"吾知所过矣,将改之。"稽首而对曰:"人谁无过?过而能改,善莫大焉。《诗》曰:'靡不有初,鲜克有终⑤。'夫如是则能补过者鲜矣。君能有终,则社稷之固也,岂唯群臣赖之。又曰:'衮职有阙,惟仲山甫补之。'能补过也⑥。君能补过,衮不废矣⑦。"犹不改。宣子骤谏,公患之,使鉏麑贼之⑧。晨往,寝门辟矣,盛服将朝,尚早,坐而假寐⑨。麑退,叹而言曰:"不忘恭敬,民之主也。贼民之主,不忠。弃君之命,不信。有一于此,不如死也。"触槐而死⑩。

秋九月，晋侯饮赵盾酒，伏甲将攻之。其右提弥明知之⑪，趋登曰："臣侍君宴，过三爵，非礼也。"遂扶以下，公嗾夫獒焉。明搏而杀之⑫。盾曰："弃人用犬，虽猛何为⑬。"斗且出，提弥明死之。

初，宣子田于首山，舍于翳桑⑭，见灵辄饿，问其病⑮。曰："不食三日矣。"食之，舍其半。问之，曰："宦三年矣⑯，未知母之存否，今近焉⑰，请以遗之。"使尽之，而为之箪食，与肉⑱，寘诸橐以与之。既而与为公介⑲，倒戟以御公徒，而免之。问何故。对曰："翳桑之饿人也。"问其名居⑳，不告而退㉑，遂自亡也㉒。

乙丑，赵穿攻灵公于桃园㉓。宣子未出山而复㉔。大史书曰："赵盾弑其君。"以示于朝。宣子曰："不然。"对曰："子为正卿，亡不越竟，反不讨贼，非子而谁？"宣子曰："乌呼，'我之怀矣，自诒伊慼'，其我之谓矣㉕！"孔子曰："董狐，古之良史也，书法不隐㉖。赵宣子，古之良大夫也，为法受恶㉗。惜也，越竟乃免㉘。"宣子使赵穿逆公子黑臀于周而立之㉙。壬申，朝于武宫㉚。

①失君道也，以明于例应称国以弑。〇弑，申志切。　②彫，画也。〇敛，力验切。彫，本亦作雕。墙，在良切。　③畚，以草索为之，筥属。〇弹，徒丹切。胹，音而，煮也。蹯，扶元切。寘，之豉切。畚，音本。索，素各切。筥，九吕切。　④士季，随会也。三进三伏，公不省而又前也。公知欲谏，故佯不视。〇手，一本作首。溜，力救切，屋霤也。　⑤《诗·大雅》也。〇鲜，息浅切，少也，下同。　⑥《诗·大雅》也。衮，君之上服。阙，过也。言服衮者有过，则仲山甫能补之。〇衮，古本切。

⑦常服衮也。　⑧鉏麑,晋力士。○鉏,仕俱切。麑,音迷,一音五兮切。　⑨不解衣冠而睡。○辟,婢亦切。盛,音成;本或作成。睡,垂伪切。　⑩槐,赵盾庭树。○槐,音怀,又音回。　⑪右,车右。○饮,於鸩切。提,本又作扺,上支切。弥,面支切。　⑫獒,猛犬也。○扶,旧本作扶,房孚切;服虔《注》作跋,先典切,云,徒跋也。今杜《注》本往往有跋者。㹺,素口切;《说文》云,使犬也;服本作㹺。夫,音扶。獒,五羔切;《尚书·传》云,大犬也;《尔雅》云,狗四尺为獒;《说文》云,犬知人心可使者。搏,音博。　⑬责公不养士而更以犬为己用。　⑭田,猎也。翳桑,桑之多荫翳者。首山在河东蒲坂县东南。○翳,於计切。荫,音阴,又於鸩切。　⑮灵辄,晋人。　⑯宦,学也。○食之,音嗣。舍,音捨。　⑰去家近。　⑱箪,笥也。○遗,唯季切,下《注》同。箪,音丹。笥,思嗣切。　⑲灵辄为公甲士。○橐,他洛切。与,音预。介,音界。　⑳问所居。　㉑不望报也。　㉒辄亦去。　㉓穿,赵盾之从父昆弟子。乙丑,九月二十七日。○攻,如字;本或作弒。　㉔晋竟之山也。盾出奔,闻公弒而还。○竟,音境,下文《注》同。弒,音试。　㉕逸《诗》也。言人多所怀恋,则自遗忧。○大,音泰。　㉖不隐盾之罪。　㉗善其为法受屈。○为,于伪切,《注》同。　㉘越竟,则君臣之义绝,可以不讨贼。　㉙黑臀,晋文公子。○臀,徒门切。　㉚壬申,十月十(五)日。既有日而无月,冬又在壬申下,明《传》文无较例。○较,音角。

初,丽姬之乱,诅无畜群公子①。自是晋无公族②。及成公即位,乃宦卿之适而为之田,以为公族③,又宦其馀子亦为馀子④,其庶子为公行⑤。晋于是有公族、馀子、公行⑥。赵盾请以括为公族⑦。曰:"君姬氏之爱子也⑧。微君姬氏,则臣狄人也。"公许之⑨。冬,赵盾为旄车之族⑩。使屏季以其故族为公族大夫⑪。

① 诅,盟誓。○ 丽,力知切。诅,侧虑切。 ② 无公子,故废公族之官。 ③ 宦,仕也。为置田邑以为公族大夫。○ 適,本又作嫡,丁历切,下及《注》同。为置,于伪切。 ④ 馀子,適子之母弟也,亦治馀子之政。 ⑤ 庶子,妾子也,掌率公戎行。○ 行,户郎切,《注》及下同。 ⑥ 皆官名。 ⑦ 括,赵盾异母弟,赵姬之中子屏季也。○ 括,古活切。中,如字,又丁仲切。屏,步丁切。 ⑧ 赵姬,文公女、成公姊也。 ⑨ 盾,狄外孙也。姬氏逆之以为適,事见僖二十四年。○ 见,贤遍切。 ⑩ 旄车,公行之官。盾本卿適,其子当为公族,辟屏季故,更掌旄车。○ 旄,音毛;一本作耗。 ⑪ 盾以其故官属与屏季,使为衰之適。○ 衰,初危切。

经

三年春,王正月,郊。牛之口伤,改卜牛,牛死,乃不郊①。犹三望。

葬匡王②。

楚子伐陆浑之戎。

夏,楚人侵郑。

秋,赤狄侵齐③。

宋师围曹。

冬十月丙戌,郑伯兰卒④。

葬郑穆公⑤。

① 牛不称牲,未卜日。 ② 无《传》。四月而葬,速。 ③ 无《传》。 ④ 再与文同盟。 ⑤ 无《传》。

传

三年春,不郊而望,皆非礼也①。望,郊之属也。不郊亦无望，可也②。

① 言牛虽伤死，当更改卜，取其吉者，郊不可废也。前年冬，天王崩，未葬而郊者，不以王事废天事。《礼记·曾子问》："天子崩未殡，五祀不行，既殡而祭。"自启至于反哭，五祀之祭不行，已葬而祭。　② 已有例在僖三十一年。复发《传》者，嫌牛死与卜不从异。〇 复，扶又切。

晋侯伐郑，及郔。郑及晋平，士会入盟①。

① 郔，郑地。为夏楚侵郑《传》。〇 郔，音延。

楚子伐陆浑之戎，遂至于雒，观兵于周疆①。定王使王孙满劳楚子②。楚子问鼎之大小轻重焉③。对曰："在德不在鼎。昔夏之方有德也④，远方图物⑤，贡金九牧⑥，铸鼎象物⑦，百物而为之备，使民知神奸⑧。故民入川泽山林，不逢不若⑨。螭魅罔两⑩，莫能逢之⑪，用能协于上下以承天休⑫。桀有昏德，鼎迁于商，载祀六百⑬。商纣暴虐，鼎迁于周。德之休明，虽小，重也⑭。其奸回昏乱，虽大，轻也⑮。天祚明德，有所厎止⑯。成王定鼎于郏鄏⑰，卜世三十，卜年七百，天所命也。周德虽衰，天命未改，鼎之轻重，未可问也。"

① 雒水出上雒冢领山，至河南巩县入河。〇 疆，居良切。　② 王孙满，周大夫。〇 劳，力报切。　③ 示欲偪周取天下。　④ 禹之世。〇 夏，户雅切。　⑤ 图画山川奇异之物而献之。　⑥ 使九州之牧贡金。　⑦ 象所图物，著之于鼎。〇 铸，之树切。著，张虑切，旧直略切。　⑧ 图鬼神百物之形，使民逆备之。　⑨ 若，顺也。　⑩ 螭，山神，兽

335

形。魅,怪物。罔两,水神。○螭,敕知切。魅,亡备切;本又作鬽。罔,亡丈切。两,本又作蜽,音同。《说文》云,罔两,山川之精物也。　⑪逢,遇也。　⑫民无灾害,则上下和而受天祐。○休,许虬切,下同。祐,音又。　⑬载、祀皆年。○载,祀。《尔雅》云,商曰祀,唐、虞曰载,周曰年,夏曰岁。　⑭不可迁。○纣,直九切。　⑮言可移。　⑯厎,致也。○祚,才故切。厎,音旨。　⑰郏鄏,今河南也。武王迁之,成王定之。○郏,古洽切。鄏,音辱。

夏,楚人侵郑,郑即晋故也。

宋文公即位,三年杀母弟须及昭公子,武氏之谋也①。使戴、桓之族攻武氏于司马子伯之馆,尽逐武、穆之族。武、穆之族以曹师伐宋。秋,宋师围曹,报武氏之乱也。

① 武氏谋奉弟须及昭公子以作乱,事在文十八年。

冬,郑穆公卒。初,郑文公有贱妾曰燕姞①,梦天使与己兰②,曰:"余为伯鯈。余,而祖也③,以是为而子④。以兰有国香,人服媚之如是⑤。"既而文公见之,与之兰而御之。辞曰:"妾不才,幸而有子,将不信,敢征兰乎⑥?"公曰:"诺。"生穆公,名之曰兰。文公报郑子之妃,曰陈妫⑦,生子华、子臧。子臧得罪而出⑧。诱子华而杀之南里⑨,使盗杀子臧于陈、宋之间⑩。又娶于江,生公子士。朝于楚,楚人酖之,及叶而死⑪。又娶于苏,生子瑕、子俞弥。俞弥早卒。洩驾恶瑕,文公亦恶之,故不立也⑫。公逐群公子,公子兰奔晋,从晋文公伐郑⑬。石癸曰:"吾闻姬、姞耦,其子孙必蕃⑭。姞,吉人也,后稷之元妃也⑮。今公子兰,姞甥也。天或启之,必将为君,其后必蕃,先纳之可以亢宠⑯。"与孔将鉏、侯宣多纳之,盟于大宫而立之⑰。以与晋平。穆公有疾,曰:"兰死,吾其死乎,吾所以生也。"刈兰而卒⑱。

① 姞,南燕姓。○姞,其乙切,又其吉切。　② 兰,香草。　③ 伯鯈,南燕祖。○鯈,直留切。　④ 以兰为女子名。○女,音汝。　⑤ 媚,爱也。欲令人爱之如兰。○媚,亡冀切。令,力呈切。　⑥ 惧将不见信,故欲计所赐兰,为怀子月数。　⑦ 郑子,文公叔父子仪也。汉律:淫季父之妻曰报。○妐,九危切。　⑧ 出奔宋。○臧,作郎切。　⑨ 在僖十六年。南里,郑地。　⑩ 在僖二十四年。　⑪ 叶,楚地,今南阳叶县。○酖,直荫切。叶,式涉切。　⑫ 洩驾,郑大夫。○俞,音榆。恶,乌路切,下同。　⑬ 在僖三十年。○从,如字,又才用切。　⑭ 姞姓宜为姬配耦。○癸,居揆切。蕃,音烦,下同。　⑮ 姞姓之女为后稷妃,周是以兴,故曰吉人。　⑯ 亢,极也。○亢,苦浪切。　⑰ 大宫,郑祖庙。○鉏,仕俱切。大,音泰,《注》同。　⑱《传》言穆氏所以大兴于郑,天所启也。○刈,鱼废切。

经

四年春,王正月,公及齐侯平莒及郯。莒人不肯,公伐莒,取向①。

秦伯稻卒②。

夏六月乙酉,郑公子归生弑其君夷③。

赤狄侵齐④。

秋,公如齐⑤。

公至自齐⑥。

冬,楚子伐郑。

① 莒、郯二国相怨,故公与齐侯共平之。向,莒邑。东海丞县东南有向城。远疑也。○ 郯,音谈。向,舒亮切。丞,韦昭,之甑切;一作承,又音拯。 ② 无《传》。未同盟。○ 稻,徒老切。 ③ 《传》例曰:称臣,臣之罪也。子公实弑而书子家罪,其权不足也。 ④ 无《传》。 ⑤ 无《传》。 ⑥ 无《传》。告于庙,例在桓二年。

传

四年春,公及齐侯平莒及郯。莒不肯,公伐莒,取向,非礼也。平国以礼不以乱,伐而不治,乱也①。以乱平乱,何治之有?无治,何以行礼?

① 责公不先以礼治之而用伐。○ 治,直吏切。

楚人献鼋于郑灵公①。公子宋与子家将见②。子公之食指动③,以示子家,曰:"他日我如此,必尝异味。"及入,宰夫将解鼋,相视而笑。公问之④,子家以告。及食大夫鼋,召子公而弗与也⑤。子公怒,染指于鼎,尝之而出。公怒,欲杀子公。

子公与子家谋先⑥。子家曰:"畜老,犹惮杀之⑦,而况君乎?"反谮子家,子家惧而从之⑧。夏,弑灵公。书曰:"郑公子归生弑其君夷。"权不足也⑨。君子曰:"仁而不武,无能达也⑩。"凡弑君:称君,君无道也;称臣,臣之罪也⑪。

郑人立子良⑫,辞曰:"以贤则去疾不足⑬,以顺则公子坚长。"乃立襄公⑭。襄公将去穆氏⑮,而舍子良⑯。子良不可,曰:"穆氏宜存,则固愿也。若将亡之,则亦皆亡,去疾何为⑰?"乃舍之,皆为大夫。

① 穆公大子夷也。○ 鼋,音元。　② 宋,子公也。子家,归生。○ 见,贤遍切。　③ 第二指也。　④ 问所笑。○ 解,如字,一音蟹。⑤ 欲使指动无效。○ 食,音嗣。　⑥ 先公为难。○ 染,如琰切。先,悉荐切。难,乃旦切。　⑦ 六畜。○ 畜,许又切,《注》同;王,许六切。惮,徒旦切,难也。　⑧ 潜子家于公。　⑨ 子家权不足以御乱,惧潜而从弑君,故书以首恶。○ 御,鱼吕切。　⑩ 初称畜老,仁也。不讨子公,是不武也。故不能自通于仁道而陷弑君之罪。　⑪ 称君,谓唯书君名而称国以弑,言众所共绝也。称臣者,谓书弑者之名以示来世,终为不义。改杀称弑,辟其恶名,取有渐也。书弑之义,《释例》论之备矣。　⑫ 穆公庶子。　⑬ 去疾,子良名。○ 去,起吕切,下皆同。　⑭ 襄公,坚也。○ 长,丁丈切。　⑮ 逐群兄弟。　⑯ 以其让己。○ 舍,音赦,下同。⑰ 何为独留。

初,楚司马子良生子越椒。子文曰:"必杀之①。是子也,熊虎之状,而豺狼之声,弗杀,必灭若敖氏矣。谚曰:'狼子野心。'是乃狼也,其可畜乎?"子良不可。子文以为大慼,及将死,聚其族曰:"椒也知政,乃速行矣,无及于难。"且泣曰:"鬼犹求食,若敖氏之鬼,不其馁而②?"及令尹子文卒,鬬般为令尹③,子越为司马,蒍贾为工正。潜子扬而杀之,子越为令尹,己为司马④。子越又恶之⑤,乃以若敖氏之族圄伯嬴于轑阳而杀之⑥,遂处烝野,将攻王。王以三王之子为质焉,弗受⑦,师于漳澨⑧。

秋七月戊戌,楚子与若敖氏战于皋浒⑨。伯棼射王,汏辀,及鼓跗,著于丁宁⑩。又射汏辀,以贯笠毂⑪。师惧,退。王使巡师曰:"吾先君文王克息,获三矢焉。伯棼窃其二,尽于是矣。"鼓而进之,遂灭若敖氏。

初,若敖娶于䢵⑫,生斗伯比。若敖卒,从其母畜于䢵⑬,淫于䢵子之女,生子文焉。䢵夫人使弃诸梦中⑭,虎乳之。䢵子田,见之,惧而归,夫人以告⑮,遂使收之。楚人谓乳穀,谓虎於菟,故命之曰斗穀於菟。以其女妻伯比⑯,实为令尹子文⑰。其孙箴尹克黄⑱使于齐,还,及宋,闻乱。其人曰,"不可以入矣。"箴尹曰:"弃君之命,独谁受之?君,天也,天可逃乎?"遂归,复命而自拘于司败。王思子文之治楚国也,曰:"子文无后,何以劝善?"使复其所,改命曰生⑲。

① 子文,子良之兄。　② 而,语助,言必馁。○ 难,乃旦切。馁,奴罪切,饿也。　③ 般,子文之子子扬。○ 般,音班。　④ 贾为椒潘子扬而已得椒处。○ 芳,于委切。为,于伪切。处,昌虑切。　⑤ 恶贾。○ 恶,乌路切,《注》同。　⑥ 圄,囚也。伯嬴,芳贾也。辽阳,楚邑。○ 圄,鱼吕切。嬴,音盈。辽,音辽。　⑦ 烝野,楚邑。三王,文、成、穆。○ 烝,之承切。质,音致。　⑧ 漳澨,漳水边。○ 漳,音章。澨,市制切。　⑨ 皋浒,楚地。○ 浒,呼五切。　⑩ 伯棼,越椒也。辀,车辕。汏,过也。箭过车辕上。丁宁,钲也。○ 棼,扶云切。射,食亦切。汏,他末切。辀,陟留切。跗,芳扶切。著,直略切。钲,音征。　⑪ 兵车无盖,尊者则边人执笠,依毂而立,以御寒暑,名曰笠毂。此言箭过车辕,及王之盖。○ 贯,古乱切。笠,音立。毂,古木切。　⑫ 䢵,国名。○ 䢵,本又作郧,音云。　⑬ 畜,养也。○ 畜,许六切。　⑭ 梦,泽名。江夏安陆县城东南有云梦

城。○梦,音蒙,又亡贡切。 ⑮告女私通所生。○乳,如主切。 ⑯伯比所淫者。○榖,奴口切。於,音乌。菟,音徒。妻,七计切。 ⑰鬭氏始自子文为令尹。 ⑱箴尹,官名。克黄,子扬之子。○箴,之金切。 ⑲易其名也。○使,所吏切。拘,音俱。

冬,楚子伐郑,郑未服也①。

① 前年楚侵郑,不获成,故曰未服。

经

五年春,公如齐。
夏,公至自齐。
秋九月,齐高固来逆叔姬①。
叔孙得臣卒②。
冬,齐高固及子叔姬来③。
楚人伐郑。

① 高固,齐大夫。不书女,归降于诸侯。 ② 无《传》。不书日,公不与小敛。○与,音预。敛,力验切。 ③ 叔姬宁,固反马。

传

五年春,公如齐。高固使齐侯止公,请叔姬焉①。
夏,公至自齐,书过也②。

① 留公,强成昏。○强,其丈切。 ② 公既见止,speed昏于邻国之臣,

左　传

厌尊毁列,累其先君而于庙行饮至之礼,故书以示过。○厌,於涉切。累,劣伪切。

秋九月,齐高固来逆女,自为也。故书曰:"逆叔姬。"卿自逆也①。

① 適诸侯称女,適大夫称字,所以别尊卑也,此《春秋》新例,故称"书曰"而不言"凡"也。不于庄二十七年发例者,嫌见逼而成昏,因明之。○为,于伪切。别,彼列切。

冬,来,反马也①。

① 礼,送女留其送马,谦不敢自安,三月庙见,遣使反马。高固遂与叔姬俱宁,故《经》《传》具见以示讥。○见,贤遍切,下同。使,所吏切。

楚子伐郑,陈及楚平。晋荀林父救郑伐陈①。

① 为明年晋、卫侵陈《传》。

经
六年春,晋赵盾、卫孙免侵陈。
夏四月。
秋八月,螽①。
冬,十月。

① 无《传》。

传

六年春,晋、卫侵陈,陈即楚故也。
夏,定王使子服求后于齐①。

① 子服,周大夫。

秋,赤狄伐晋。围怀,及邢丘①。晋侯欲伐之。中行桓子曰:"使疾其民②。以盈其贯,将可殄也③。《周书》曰:'殄戎殷④。'此类之谓也⑤。"

① 邢丘,今河内平皋县。　② 骄则数战,为民所疾。○ 数,所角切。③ 殄,尽也。贯,犹习也。○ 贯,古患切,《注》同。殄,於计切。　④《周书·康诰》也。义取周武王以兵伐殷,尽灭之。　⑤ 为十五年晋灭狄《传》。○ 为,于伪切,下《注》同。

冬,召桓公逆王后于齐①。

① 召桓公,王卿士,事不关鲁,故不书,为成二年王甥舅张本。○ 召,上照切。

楚人伐郑,取成而还①。

① 九年、十一年《传》所称厉之役,盖在此。

郑公子曼满与王子伯廖语,欲为卿①。伯廖告人曰:"无德而贪,其在《周易·丰》☲②之《离》☲③,弗过之矣④。"间一岁,郑人杀之⑤。

① 二子,郑大夫。○ 曼,音万。廖,力彫切。　②《离》下《震》上,《丰》。　③《丰》上六变而为纯《离》也。《周易》论变,故虽不筮,必以变言其义。《丰》上六曰:"丰其屋,蔀其家,阒其户,阒其无人,三岁不觌,凶。"义取无德而大,其屋不过三岁必灭亡。○ 蔀,步口切,又普口切。阒,苦规切。阒,苦鶪切。觌,徒历切。　④ 不过三年。　⑤ ○ 间,间厕之间。

经

七年春,卫侯使孙良夫来盟。

夏,公会齐侯伐莱①。

秋,公至自伐莱②。

大旱③。

冬,公会晋侯、宋公、卫侯、郑伯、曹伯于黑壤④。

①《传》例曰:不与谋也。莱国,今东莱黄县。○ 莱,音来。与,音预。　② 无《传》。　③ 无《传》。书旱而不书雩,雩无功,或不雩。　④ ○ 壤,如丈切。

传

七年春,卫孙桓子来盟,始通,且谋会晋也①。

① 公即位,卫始修好。○ 好,呼报切。

夏,公会齐侯伐莱,不与谋也。凡师出,与谋曰及,不与谋曰会①。

① 与谋者,谓同志之国,相与讲议利害,计成而行之,故以相连及为文。若不获已,应命而出,则以外合为文,皆据鲁而言。师者,国之大事,存亡之所由,故详其举动以例别之。○ 与,音预,下及《注》与谋同,年末不与放此。应,应对之应。别,彼列切,下及《注》同。

赤狄侵晋,取向阴之禾①。

① 此无秋字,盖阙文。晋用桓子谋,故纵狄。○ 向,舒亮切。

郑及晋平,公子宋之谋也,故相郑伯以会。冬,盟于黑壤,王叔桓公临之,以谋不睦①。

① 王叔桓公,周卿士,衔天子之命以监临诸侯,不同歃者,尊卑之别也。○ 相,息亮切。歃,所合切,又所甲切。监,古衔切。

晋侯之立也①,公不朝焉,又不使大夫聘,晋人止公于会,盟于黄父。公不与盟,以赂免②。故黑壤之盟不书,讳之也③。

① 在二年。　② 黄父即黑壤。　③ 慢盟主以取执止之辱,故讳之。

345

经

八年春，公至自会①。

夏六月，公子遂如齐，至黄乃复②。

辛巳，有事于大庙，仲遂卒于垂③。

壬午，犹绎。《万》入去籥④。

戊子，夫人嬴氏薨⑤。

晋师、白狄伐秦。

楚人灭舒、蓼。

秋七月甲子，日有食之，既⑥。

冬十月己丑，葬我小君敬嬴⑦。雨，不克葬。庚寅，日中而克葬⑧。

城平阳⑨。

楚师伐陈。

① 无《传》。义与五年书过同。　② 无《传》。盖有疾而还，大夫受命而出，虽死，以尸将事，遂以疾还，非礼也。　③ 有事，祭也。仲遂卒与祭同日，略书有事，为绎张本。不言公子，因上行还间无异事，省文，从可知也。称字，时君所嘉，无义例也。垂，齐地，非鲁竟，故书地。○大，音泰，《传》同。为，于伪切。省，所景切。竟，音境。　④ 绎，又祭，陈昨日之礼，所以宾尸。《万》，舞名。籥，管也。犹者，可止之辞。鲁人知卿佐之丧不宜作乐而不知废绎，故内舞去籥，恶其声闻。○去，起吕切，《注》及《传》同。籥，羊略切。管，音馆。恶，乌路切。闻，音问，又如字。　⑤ 无《传》。宣公母也。　⑥ 无《传》。月三十日，食。　⑦ 敬，谥；嬴，姓也。反哭成丧，故称葬小君。　⑧ 克，成也。　⑨ 今泰山有平阳县。

传

八年春,白狄及晋平。夏,会晋伐秦①。晋人获秦谍,杀诸绛市,六日而苏②。

① 《经》在仲遂卒下,从赴。　② 盖记异也。○谍,徒协切,间也;今谓之细作。绛,古巷切。

有事于大庙,襄仲卒而绎,非礼也。

楚为众舒叛故,伐舒、蓼,灭之①。楚子疆之②,及滑汭③。盟吴、越而还④。

① 舒、蓼,二国名。○为,于伪切。　② 正其界也。○疆,居良切。③ 滑,水名。○滑,于八切。汭,如锐切,一音如悦切。　④ 吴国,今吴郡。越国,今会稽山阴县也。《传》言楚强,吴、越服从。○会,古外切。稽,古兮切。强,其良切。

晋胥克有蛊疾①,郤缺为政②。秋,废胥克。使赵朔佐下军③。

① 惑以丧志。○蛊,音古。丧,息浪切。　② 代赵盾。　③ 朔,盾之子,代胥克,为成十七年胥童怨郤氏张本。

冬,葬敬嬴。旱,无麻,始用葛茀①。雨,不克葬,礼也。礼,卜葬先远日,辟不怀也②。

347

① 记礼变之所由。茀,所以引柩,殡则有之,以备火;葬则以下柩。○茀,方勿切,引棺索也。柩,其又切。　② 怀,思也。

城平阳,书时也。
陈及晋平。楚师伐陈,取成而还①。

① 言晋、楚争强。

经
九年春,王正月,公如齐①。
公至自齐②。
夏,仲孙蔑如京师。
齐侯伐莱③。
秋,取根牟④。
八月,滕子卒⑤。
九月,晋侯、宋公、卫侯、郑伯、曹伯会于扈。
晋荀林父帅师伐陈。
辛酉,晋侯黑臀卒于扈⑥。
冬十月癸酉,卫侯郑卒⑦。
宋人围滕。
楚子伐郑。
晋郤缺帅师救郑。
陈杀其大夫泄冶⑧。

① 无《传》。　② 无《传》。　③ 无《传》。　④ 根牟,东夷国

也。今琅邪阳都县东有牟乡。　　⑤ 未同盟。　　⑥ 卒于竟外,故书地。四与文同盟。九月无辛酉,日误。○ 竟,音境。　　⑦ 无《传》。三与文同盟。　　⑧ 洩冶直谏于淫乱之朝以取死,故不为《春秋》所贵而书名。○ 洩,息列切。冶,音也。

传

九年春,王使来征聘①。夏,孟献子聘于周,王以为有礼,厚贿之②。

① 征,召也。言周征也。征聘不书,微加讽谕,不指斥。○ 讽,芳凤切。　　② ○ 贿,呼罪切;《字林》音悔。

秋,取根牟,言易也①。

① ○ 易,以豉切。

滕昭公卒①。

① 为宋围滕《传》。

会于扈,讨不睦也①。陈侯不会②。晋荀林父以诸侯之师伐陈③。晋侯卒于扈,乃还。

① 谋齐、陈。　　② 前年与楚成故。　　③ 不书诸侯师,林父帅之,无将帅。○ 将,子匠切。帅,所类切。

349

冬，宋人围滕，因其丧也。

陈灵公与孔宁、仪行父通于夏姬，皆衷其袇服以戏于朝①。洩冶谏曰："公卿宣淫，民无效焉②，且闻不令，君其纳之③。"公曰："吾能改矣。"公告二子，二子请杀之，公弗禁，遂杀洩冶。孔子曰："《诗》云：'民之多辟，无自立辟。'其洩冶之谓乎④。"

① 二子，陈卿。夏姬，郑穆公女，陈大夫御叔妻。衷，怀也。袇服，近身衣。○夏，户雅切。衷，音忠。王，丁仲切。袇，女乙切，一音汝栗切；《说文》云，日日所衣裳也；《字林》同，又仁一切。御，如字，一音鱼吕切。近，附近之近。　② 宣，示也。○效，户教切。　③ 纳藏袇服。○闻，如字，一音问。　④ 辟，邪也。辟，法也。《诗·大雅》。言邪辟之世，不可立法。国无道，危行言孙。○禁，居鸩切，又音金。辟，本又作僻，匹亦切。下立辟，婢亦切，《注》同。邪，似嗟切，下同。行，下孟切。孙，音逊。

楚子为厉之役故，伐郑①。

① 六年楚伐郑，取成于厉。既成，郑伯逃归。事见十一年。○为，于伪切。见，贤遍切。

晋郤缺救郑，郑伯败楚师于柳棼①。国人皆喜，唯子良忧曰："是国之灾也，吾死无日矣②。"

① 柳棼，郑地。○柳，力手切。棼，扶云切。　② 自是晋、楚交共伐郑，十二年卒有楚子入郑之祸。

经

十年春,公如齐。

公至自齐①。

齐人归我济西田②。

夏四月丙辰,日有食之③。

己巳,齐侯元卒④。

齐崔氏出奔卫⑤。

公如齐。

五月,公至自齐⑥。

癸巳,陈夏徵舒弑其君平国⑦。

六月,宋师伐滕。

公孙归父如齐,葬齐惠公⑧。

晋人、宋人、卫人、曹人伐郑⑨。

秋,天王使王季子来聘⑩。

公孙归父帅师伐邾,取绎⑪。

大水⑫。

季孙行父如齐。

冬,公孙归父如齐。

齐侯使国佐来聘⑬。

饥⑭。

楚子伐郑。

---

① 无《传》。　② 元年以赂齐也。不言来,公如齐,因受之。〇济,子礼切。　③ 无《传》。不书朔,官失之。　④ 未同盟而赴以名。　⑤ 齐略见举族出,因其告辞以见无罪。〇见,贤遍切,下同。　⑥ 无

《传》。　　⑦ 徵舒，陈大夫也。灵公恶不加民，故称臣以弑。○ 夏，户雅切。　　⑧ 无《传》。归父，襄仲之子。　　⑨ 郑及楚平故。　　⑩ 王季子者，《公羊》以为天王之母弟。然则，字季子。天子大夫称字。　　⑪ 绎，邾邑。鲁国邹县北有绎山。○ 绎，音亦。　　⑫ 无《传》。　　⑬ 既葬成君，故称君命使也。　　⑭ 无《传》。有水灾，嘉穀不成。

传

十年春，公如齐。齐侯以我服故，归济西之田①。

① 公比年朝齐故。

夏，齐惠公卒。崔杼有宠于惠公，高、国畏其偪也①，公卒而逐之，奔卫。书曰"崔氏"，非其罪也，且告以族，不以名②。凡诸侯之大夫违③，告于诸侯曰："某氏之守臣某④，失守宗庙，敢告。"所有玉帛之使者则告⑤，不然，则否⑥。

① 高、国二家，齐正卿。○ 杼，直吕切。偪，彼力切。　　② 典策之法，告者皆当书以名，今齐特以族告，夫子因而存之，以示无罪。又言且告以族不以名者，明《春秋》有因而用之，不皆改旧史。　　③ 违，奔放也。　　④ 上某氏者姓，下某名。○ 守，手又切。　　⑤ 玉帛之使谓聘。○ 使，所吏切。　　⑥ 恩好不接，故亦不告。○ 好，呼报切。

公如齐奔丧①。

① 公亲奔丧，非礼也。公出朝会奔丧会葬，皆书如，不言其事，史之常也。

陈灵公与孔宁、仪行父饮酒于夏氏。公谓行父曰："徵舒似女。"对曰："亦似君。"徵舒病之①。公出，自其厩射而杀之。二子奔楚②。

① 灵公即位，于今十五年，徵舒已为卿，年大无嫌是公子。盖以夏姬淫放，故谓其子多似以为戏。○夏，户雅切。女，音汝。　②○厩，居又切。射，食亦切。

滕人恃晋而不事宋，六月，宋师伐滕。
郑及楚平①。诸侯之师伐郑，取成而还。

① 前年败楚师，恐楚深怨，故与之平。

秋，刘康公来报聘①。

① 报孟献子之聘，即王季子也。其后食采于刘。

师伐邾，取绎①。

① 为子家如齐《传》。

季文子初聘于齐①。

① 齐侯初即位。

左传

冬,子家如齐,伐邾故也①。

① 鲁侵小,恐为齐所讨,故往谢。

国武子来报聘①。

① 报文子也。

楚子伐郑。晋士会救郑,逐楚师于颍北①。诸侯之师戍郑。郑子家卒。郑人讨幽公之乱,斫子家之棺而逐其族②。改葬幽公,谥之曰灵。

① 颍水出河南阳城,至下蔡入淮。　② 以四年弑君故也。斫薄其棺,不使从卿礼。○斫,竹角切。

经
十有一年春,王正月。
夏,楚子、陈侯、郑伯盟于辰陵①。
公孙归父会齐人伐莒②。
秋,晋侯会狄于欑函③。
冬十月,楚人杀陈夏徵舒④。
丁亥,楚子入陈⑤。纳公孙宁、仪行父于陈⑥。

① 楚复伐郑,故受盟也。辰陵,陈地。颍川长平县东南有辰亭。○复,扶又切,下复封陈同。　② 无《传》。　③ 晋侯往会之,故以狄

为会主。樊函，狄地。○樊，才端切。函，音咸。　④不言楚子而称人，讨贼辞也。　⑤楚子先杀徵舒而欲县陈，后得申叔时谏，乃复封陈，不有其地，故书入在杀徵舒之后。　⑥二子，淫昏乱人也。君弑之后，能外托楚以求报君之仇，内结强援于国。故楚庄得平步而讨陈，除弑君之贼。于时陈成公播荡于晋，定亡君之嗣，灵公成丧，贼讨国复，功足以补过，故君子善楚复之。○播，补贺切。荡，如字。

传

十一年春，楚子伐郑，及栎。子良曰："晋、楚不务德而兵争，与其来者可也。晋、楚无信，我焉得有信。"乃从楚。夏，楚盟于辰陵，陈、郑服也①。

①《传》言楚与晋狎主盟。○栎，力狄切。争，争斗之争。焉，於虔切。夏楚盟，本或作楚子。

楚左尹子重侵宋①，王待诸郔②。令尹蒍艾猎城沂③，使封人虑事④，以授司徒⑤。量功命日⑥，分财用⑦，平板幹⑧，称畚筑⑨，程土物⑩，议远迩⑪，略基趾⑫，具餱粮⑬，度有司⑭，事三旬而成⑮，不愆于素⑯。

①子重，公子婴齐，庄王弟。　②郔，楚地。○郔，音延。
③艾猎，孙叔敖也。沂，楚邑。○艾，五盖切。猎，力涉切。沂，鱼依切。
④封人，其时主筑城者。虑事，谋虑计功。○虑，如字，一音力於切。
⑤司徒掌役。　⑥命作日数。　⑦财（具）〔用〕，筑作具。
⑧幹，桢也。○幹，古旦切，亦作幹。桢，音贞。　⑨量轻重。畚，盛土器。○畚，音本。盛，音成。　⑩为作程限。○为，于伪切，又如字。

⑪均劳逸。　⑫趾,城足;略,行也。○趾,音止。行,下孟切。
⑬饩,乾食也。○饩,音侯。粮,音良。乾食,如字,一音嗣;本或作乾饭。
⑭谋监主。○度,待洛切。监,古衔切。　⑮十日为旬。　⑯不过素所虑之期也。《传》言叔敖之能使民。○愆,起虔切。

晋郤成子求成于众狄,众狄疾赤狄之役,遂服于晋①。秋,会于欑函,众狄服也。是行也,诸大夫欲召狄。郤成子曰:"吾闻之,非德莫如勤,非勤何以求人? 能勤有继,其从之也②。《诗》曰:'文王既勤止③。'文王犹勤,况寡德乎?"

①赤狄潞氏最强,故服役众狄。○潞,音路。　②勤则功继之。③《诗·颂》。文王勤以创业。○创,初亮切。

冬,楚子为陈夏氏乱故,伐陈①。谓陈人无动,将讨于少西氏②。遂入陈,杀夏徵舒,轘诸栗门③,因县陈④。陈侯在晋⑤。申叔时使于齐,反,复命而退。王使让之曰:"夏徵舒为不道,弑其君,寡人以诸侯讨而戮之,诸侯县公皆庆寡人⑥,女独不庆寡人,何故?"对曰:"犹可辞乎?"王曰:"可哉!"曰:"夏徵舒弑其君,其罪大矣,讨而戮之,君之义也。抑人亦有言曰:'牵牛以蹊人之田⑦,而夺之牛。'牵牛以蹊者,信有罪矣;而夺之牛,罚已重矣。诸侯之从也,曰讨有罪也。今县陈,贪其富也。以讨召诸侯,而以贪归之,无乃不可乎?"王曰:"善哉! 吾未之闻也。反之可乎?"对曰:"可哉! 吾侪小人所谓取诸其怀而与之也⑧。"乃复封陈,乡取一人焉以归,谓之夏州⑨。故书曰:"楚子入陈,纳公孙宁、仪行父于陈。"书有礼也⑩。

① 十年,夏徵舒弑君。○为,于伪切。　② 少西,徵舒之祖子夏之名。○少,诗照切。　③ 辕,车裂也。栗门,陈城门。○辕,音患。　④ 灭陈以为楚县。　⑤ 灵公子成公午。　⑥ 楚县大夫皆僭称公。○使,所吏切。僭,子念切。　⑦ 抑,辞也。蹊,径也。○女,音汝。蹊,音兮。径,古定切。　⑧ 叔时谦言小人意浅,谓譬如取人物于其怀而还之,为愈于不还。○侪,仕皆切,辈也。　⑨ 州,乡属,示讨夏氏所获也。○复,扶又切。夏,户雅切。　⑩ 没其县陈本意,全以讨乱存国为文,善其复礼。

厉之役,郑伯逃归①。自是楚未得志焉。郑既受盟于辰陵,又徼事于晋②。

① 盖在六年。　② 为明年楚围郑《传》。十年郑及楚平,既无其事。辰陵盟后,郑徼事晋,又无端迹。《传》皆特发以明《经》也。自厉之役,郑南北两属,故未得志。九年,楚子伐郑,不以黑壤兴伐,远称厉之役者,志恨在厉役。此皆《传》上下相包通之义也。○徼,古尧切。

春秋经传集解第十一

宣公下

经

十有二年春,葬陈灵公①。

楚子围郑②。

夏六月乙卯,晋荀林父帅师及楚子战于邲,晋师败绩③。

秋七月。

冬十有二月戊寅,楚子灭萧④。

晋人、宋人、卫人、曹人同盟于清丘⑤。

宋师伐陈,卫人救陈⑥。

① 无《传》。贼讨国复,二十二月然后得葬。　② 前年盟辰陵而又徼事晋故。○徼,古尧切。　③ 晋上军成陈,故书战。邲,郑地。○邲,扶必切,一音弼。陈,音直觐切。　④ 萧,宋附庸国。十二月无戊寅;戊寅,十一月九日。　⑤ 晋、卫背盟,故大夫称人。宋华椒承群伪之言,以误其国,宋虽有守信之善,而椒犹不免讥。清丘,卫地,今在濮阳县东南。○背,蒲对切,下《注》同。　⑥ 背清丘之盟。

传

十二年春,楚子围郑。旬有七日,郑人卜行成,不吉。卜临于大宫①,且巷出车,吉②。国人大临,守陴者皆哭③。

楚子退师,郑人修城,进复围之,三月克之④。入自皇门,至于逵路⑤。郑伯肉袒牵羊以逆⑥,曰:"孤不天⑦,不能事君,使君怀怒以及敝邑,孤之罪也。敢不唯命是听。其俘诸江南以实海滨,亦唯命。其翦以赐诸侯,使臣妾之,亦唯命⑧。若惠顾前好⑨,徼福于厉、宣、桓、武,不泯其社稷⑩,使改事君,夷于九县⑪,君之惠也,孤之愿也,非所敢望也。敢布腹心,君实图之。"左右曰:"不可许也,得国无赦。"王曰:"其君能下人,必能信用其民矣,庸可几乎?"退三十里而许之平⑫。潘尪入盟,子良出质⑬。

① 临,哭也。大宫,郑祖庙。○临,力鸩切;《注》下同。大,音泰,《注》同。　② 出车于巷,示将见迁,不得安居。　③ 陴,城上僻倪。皆哭,所以告楚穷也。○陴,婢支切;徐,扶移切。僻,普计切。倪,五计切。④ 哀其穷哭,故为退师,而犹不服,故复围之九十日。○复,扶又切,《注》同。为,于伪切。　⑤ 涂方九轨曰逵。○逵,求龟切;《尔雅》云,九达谓之逵;《说文》作馗,云,九达道,似龟背,故谓之馗。逵,或馗字。　⑥ 肉袒牵羊,示服为臣仆。○袒,徒旱切。　⑦ 不为天所祐。○祐,音又。⑧ 翦,削也。○俘,芳夫切,囚也。滨,音宾。翦,子浅切。　⑨ 楚、郑世有盟誓之好。○好,呼报切,《注》同。　⑩ 周厉王、宣王,郑之所自出也。郑桓公、武公,始封之贤君也。愿楚要福于此四君,使社稷不灭。泯,犹灭也。○厉宣:郑桓公友,周厉王之子,宣王之母弟。桓武:郑武公名滑突,桓公之子。泯,弥忍切;徐,亡轸切。要,於遥切。　⑪ 楚灭九国以为县,愿得比之。○九县:庄十四年灭息,十六年灭邓,僖五年灭弦,十二年灭黄,二十六年灭夔,文四年灭江,五年灭六,灭蓼,十六年灭庸。《传》称楚武王克权,使斗缗尹之;又称文王县申、息,凡十一国,不知何以言九。⑫ 退一舍以礼郑。○下,遐嫁切。几,音冀。　⑬ 潘尪,楚大夫。子良,

郑伯弟。○尪,乌黄切。质,音致。

夏六月,晋师救郑。荀林父将中军①,先縠佐之②。士会将上军③,郤克佐之④。赵朔将下军⑤,栾书佐之⑥。赵括、赵婴齐为中军大夫⑦。巩朔、韩穿为上军大夫。荀首、赵同为下军大夫⑧。韩厥为司马⑨。

及河,闻郑既及楚平,桓子欲还,曰:"无及于郑而剿民,焉用之⑩?楚归而动,不后⑪。"随武子曰:"善⑫。会闻用师,观衅而动⑬。德刑政事典礼不易,不可敌也,不为是征⑭。楚军讨郑,怒其贰而哀其卑,叛而伐之,服而舍之,德刑成矣。伐叛,刑也;柔服,德也。二者立矣。昔岁入陈⑮,今兹入郑,民不罢劳,君无怨讟⑯,政有经矣⑰。荆尸而举⑱,商农工贾不败其业,而卒乘辑睦⑲,事不奸矣⑳。芳敖为宰,择楚国之令典㉑,军行右辕,左追蓐㉒,前茅虑无㉓,中权后劲㉔,百官象物而动,军政不戒而备㉕,能用典矣。其君之举也,内姓选于亲,外姓选于旧㉖,举不失德,赏不失劳,老有加惠㉗,旅有施舍㉘,君子小人,物有服章㉙,贵有常尊,贱有等威㉚,礼不逆矣。德立刑行,政成事时,典从礼顺,若之何敌之?见可而进,知难而退,军之善政也。兼弱攻昧,武之善经也㉛。子姑整军而经武乎㉜,犹有弱而昧者,何必楚?仲虺有言曰:'取乱侮亡。'兼弱也㉝。《汋》曰:'於铄王师,遵养时晦㉞。'耆昧也㉟。《武》曰:'无竞惟烈㊱。'抚弱耆昧以务烈所,可也㊲。"彘子曰:"不可㊳。晋所以霸,师武臣力也。今失诸侯,不可谓力。有敌而不从,不可谓武。由我失霸,不如死。且成师以出,闻敌强而退,非夫也㊴。命为军帅,而卒以非夫,唯群子能,我弗为也。"以中军佐济⁴⁰。知庄子曰:"此师殆哉⁴¹。《周易》有之,在《师》䷆⁴²之《临》䷒⁴³,曰:'师出以律,否臧,凶⁴⁴。'执事顺成为臧,逆为否⁴⁵,众散为弱⁴⁶,川壅为泽⁴⁷,有律以如己也⁴⁸,故曰律,否臧。且律竭也⁴⁹,盈而以竭,夭且不整,所以凶也⁵⁰。不行之谓《临》⁵¹,有帅而不从,临孰甚焉! 此之谓矣⁵²。果遇必败⁵³,蒍子尸之⁵⁴。虽免而归,必有大咎⁵⁵。"韩献子谓桓子⁵⁶曰:"蒍子以偏师陷,子罪大矣。子为元帅,师不用命,谁之罪也?失属亡师,为罪已重,不如进也⁵⁷。事之不捷,恶有所分⁵⁸,与其专罪,六人同之,不犹愈乎⁵⁹?"师遂济。楚子北,师次于郔⁶⁰。沈尹将中军⁶¹,子重将左,子反将右,将饮马于河而归⁶²。闻晋师既济,王欲还,嬖人伍参欲战⁶³。令尹孙叔敖弗欲,曰:"昔岁入陈,今兹入郑,不无事矣。战而不捷,参之肉其足食乎?"参曰:"若事之捷,孙叔为无谋矣。不捷,参之肉将在晋军,可得食乎?"令尹南辕反旆⁶⁴。伍参言于王曰:"晋之从政者新,未能行令。其佐先縠刚愎不仁,未肯用命⁶⁵。其三帅者专行不获⁶⁶,听而无上,众谁适从⁶⁷。此行也,晋师必败。且君而逃臣,若社稷何?"王病之,告令尹,改乘辕而北之,次于管以待之。

晋师在敖、鄗之间⁶⁸。郑皇戌使如晋师曰:"郑之从楚,社稷之故也,未有贰心。楚师骤胜而骄,其师老矣,而不设备,子击之,郑师为承⁶⁹,楚师必败。"彘子曰:"败楚服郑,于此在矣,必许之。"栾武子曰⁷⁰:"楚自克庸以来⁷¹,其君无日不讨国人而训之⁷²,于民生之不易,祸至之无日,戒惧之不可以息㉓。在军无日不讨军实而申儆之㉔，于胜之不可保，纣之百克而卒无后。训之以若敖、蚡冒筚路蓝缕以启山林㉕。箴之曰：'民生在勤，勤则不匮。'不可谓骄㉖。先大夫子犯有言曰：'师直为壮，曲为老。'我则不德而徼怨于楚，我曲楚直，不可谓老㉗。其君之戎，分为二广㉘，广有一卒，卒偏之两㉙。右广初驾，数及日中；左则受之，以至于昏。内官序当其夜㉚，以待不虞，不可谓无备。子良，郑之良也。师叔，楚之崇也㉛。师叔入盟，子良在楚，楚、郑亲矣。来劝我战，我克则来，不克遂往，以我卜也，郑不可从。"赵括、赵同曰："率师以来，唯敌是求，克敌得属，又何俟？必从彘子㉜。"知季子曰："原、屏，咎之徒也㉝。"赵庄子曰："栾伯善哉㉞，实其言，必长晋国㉟。"

楚少宰如晋师㊱，曰："寡君少遭闵凶，不能文㊲。闻二先君之出入此行也㊳，将郑是训定，岂敢求罪于晋。二三子无淹久㊴。"随季对曰："昔平王命我先君文侯曰：'与郑夹辅周室，毋废王命。'今郑不率㊵，寡君使群臣问诸郑，岂敢辱候人㊶？敢拜君命之辱。"彘子以为谄，使赵括从而更之，曰："行人失辞㊷。寡君使群臣迁大国之迹于郑㊸，曰：'无辟敌。'群臣无所逃命。"

楚子又使求成于晋，晋人许之，盟有日矣㊹。楚许伯御乐伯，摄叔为右，以致晋师㊺。许伯曰："吾闻致师者，御靡旌摩垒而还㊻。"乐伯曰："吾闻致师者，左射以菆㊼，代御执辔，御下两马，掉鞅而还㊽。"摄叔曰："吾闻致师者，右入垒折馘㊾，执俘而还。"皆行其所闻而复。晋人逐之，左右角之㊿。

乐伯左射马而右射人,角不能进,矢一而已。麋兴于前,射麋丽龟⑩。晋鲍癸当其后,使摄叔奉麋献焉,曰:"以岁之非时,献禽之未至,敢膳诸从者。"鲍癸止之,曰:"其左善射,其右有辞,君子也。"既免⑩。

晋魏锜求公族,未得⑩而怒,欲败晋师。请致师,弗许。请使,许之。遂往,请战而还。楚潘党逐之,及荥泽,见六麋,射一麋以顾献曰:"子有军事,兽人无乃不给于鲜,敢献于从者⑩。"叔党命去之⑮。赵旃求卿未得⑯,且怒于失楚之致师者。请挑战,弗许。请召盟,许之。与魏锜皆命而往。郤献子曰:"二憾往矣⑰,弗备必败。"彘子曰:"郑人劝战,弗敢从也。楚人求成,弗能好也。师无成命,多备何为?"士季曰:"备之善。若二子怒楚,楚人乘我,丧师无日矣⑱。不如备之。楚之无恶,除备而盟,何损于好?若以恶来,有备不败。且虽诸侯相见,军卫不彻,警也⑲。"彘子不可。士季使巩朔、韩穿帅七覆于敖前⑪。故上军不败。赵婴齐使其徒先具舟于河,故败而先济。

潘党既逐魏锜⑫,赵旃夜至于楚军⑬,席于军门之外,使其徒入之⑭。楚子为乘广三十乘,分为左右。右广鸡鸣而驾,日中而说⑮。左则受之,日入而说。许偃御右广,养由基为右。彭名御左广,屈荡为右⑯。乙卯,王乘左广以逐赵旃。赵旃弃车而走林,屈荡搏之,得其甲裳⑰。晋人惧二子之怒楚师也,使轾车逆之⑱。潘党望其尘,使骋而告曰:"晋师至矣。"楚人亦惧王之入晋军也,遂出陈。孙叔曰:"进之。宁我薄人,无人薄我。《诗》云:'元戎十乘,以先启行。'先人也⑱。《军志》曰:'先人有夺人之心',薄之也⑲。"遂疾进师,车驰卒奔,乘晋军。桓子不知所为,鼓于军中曰:"先济者有赏。"中军、下军争舟,舟中之指可掬也⑳。

晋师右移,上军未动㉑。工尹齐将右拒卒以逐下军㉒。楚子使唐狡与蔡鸠居告唐惠侯㉓曰:"不穀不德而贪,以遇大敌,不穀之罪也。然楚不克,君之羞也,敢藉君灵以济楚师㉔。"使潘党率游阙四十乘㉕,从唐侯以为左拒,以从上军。驹伯曰:"待诸乎㉖?"随季曰:"楚师方壮,若萃于我,吾师必尽㉗。不如收而去之,分谤生民,不亦可乎㉘。"殿其卒而退,不败㉙。王见右广,将从之乘。屈荡户之曰:"君以此始,亦必以终㉚。"自是楚之乘广先左㉛。

晋人或以广队不能进㉜,楚人惎之脱扃㉝,少进,马还,又惎之拔旆投衡,乃出㉞。顾曰:"吾不如大国之数奔也。"

赵旃以其良马二,济其兄与叔父,以他马反,遇敌不能去,弃车而走林。逢大夫与其二子乘㉟,谓其二子无顾㊱。顾曰:"赵傁在后㊲。"怒之,使下,指木曰:"尸女于是。"授赵旃绥以免。明日以表尸之㊳,皆重获在木下㊴。

楚熊负羁囚知䓨。知庄子以其族反之㊵,厨武子御㊶,下军之士多从之㊷。每射,抽矢菆,纳诸厨子之房㊸。厨子怒曰:"非子之求而蒲之爱㊹,董泽之蒲,可胜既乎㊺?"知季曰:"不以人子,吾子其可得乎?吾不可以苟射故也。"射连尹襄老,获之,遂载其尸。射公子穀臣,囚之。以二者还㊻。及昏,楚师军于邲,晋之馀师不能军㊼,宵济,亦终夜有声㊽。

丙辰,楚重至于邲㊾,遂次于衡雍。潘党曰:"君盍筑武军⑮,而收晋尸以为京观⑯?臣闻克敌必示子孙,以无忘武功。"楚子曰:"非尔所知也。夫文,止戈为武⑯。武王克商,作《颂》曰:'载戢干戈,载櫜弓矢⑭。我求懿德,肆于时夏,允王保之⑮。'又作《武》,其卒章曰:'耆定尔功⑯。'其三曰:'铺时绎思,我徂惟求定⑮。'其六曰:'绥万邦,屡丰年⑯。'夫武,禁暴、戢兵、保大、定功、安民、和众、丰财者也⑮。故使子孙无忘其章⑯。今我使二国暴骨,暴矣;观兵以威诸侯,兵不戢矣。暴而不戢,安能保大?犹有晋在,焉得定功?所违民欲犹多,民何安焉?无德而强争诸侯,何以和众?利人之几⑯,而安人之乱,以为己荣,何以丰财⑯?武有七德,我无一焉,何以示子孙?其为先君宫,告成事而已⑯。武非吾功也。古者明王伐不敬,取其鲸鲵而封之,以为大戮,于是乎有京观,以惩淫慝⑯。今罪无所⑯,而民皆尽忠以死君命,又可以为京乎?"祀于河,作先君宫,告成事而还⑯。

是役也,郑石制实入楚师,将以分郑而立公子鱼臣。辛未,郑杀仆叔及子服⑯。君子曰:"史佚所谓毋怙乱者,谓是类也⑯。《诗》曰:'乱离瘼矣,爰其适归⑯?'归于怙乱者也夫⑰!"

① 代郤缺。○ 将,子匠切,下及《注》同;下尹将、将左、将右,放此。② 彘季,代林父。○ 穀,户木切;又作榖,同。彘,直例切。 ③ 河曲之役,郤缺将上军。宣八年,代赵盾为政,将中军。士会代将上军。 ④ 郤缺之子,代臾骈。○ 臾,羊朱切。骈,蒲边切。 ⑤ 代栾盾。 ⑥ 栾盾之子,代赵朔。 ⑦ 括、婴齐皆赵盾异母弟。 ⑧ 荀首,林父弟。赵同,赵婴兄。○ 巩,九勇切。 ⑨ 韩万玄孙。 ⑩ 桓子,林父。剿,

劳也。○剿,初交切;徐,子小切。焉,於虔切。　⑪ 动兵伐郑。
⑫ 武子,士会。　⑬ 辠,罪也。○辠,许靳切;服云,间也。　⑭ 言征
伐为有罪,不为有礼。○为,于伪切,《注》同。　⑮ 讨徵舒。　⑯ 谞,
谤也。○罢,音皮。谞,徒木切。　⑰ 经,常也。　⑱ 荆,楚也。尸,
陈也。楚武王始更为此陈法,遂以为名。○陈,直觐切,下同。　⑲ 步
曰卒,车曰乘。○贾,音古。卒,子忽切,《注》同。乘,绳证切,《注》皆同。
辑,音集,又七入切。　⑳ 奸,犯也。○奸,音干。　㉑ 宰,令尹。芮
敖,孙叔敖。○芮,于伪切。　㉒ 在车之右者挟辕为战备,在左者追求
草蓐为宿备。《传》曰:令尹南辕。又曰:改乘辕。楚陈以辕为主。○蓐,
音辱。挟,胡牒切,又古洽切,又古协切。　㉓ 虑无,如今军行前有斥候
蹹伏,皆持以绛及白为幡,见骑贼举绛幡,见步贼举白幡,备虑有无也。茅,
明也。或曰时楚以茅为旌识。○蹹,徒腊切。幡,芳元切。骑,其寄切。
识,申志切,一音志。　㉔ 中军制谋,后以精兵为殿。○劲,吉政切。
殿,丁练切。　㉕ 物犹类也,戒,敕令。　㉖ 言亲疏并用。　㉗ 赐
老则不计劳。　㉘ 旅客来者,施之以惠,舍不劳役。　㉙ 尊卑别也。
○别,彼列切。　㉚ 威仪有等差。○差,初佳切,又初宜切。
㉛ 昧,昏乱。经,法也。○昧,音妹。　㉜ 姑,且也。　㉝ 仲虺,汤左
相,薛之祖奚仲之后。○虺,许鬼切。傂,亡吕切。相,息亮切。
㉞ 《汋》,《诗·颂》篇名。铄,美也。言美武王能遵天之道,须暗昧者恶积而
后取之。○汋,章略切。於,音乌。铄,舒若切,《注》同。　㉟ 耆,致也,
致讨于昧。○耆,音旨;徐,其夷切,下同。　㊱ 《武》,《诗·颂》篇名。
烈,业也。言武王兼弱取昧,故成无疆之业。○疆,居良切。　㊲ 言当
务从武王之功业,抚而取之。○以务烈所,绝句。　㊳ 彘子,先縠。
㊴ 非丈夫。　㊵ 佐,彘子所帅也。济,渡河。○帅,所类切,下及《注》有
帅、元帅、三帅同。　㊶ 庄子,荀首。○知,音智。　㊷ 《坎》下《坤》
上,《师》。　㊸ 《兑》下《坤》上,《临》。《师》初六变而之《临》。　㊹ 此
《师卦》初六《爻辞》。律,法;否,不也。○臧,子郎切。　㊺ 今彘子逆命
不顺成,故应否臧之凶。○应,应对之应。　㊻ 《坎》为众,今变为《兑》,

《兑》柔弱。 ㊼《坎》为川，今变为《兑》，《兑》为泽，是川见壅。○ 壅，於勇切；本又作雍，《注》皆同。 ㊽ 如，从也。法行则人从法，法败则法从人。《坎》为法象，今为众则散，为川则壅，是失法之用，从人之象。 ㊾ 竭，败也。《坎》变为《兑》，是法败。 ㊿ 水遇夭塞，不得整流则竭涸也。○ 夭，於表切。 (51) 水变为泽，乃成《临卦》。泽，不行之物。 (52) 譬彘子之违命，亦不可行。 (53) 遇敌。 (54) 主此祸。 (55) 为明年晋杀先縠《传》。○ 咎，其九切。 (56) 献子，韩厥。 (57) 令郑属楚，故曰失属。彘子以偏师陷，故曰亡师。○ 令，力呈切。 (58) 捷，成也。 (59) 三军皆败，则六卿同罪，不得独责元帅。 (60) 郔，郑北地。○ 郔，音延。 (61) 沈或作寝。寝，县也，今汝阴固始县。○ 沈，音审。 (62) 子反，公子侧。○ 饮，於鸩切。 (63) 参，伍奢之祖父。○ 嬖，必计切；徐，甫诣切；《字林》，方豉切。参，七南切。 (64) 迴车南乡。旆，军前大旗。○ 旆，蒲贝切。乡，又作嚮，许亮切。 (65) 愎，很也。○ 愎，皮逼切。很，胡垦切。 (66) 欲专其所行而不得。 (67) 听彘子、赵同、赵括，则为军无上，令众不知所从。○ 適，丁历切。 (68) 荥阳京县东北有管城，敖、鄗二山在荥阳县西北。○ 乘，绳证切。管，古缓切；管城，管叔所封也；或作菅，古颜切，非也。敖，五刀切。鄗，苦交切。 (69) 承，继也。○ 戍，虽律切。使，所吏切。骤，仕救切。 (70) 武子，栾书。○ 败，必迈切。 (71) 在文十六年。 (72) 讨，治也。 (73) 于，曰也。○ 易，以豉切。 (74) 军实，军器。○ 儆，敬领切。 (75) 若敖、蚡冒，皆楚之先君。筚路，柴车。蓝缕，敝衣。言此二君勤俭以启土。○ 纣，直九切。蚡，扶粉切。冒，莫报切。筚，音必。蓝，力甘切。缕，力主切。 (76) 箴，诫。○ 箴，章金切。匮，其位切。 (77) 不德，谓以力争诸侯。徼，要也。○ 要，一遥切。 (78) 君之亲兵。○ 广，古旷切，下及《注》皆同。 (79) 十五乘为一广。《司马法》：百人为卒，二十五人为两。车十五乘为大偏。今广十五乘，亦用旧偏法，复以二十五人为承副。○ 卒，子忽切，《注》同。乘，绳证切，下同。复，扶又切，下不复逐同。 (80) 内官，近官。序，次也。○ 序当其夜，一本作序当其次。 (81) 师叔，潘尪，为楚人所崇贵。 (82) 得属，服郑。

⑧㉓知季,庄子也。原,赵同。屏,赵括。徒,党也。○知,音智。荀首后为智氏。屏,步丁切。 ㉔庄子,赵朔。栾伯,武子。 ㉕实,犹充也。〔言〕栾书之身行,能充此言,则当执晋国之政也。○长,丁两切。行,下孟切。 ㉖少宰,官名。○少,诗召切,《注》及下同。 ㉗闵,忧也。 ㉘二先君,楚成王、穆王。 ㉙淹,留也。 ㉚率,遵也。○夹,古洽切,旧古协切。毋,音无。 ㉛候人,谓伺候望敌者。○候,户豆切。伺,音司,一音息嗣切。 ㉜言误对。○谄,敕检切。 ㉝迁,徙也。 ㉞有期日。 ㉟单车挑战,又示不欲崇和,以疑晋之群帅。○单,音丹。挑,徒了切,下文同。帅,所类切。 ㊱靡旌,驱疾也。靡,近也。○摩,末多切。垒,力轨切。近,附近之近。 ㊲左,车左也。菆,矢之善者。○射,食亦切。下三字同。菆,侧留切。 ㊳两,饰也。掉,正也。示閒暇。○两,或作柄,皆力掌切,又音亮。掉,徒吊切;徐,乃较切。鞅,於丈切。閒,音闲。 ㊴折馘,断耳。○折,之设切,《注》同。馘,古获切。断,音短。 ㊵张两角,从旁夹攻之。 ㊶丽,著也。龟,背之隆高当心者。○麋,亡悲切。著,直略切。 ㊷止不复逐。○从,才用切,下从者同。 ㊸锜,魏犨子,欲为公族大夫。○锜,鱼绮切。犨,尺周切。 ㊹荥泽在荥阳县东。新杀为鲜,见六得一,言其不如楚。○败,必迈切,又如字。使,所吏切。荧,户扃切。射,食亦切。鲜,音仙,《注》同。 ㊺叔党,潘党。潘尪之子。 ㊻旃,赵穿子。 ㊼献子,郤克。○憾,胡暗切。 ㊽乘,犹登也。○好,呼报切,下同。丧,息浪切。 ㊾彻,去也。○警,音景。去,起吕切。 ㊿不肯设备。 ㈠帅,将也。覆,为伏兵七处。○覆,扶又切,《注》同。帅,如字。将,子匠切。处,昌虑切。 ㈡言魏锜见逐而退。 ㈢二人虽俱受命而行不相随,赵旃在后至。 ㈣布席坐,示无所畏也。 ㈤说,舍也。 ㈥乘,绳证切;下三十乘、十乘并《注》同。说,舒锐切,《注》及下同。 ㈦楚王更迭载之,故各有御、右。○屈,居勿切。更,音庚。迭,直结切。 ㈧下曰裳。○搏,音博。 ㈨轶车,兵车名。○轶,徒温切。 ㈩元戎,戎车在前也。《诗·小雅》。言王者军行必有戎车十乘,在前开道,先人为备。○骋,敕景切。陈,直靓

切,下《注》皆同。先,悉荐切,《注》下同。 ⑳夺敌战心。 ㉑两手曰掬。○卒,子忽切,下及下《注》同。掬,九六切。 ㉒言馀军皆移去,唯上军在。《经》所以书战,言犹有陈。 ㉓工尹齐,楚大夫。右拒,陈名。○拒,音矩;本亦作矩,下同。 ㉔二子,楚大夫。唐,属楚之小国。义阳安昌县东南有上唐乡。○狡,古卯切。 ㉕藉,犹假借也。 ㉖游车补阙者。○乘,绳证切。下之乘、《注》易乘皆同。 ㉗驹伯,郤克,上军佐也。 ㉘萃,集也。○萃,似醉切。 ㉙同奔为分谤,不战为生民。 ㉚以其所将卒为军后殿。○殿,多练切,《注》同。 ㉛户,止也。中易乘则恐军人惑。 ㉜以乘左得胜故。 ㉝广,兵车。○队,直类切。 ㉞惎,教也。扃,车上兵阑。○惎,其器切。扃,古荧切;徐,公冥切。服云,扃,横木校轮间,一曰车前横木也。《西京赋》云,旗不脱扃。薛综云,扃,所以止旗也。 ㉟还,便旋不进。旆,大旗也。拔旗投衡上,使不帆风,差轻。○帆,凡剑切;本又作帊,普霸切。差,初卖切。 ㊱逢,氏。○数,所角切。乘,绳证切。 ㊲不欲见赵旃。 ㊳叟,老称也。○叟,素口切。称,尺证切。 ㊴表所指木,取其尸。○女,音汝。 ㊵兄弟累尸而死。○重,直龙切。 ㊶负羁,楚大夫。知䓨,知庄子之子。族,家兵。反,还战。○䓨,于耕切。还,音环。 ㊷武子,魏锜。○厨,直诛切。 ㊸知庄子下军大夫故。 ㊹抽,擢也。菆,好箭。房,箭舍。○射,食夜切,又食亦切。擢,直角切。 ㊺蒲,杨柳,可以为箭。 ㊻董泽,泽名,河东闻喜县东北有董池陂。既,尽也。○胜,音升。陂,彼宜切。 ㊼縠臣,楚王子。○射,食亦切,下同。 ㊽不能成营屯。 ㊾言其兵众,将不能用。○将,子匠切。 ㊿重,辎重也。○重,直勇切,又直用切,《注》上重字同。辎,侧其切。重,直用切。 ㉛筑军营以彰武功。○雍,於用切。盍,户腊切。 ㉜积尸封土其上,谓之京观。○观,古乱切,《注》及下京观同。 ㉝文,字。 ㉞戢,藏也。櫜,韬也。《诗》美武王能诛灭暴乱而息兵。○戢,侧立切。櫜,古刀切。韬,他刀切。 ㉟肆,遂也。夏,大也。言武王既息兵,又能求美德,故遂大而信王保天下。○夏,户雅切,《注》同。 ㉠《武》,《颂》

篇名。耆,致也。言武王诛纣,致定其功。○耆,音旨,《注》同。 ⑮其三,三篇。铺,布也。绎,陈也。时,是也。思,辞也。《颂》美武王能布政陈教,使天下归往求安定。○铺,普吴切;徐,音敷。绎,音亦。 ⑯其六,六篇。绥,安也。娄,数也。言武王既安天下,数致丰年。此三、六之数,与今《诗·颂》篇次不同,盖楚乐歌之次第。○娄,力住切,下《注》同。数,所角切,下数致同。 ⑲此武七德。 ⑳著之篇章,使子孙不忘。 ㉑几,危也。○暴骨,蒲卜切,或作曝。焉得,於虔切。强,其丈切。 ㉒兵动则年荒。 ㉓祀先君,告战胜。 ㉔鲸鲵,大鱼名,以喻不义之人,吞食小国。○鲸,其京切。鲵,五兮切。惩,直升切。慝,他得切。 ㉕晋罪无所犯也。 ㉖《传》言楚庄有礼,所以遂兴。 ㉗仆叔,鱼臣也。子服,石制也。 ㉘言恃人之乱以要利。○佚,音逸。毋,音无。怙,音户。要,一遥切。 ㉙《诗·小雅》。离,忧也。瘼,病也。爰,于也。言祸乱忧病,于何所归乎?叹之。○瘼,音莫。 ㉚恃乱则祸归之。○夫,音扶。

郑伯、许男如楚①。

① 为十四年晋伐郑《传》。

秋,晋师归,桓子请死,晋侯欲许之。士贞子谏曰:"不可①。城濮之役,晋师三日穀②,文公犹有忧色。左右曰:'有喜而忧,如有忧而喜乎③?'公曰:'得臣犹在,忧未歇也④。困兽犹斗,况国相乎!'及楚杀子玉⑤,公喜而后可知也⑥,曰:'莫余毒也已。'是晋再克而楚再败也,楚是以再世不竞⑦。今天或者大警晋也⑧,而又杀林父以重楚胜,其无乃久不竞乎!林父之事君也,进思尽忠,退思补过,社稷之卫也,若之何杀之? 夫其败也,如日月之食焉,何损于明?"晋侯使复其位⑨。

① 贞子,士渥浊。○ 渥,於角切。 ② 在僖二十八年。○ 濮,音卜。 ③ 言忧喜失时。 ④ 歇,尽也。○ 歇,许竭切。 ⑤ 子玉,得臣。○ 相,息亮切,下熊相同。 ⑥ 喜见于颜色。○ 见,贤遍切。 ⑦ 成王至穆王。○ 竞,其敬切。 ⑧ 警,戒也。 ⑨ 言晋景所以不失霸。○ 重,直用切。

冬,楚子伐萧,宋华椒以蔡人救萧。萧人囚熊相宜僚及公子丙。王曰:"勿杀,吾退。"萧人杀之。王怒,遂围萧。萧溃。申公巫臣曰:"师人多寒。"王巡三军,拊而勉之①。三军之士,皆如挟纩②。遂傅于萧。还无社与司马卯言,号申叔展③。叔展曰:"有麦麹乎?"曰:"无。""有山鞠穷乎?"曰:"无④。""河鱼腹疾奈何⑤?"曰:"目于眢井而拯之⑥。""若为茅绖,哭井则已⑦。"明日萧溃,申叔视其井,则茅绖存焉,号而出之⑧。

① 拊抚慰勉之。○ 僚,了彫切。溃,户内切。拊,芳甫切。 ② 纩,绵也,言说以忘寒。○ 挟,户牒切。纩,音旷。说,音悦。 ③ 还无社,萧大夫。司马卯、申叔展,皆楚大夫也。无社素识叔展,故因卯呼之。○ 傅,音附。还,音旋。卯,马鲍切。号,徐,户到切;一音户刀切。 ④ 麦麹,鞠穷,所以御湿。欲使无社逃泥水中。无社不解,故曰无。军中不敢正言,故谬语。○ 麹,去六切。鞠,起弓切。御,鱼吕切。下同。解,音蟹,下同。 ⑤ 叔展言无御湿药,将病。 ⑥ 无社意解,欲入井,故使叔展视虚废井而求拯己。出溺为拯。○ 眢,乌丸切;《字林》云,井无水也,

一皮切。拯,拯救之拯,《注》同。　⑦叔展又教结茅以表井,须哭乃应以为信。○ 经,直结切。己,音纪,旧音以。应,应对之应。　⑧号,哭也。《传》言萧人无守心。○ 号,户刀切,《注》同。守,手又切。

晋原縠、宋华椒、卫孔达、曹人同盟于清丘①。曰:"恤病讨贰。"于是卿不书,不实其言也②。宋为盟故,伐陈③。卫人救之。孔达曰:"先君有约言焉,若大国讨,我则死之④。"

① 原縠,先縠。　② 宋伐陈,卫救之,不讨贰也。楚伐宋,晋不救,不恤病也。　③ 陈贰于楚故。○ 为,于伪切。　④ 卫成公与陈共公有旧好,故孔达欲背盟救陈而以死谢晋,为十四年卫杀孔达《传》。○ 约,於妙切,又如字。共,音恭。好,呼报切。背,音佩,十四年《经注》同。

经

十有三年春,齐师伐莒。

夏,楚子伐宋。

秋,螽①。

冬,晋杀其大夫先縠②。

① 无《传》。为灾故书。　② 书名,以罪讨。

传

十三年春,齐师伐莒,莒恃晋而不事齐故也。

夏,楚子伐宋,以其救萧也①。君子曰:"清丘之盟,唯宋可以免焉②。"

① 救萧,在前年。　② 宋讨陈之贰。今宋见伐,晋、卫不顾盟以恤宋,而《经》同贬宋大夫。《传》嫌华椒之罪,累及其国,故曰唯宋可以免。○累,劣伪切。

秋,赤狄伐晋,及清,先縠召之也①。

① 邲战不得志,故召狄欲为变。清,一名清原。

冬,晋人讨邲之败,与清之师,归罪于先縠而杀之,尽灭其族。君子曰:"恶之来也,己则取之,其先縠之谓乎①。"

① 尽灭其族,谓诛已甚,故曰恶之来也。

清丘之盟,晋以卫之救陈也讨焉①。使人弗去,曰:"罪无所归,将加而师。"孔达曰:"苟利社稷,请以我说②。罪我之由。我则为政而亢大国之讨,将以谁任③?我则死之④。"

① 寻清丘之盟以责卫。　② 欲自杀以说晋。○使,所吏切。说,如字,又音悦,下同。　③ 亢,御也。谓御宋讨陈也。○亢,苦浪切。任,音壬。　④ 为明年杀孔达《传》。

经
十有四年春,卫杀其大夫孔达①。

373

夏五月壬申,曹伯寿卒②。

晋侯伐郑。

秋九月,楚子围宋。

葬曹文公③。

冬,公孙归父会齐侯于縠。

① 书名,背盟于大国,罪之。　② 无《传》。文十四年盟新城。
③ 无《传》。

传

十四年春,孔达缢而死。卫人以说于晋而免①。遂告于诸侯曰:"寡君有不令之臣达,构我敝邑于大国,既伏其罪矣,敢告②。"卫人以为成劳,复室其子③,使复其位④。

① 以杀告,故免于伐。○缢,一赐切。　② 诸杀大夫亦皆告。
③ 以有平国之功,故以女妻之。○复,扶又切。妻,七计切。　④ 袭父禄位。

夏,晋侯伐郑,为邲故也①。告于诸侯,蒐焉而还②。中行桓子之谋也。曰:"示之以整,使谋而来。"郑人惧,使子张代子良于楚③。郑伯如楚,谋晋故也。郑以子良为有礼,故召之④。

① 晋败于邲,郑遂属楚。○为,于伪切。　② 蒐,简阅车马。○蒐,所留切。阅,音悦。　③ 十二年,子良质于楚。子张,穆公孙。

○行,户郎切。质,音致。　④有让国之礼。

楚子使申舟聘于齐,曰:"无假道于宋①。"亦使公子冯聘于晋,不假道于郑。申舟以孟诸之役恶宋②,曰:"郑昭宋聋③,晋使不害,我则必死。"王曰:"杀女,我伐之。"见犀而行④。及宋,宋人止之。华元曰:"过我而不假道,鄙我也。鄙我,亡也⑤。杀其使者必伐我,伐我亦亡也。亡一也。"乃杀之。楚子闻之,投袂而起⑥,屦及于窒皇⑦,剑及于寝门之外,车及于蒲胥之市。秋九月,楚子围宋。

①申舟,无畏。　②文十年楚子田孟诸,无畏抶宋公仆。○冯,皮冰切。恶,乌路切。抶,敕乙切。　③昭,明也。聋,闇也。○聋,力工切。　④犀,申舟子。以子托王,示必死。○使,所吏切,下使者同。女,音汝。见,贤遍切。　⑤以我比其边鄙,是与亡国同。○过,古卧切,又古禾切。　⑥投,振也。袂,袖也。○袂,面世切。袖,徐又切。　⑦窒皇,寝门阙。○屦,九具切。窒,直结切。

冬,公孙归父会齐侯于穀。见晏桓子,与之言鲁乐。桓子告高宣子①曰:"子家其亡乎,怀于鲁矣②。怀必贪,贪必谋人。谋人,人亦谋己。一国谋之,何以不亡③?"

①桓子,晏婴父。宣子,高固。○乐,音洛。　②子家,归父字。怀,思也。　③为十八年归父奔齐《传》。

孟献子言于公曰:"臣闻小国之免于大国也,聘而献物①,于是有庭实旅百②。朝而献功③,于是有容貌采章嘉淑,而有加货④。谋其不免也。诔而荐贿,则无及也⑤。今楚在宋,君其图之。"公说⑥。

① 物,玉帛皮币也。　② 主人亦设笾豆百品,实于庭以答宾。③ 献其治国若征伐之功于牧伯。　④ 容貌,威仪。容,颜也。采章,车服文章也。嘉淑,令辞称赞也。加货,命宥币帛也。言往共则来报亦备。⑤ 荐,进也。见责而往,则不足解罪。○ 贿,呼罪切。　⑥ 为明年归父会楚子《传》。○ 说,音悦。

经

十有五年春,公孙归父会楚子于宋。

夏五月,宋人及楚人平①。

六月癸卯,晋师灭赤狄潞氏,以潞子婴儿归②。

秦人伐晋③。

王札子杀召伯、毛伯④。

秋,螽⑤。

仲孙蔑会齐高固于无娄⑥。

初税亩⑦。

冬,蝝生⑧。

饥⑨。

① 平者,总言二国和,故不书其人。　② 潞,赤狄之别种。潞氏,国,故称氏。子,爵也。林父称师,从告。○ 潞,音路。种,章勇切。③ 无《传》。　④ 称杀者名,两下相杀之辞。两下相杀,则杀者有罪。王札子,王子札也。盖《经》文倒札字。○ 札,侧入切;徐,侧乙切。召,上照切。倒,丁老切。　⑤ 无《传》。○ 螽,音终。　⑥ 无《传》。无娄,杞

邑。　⑦公田之法,十取其一,今又履其馀亩,复十收其一。故哀公曰:二,吾犹不足。遂以为常,故曰初。○税,始锐切。复,扶又切。　⑧螽子以冬生,遇寒而死,故不成螽。○蝝,悦全切;《字林》,尹绢切;刘歆云,蚍蜉子也;董仲舒云,蝗子。　⑨风雨不和,五稼不丰。

传

十五年春,公孙归父会楚子于宋①。宋人使乐婴齐告急于晋。晋侯欲救之。伯宗曰:"不可②。古人有言曰:'虽鞭之长,不及马腹③。'天方授楚,未可与争。虽晋之强,能违天乎?谚曰:'高下在心④,川泽纳污⑤,山薮藏疾⑥,瑾瑜匿瑕⑦。'国君含垢⑧,天之道也⑨。君其待之⑩。"乃止。使解扬如宋,使无降楚,曰:"晋师悉起,将至矣。"郑人囚而献诸楚,楚子厚赂之,使反其言⑪,不许,三而许之。登诸楼车,使呼宋人而告之⑫。遂致其君命。楚子将杀之,使与之言曰:"尔既许不穀而反之,何故?非我无信,女则弃之,速即尔刑。"对曰:"臣闻之,君能制命为义,臣能承命为信,信载义而行之为利。谋不失利,以卫社稷,民之主也。义无二信⑬,信无二命⑭。君之赂臣,不知命也。受命以出,有死无霣⑮,又可赂乎?臣之许君,以成命也⑯。死而成命,臣之禄也。寡君有信臣⑰,下臣获考⑱,死又何求?"楚子舍之以归。

夏五月,楚师将去宋⑲。申犀稽首于王之马前,曰:"毋畏知死而不敢废王命,王弃言焉。"王不能答⑳。申叔时仆㉑,曰:"筑室反耕者,宋必听命。"从之㉒。宋人惧,使华元夜入楚师,登子反之床,起之曰:"寡君使元以病告㉓,曰:敝邑易子而食,析骸以爨㉔。虽然,城下之盟,有以国毙,不能从也㉕。去我三十里,唯命是听。"子反惧,与之盟而告王。退三十里。宋及楚平,华元为质。盟曰:"我无尔诈,尔无我虞㉖。"

① 终前年《传》。　② 伯宗,晋大夫。　③ 言非所击。　④ 度时制宜。〇度,待洛切。　⑤ 受汙浊。〇汙,音乌,《注》同。　⑥ 山之有林薮,毒害者居之。〇薮,素口切。　⑦ 匿,亦藏也。虽美玉之质,亦或居藏瑕秽。〇瑾,其靳切。瑜,羊朱切。匿,女力切。　⑧ 忍垢耻。〇垢,古口切;本或作诟,音同。　⑨ 晋侯耻不救宋,故伯宗为说小恶不损大德之喻。〇为,于伪切。　⑩ 待楚衰。　⑪ 反言晋不救。〇解,音蟹。降,户江切。　⑫ 楼车,车上望橹。〇橹,音鲁。　⑬ 欲为义者,不行两信。〇女,音汝,下《注》而女同。　⑭ 欲行信者,不受二命。　⑮ 贾,废队也。〇贾,于敏切。队,直类切。　⑯ 成其君命。　⑰ 己不废命。　⑱ 考,成也。　⑲ 在宋积九月,不能服宋故。　⑳ 未服宋而去,故曰弃言。　㉑ 仆,御也。　㉒ 筑室于宋,分兵归田,示无去志。王从其言。　㉓ 兵法:因其乡人而用之,必先知其守将左右、谒者、(守)门者、舍人之姓名,因而利道之。华元盖用此术得以自通。〇守,手又切。将,子匠切。道,音导。　㉔ 爨,炊也。〇析,思历切。骸,户皆切;本又作骨;《公羊传》作骸;何休《注》云,骸,骨也。爨,七乱切。　㉕ 宁以国毙,不从城下盟。〇毙,婢世切。　㉖ 楚不诈宋,宋不备楚。盟不书,不告。〇质,音致。

潞子婴儿之夫人,晋景公之姊也。酆舒为政而杀之,又伤潞子之目①。晋侯将伐之,诸大夫皆曰:"不可。酆舒有三儁才②,不如待后之人。"伯宗曰:"必伐之。狄有五罪,儁才虽多,何补焉? 不祀,一也。耆酒,二也。弃仲章而夺黎氏地,三也③。虐我伯姬,四也。伤其君目,五也。怙其儁才,而不以茂德，滋益罪也。后之人或者将敬奉德义以事神人，而申固其命④，若之何待之？不讨有罪，曰'将待后'，后有辞而讨焉，毋乃不可乎？夫恃才与众，亡之道也。商纣由之，故灭⑤。天反时为灾⑥，地反物为妖⑦，民反德为乱，乱则妖灾生。故文反正为乏⑧，尽在狄矣。"晋侯从之。六月癸卯，晋荀林父败赤狄于曲梁。辛亥，灭潞⑨。酆舒奔卫，卫人归诸晋，晋人杀之。

① 酆舒，潞相。○ 酆，芳忠切。相，息亮切。　② 儁，绝异也。言有才艺胜人者三。○ 儁，音俊。　③ 仲章，潞贤人也。黎氏，黎侯国，上党壶关县有黎亭。○ 耆，市志切。黎，礼兮切。　④ 审其政令。　⑤ 由，用也。　⑥ 寒暑易节。　⑦ 群物失性。　⑧ 文，字。　⑨ 曲梁，今广平曲梁县也。书癸卯，从赴。

王孙苏与召氏、毛氏争政①，使王子捷杀召戴公及毛伯卫②。卒立召襄③。

① 三人皆王卿士。　② 王子捷即王子札。　③ 襄，召戴公之子。

秋七月，秦桓公伐晋，次于辅氏①。壬午，晋侯治兵于稷以略狄土②，立黎侯而还③。及雒，魏颗败秦师于辅氏④。获杜回，秦之力人也。

初，魏武子有嬖妾，无子。武子疾，命颗曰："必嫁是⑤。"疾病则曰："必以为殉。"及卒，颗嫁之，曰："疾病则乱，吾从其治也。"及辅氏之役，颗见老人结草以亢杜回⑥，杜回踬而

379

颠,故获之。夜梦之曰:"余,而所嫁妇人之父也⑦。尔用先人之治命,余是以报⑧。"

① 晋地。　② 略,取也。辅,晋地,河东闻喜县西有稷山。壬午,七月二十九日。晋时新破狄,土地未安,权秦师之弱,故别遣魏颗距秦,而东行定狄地。○ 颗,苦果切。　③ 狄夺其地,故晋复立之。○ 复,扶又切。
④ 晋侯还及雒也。雒,晋地。○ 雒,音洛。　⑤ 武子,魏犨,颗之父。○ 犨,必计切。　⑥ 亢,御也。○ 殉,似后切;本或作必以殉。治,直吏切,下治命同。亢,苦浪切。　⑦ 而,女也。○ 踬,陟吏切;徐,丁四切。
⑧《传》举此以示教。

晋侯赏桓子狄臣千室①,亦赏士伯以瓜衍之县②。曰:"吾获狄土,子之功也。微子,吾丧伯氏矣③。"羊舌职说是赏也④,曰:"《周书》所谓'庸庸祗祗'者,谓此物也夫⑤。士伯庸中行伯⑥,君信之,亦庸士伯,此之谓明德矣。文王所以造周,不是过也。故《诗》曰:'陈锡载周。'能施也⑦。率是道也,其何不济?"

① 千家。　② 士伯,士贞子。○ 瓜,古华切。衍,以善切。
③ 伯,桓子字。邲之败,晋侯将杀林父,士伯谏而止。○ 丧,息浪切。
④ 职,叔向父。○ 说,音悦。向,香丈切。　⑤《周书·康诰》。庸,用也。祗,敬也。物,事也。言文王能用可用,敬可敬。○ 夫,音扶。
⑥ 言中行伯可用。　⑦ 锡,赐也。《诗·大雅》。言文王布陈大利,以赐天下,故能载行周道,福流子孙。○ 施,式豉切。

晋侯使赵同献狄俘于周,不敬。刘康公曰:"不及十年,原叔必有大咎①,天夺之魄矣②。"

① 刘康公,王季子也。原叔,赵同也。○ 俘,芳夫切。不敬,一本作而傲。　② 心之精爽是谓魂魄。为成八年晋杀赵同《传》。○ 魄,普白切。

初税亩,非礼也。谷出不过藉①,以丰财也。

① 周法:民耕百亩,公田十亩,借民力而治之。税不过此。

冬,蝝生,饥。幸之也①。

① 蝝,未为灾而书之者,幸其冬生,不为物害,时岁虽饥,犹喜而书之。

经
十有六年春,王正月,晋人灭赤狄甲氏及留吁①。
夏,成周宣榭火②。
秋,郯伯姬来归③。
冬,大有年④。

① 甲氏、留吁,赤狄别种,晋既灭潞氏,今又并尽其馀党。士会称人,从告。○ 吁,况于切。种,章勇切。并,必政切,一音如字。　②《传》例曰:人火之也。成周,洛阳。宣榭,讲武屋,别在洛阳者。《尔雅》曰:无室曰榭,谓屋歇前。○ 榭,本又作谢,音同。　③ ○ 郯,音谈。　④ 无《传》。

传
十六年春,晋士会帅师灭赤狄甲氏及留吁铎辰①,三月献狄俘②。晋侯请于王。戊申，以黻冕命士会将中军，且为大傅③。于是晋国之盗逃奔于秦。羊舌职曰："吾闻之，禹称善人④，不善人远。此之谓也夫。《诗》曰：'战战兢兢，如临深渊，如履薄冰。'善人在上也⑤。善人在上，则国无幸民。谚曰：'民之多幸，国之不幸也。'是无善人之谓也⑥。"

① 铎辰不书，留吁之属。○铎，待洛切。　②献于王也。
③ 代林父将中军，且加以大傅之官。黻冕，命卿之服。大傅，孤卿。○黻，音弗。将，子匠切。大，音泰，《注》同。　④称，举也。　⑤言善人居位，则无不戒惧。○远，于万切。夫，音扶。兢，居矜切，本亦作矜。
⑥ ○谚，音彦。

夏，成周宣榭火，人火之也。凡火，人火曰火，天火曰灾。秋，郯伯姬来归，出也。

为毛、召之难故，王室复乱①。王孙苏奔晋，晋人复之②。冬，晋侯使士会平王室，定王享之。原襄公相礼③，殽烝④。武子私问其故⑤。王闻之，召武子曰："季氏，而弗闻乎？王享有体荐⑥，宴有折俎⑦。公当享，卿当宴，王室之礼也⑧。"武子归而讲求典礼，以修晋国之法⑨。

① 毛、召难在前年。○为，于伪切。难，乃旦切，《注》同。复，扶又切。
② 毛、召之党，欲讨苏氏，故出奔。　③原襄公，周大夫。相，佐也。○相，息亮切，《注》同。　④烝，升也。升殽于俎。○殽，户交切。烝，之承切。　⑤享当体荐而殽烝，故怪问之。武，士会谥；季，其字。
⑥ 享则半解其体而荐之，所以示其俭。　⑦体解节折，升之于俎，物皆可食，所以示慈惠也。○折，之设切，《注》同。　⑧公谓诸侯。

⑨《传》言典礼之废久。

经

十有七年春,王正月庚子,许男锡我卒①。

丁未,蔡侯申卒②。

夏,葬许昭公③。

葬蔡文公④。

六月癸卯,日有食之⑤。

己未,公会晋侯、卫侯、曹伯、邾子同盟于断道⑥。

秋,公至自会⑦。

冬十有一月壬午,公弟叔肸卒⑧。

① 无《传》。再与文同盟。○锡,星历切。　② 无《传》。未同盟而赴以名。丁未,二月四日。　③ 无《传》。　④ 无《传》。　⑤ 无《传》。不书朔,官失之。　⑥ 断道,晋地。○断,直管切,一音短。　⑦ 无《传》。　⑧《传》例曰:公母弟。○肸,许乙切。

传

十七年春,晋侯使郤克征会于齐①。齐顷公帷妇人,使观之。郤子登,妇人笑于房②。献子怒,出而誓曰:"所不此报,无能涉河③。"献子先归,使栾京庐待命于齐,曰:"不得齐事,无复命矣④。"郤子至,请伐齐,晋侯弗许;请以其私属,又弗许⑤。

① 征,召也。欲为断道会。　② 跛而登阶,故笑之。○顷,音倾。

跛,波可切。　③不复渡河而东。○复,扶又切。　④栾京庐,郤克之介,使得齐之罪乃复命。○庐,音卢,又力於切。　⑤私属,家众也。为成二年战于鞌《传》。○鞌,音安。

齐侯使高固、晏弱、蔡朝、南郭偃会①。及敛盂,高固逃归②。夏,会于断道,讨贰也。盟于卷楚③,辞齐人。晋人执晏弱于野王,执蔡朝于原,执南郭偃于温④。苗贲皇使,见晏桓子⑤,归言于晋侯曰:"夫晏子何罪? 昔者诸侯事吾先君,皆如不逮⑥,举言群臣不信,诸侯皆有贰志⑦。齐君恐不得礼⑧,故不出而使四子来。左右或沮之⑨曰:'君不出,必执吾使。'故高子及敛盂而逃。夫三子者曰:'若绝君好,宁归死焉。'为是犯难而来,吾若善逆彼⑩,以怀来者,吾又执之以信齐沮,吾不既过矣乎? 过而不改,而又久之,以成其悔,何利之有焉? 使反者得辞⑪,而害来者,以惧诸侯,将焉用之?"晋人缓之,逸⑫。

①晏弱,桓子。○朝,如字。　②闻郤克怒故。○敛,徐音廉,一音力渐切。盂,音于。　③卷楚即断道。○卷,音权,一音居免切。　④执三子不书,非卿。野王县今属河内。　⑤贲皇,楚鬥椒之子,楚灭鬥氏而奔晋,食邑于苗地。晏弱时在野王,故因使而见之。○贲,扶云切。使,所吏切,《注》及下同。　⑥言汲汲也。○逮,音代,或大计切。汲,音急。　⑦举亦皆也。　⑧不见礼待。　⑨沮,止也。○沮,在吕切。　⑩彼齐三人。○好,呼报切。为,于伪切。难,乃旦切。　⑪反者高固,谓得不当来之辞。　⑫缓,不拘执,使得逃去也。《传》言晋不能修礼,诸侯所以贰。○焉,於虔切。拘,九于切。

秋八月,晋师还。范武子将老①,召文子曰:"燮乎,吾闻之,喜怒以类者鲜②,易者实多③。《诗》曰:'君子如怒,乱庶遄沮;君子如祉,乱庶遄已④。'君子之喜怒,以已乱也。弗已者必益之。郤子其或者欲已乱于齐乎,不然,余惧其益之也。余将老,使郤子逞其志,庶有豸乎⑤?尔从二三子唯敬⑥。"乃请老,郤献子为政。

① 老,致仕。初受随,故曰随武子,后更受范,复为范武子。○ 复,扶又切。　② 文子,士会之子,燮其名。○ 燮,素协切。鲜,息浅切。　③ 易,迁怒也。　④《诗·小雅》也。遄,速也。沮,止也。祉,福也。○ 遄,市专切。祉,音耻。　⑤ 豸,解也。欲使郤子从政快志以止乱。○ 豸,本又作鸠,直是切;或音居牛切,非也。解,音蟹。此训见《方言》。⑥ 二三子,晋诸大夫。

冬,公弟叔肸卒。公母弟也。凡大子之母弟,公在曰公子,不在曰弟①,凡称弟,皆母弟也②。

① 以兄为尊。　② 此策书之通例也。庶弟不得称公弟,而母弟或称公子,若嘉好之事,则仍旧史之文,唯相杀害然后据例以示义。所以笃亲亲之恩,崇友于之好,《释例》论之备矣。○ 好,呼报切。

经

十有八年春,晋侯、卫世子臧伐齐①。

公伐杞②。

夏四月。

秋七月,邾人戕鄫子于鄫③。

甲戌,楚子旅卒④。

公孙归父如晋。

冬十月壬戌,公薨于路寝。

归父还自晋,至笙,遂奔齐⑤。

①○臧,子郎切。　②无《传》。　③《传》例曰:自外曰戕。邾大夫就鄫杀鄫子。○戕,在良切;徐,又在精切。鄫,才陵切。　④未同盟而赴以名。吴、越之葬,僭而不典,故绝而不书,同之夷蛮,以惩求名之伪。○僭,子念切。惩,直升切,止也;又作征,如字,明也。　⑤大夫还,不书,《春秋》之常也。今书归父还奔,善其能以礼退。不书族者,非常所及。今特书,略之。笙,鲁竟外,故不言出。○笙,音生;徐,又敕贞切,云,本又作柽,亦作杆。案徐后音,是依二《传》文。竟,音境。

传

十八年春,晋侯、卫大子臧伐齐,至于阳穀。齐侯会晋侯盟于缯,以公子彊为质于晋。晋师还,蔡朝、南郭偃逃归①。

①晋既与齐盟,守者解缓,故得逃。○缯,才陵切。质,音致。解,佳买切。

夏,公使如楚乞师,欲以伐齐①。

①公不事齐,齐与晋盟,故惧而乞师于楚。不书,微者行。

秋,邾人戕鄫子于鄫。凡自虐其君曰弑,自外曰戕①。

386

① 弑、戕，皆杀也，所以别内外之名。弑者积微而起，所以相测量，非一朝一夕之渐。戕者卒暴之名。○弑，音试，《注》同。弑字从式，殺字从殳。他皆放此。别，彼列切。朝，如字。卒，寸忽切。

楚庄王卒。楚师不出。既而用晋师①，楚于是乎有蜀之役②。

① 成二年战于鞌是。　② 在成二年冬。蜀，鲁地，泰山博县西北有蜀亭。

公孙归父以襄仲之立公也有宠①，欲去三桓以张公室②。与公谋而聘于晋，欲以晋人去之。冬，公薨。季文子言于朝曰："使我杀適立庶，以失大援者，仲也夫③。"臧宣叔怒曰："当其时不能治也，后之人何罪？子欲去之，许请去之④。"遂逐东门氏⑤。子家还，及笙⑥，坛帷，复命于介⑦。既复命，袒、括发⑧，即位哭，三踊而出⑨。遂奔齐。书曰："归父还自晋。"善之也。

① 归父，襄仲子。　② 时三桓强，公室弱，故欲去之以张大公室。○去，起吕切，下《注》将去同。张，如字，一音涉亮切。　③ 適谓子恶，齐外甥，襄仲杀之而立宣公。南通于楚，既不能固，又不能坚事齐、晋，故云失大援也。○適，丁历切，《注》同。援，于眷切。夫，音扶。　④ 宣叔，文仲子，武仲父，许其名也。时为司寇，主行刑。言子自以归父害己，欲去者许请为子去之。○为，于伪切。　⑤ 襄仲居东门，故曰东门氏。　⑥ 子家，归父。　⑦ 除(也)〔地〕为坛而张帷。介，副也，将去使介反命于君。○坛，音善。介，音界。　⑧ 以麻约发。○袒，音但。括，古活切。　⑨ 依在国丧礼设哭位，公薨故。

春秋经传集解第十二

成公上

○陆云：成公名黑肱，宣公子。《谥法》，安民立政曰成。

经

元年春，王正月，公即位①。
二月辛酉，葬我君宣公②。
无冰③。
三月，作丘甲④。
夏，臧孙许及晋侯盟于赤棘⑤。
秋，王师败绩于茅戎⑥。
冬十月。

①无《传》。　②无《传》。　③无《传》。周二月，今之十二月，而无冰，书冬温。　④《周礼》：九夫为井，四井为邑，四邑为丘。丘十六井，出戎马一匹，牛三头。四丘为甸，甸六十四井，出长毂一乘，戎马四匹，牛十二头，甲士三人，步卒七十二人。此甸所赋，今鲁使丘出之，讥重敛，故书。○甸，徒练切，又绳证切。乘，绳证切。卒，尊忽切。敛，力验切。　⑤晋地。　⑥茅戎，戎别种。不言战，王者至尊，天下莫之得校，故以自败为文。不书败地，而书茅戎，明为茅戎所败。书秋，从告。○茅戎，亡交切。《史记》及二《传》皆作贸戎。种，章勇切。

传

元年春,晋侯使瑕嘉平戎于王①,单襄公如晋拜成②。刘康公徼戎,将遂伐之③。叔服曰:"背盟而欺大国,此必败④。背盟不祥,欺大国不义,神人弗助,将何以胜?"不听,遂伐茅戎。三月癸未,败绩于徐吾氏⑤。

① 平文十七年郫垂之役。詹嘉处瑕,故谓之瑕嘉。○ 郫,音审。詹,之廉切。　② 单襄公,王卿士。谢晋为平戎。○ 单,音善。为,于伪切,下文同。　③ 康公,王季子也。戎平还,欲要其无备。○ 徼,古尧切,要也。要,一遥切。　④ 叔服,周内史。○ 背,音佩,下同。　⑤ 徐吾氏,茅戎之别也。

为齐难故,作丘甲①。

① 前年鲁乞师于楚,欲以伐齐,楚师不出,故惧而作丘甲。○ 难,乃旦切,下同。

闻齐将出楚师,夏,盟于赤棘①。

① 与晋盟,惧齐、楚。

秋,王人来告败①。

① 解《经》,所以秋乃书。

冬,臧宣叔令修赋,缮完①,具守备,曰:"齐、楚结好,我新与晋盟,晋、楚争盟,齐师必至。虽晋人伐齐,楚必救之,是齐、楚同我也②。知难而有备,乃可以逞③。"

① 治完城郭。○缮,市战切。完,和端切。　② 同,共也。○守,手又切。好,呼报切。　③ 逞,解也。为二年齐侯伐我《传》。○解,音蟹。

经

二年春,齐侯伐我北鄙。

夏四月丙戌,卫孙良夫帅师及齐师战于新筑,卫师败绩①。

六月癸酉,季孙行父、臧孙许、叔孙侨如、公孙婴齐帅师会晋郤克、卫孙良夫、曹公子首及齐侯战于鞌,齐师败绩②。

秋七月,齐侯使国佐如师。已酉,及国佐盟于袁娄③。

八月壬午,宋公鲍卒④。

庚寅,卫侯速卒⑤。

取汶阳田⑥。

冬,楚师、郑师侵卫⑦。

十有一月,公会楚公子婴齐于蜀⑧。

丙申,公及楚人、秦人、宋人、陈人、卫人、郑人、齐人、曹人、邾人、薛人、鄫人盟于蜀⑨。

① 新筑,卫地。皆陈曰战,大崩曰败绩。四月无丙戌;丙戌,五月一日。○筑,音竹。陈,直觐切。　② 鲁乞师于晋,而不以与谋之例者,从盟主之令,上行于下,非匹敌和成之类,例在宣七年。曹大夫常不书,而书公子

首者，首命于国，备于礼，成为卿故也。鄌，齐地。○侨，其骄切。郤，去逆切。鄌，音安。与，音预。敌，如字；一本或作適，亦音敌。　③《穀梁》曰：鄌去齐五百里。袁娄去齐五十里。　④未同盟而赴以名。○鲍，步卯切。　⑤宣十七年，盟于断道。据《传》，庚寅，九月七日。　⑥晋使齐还鲁，故书取。不以好得，故不言归。○汶，音问。好，呼报切。⑦子重不书，不亲伐。　⑧公与大夫会，不贬婴齐者，时有许、蔡之君故。　⑨齐在郑下，非卿。《传》曰：卿不书，匮盟也。然则，楚卿于是始与中国准。自此以下，楚卿不书，皆贬恶也。○匮，其位切。

传

二年春，齐侯伐我北鄙，围龙①。顷公之嬖人卢蒲就魁门焉②，龙人囚之。齐侯曰："勿杀！吾与而盟，无入而封③。"弗听，杀而膊诸城上④。齐侯亲鼓士陵城，三日，取龙，遂南侵及巢丘⑤。

卫侯使孙良夫、石稷、宁相、向禽将侵齐，与齐师遇⑥。石子欲还，孙子曰："不可。以师伐人，遇其师而还，将谓君何⑦？若知不能，则如无出。今既遇矣，不如战也。"夏有⑧石成子曰："师败矣。子不少须，众惧尽⑨。子丧师徒，何以复命？"皆不对。又曰："子，国卿也。陨子，辱矣⑩。子以众退，我此乃止⑪。"且告车来甚众⑫。齐师乃止，次于鞫居⑬。

新筑人仲叔于奚救孙桓子，桓子是以免⑭。既，卫人赏之以邑⑮，辞。请曲县⑯、繁缨以朝，许之⑰。仲尼闻之曰："惜也，不如多与之邑。唯器与名，不可以假人⑱，君之所司也。名以出信⑲，信以守器⑳，器以藏礼㉑，礼以行义㉒，义以生利㉓，利以平民，政之大节也。若以假人，与人政也。政亡,则国家从之,弗可止也已。"

孙桓子还于新筑,不入㉔,遂如晋乞师。臧宣叔亦如晋乞师。皆主郤献子㉕。

晋侯许之七百乘㉖。郤子曰:"此城濮之赋也㉗。有先君之明与先大夫之肃,故捷。克于先大夫,无能为役㉘。"请八百乘,许之㉙。郤克将中军,士燮佐上军㉚,栾书将下军㉛,韩厥为司马,以救鲁、卫。臧宣叔逆晋师,且道之。季文子帅师会之。及卫地,韩献子将斩人,郤献子驰,将救之,至则既斩之矣。郤子使速以徇,告其仆曰:"吾以分谤也㉜。"

师从齐师于莘㉝。六月壬申,师至于靡笄之下㉞。齐侯使请战,曰:"子以君师,辱于敝邑,不腆敝赋,诘朝请见㉟。"对曰:"晋与鲁、卫,兄弟也。来告曰:'大国朝夕释憾于敝邑之地㊱。'寡君不忍,使群臣请于大国,无令舆师淹于君地㊲。能进不能退,君无所辱命㊳。"齐侯曰:"大夫之许,寡人之愿也;若其不许,亦将见也。"齐高固入晋师,桀石以投人㊴,禽之而乘其车㊵,系桑本焉以徇齐垒㊶,曰:"欲勇者贾余馀勇㊷。"

癸酉,师陈于鞌。邴夏御齐侯,逢丑父为右。晋解张御郤克,郑丘缓为右。齐侯曰:"余姑翦灭此而朝食㊸。"不介马而驰之㊹。郤克伤于矢,流血及屦,未绝鼓音㊺,曰:"余病矣!"张侯曰:"自始合,而矢贯余手及肘,余折以御,左轮朱殷,岂敢言病。吾子忍之㊻!"缓曰:"自始合,苟有险,余必下推车,子岂识之?然子病矣㊼!"张侯曰:"师之耳目,在吾旗鼓,进退从之。此车一人殿之,可以集事㊽,若之何其以病㊾

败君之大事也？擐甲执兵,固即死也㊾。病未及死,吾子勉之!"左并辔,右援枹而鼓,马逸不能止,师从之㊿。齐师败绩。逐之,三周华不注㉒。

韩厥梦子舆谓己曰:"且辟左右㉝。"故中御而从齐侯㉞。邴夏曰:"射其御者,君子也。"公曰:"谓之君子而射之,非礼也㉟。"射其左,越于车下㊱。射其右,毙于车中。綦毋张丧车,从韩厥,曰:"请寓乘㊲从左右。"皆肘之,使立于后㊳。韩厥俛,定其右㊴。逢丑父与公易位。将及华泉,骖絓于木而止㊶。丑父寝于轏中㊷,蛇出于其下,以肱击之,伤而匿之,故不能推车而及㊸。韩厥执絷马前㊹,再拜稽首,奉觞加璧以进㊺,曰:"寡君使群臣为鲁、卫请曰:'无令舆师陷入君地㊻。'下臣不幸,属当戎行,无所逃隐㊼。且惧奔辟而忝两君,臣辱戎士㊽,敢告不敏,摄官承乏㊾。"丑父使公下,如华泉取饮。郑周父御佐车,宛茷为右,载齐侯以免㊿。韩厥献丑父,郤献子将戮之。呼曰:"自今无有代其君任患者,有一于此,将为戮乎!"郤子曰:"人不难以死免其君,我戮之不祥,赦之以劝事君者。"乃免之。

齐侯免,求丑父,三入三出㉛。每出,齐师以帅退,入于狄卒㉒。狄卒皆抽戈楯冒之,以入于卫师。卫师免之㉓。遂自徐关入。齐侯见保者,曰:"勉之! 齐师败矣㉔。"辟女子㉕,女子曰:"君免乎?"曰:"免矣。"曰:"锐司徒免乎?"曰:"免矣㉖。"曰:"苟君与吾父免矣,可若何㉗!"乃奔㉘。齐侯以为有礼㉙,既而问之,辟司徒之妻也㉚。予之石窌㉛。

晋师从齐师,入自丘舆,击马陉㉜。齐侯使宾媚人赂以纪甗、玉磬与地㊿。不可,则听客之所为。宾媚人致赂,晋人不可,曰:"必以萧同叔子为质㊽,而使齐之封内尽东其亩㊾。"对曰:"萧同叔子非他,寡君之母也。若以匹敌,则亦晋君之母也。吾子布大命于诸侯,而曰:'必质其母以为信。'其若王命何㊻?且是以不孝令也。《诗》曰:'孝子不匮,永锡尔类㊼。'若以不孝令于诸侯,其无乃非德类也乎㊽?先王疆理天下物土之宜,而布其利㊾,故《诗》曰:'我疆我理,南东其亩㊿。'今吾子疆理诸侯,而曰'尽东其亩'而已,唯吾子戎车是利㊶,无顾土宜,其无乃非先王之命也乎?反先王则不义,何以为盟主?其晋实有阙㊷。四王之王也㊸,树德而济同欲焉㊹。五伯之霸也㊺,勤而抚之,以役王命㊻。今吾子求合诸侯,以逞无疆之欲㊼。《诗》曰:'布政优优,百禄是遒㊽。'子实不优,而弃百禄,诸侯何害焉㊾!不然㊿,寡君之命使臣则有辞矣,曰:'子以君师,辱于敝邑,不腆敝赋,以犒从者㊶。畏君之震,师徒桡败㊷。吾子惠徼齐国之福,不泯其社稷,使继旧好,唯是先君之敝器、土地不敢爱。子又不许。请收合馀烬㊸,背城借一㊹。敝邑之幸,亦云从也。况其不幸,敢不唯命是听㊺。'"鲁、卫谏曰:"齐疾我矣㊻!其死亡者,皆亲暱也。子若不许,仇我必甚。唯子则又何求?子得其国宝㊼,我亦得地㊽,而纾于难㊾,其荣多矣!齐、晋亦唯天所授,岂必晋?"晋人许之,对曰:"群臣帅赋舆㊿以为鲁、卫请,若苟有以藉口而复于寡君㊶,君之惠也。敢不唯命是听。"

禽郑自师逆公㊷。秋七月,晋师及齐国佐盟于爰娄,使齐人归我汶阳之田。公会晋师于上鄍⑬,赐三帅先路三命之服⑭,司马、司空、舆帅、候正、亚旅,皆受一命之服⑮。

①龙,鲁邑。在泰山博县西南。 ②攻龙门也。○顷,音倾。壁,必计切。魁,苦回切。 ③封,竟。○竟,音境。 ④膊,磔也。○膊,普各切。磔,陟百切。 ⑤取龙、侵巢丘不书,其义未闻。 ⑥齐伐鲁还,相遇于卫地。良夫,孙林父之父。石稷,石碏四世孙。甯相,甯俞子。○相,息亮切。向,舒亮切。碏,七略切。俞,羊朱切。 ⑦言无以答君。 ⑧阙文,失新筑战事。 ⑨成子,石稷也。卫师已败,而孙良夫复欲战,故成子欲使须救。○复,扶又切。 ⑩陨,见禽获。○丧,息浪切。陨,于敏切。 ⑪我于此止御齐师。○御,鱼吕切。 ⑫新筑人救孙桓子,故并告令军中。 ⑬鞫居,卫地。○鞫,居六切。 ⑭于奚,守新筑大夫。 ⑮赏于奚。 ⑯轩县也。《周礼》:天子乐,宫县,四厢;诸侯轩县,阙南方。○县,音玄,《注》同。 ⑰繁缨,马饰。皆诸侯之服。○繁,步干切,《注》同。 ⑱器,车服。名,爵号。 ⑲名位不愆,为民所信。○愆,起虔切。 ⑳动不失信,则车服可保。 ㉑车服所以表尊卑。 ㉒尊卑有礼,各得其宜。 ㉓得其宜,则利生。 ㉔不入国。 ㉕宣十七年,郤克至齐,为妇人所笑,遂怒。故鲁、卫因之。孙桓子、臧宣叔皆不以国命,各自诣郤克,故不书。 ㉖五万二千五百人。○乘,绳证切,下同。 ㉗城濮在僖二十八年。○濮,音卜。 ㉘不中为之役使。 ㉙六万人。 ㉚范文子代荀庚。○将,子匠切。 ㉛代赵朔。 ㉜不欲使韩氏独受谤。○道,音导。徇,似俊切。 ㉝莘,齐地。○莘,所巾切。 ㉞靡笄,山名。○靡,如字,双音摩。笄,音鸡。 ㉟诘朝,平旦。○腆,他典切。诘,起吉切。朝,如字,《注》及下朝夕、朝食同。见,贤遍切。 ㊱大国谓齐。敝邑,鲁、卫自称。○憾,胡暗切;本又作感。 ㊲舆,众也。淹,久也。○令,力呈切。师,如字,下无令舆师同;一音所类切。 ㊳言自欲战,不复须君命。○复,扶又切。 ㊴桀,担也。○担,丁甘切。 ㊵既获其

人，因释己车而载所获者车。 ㊶ 将至齐垒，以桑树系车而走，欲自异。〇 垒，力轨切。 ㊷ 贾，买也。言己勇有馀，欲卖之。〇 贾，音古，《注》同。卖，摩懈切。 ㊸ 姑，且也。翦，尽也。〇 陈，直觐切。邴，音丙，又彼命切。夏，户雅切。解，音蟹。张，如字，又直亮切。 ㊹ 介，甲也。㊺ 中军将自执旗鼓，故虽伤而击鼓不息。〇 将，子匠切，下将在左同。㊻ 张侯，解张也。朱，血色，血色久则殷。殷音近烟，今人谓赤黑为殷色。言血多污车轮，御犹不敢息。〇 贯，古乱切，下《注》同。肘，竹九切。折，之设切。殷，於闲切；徐，於辰切，《注》同。近，附近之近。污，污秽之污；《字林》，一故切。 ㊼ 以其不识己推车。〇 推，昌谁切，又他回切，《注》及下推车同。 ㊽ 殿，镇也。集，成也。〇 殿，多练切，《注》同。 ㊾ 〇 陆云：绝句。 ㊿ 擐，贯也。即，就也。〇 擐，音患。 (51) 晋师从郤克军。〇 并，必政切；徐，方聘切。援音爰。枹，音浮，鼓槌也；《字林》云，击鼓柄也；本亦作桴。 (52) 华不注，山名。〇 华，如字，又户化切。注，之住切。 (53) 子舆，韩厥父。 (54) 居中代御者。自非元帅，御者皆在中，将在左。〇 帅，所类切。 (55) 齐侯不知戎礼。〇 射，食亦切，下并《注》皆同。 (56) 越，队也。〇 队，宜类切。 (57) 綦毋张，晋大夫。寓，寄也。〇 綦，音其。毋，音无。丧，息浪切。乘，绳证切。 (58) 以左右皆死，不欲使立其处。〇 处，昌虑切。 (59) 俛，俯也。右被射，仆车中，故俯安隐之。〇 俛，音勉。仆，音赴，又蒲北切。 (60) 居公处。 (61) 骖，马絓也。〇 华，户化切。絓，户卦切，一音卦。骖，七南切。 (62) 辗，士车。〇 辗，仕产切，又仕板切；《字林》，仕谏切，云，卧车也。 (63) 为韩厥所及。丑父欲为右，故匿其伤。〇 肱，古弘切。匿，女力切，《注》同。(64) 絷，马绊也。执之，示修臣仆之职。〇 絷，张立切。绊，音半。 (65) 进觞璧，亦以示敬。〇 觞，式羊切。 (66) 本但为二国救请，不欲乃过入君地，谦辞。〇 为，于伪切，《注》同。令，力呈切。 (67) 属，適。〇 属，音烛，《注》同。行，下郎切。 (68) 若奔辟，则为辱晋君，并为齐侯羞，故言二君。此盖韩厥自处臣仆，谦敬之饰言。〇 辟，音避，《注》同；徐，扶臂切；服氏，扶赤切。 (69) 言欲以己不敏，摄承空乏，从君俱还。〇 从，才用切，又如字。　⑦⓪佐车,副车。○宛,纡元切。茷,扶废切。　⑦①重其代己,故三入晋军求之。○呼,火故切。任,音壬。难,乃旦切。　⑦②齐师大败,皆有退心,故齐侯轻出其众,以帅厉退者,遂进入狄卒。狄卒者,狄人从晋讨齐者。○卒,子忽切,《注》同。轻,遣政切。进,补诤切。⑦③狄、卫畏齐之强,故不敢害齐侯,皆共免护之。○楯,食准切,又音允。冒,亡报切。　⑦④所过城邑,皆勉励其守者。　⑦⑤使辟君也。齐侯单还,故妇人不辟之。○辟,音避,《注》下同,一音扶亦切。单,音丹。⑦⑥锐司徒,主锐兵者。○锐,悦岁切。　⑦⑦言馀人不可复如何。○复,扶又切。　⑦⑧走辟君。　⑦⑨先问君,后问父故也。　⑧⓪辟司徒,主垒壁者。○辟,音壁,必亦切,《注》同。徐,甫亦切。　⑧①石窌,邑名,济北卢县东有地名石窌。○窌,力救切,一音力到切。　⑧②丘舆、马陉,皆齐邑。○陉,音刑。　⑧③媢人,国佐也。瓶、玉磬,皆灭纪所得。○媢,美冀切。赂,音路。瓶,鱼辇切;徐音彦,又音言;《字林》,牛健切。磬,子孕切,又慈陵切。　⑧④同叔,萧君之字,齐侯外祖父。子,女也。难斥言其母,故远言之。○质,徐音致,下同。难,乃旦切。　⑧⑤使垄亩东西行。○尽,津忍切。垄,力勇行。行,户郎切,又如字。　⑧⑥言违王命。⑧⑦《诗·大雅》。言孝心不乏者,又能以孝道长赐其志类。　⑧⑧不以孝德赐同类。　⑧⑨疆,界也。理,正也。物土之宜,播殖之物各从土宜。○疆,居良切,《注》下皆同。　⑨⓪《诗·小雅》。或南或东,从其土宜。⑨①晋之伐齐,循垄东行易。○易,以豉切。　⑨②阙,失。　⑨③禹、汤、文、武。○下王,于况切。　⑨④树,立也。济,成也。　⑨⑤夏伯昆吾,商伯大彭、豕韦,周伯齐桓、晋文。○《释文》:或曰齐桓、晋文、宋襄、秦穆、楚庄。　⑨⑥役,事也。　⑨⑦疆,竟也。○竟,如字,又音境。⑨⑧《诗·颂》。殷汤布政优和,故百禄来聚。遒,聚也。○遒,在由切;徐,子由切。　⑨⑨言不能为诸侯害。　⑩⓪不见许。　⑩①战而曰犒,为孙辞。○使,所吏切。犒,苦报切。从,才用切。　⑩②震,动。桡,曲也。○桡,刀教切。　⑩③烬,火馀木。○泯,弥忍切。好,呼报切。合,如字,一音阁。烬,似刃切。　⑩④欲于城下,复借一战。○背,音佩。复,扶又

397

切。　⑩⑤言完全之时,尚不敢违晋,今若不幸,则从命。　⑩⑥谏郤克也。　⑩⑦谓甗、磬。○甗,女乙切。　⑩⑧齐归所侵。　⑩⑨齐服则难缓。○纾,音舒,缓也;一音直吕切。难,乃旦切,《注》同。　⑪⑩赋舆,犹兵车。　⑪①藉,荐。复,白也。○为,于伪切。藉,在夜切,《注》同。⑪②禽郑,鲁大夫。归逆公会晋师。　⑪③上鄍,地阙。公会晋师不书,史阙。○鄍,觅经切。　⑪④三帅:郤克、士燮、栾书。已尝受王先路之赐,今改而易新,并此车所建所服之物。○帅,所类切,《注》及下同。⑪⑤晋司马、司空皆大夫,舆帅主兵车,候正主斥候,亚旅亦大夫也。皆鲁侯赐。

八月,宋文公卒。始厚葬,用蜃炭,益车马,始用殉①。重器备②,椁有四阿,棺有翰桧③。君子谓:"华元、乐举,于是乎不臣。臣治烦去惑者也,是以伏死而争。今二子者,君生则纵其惑④,死又益其侈,是弃君于恶也。何臣之为⑤?"

① 烧蛤为炭以瘗圹,多埋车马,用人从葬。○蜃,市忍切,蛤也。炭,吐旦切。殉,似俊切。蛤,古答切。瘗,於例切。圹,苦晃切,一音旷。② 重,犹多也。○重,直恭切,《注》同。　③ 四阿,四注椁也。翰,旁饰;桧,上饰。皆王礼。○椁,音郭。翰,户旦切,一音韩。桧,古外切;徐音会。④ 谓文十八年,杀母弟须。○去,起吕切,下去之同。争,争斗之争。⑤ 若言何用为臣。○侈,昌氏切,又式氏切。

九月,卫穆公卒,晋三子自役吊焉,哭于大门之外①。卫人逆之②,妇人哭于门内③,送亦如之。遂常以葬④。

① 师还过卫,故因吊之。未复命,故不敢成礼。○过,古禾切,又古卧

切。　②逆，于门外设丧位。　③丧位，妇人哭于堂。宾在门外，故移在门内。　④至葬行此礼。

楚之讨陈夏氏也①，庄王欲纳夏姬，申公巫臣曰："不可。君召诸侯，以讨罪也。今纳夏姬，贪其色也。贪色为淫，淫为大罚。《周书》曰：'明德慎罚②。'文王所以造周也。明德，务崇之之谓也。慎罚，务去之之谓也。若兴诸侯，以取大罚，非慎之也。君其图之！"王乃止。子反欲取之，巫臣曰："是不祥人也！是夭子蛮③，杀御叔④，杀灵侯⑤，戮夏南⑥，出孔、仪⑦，丧陈国⑧，何不祥如是！人生实难，其有不获死乎⑨？天下多美妇人，何必是？"子反乃止。

王以予连尹襄老。襄老死于邲，不获其尸⑩，其子黑要烝焉⑪。巫臣使道焉，曰："归！吾聘女⑫。"又使自郑召之，曰："尸可得也⑬，必来逆之。"姬以告王，王问诸屈巫⑭。对曰："其信！知䓨之父，成公之嬖也，而中行伯之季弟也⑮，新佐中军，而善郑皇戌，甚爱此子⑯。其必因郑而归王子与襄老之尸以求之⑰。郑人惧于邲之役而欲求媚于晋，其必许之。"王遣夏姬归。将行，谓送者曰："不得尸，吾不反矣。"巫臣聘诸郑，郑伯许之⑱。

及共王即位，将为阳桥之役⑲，使屈巫聘于齐，且告师期，巫臣尽室以行⑳。申叔跪从其父将適郢，遇之㉑，曰："异哉！夫子有三军之惧，而又有《桑中》之喜，宜将窃妻以逃者也㉒。"及郑，使介反币，而以夏姬行㉓。将奔齐，齐师新败，曰："吾不处不胜之国。"遂奔晋，而因郤至㉔以臣于晋。晋人使为邢大夫㉕。

子反请以重币锢之㉖,王曰:"止!其自为谋也,则过矣。其为吾先君谋也,则忠。忠,社稷之固也,所盖多矣㉗。且彼若能利国家,虽重币,晋将可乎㉘?若无益于晋,晋将弃之,何劳锢焉㉙。"

①在宣十一年。○夏,户雅切,下同。 ②《周书·康诰》。 ③子蛮,郑灵公,夏姬之兄,杀死无后。○杀,申志切,下文杀灵侯同。 ④御叔,夏姬之夫,亦早死。○御,鱼据切。 ⑤陈灵公。 ⑥夏姬子徵舒。 ⑦孔宁、仪行父。 ⑧楚灭陈。○丧,息浪切,下《注》而丧同。 ⑨言死易得,无为取夏姬召速之。○易,以豉切。 ⑩邲战在宣十二年。 ⑪黑要,襄老子。○要,一遥切。烝,之承切。 ⑫道夏姬使归郑。○道,音导。《注》同。聘,匹政切。女,音汝。 ⑬襄老尸。 ⑭屈巫,巫臣。○屈,居勿切。 ⑮知罃父,荀首也。中行伯,荀林父也。邲之战,楚人囚知罃。○知,音智。罃,於耕切。 ⑯爱知罃也。 ⑰王子,楚公子榖臣也。邲之战,荀首囚之。 ⑱聘夏姬。 ⑲楚伐鲁至阳桥,在此年冬。○共,音恭。 ⑳室家尽去。 ㉑叔跪,申叔时之子。○跪,其委切,一音居委切。从,才用切。郓,以井切,又以政切。 ㉒《桑中》,《卫风》淫奔之诗。 ㉓介,副也。币,聘物。○介,音界。 ㉔至,郤克族子。 ㉕邢,晋邑。○邢,音刑。 ㉖禁锢勿令仕。○锢,音固。令,力呈切。 ㉗盖,覆也。○上为,于伪切,又如字。下为,于伪切。 ㉘言不许。 ㉙为七年楚灭巫臣族、晋南通吴张本。

晋师归,范文子后入。武子曰:"无为吾望尔也乎①?"对曰:"师有功,国人喜以逆之,先入,必属耳目焉,是代帅受名也,故不敢。"武子曰:"吾知免矣②。"郤伯见,公曰:"子之力也夫!"对曰:"君之训也,二三子之力也,臣何力之有焉③!"

范叔见,劳之如郤伯,对曰:"庚所命也,克之制也,燮何力之有焉④!"栾伯见,公亦如之,对曰:"燮之诏也,士用命也,书何力之有焉⑤!"

① 武子,士会,文子之父。　② 知其不益己祸。○属,章欲切,后同。帅,所类切,下《注》称帅、军帅、将帅同。吾知,一本无知字。　③ 郤伯,郤克。○见,贤遍切,下同。夫,音扶。　④ 荀庚将上军,时不出,范文子上军佐,代行,故称帅以让。○劳,力报切。将,子匠切,下同。　⑤ 诏,告也。栾书下军帅,故推功上军。《传》言晋将帅克让,所以能胜齐。

宣公使求好于楚。庄王卒,宣公薨,不克作好①。公即位,受盟于晋②。会晋伐齐。卫人不行使于楚③,而亦受盟于晋,从于伐齐。故楚令尹子重为阳桥之役以救齐。将起师,子重曰:"君弱④,群臣不如先大夫,师众而后可。《诗》曰:'济济多士,文王以宁⑤。'夫文王犹用众,况吾侪乎⑥?且先君庄王属之曰:'无德以及远方,莫如惠恤其民而善用之。'"乃大户⑦,已责⑧,逮鳏⑨,救乏,赦罪,悉师。王卒尽行,彭名御戎,蔡景公为左,许灵公为右⑩。二君弱,皆强冠之。冬,楚师侵卫,遂侵我,师于蜀⑪。使臧孙往⑫,辞曰:"楚远而久,固将退矣。无功而受名,臣不敢⑬。"楚侵及阳桥⑭,孟孙请往赂之⑮。以执斫、执针、织纴⑯,皆百人,公衡为质⑰,以请盟。楚人许平。

十一月,公及楚公子婴齐、蔡侯、许男、秦右大夫说、宋华元、陈公孙宁、卫孙良夫、郑公子去疾及齐国之大夫盟于蜀⑱。卿不书,匮盟也。于是乎畏晋而窃与楚盟,故曰匮盟⑲。蔡侯、许男不书,乘楚车也,谓之失位⑳。君子曰:"位其不可不慎也乎!蔡、许之君,一失其位,不得列于诸侯,况其下乎?《诗》曰:'不解于位,民之攸墍㉑。'其是之谓矣。"

楚师及宋,公衡逃归。臧宣叔曰:"衡父不忍数年之不宴㉒,以弃鲁国,国将若之何?谁居?后之人必有任是夫!国弃矣㉓。"

是行也,晋辟楚,畏其众也。君子曰:"众之不可以已也。大夫为政,犹以众克,况明君而善用其众乎?《大誓》所谓'商兆民离,周十人同'者,众也㉔。"

① 在宣十八年。○好,呼报切,下同。　② 元年盟赤棘。③ 不聘楚。○使,所吏切。　④《传》曰:寡人生十年而丧先君。共王即位,至是三年,盖年十二三矣。　⑤《诗·大雅》。言文王以众士安。○济,子礼切。　⑥ 侪,等。○侪,仕皆切。　⑦ 阅民户口。○阅,音悦。　⑧ 弃逋责。○逋,补吴切。　⑨ 施及老鳏。○鳏,古顽切。施,始豉切。　⑩ 王卒尽行,故王戎车亦行,虽无楚王,令二君当左右之位。○卒,子忽切,《注》同。令,力呈切。　⑪ 公赂之而退,故不书侵。○强,其丈切。冠,古乱切。　⑫ 臧孙,宣叔也。　⑬ 不敢虚受退楚名。　⑭ 阳桥,鲁地。　⑮ 楚侵遂深,故孟孙请以赂往。孟孙,献子也。　⑯ 执斫,匠人。执针,女工。织纴,织缯布者。○斫,竹角切。针,之林切。纴,女金切;徐,而鸩切。　⑰ 公衡,成公子。○质,音致。　⑱ 齐大夫不书其名,非卿也。○说,音悦。去,起吕切。　⑲ 匮,乏也。　⑳ 乘楚王车为左右,则失位也。卿不书,则称人;诸侯不书,皆不见《经》,君臣之别。○见,贤遍切。别,彼列切。　㉑《诗·大雅》。言在上者勤正其位,则国安而民息也。攸,所也。墍,息也。○解,佳卖切。墍,许器切。　㉒ 宴,乐也。○数,所主切。乐,音洛。　㉓ 居,辞也。言后人必有当此

患。○居,音基。任,音壬。夫,音扶。　㉔《大誓》,《周书》。万亿曰兆。民离则弱,合则成众。言殷以散亡,周以众兴。

　　晋侯使巩朔献齐捷于周,王弗见,使单襄公辞焉,曰:"蛮夷戎狄,不式王命①,淫湎毁常,王命伐之,则有献捷,王亲受而劳之,所以惩不敬,劝有功也。兄弟甥舅,侵败王略②,王命伐之,告事而已,不献其功,所以敬亲暱③,禁淫慝也④。今叔父克遂有功于齐⑤,而不使命卿镇抚王室,所使来抚余一人,而巩伯实来,未有职司于王室⑥,又奸先王之礼⑦,余虽欲于巩伯⑧,其敢废旧典以忝叔父?夫齐,甥舅之国也,而大师之后也⑨,宁不亦淫从其欲以怒叔父,抑岂不可谏诲?"士庄伯不能对⑩。王使委于三吏⑪,礼之如侯伯克敌使大夫告庆之礼,降于卿礼一等。王以巩伯宴而私贿之。使相告之曰:"非礼也,勿籍⑫。"

　　①式,用也。○捷,在妾切。　②兄弟,同姓国。甥舅,异姓国。略,经略法度。○湎,面善切。劳,力报切。败,必迈切。　③告伐事而不献囚俘。○暱,女乙切。　④淫慝,谓越掠百姓,取囚俘也。○慝,他得切。越,本又作暴,薄报切。掠,音亮。　⑤克,能也。　⑥巩朔,上军大夫,非命卿,名位不达于王室。　⑦谓献齐捷。奸,音干。　⑧欲受其献。　⑨齐世与周昏,故曰甥舅。○大,音泰。　⑩庄伯,巩朔。○从,子用切;本亦作纵。　⑪委,属也。三吏,三公也。○陆云,天子之吏也。　⑫相,相礼者。籍,书也。王畏晋,故私宴贿以慰巩朔。○相,息亮切,《注》同。

经

三年春，王正月，公会晋侯、宋公、卫侯、曹伯伐郑①。

辛亥，葬卫穆公②。

二月，公至自伐郑③。

甲子，新宫灾，三日哭④。

乙亥，葬宋文公⑤。

夏，公如晋。

郑公子去疾帅师伐许。

公至自晋⑥。

秋，叔孙侨如帅师围棘⑦。

大雩⑧。

晋郤克、卫孙良夫伐廧咎如⑨。

冬十有一月，晋侯使荀庚来聘。

卫侯使孙良夫来聘。

丙午，及荀庚盟。

丁未，及孙良夫盟⑩。

郑伐许⑪。

① 宋、卫未葬，而称爵以接邻国，非礼也。　② 无《传》。　③ 无《传》。　④ 无《传》。三年丧毕，宣公神主新入庙，故谓之新宫。书三日哭，善得礼。宗庙，亲之神灵所冯居，而遇灾，故哀而哭之。○冯，皮冰切。⑤ 无《传》。七月而葬，缓。　⑥ 无《传》。　⑦ 棘，汶阳田之邑，在济北蛇丘县。○蛇，以支切，一音如字。　⑧ 无《传》。以过时书。⑨ 赤狄别种。○廧，在良切。咎，古刀切。种，章勇切。　⑩ 先晋后卫，尊霸主。　⑪ 无《传》。不书将帅，告辞略。○将，子匠切。帅，所类切。

传

三年春，诸侯伐郑，次于伯牛，讨邲之役也①，遂东侵郑②。郑公子偃帅师御之③，使东鄙覆诸鄤④，败诸丘舆⑤。皇戌如楚献捷。

① 伯牛，郑地。邲役在宣十二年。　② 晋潜军深入。　③ 偃，穆公子。　④ 覆，伏兵也。○覆，扶又切，《注》同。鄤，亡袁切，又莫干切；徐，武旦切，一音万。　⑤ 鄤、丘舆，皆郑地。晋偏军为郑所败，故不书。

夏，公如晋，拜汶阳之田①。

① 前年晋使齐归鲁汶阳田故。

许恃楚而不事郑，郑子良伐许。

晋人归公子穀臣与连尹襄老之尸于楚以求知罃①。于是荀首佐中军矣②，故楚人许之。王送知罃曰："子其怨我乎？"对曰："二国治戎，臣不才，不胜其任，以为俘馘。执事不以衅鼓③，使归即戮，君之惠也。臣实不才，又谁敢怨？"王曰："然则德我乎？"对曰："二国图其社稷，而求纾其民④，各惩其忿以相宥也⑤，两释累囚以成其好⑥。二国有好，臣不与及，其谁敢德⑦？"王曰："子归，何以报我？"对曰："臣不任受怨，君亦不任受德，无怨无德，不知所报。"王曰："虽然，必告不穀。"对曰："以君之灵，累臣得归骨于晋，寡君之以为戮，死且不朽⑧。若从君之惠而免之，以赐君之外臣首⑨；首其请于寡君而以戮于宗，亦死且不朽。若不获命⑩，而使嗣宗职①,次及于事,而帅偏师以修封疆,虽遇执事⑫,其弗敢违⑬。其竭力致死,无有二心,以尽臣礼,所以报也。"王曰:"晋未可与争。"重为之礼而归之。

① 邲之战,楚获知䓨。　② 荀首,知䓨父。　③ 以血涂鼓为衅鼓。○ 胜,音升,下《注》同。俘,芳夫切。馘,古获切。衅,许觐切。 ④ 纾,缓也。○ 纾,音舒。　⑤ 宥,赦也。○ 惩,直升切。宥,音又。 ⑥ 累,系也。○ 累,力谁切。好,呼报切,下同。　⑦ 言二国本不为己。○ 与,音预。为,于伪切。　⑧ 戮其不胜任。○ 任,音壬,下亦不任同。 ⑨ 称于异国君曰外臣。　⑩ 君不许戮。　⑪ 嗣其祖宗之位职。 ⑫ 遇楚将帅。○ 疆,居良切。　⑬ 违,辟也。

秋,叔孙侨如围棘,取汶阳之田。棘不服,故围之①。

① 侨如,叔孙得臣子。

晋郤克、卫孙良夫伐廧咎如,讨赤狄之馀焉①。廧咎如溃,上失民也②。

① 宣十五年,晋灭赤狄潞氏,其馀民散入廧咎如,故讨之。　② 此《传》释《经》之文。而《经》无"廧咎如溃",盖《经》阙此四字。○ 溃,户内切。

冬十一月,晋侯使荀庚来聘,且寻盟①。卫侯使孙良夫来聘,且寻盟②。公问诸臧宣叔曰:"仲行伯之于晋也,其位在三③。孙子之于卫也,位为上卿。将谁先?"对曰:"次国之上卿当大国之中,中当其下,下当其上大夫④。小国之上卿当大国之下卿,中当其上大夫,下当其下大夫⑤。上下如是,古之制也⑥。卫在晋,不得为次国⑦。晋为盟主,其将先之⑧。"丙午盟晋,丁未盟卫,礼也。

① 寻元年赤棘盟。荀庚,林父之子。　② 寻宣七年盟。　③ 下卿。　④ 降一等。　⑤ 降大国二等。　⑥ 古制:公为大国,侯、伯为次国,子、男为小国。　⑦ 春秋时以强弱为大小,故卫虽侯爵,犹为小国。　⑧ 计等则二人位敌,以盟主,故先晋。

十二月甲戌,晋作六军①。韩厥、赵括、巩朔、韩穿、荀骓、赵旃皆为卿,赏鞌之功也②。

① 为六军,僭王也。万二千五百人为军。○僭,子念切。　② 韩厥为新中军。赵括佐之。巩朔为新上军,韩穿佐之。荀骓为新下军,赵旃佐之。晋旧自有三军,今增此,故为六军。○骓,音佳。

齐侯朝于晋,将授玉①。郤克趋进曰:"此行也,君为妇人之笑辱也,寡君未之敢任②。"晋侯享齐侯。齐侯视韩厥,韩厥曰:"君知厥也乎?"齐侯曰:"服改矣③。"韩厥登,举爵曰:"臣之不敢爱死,为两君之在此堂也。"

① 行朝礼。　② 言齐侯之来,以谢妇人之笑,非为修好,故云晋君不任当此惠。○为,于伪切,下为两君同。任,音壬。　③ 戎朝异服也。言服改,明识其人。

荀䓨之在楚也,郑贾人有将寘诸褚中以出。既谋之,未行,而楚人归之。贾人如晋,荀䓨善视之,如实出己。贾人曰:"吾无其功,敢有其实乎?吾小人,不可以厚诬君子。"遂适齐①。

① 《传》言知䓨之贤。○贾,音古,下同。寔,之豉切。诸,中吕切。

经

四年春,宋公使华元来聘。

三月壬申,郑伯坚卒①。

杞伯来朝。

夏四月甲寅,臧孙许卒②。

公如晋。

葬郑襄公③。

秋,公至自晋。

冬,城郓④。

郑伯伐许。

① 无《传》。二年大夫盟于蜀。壬申,二月二十八日。　② 无《传》。　③ 无《传》。　④ 无《传》。公欲叛晋,故城而为备。○郓,音运。

传

四年春,宋华元来聘,通嗣君也①。

① 宋共公即位。○共,音恭。

杞伯来朝,归叔姬故也①。

① 将出叔姬,先修礼朝鲁,言其故。

夏,公如晋,晋侯见公不敬。季文子曰:"晋侯必不免①。《诗》曰:'敬之敬之! 天惟显思,命不易哉②!'夫晋侯之命在诸侯矣,可不敬乎③?"秋,公至自晋,欲求成于楚而叛晋。季文子曰:"不可。晋虽无道,未可叛也。国大臣睦,而迩于我④,诸侯听焉,未可以贰⑤。史佚之《志》有之⑥,曰:'非我族类,其心必异。'楚虽大,非吾族也⑦,其肯字我乎?"公乃止⑧。

① 言将不能寿终也。后十年陷厕而死。　② 《诗·颂》。言天道显明,受其命甚难,不可不敬以奉之。○ 易,以豉切。　③ 敬诸侯,则得天命。　④ 迩,近也。　⑤ 听,服也。　⑥ 周文王大史。○ 大,音泰。　⑦ 与鲁异姓。　⑧ 字,爱也。

冬十一月,郑公孙申帅师疆许田①,许人败诸展陂。郑伯伐许,取鉏任泠敦之田②。晋栾书将中军③,荀首佐之。士燮佐上军,以救许伐郑,取氾、祭④。楚子反救郑,郑伯与许男讼焉⑤。皇戌摄郑伯之辞⑥,子反不能决也,曰:"君若辱在寡君,寡君与其二三臣,共听两君之所欲,成其可知也⑦。不然,侧不足以知二国之成⑧。"

① 前年郑伐许,侵其田,今正其界。○ 疆,居良切。　② 展陂,亦许

地。○陂,彼皮切。鉏,仕居切。任,音壬。泠,力丁切。　③代郤克。○将,子匠切。　④氾、祭,郑地。成皋县东有氾水。○氾,音凡,《注》同,或音祀。祭,侧介切。　⑤于子反前争曲直。　⑥代之对。⑦欲使自屈,在楚子前决之。　⑧侧,子反名。为明年许恝郑于楚张本。○恝,音素。

晋赵婴通于赵庄姬①。

① 赵婴,赵盾弟。庄姬,赵朔妻。朔,盾之子。

经

五年春,王正月,杞叔姬来归①。

仲孙蔑如宋。

夏,叔孙侨如会晋荀首于榖②。

梁山崩③。

秋,大水④。

冬十有一月己酉,天王崩。

十有二月己丑,公会晋侯、齐侯、宋公、卫侯、郑伯、曹伯、邾子、杞伯同盟于虫牢⑤。

① 出也。《传》在前年。　② 榖,齐地。　③ 记异也。梁山在冯翊夏阳县北。　④ 无《传》。　⑤ 虫牢,郑地。陈留封丘县北有桐牢。

传

五年春,原、屏放诸齐①。婴曰:"我在,故栾氏不作。我

410

亡,吾二昆其忧哉!且人各有能,有不能②,舍我何害?"弗听。婴梦天使谓己:"祭余,余福女。"使问诸士贞伯,贞伯曰:"不识也。"既而告其人③曰:"神福仁而祸淫,淫而无罚,福也。祭其得亡乎④?"祭之,之明日而亡⑤。

① 放赵婴也。原同、屏季,婴之兄。○ 屏,步丁切。　② 言己虽淫,而能令庄姬护赵氏。○ 令,力丁切。　③ 自告贞伯从人。○ 舍,音捨,又音赦。听,吐丁切。女,音汝。从,才用切。　④ 以得放遣为福。
⑤ 为八年晋杀赵同、赵括《传》。

孟献子如宋,报华元也①。

① 前年宋华元来聘。

夏,晋荀首如齐逆女,故宣伯饩诸榖①。

① 野馈曰饩。运粮馈之,敬大国也。○ 饩,音郯。馈,其媿切。

梁山崩,晋侯以传召伯宗①。伯宗辟重,曰:"辟传②!"重人曰:"待我,不如捷之速也③。"问其所,曰:"绛人也。"问绛事焉,曰:"梁山崩,将召伯宗谋之。"问:"将若之何?"曰:"山有朽壤而崩,可若何?国主山川④。故山崩川竭,君为之不举⑤,降服⑥,乘缦⑦,彻乐⑧,出次⑨,祝币⑩,史辞⑪,以礼焉⑫。其如此而已,虽伯宗若之何?"伯宗请见之⑬,不可⑭。遂以告而从之⑮。

① 传,驿。○ 传,中恋切,《注》及下同。驿,音亦。　② 重载之车。○ 上辟,匹亦切;徐,甫赤切;本又作僻。下辟,音避。　③ 捷,邪出。○ 捷,在妾切。邪,似嗟切。　④ 主,谓所主祭。○ 绛,古巷切。壤,如丈切。　⑤ 去盛馔。○ 为,于伪切。去,起吕切。馔,仕恋切。　⑥ 损盛服。　⑦ 车无文。○ 缦,武旦切,又莫半切。　⑧ 息八音。⑨ 舍于郊。　⑩ 陈玉帛。　⑪ 自罪责。　⑫ 礼山川。　⑬ 见之于晋君。○ 见,贤遍切,《注》皆同。　⑭ 不肯见。　⑮ 从重人言。

　　许灵公愬郑伯于楚①。六月,郑悼公如楚,讼不胜。楚人执皇戌及子国②。故郑伯归,使公子偃请成于晋。秋八月,郑伯及晋赵同盟于垂棘③。

① 前比年郑伐许故。　② 以郑伯不直故也。子国,郑穆公子。③ 垂棘,晋地。

　　宋公子围龟为质于楚而还①,华元享之。请鼓噪以出,鼓噪以复入②,曰:"习攻华氏。"宋公杀之③。

① 围龟,文公子。○ 质,音致,下《注》同。　② 出入辄击鼓。○ 噪,素报切。复,扶又切,下同。　③ 盖宣十五年宋楚平后,华元使围龟代己为质,故怨而欲攻华氏。

　　冬,同盟于虫牢,郑服也。诸侯谋复会,宋公使向为人辞以子灵之难①。

① 子灵,围龟也。宋公不欲会,以新诛子灵为辞。为明年侵宋《传》。

412

○ 向,舒亮切。难,乃旦切;一本无之难二字。子灵为辞,一本无为辞二字。

十一月己酉,定王崩①。

①《经》在虫牢盟上,《传》在下,月倒错。众家《传》悉无此八字,或衍文。○ 倒,丁老切。

经

六年春,王正月,公至自会①。

二月辛巳,立武宫②。

取鄟③。

卫孙良夫帅师侵宋。

夏六月,邾子来朝④。

公孙婴齐如晋⑤。

壬申,郑伯费卒⑥。

秋,仲孙蔑、叔孙侨如帅师侵宋。

楚公子婴齐帅师伐郑。

冬,季孙行父如晋。

晋栾书帅师救郑。

① 无《传》。 ② 鲁人自鞌之功,至今无患,故筑武军,又作先君武公宫,以告成事,欲以示后世。 ③ 附庸国也。○ 鄟,徐音专,又市脔切。 ④ 无《传》。 ⑤ 婴齐,叔肸子。 ⑥ 前年同盟虫牢。○ 费,音祕。

传

六年春，郑伯如晋拜成①，子游相②，授玉于东楹之东③。士贞伯曰："郑伯其死乎？自弃也已！视流而行速，不安其位，宜不能久④。"

① 谢前年再盟。　② 子游，公子偃。○ 相，息亮切，下甯相同。③《礼》：授玉两楹之间。郑伯行疾，故东过。　④ 视流，不端谛。○ 谛，音帝。

二月，季文子以鞌之功立武宫，非礼也①。听于人以救其难，不可以立武。立武由己，非由人也②。

① 宣十二年潘党劝楚子立武军。楚子答以武有七德，非己所堪。其为先君宫，告成事而已。今鲁倚晋之功，又非霸主，而立武宫，故讥之。○ 倚，於绮切。　② 言请人救难，胜非己功。○ 难，乃旦切，《注》同。

取鄟，言易也①。

① ○ 易，以豉切。

三月，晋伯宗、夏阳说，卫孙良夫、甯相、郑人、伊、雒之戎，陆浑、蛮氏侵宋①，以其辞会也②。师于鍼，卫人不保③。说欲袭卫，曰："虽不可入，多俘而归，有罪不及死。"伯宗曰："不可。卫唯信晋，故师在其郊而不设备。若袭之，是弃信也。虽多卫俘，而晋无信，何以求诸侯？"乃止。师还，卫人登陴④。

① 夏阳说，晋大夫。蛮氏，戎别种也。河南新城县东南有蛮城。《经》惟书卫孙良夫，独卫告也。○夏，户雅切。说，音悦，下文《注》同。浑，户门切。种，章勇切。 ② 辞会在前年。 ③ 不守备。○鍼，其廉切，一音针。 ④ 闻说谋故。○陴，毗支切。

晋人谋去故绛①。诸大夫皆曰："必居郇瑕氏之地②，沃饶而近盬③，国利君乐，不可失也。"韩献子将新中军，且为仆大夫④。公揖而入，献子从公立于寝庭⑤。谓献子曰："何如⑥？"对曰："不可。郇瑕氏土薄水浅⑦，其恶易觏⑧。易觏则民愁，民愁则垫隘⑨，于是乎有沉溺重膇之疾⑩。不如新田⑪，土厚水深，居之不疾⑫，有汾、浍以流其恶⑬。且民从教⑭，十世之利也。夫山、泽、林、盬，国之宝也。国饶，则民骄佚⑮；近宝，公室乃贫，不可谓乐⑯。"公说，从之。夏四月丁丑，晋迁于新田⑰。

① 晋复命新田为绛，故谓此故绛。○复，扶又切。 ② 郇瑕，古国名。河东解县西北有郇城。○郇，音荀。解，音蟹。 ③ 盬，盐也。猗氏县盐池是。○近，附近之近，下及《注》近宝皆同。盬，音古。猗，於宜切。 ④ 兼大仆。○乐，音洛，下谓乐同。将，子匠切，下《注》将军同。大，音泰。 ⑤ 路寝之庭。 ⑥ 问诸大夫言是非。 ⑦ 土薄地下。 ⑧ 恶，疾疹。觏，成也。○易，以豉切，下《注》同。觏，古豆切。疹，敕觐切；本或作疢，同。 ⑨ 垫隘，羸困也。○垫，丁念切。隘，於卖切。羸，劣伪切。 ⑩ 沉溺，湿疾。重膇，足肿。○溺，乃历切。膇，治伪切，一音直媿切。肿，章勇切，一音常勇切。 ⑪ 今平阳绛邑县是。 ⑫ 高燥故。

⑬ 汾水出太原,经绛北,西南入河。浍水出平阳绛县南,西入汾。恶,垢秽。○汾,扶云切。浍,古外切。垢,古口切。 ⑭ 无灾患。 ⑮ 财易致,则民骄佚。○佚,音逸。 ⑯ 近宝,则民不务本。 ⑰ 为季孙如晋《传》。○说,音悦。

六月,郑悼公卒①。

① 终士贞伯之言。

子叔声伯如晋。命伐宋①。秋,孟献子、叔孙宣伯侵宋,晋命也。

① 晋人命声伯。

楚子重伐郑,郑从晋故也①。

① 前年从晋盟。

冬,季文子如晋,贺迁也。

晋栾书救郑,与楚师遇于绕角①。楚师还,晋师遂侵蔡。楚公子申、公子成以申、息之师救蔡②,御诸桑隧③。赵同、赵括欲战,请于武子,武子将许之④。知庄子⑤、范文子⑥、韩献子⑦谏曰:"不可。吾来救郑,楚师去我,吾遂至于此⑧,是迁戮也。戮而不已,又怒楚师,战必不克⑨。虽克,不令。成师以出,而败楚之二县,何荣之有焉⑩?若不能败,为辱已甚,不如还也。"乃遂还。

于是,军帅之欲战者众,或谓栾武子曰:"圣人与众同欲,是以济事。子盍从众⑪?子为大政⑫,将酌于民者也⑬。子之佐十一人⑭,其不欲战者,三人而已⑮。欲战者可谓众矣。《商书》曰:'三人占,从二人。'众故也⑯。"武子曰:"善钧,从众⑰。夫善,众之主也。三卿为主,可谓众矣⑱。从之,不亦可乎⑲?"

① 绕角,郑地。　② 申、息,楚二县。○ 成,音城。　③ 汝南朗陵县东有桑里,在上蔡西南。○ 御,鱼吕切。隧,音遂。　④ 武子,栾书。　⑤ 荀首,中军佐。　⑥ 士燮,上军佐。　⑦ 韩厥,新中军将。⑧ 此,蔡地。　⑨ 迁戮不义,怒敌难当,故不克。　⑩ 六军悉出,故曰成师。以大胜小,不足为荣。　⑪ 盍,何不也。○ 帅,所类切,下《注》同。盍,户腊切。　⑫ 中军元帅。　⑬ 酌取民心以为政。　⑭ 六军之卿佐。　⑮ 知、范、韩也。　⑯《商书·洪范》。　⑰ 钧,等也。⑱ 三卿,皆晋之贤人。　⑲《传》善栾书得从众之义,且为八年晋侵蔡《传》。

经

七年春,王正月,鼷鼠食郊牛角,改卜牛。鼷鼠又食其角,乃免牛①。

吴伐郯②。

夏五月,曹伯来朝。

不郊,犹三望③。

秋,楚公子婴齐帅师伐郑。

公会晋侯、齐侯、宋公、卫侯、曹伯、莒子、邾子、杞伯救郑。

八月戊辰,同盟于马陵④。

公至自会⑤。

吴入州来⑥。

冬,大雩⑦。

卫孙林父出奔晋。

① 无《传》。称牛,未卜日。免,放也。免牛可也,不郊,非礼也。○鄹,音兮。　② ○郊,音谈。　③ 无《传》。书不郊,间有事。三望,非礼。　④ 马陵,卫地。阳平元城县东南有地名马陵。　⑤ 无《传》。　⑥ 州来,楚邑。淮南下蔡县是也。　⑦ 无《传》。书过。

传

七年春,吴伐郯,郯成。季文子曰:"中国不振旅,蛮夷入伐,而莫之或恤①,无吊者也夫②!《诗》曰:'不吊昊天,乱靡有定。'其此之谓乎③!有上不吊,其谁不受乱④?吾亡无日矣!"君子曰:"知惧如是,斯不亡矣。"

① 振,整也。旅,众也。　② 言中国不能相愍恤,故夷狄内侵。○夫,音扶。　③《诗·小雅》。刺在上者不能吊愍下民,故号天告乱。○昊,户老切。号,户刀切。　④ 上,谓霸王。

郑子良相成公以如晋,见且拜师①。

① 谢前年晋救郑之师。为楚伐郑张本。○相,息亮切。见,贤遍切。

418

夏,曹宣公来朝。

秋,楚子重伐郑,师于氾①。诸侯救郑。郑共仲、侯羽军楚师②,囚郧公钟仪,献诸晋。八月,同盟于马陵,寻虫牢之盟,且莒服故也③。晋人以钟仪归,囚诸军府④。

① 氾,郑地。在襄城县南。〇氾,音凡。　② 二子,郑大夫。〇共,音恭。　③ 虫牢盟在五年。莒本属齐,齐服,故莒从之。〇郧,本亦作员,音云,邑名。　④ 军藏府也。为九年晋侯见钟仪张本。〇藏,才浪切。

楚围宋之役①,师还。子重请取于申、吕以为赏田,王许之②。申公巫臣曰:"不可。此申、吕所以邑也,是以为赋,以御北方。若取之,是无申、吕也③。晋、郑必至于汉。"王乃止。子重是以怨巫臣。子反欲取夏姬,巫臣止之,遂取以行。子反亦怨之。及共王即位④,子重、子反杀巫臣之族子阎、子荡及清尹弗忌⑤及襄老之子黑要⑥,而分其室。子重取子阎之室,使沈尹与王子罢分子荡之室,子反取黑要与清尹之室。巫臣自晋遗二子书⑦曰:"尔以谗慝贪惏事君,而多杀不辜。余必使尔罢于奔命以死。"

巫臣请使于吴,晋侯许之。吴子寿梦说之。乃通吴于晋⑧。以两之一卒适吴,舍偏两之一焉⑨。与其射御,教吴乘车,教之战陈,教之叛楚⑩。寘其子狐庸焉,使为行人于吴。吴始伐楚,伐巢,伐徐⑪。子重奔命⑫。马陵之会,吴入州来。子重自郑奔命⑬。子重、子反于是乎一岁七奔命。蛮夷属于楚者,吴尽取之。是以始大,通吴于上国⑭。

419

① 在宣十四年。　　② 分申、吕之田以自赏。　　③ 言申、吕赖此田成邑耳。不得此田，则无以出兵赋而二邑坏也。○ 所邑也，一本作所以邑也。御，鱼吕切。　　④ 楚共王以鲁成公元年即位。○ 共，音恭。　　⑤ 皆巫臣之族。○ 阎，音盐。　　⑥ 以夏姬故，并怨黑要。○ 要，一遥切。　　⑦ 子重、子反。○ 罢，音皮，下同。遗，唯季切。　　⑧ 寿梦，季札父。○ 恩，他得切。惏，力含切。使，所吏切。梦，莫公切。说，音悦。札，侧八切。　　⑨《司马法》：百人为卒，二十五人为两。车九乘为小偏，十五乘为大偏。盖留九乘车及一两二十五人，令吴习之。○ 卒，子忽切，《注》同。舍，音赦，旧音捨。乘，绳证切，下《注》同。令，力呈切。　　⑩ 前是吴常属楚。○ 陈，直觐切。　　⑪ 巢、徐，楚属国。○ 寘，之豉切。　　⑫ 救徐、巢。　　⑬ 因伐郑而行。　　⑭ 上国，诸夏。○ 夏，户雅切。

卫定公恶孙林父。冬，孙林父出奔晋①。卫侯如晋，晋反戚焉②。

① 林父，孙良夫之子。○ 恶，乌路切。　　② 戚，林父邑。林父出奔，戚随属晋。○ 戚，七狄切。

经

八年春，晋侯使韩穿来言汶阳之田，归之于齐①。

晋栾书帅师侵蔡。

公孙婴齐如莒。

宋公使华元来聘。

夏，宋公使公孙寿来纳币②。

晋杀其大夫赵同、赵括③。

秋七月，天子使召伯来赐公命④。

冬十月癸卯,杞叔姬卒⑤。

晋侯使士燮来聘。

叔孙侨如会晋士燮、齐人、邾人伐郯⑥。

卫人来媵⑦。

① 齐服事晋,故晋来语鲁,使还二年所取田。○ 语,鱼据切。
② 昏聘不使卿。今华元将命,故特书之。宋公无主昏者,自命之,故称使也。公孙寿,荡意诸之父。　③《传》曰:原、屏,咎之徒也。明本不以德义自居,宜其见讨,故从告辞而称名。　④ 诸侯即位,天子赐以命圭,与之合瑞。八年乃来,缓也。天子、天王,王者之通称。○ 称,尺证切。
⑤ 前五年来归者。女既适人,虽见出弃,犹以成人礼书之。终为杞伯所葬,故称杞叔姬。　⑥ 先谋而称会,盟主之命,不同之于列国。　⑦ 古者诸侯取适夫人及左右媵,各有侄娣,皆同姓之国,国三人,凡九女,所以广继嗣也。鲁将嫁伯姬于宋,故卫来媵之。○ 媵,以证切,又绳证切。适,丁历切。侄,大结切;《字林》,丈一切。娣,大计切。

传

八年春,晋侯使韩穿来言汶阳之田,归之于齐。季文子饯之①,私焉②,曰:"大国制义以为盟主,是以诸侯怀德畏讨,无有贰心。谓汶阳之田,敝邑之旧也,而用师于齐,使归诸敝邑③。今有二命曰:'归诸齐。'信以行义,义以成命,小国所望而怀也。信不可知,义无所立,四方诸侯,其谁不解体④?《诗》曰:'女也不爽,士贰其行。士也罔极,二三其德⑤。'七年之中,一与一夺,二三孰甚焉!士之二三,犹丧妃耦,而况霸主?霸主将德是以⑥,而二三之,其何以长有诸侯乎?《诗》曰:'犹之未远,是用大简⑦。'行父惧晋之不远犹而

421

失诸侯也,是以敢私言之。"

①饯,送行饮酒。○饯,钱浅切;《说文》云,送去食也;《字林》,子扇切;《毛诗笺》云,祖而舍轼,饮酒于其侧曰饯。　②私与之言。③用师,鞌之战。　④言不复肃敬于晋。○复,扶又切。　⑤爽,差也。极,中也。《诗·卫风》。妇人怨丈夫不一其行。喻鲁事晋,犹女之不敢过差,而晋有罔极之心,反二三其德。○行,下孟切,《注》同。差,初卖切,一音初佳切。　⑥以,用也。○丧,息浪切。妃,音配。耦,五口切。⑦犹,图也。简,谏也。《诗·大雅》。言王者图事不远,故用大道谏之。○长,音如字,一音丁丈切。

晋栾书侵蔡①,遂侵楚,获申骊②。楚师之还也③,晋侵沈,获沈子揖,初从知、范、韩也④。君子曰:"从善如流,宜哉⑤!《诗》曰:'恺悌君子,遐不作人⑥。'求善也夫!作人斯有功绩矣。"是行也,郑伯将会晋师⑦,门于许东门,大获焉⑧。

①六年未得志故。　②申骊,楚大夫。○骊,力驰切。　③谓六年遇于绕角时。　④绕角之役,栾书从知庄子、范文子、韩献子之言,不与楚战。自是常从其谋,师出有功,故《传》善之。沈国,今汝南平与县。○揖,徐音集,又於立切。与,音余,一音预。　⑤宜有功也。如流,喻速。　⑥遐,远也。作,用也。《诗·大雅》。言文王能远用善人。不,语助。○恺,开在切,乐也。悌,徒礼切,易也。　⑦会伐蔡之师。○夫,音扶。　⑧过许,见其无备,因攻之。○过,古禾切。

声伯如莒,逆也①。

① 自为逆妇而书者，因聘而逆。○ 为，于伪切，下文为赵婴同。

宋华元来聘，聘共姬也①。

① 穆姜之女，成公姊妹，为宋共公夫人。聘不应使卿，故《传》发其事而已。○ 共，音恭。

夏，宋公使公孙寿来纳币，礼也。

① 纳币应使卿。

晋赵庄姬为赵婴之亡故，谮之于晋侯①曰："原、屏将为乱。"栾、郤为征②。六月，晋讨赵同、赵括。武从姬氏畜于公宫③。以其田与祁奚。韩厥言于晋侯曰："成季之勋，宣孟之忠④，而无后，为善者其惧矣。三代之令王，皆数百年保天之禄。夫岂无辟王，赖前哲以免也⑤。《周书》曰：'不敢侮鳏寡。'所以明德也⑥。"及立武而反其田焉。

① 赵婴亡在五年。　② 栾氏、郤氏亦征其为乱。　③ 赵武，庄姬之子。庄姬，晋成公女。畜，养也。　④ 成季，赵衰。宣孟，赵盾。○ 祁，巨之切；《字林》，上尸切。衰，初危切。盾，徒本切。　⑤ 言三代亦有邪辟之君，但赖其先人以免祸耳。○ 数，所主切。辟，匹亦切，《注》及下同。哲，陟列切。邪，似嗟切。　⑥《周书·康诰》。言文王不侮鳏寡，而德益明。欲使晋侯之法文王。○ 侮，亡甫切。鳏，古顽切。

秋，召桓公来赐公命①。

① 召桓公,周卿士。

晋侯使申公巫臣如吴。假道于莒,与渠丘公立于池上①,曰:"城已恶!"莒子曰:"辟陋在夷,其孰以我为虞②?"对曰:"夫狡焉③思启封疆以利社稷者,何国蔑有?唯然,故多大国矣,唯或思或纵也④。勇夫重闭,况国乎⑤?"

① 渠丘公,莒子朱也。池,城池也。渠丘,邑名。莒县有蘧里。○蘧,其居切。　②虞,度也。○已恶,如字;已,犹太也;本或作城已恶矣。度,待洛切。　③狡猾之人。○狡,交卯切。猾,于八切。　④世有思开封疆者,有纵其暴掠者,莒人当唯此为命。○疆,居良切。唯然,音维;本或作虽,后人改也。掠,音亮。　⑤为明年莒溃《传》。○重,直龙切,又直勇切。闭,补计切,又补结切,一音户旦切。

冬,杞叔姬卒。来归自杞,故书①。

① 愍其见出来归,故书卒也。若更适大夫,则不复书卒。○复,扶又切。

晋士燮来聘,言伐郯也,以其事吴故①。公赂之,请缓师。文子不可②,曰:"君命无贰,失信不立。礼无加货,事无二成③。君后诸侯,是寡君不得事君也④。燮将复之。"季孙惧,使宣伯帅师会伐郯。

① 七年郯与吴成。　② 文子,士燮。　③ 公私不两成。　④ 欲与鲁绝。○后,如字;徐音胡豆切。

424

卫人来媵共姬,礼也。凡诸侯嫁女,同姓媵之,异姓则否①。

① 必以同姓者,参骨肉至亲,所以息阴讼。

经

九年春,王正月,杞伯来逆叔姬之丧以归。

公会晋侯、齐侯、宋公、卫侯、郑伯、曹伯、莒子、杞伯同盟于蒲①。

公至自会②。

二月,伯姬归于宋③。

夏,季孙行父如宋致女④。

晋人来媵⑤。

秋七月丙子,齐侯无野卒⑥。

晋人执郑伯⑦。

晋栾书帅师伐郑。

冬十有一月,葬齐顷公⑧。

楚公子婴齐帅师伐莒。庚申,莒溃⑨。

楚人入郓⑩。

秦人、白狄伐晋。

郑人围许。

城中城⑪。

① 蒲,卫地,在长垣县西南。　② 无《传》。　③ 宋不使卿逆,非礼。　④ 女嫁三月,又使大夫随加聘问,谓之致女。所以致成妇礼,笃昏

姻之好。○好,呼报切。　⑤媵伯姬也。　⑥无《传》。五同盟。丙子,六月一日。书七月,从赴。　⑦郑伯既受盟于蒲,又受楚赂会于邓,故晋执之。称人者,晋以无道于民告诸侯。例在十五年。　⑧无《传》。○顷,音倾。　⑨民逃其上曰溃。　⑩郓,莒别邑也。楚偏师入郓,故称人。　⑪鲁邑也,在东海廪丘县西南。此闰月城,在十一月之后,十二月之前,故《传》曰书时。

传

九年春,杞桓公来逆叔姬之丧,请之也①。杞叔姬卒,为杞故也②。逆叔姬,为我也③。

①叔姬已绝于杞,鲁复强请杞,使还取葬。○复,扶又切,下同。强,其丈切。　②还为杞妇,故卒称杞。○为,于伪切,下《注》为鲁、下文为归汶阳同。　③既弃而复逆其丧,明为鲁故。○逆叔姬,绝句。为我也,本或无为字。

为归汶阳之田故,诸侯贰于晋①。晋人惧,会于蒲,以寻马陵之盟②。季文子谓范文子曰:"德则不竞,寻盟何为③?"范文子曰:"勤以抚之,宽以待之,坚强以御之,明神以要之,柔服而伐贰,德之次也。"是行也,将始会吴,吴人不至④。

①归田在前年。　②马陵盟在七年。　③竞,强也。　④为十五年会钟离《传》。○御,鱼吕切。要,一遥切。

二月,伯姬归于宋①。

① 为致女复命起。

楚人以重赂求郑，郑伯会楚公子成于邓①。

夏，季文子如宋致女，复命，公享之。赋《韩奕》之五章②。穆姜出于房，再拜曰："大夫勤辱，不忘先君以及嗣君，施及未亡人③。先君犹有望也④！敢拜大夫之重勤。"又赋《绿衣》之卒章而入⑤。

① 为晋人执郑伯《传》。　②《韩奕》，《诗·大雅》篇名。其五章言蹶父嫁女于韩侯，为女相所居，莫如韩乐。文子喻鲁侯有蹶父之德，宋公如韩侯，宋土如韩乐。○ 蹶，九卫切。为，于伪切。相，息亮切。乐，音洛，下同。　③ 穆姜，伯姬母。闻文子言宋乐，喜而出，谢其行劳。妇人夫死，自称未亡人。○ 施，以豉切。　④ 言先君亦望文子之若此。　⑤《绿衣》，《诗·邶风》也。取其"我思古人，实获我心"。喻文子言得己意。○ 重，直勇切，又直用切。绿，如字；本又作褖，吐乱切，《注》同。邶，音佩，又作鄁。

晋人来媵，礼也①。

① 同姓故。

秋，郑伯如晋。晋人讨其贰于楚也，执诸铜鞮①。

① 铜鞮，晋别县，在上党。○ 鞮，丁兮切。

栾书伐郑，郑人使伯蠲行成，晋人杀之，非礼也。兵交，使在其间可也①。楚子重侵陈以救郑②。

① 明杀行人例。○ 蠲,古玄切,又音圭。使,音所吏切。　② 陈与晋故。

晋侯观于军府,见钟仪,问之曰:"南冠而絷者,谁也①?"有司对曰:"郑人所献楚囚也。"使税之②,召而吊之。再拜稽首。问其族,对曰:"泠人也③。"公曰:"能乐乎?"对曰:"先人之职官也,敢有二事④?"使与之琴。操南音⑤。公曰:"君王何如?"对曰:"非小人之所得知也。"固问之,对曰:"其为大子也,师、保奉之,以朝于婴齐而夕于侧也⑥。不知其他。"

公语范文子,文子曰:"楚囚,君子也。言称先职,不背本也。乐操土风,不忘旧也。称大子,抑无私也⑦。名其二卿,尊君也⑧。不背本,仁也。不忘旧,信也。无私,忠也。尊君,敏也⑨。仁以接事,信以守之,忠以成之,敏以行之,事虽大,必济⑩。君盍归之?使合晋、楚之成。"公从之,重为之礼,使归求成⑪。

① 南冠,楚冠。絷,拘执。○ 絷,中立切。拘,九于切。　② 郑献钟仪在七年。税,解也。○ 税,吐活切;徐,始锐切,《注》同。　③ 泠人,乐官。○ 泠,力丁切,依字作伶。　④ 言不敢学他事。　⑤ 南音,楚声。○ 操,七刀切,下同。　⑥ 婴齐,令尹子重。侧,司马子反。言其尊卿敬老。　⑦ 舍其近事,而远称少小,以示性所自然,明至诚。○ 语,鱼据切。背,音佩,下同。舍,音捨。少,诗照切。　⑧ 尊晋君也。　⑨ 敏,达也。　⑩ 言有此四德,必能成大事。　⑪ 为下十二月晋、楚结成张本。○ 盍,户腊切。

冬十一月,楚子重自陈伐莒,围渠丘。渠丘城恶,众溃,奔莒。戊申,楚入渠丘①。莒人囚楚公子平,楚人曰:"勿杀!吾归而俘。"莒人杀之,楚师围莒。莒城亦恶,庚申,莒溃②。楚遂入郓。莒无备故也③。

君子曰:"恃陋而不备,罪之大者也。备豫不虞,善之大者也。莒恃其陋,而不修城郭,浃辰之间,而楚克其三都,无备也夫④!《诗》曰:'虽有丝麻,无弃菅蒯。虽有姬、姜,无弃蕉萃。凡百君子,莫不代匮。'言备之不可以已也⑤。"

① 月六日。　② 月十八日。　③ 终巫臣之言。　④ 浃辰,十二日也。○浃,子协切;徐又音子答切。夫,音扶。　⑤ 逸《诗》也。姬、姜,大国之女。蕉萃,陋贱之人。○菅,古颜切。蒯,苦怪切。蕉,在遥切。萃,在醉切。匮,其位切。

秦人、白狄伐晋,诸侯贰故也。

郑人围许,示晋不急君也①。是则公孙申谋之曰:"我出师以围许②,为将改立君者,而纾晋使③,晋必归君④。"

① 此秋晋执郑伯。　② 示不畏晋。　③ 纾,缓也。勿亟遣使诣晋,示欲更立君。○为将,并如字;或于伪切,非也;本或作伪将。纾,音舒。使,所吏切。亟,纪力切,急也;或欺冀切,数也。　④ 为明年晋侯归郑伯张本。

城中城,书时也。

十二月,楚子使公子辰如晋,报钟仪之使,请修好结成①。

① 钟仪奉晋命归,故楚报之。○ 好,呼报切。

经
十年春,卫侯之弟黑背帅师侵郑。
夏四月,五卜郊,不从,乃不郊①。
五月,公会晋侯、齐侯、宋公、卫侯、曹伯伐郑②。
齐人来媵③。
丙午,晋侯獳卒④。
秋七月,公如晋。
冬十月。

① 无《传》。卜常祀,不郊,皆非礼,故书。　② 晋侯,大子州蒲也。称爵,见其生代父居位,失人子之礼。○ 见,贤遍切。　③ 无《传》。媵伯姬也。异姓来媵,非礼也。　④ 六同盟。据《传》,丙午,六月七日。有日无月。○ 獳,乃侯切。

传
十年春,晋侯使籴茷如楚①,报大宰子商之使也②。

① 籴茷,晋大夫。○ 籴,徐,徒吊切;一音杜敖切,又土吊切。茷,扶废切;一音蒲发切,又蒲艾切。　② 子商,楚公子辰。使在前年。○ 大,音泰。使,所吏切,下使在同。

卫子叔黑背侵郑,晋命也①。

① 晋命卫使侵郑。

郑公子班闻叔申之谋①。三月,子如立公子繻②。夏四月,郑人杀繻,立髡顽。子如奔许③。栾武子曰:"郑人立君,我执一人焉,何益?不如伐郑,而归其君以求成焉。"晋侯有疾。五月,晋立大子州蒲以为君,而会诸侯伐郑④。郑子罕赂以襄钟⑤,子然盟于修泽,子驷为质⑥,辛巳,郑伯归⑦。

① 改立君之谋。　② 子如,公子班。○ 繻,音须。　③ 髡顽,郑成公大子。○ 髡,苦门切。顽,如字;徐音五班切。　④ 生立子为君,此父不父,子不子。《经》因书晋侯,其恶明。○ 州蒲,本或作州满。　⑤ 子罕,穆公子。襄钟,郑襄公之庙钟。　⑥ 子然、子驷,皆穆公子。荥阳卷县东有修武亭。○ 质,音致。卷,音权;《字林》,丘权切;如淳《汉书》音同。　⑦ 郑伯归不书,郑不告入。

晋侯梦大厉,被发及地,搏膺而踊曰:"杀余孙,不义①。余得请于帝矣!"坏大门及寝门而入。公惧,入于室。又坏户。公觉,召桑田巫②。巫言如梦③。公曰:"何如?"曰:"不食新矣④。"公疾病,求医于秦。秦伯使医缓为之⑤。未至,公梦疾为二竖子,曰:"彼良医也。惧伤我,焉逃之?"其一曰:"居肓之上,膏之下,若我何⑥?"医至,曰:"疾不可为也。在肓之上,膏之下,攻之不可,达之不及,药不至焉,不可为也⑦。"公曰:"良医也。"厚为之礼而归之。六月丙午,晋侯欲麦⑧,使甸人献麦⑨,馈人为之。召桑田巫,示而杀之。将食,张,如厕,陷而卒⑩。小臣有晨梦负公以登天,及日中,负晋侯出诸厕。遂以为殉⑪。

①厉,鬼也。赵氏之先祖也。八年,晋侯杀赵同、赵括,故怒。○被,皮寄切。搏,音搏。踊,音勇。 ②桑田,晋邑。○坏,音怪,下同。及寝门,一本无及字。觉,古孝切。 ③巫云鬼怒,如公所梦。 ④言公不得及食新麦。 ⑤缓。医名。为,犹治也。○医,於其切。⑥肓,鬲也。心下为膏。○伤我,绝句。焉,徐,於虔切;一读如字,属上句;逃之,绝句。肓,徐音荒;《说文》云,心下鬲上也。鬲,音革。 ⑦达,针。○攻,音工。 ⑧周六月,今四月,麦始熟。 ⑨甸人,主为公田者。○甸,徒练切。 ⑩张,腹满也。○馈,其媿切。为,如字。张,中亮切,《注》同。 ⑪《传》言巫以明术见杀,小臣以言梦自祸。

郑伯讨立君者,戊申,杀叔申、叔禽①。君子曰:"忠为令德,非其人犹不可,况不令乎②?"

①叔禽,叔申弟。 ②言叔申为忠,不得其人,还害身。

秋,公如晋①。晋人止公,使送葬。于是籴茷未反②。冬,葬晋景公。公送葬,诸侯莫在。鲁人辱之,故不书,讳之也③。

①亲吊,非礼。 ②是春晋使籴茷至楚结成。晋谓鲁贰于楚,故留公。须籴茷还,验其虚实。 ③讳不书晋葬也。

春秋经传集解第十三

成公下

经

十有一年春,王三月,公至自晋①。
晋侯使郤犨来聘。己丑,及郤犨盟②。
夏,季孙行父如晋。
秋,叔孙侨如如齐③。
冬十月。

① 正月公在晋,不书,讳见止。　② 郤犨,郤克从父兄弟。○ 犨,尺由切。　③ ○ 侨,其骄切。

传

十一年春,王三月,公至自晋。晋人以公为贰于楚,故止公。公请受盟,而后使归①。郤犨来聘,且莅盟②。

① 前年七月公如晋吊,至是乃得归。　② 公请受盟,故使大夫来莅之。○ 莅,音利,又音类。

声伯之母不聘①,穆姜曰:"吾不以妾为姒②。"生声伯而出之,嫁于齐管于奚。生二子而寡,以归声伯。声伯以其外弟为大夫③,而嫁其外妹于施孝叔④。郤犨来聘,求妇于声伯。声伯夺施氏妇以与之。妇人曰:"鸟兽犹不失俪⑤,子将若何?"曰:"吾不能死亡⑥。"妇人遂行,生二子于郤氏。郤氏亡,晋人归之施氏。施氏逆诸河,沈其二子⑦。妇人怒曰:"已不能庇其伉俪而亡之⑧,又不能字人之孤而杀之⑨,将何以终?"遂誓施氏⑩。

① 声伯之母,叔肸之妻。不聘,无媒礼。○ 聘,本亦作娉,匹政切。肸,许乙切。媒,亡回切。　② 昆弟之妻,相谓为姒。穆姜,宣公夫人。宣公,叔肸同母昆弟。○ 姒,音似。　③ 外弟,管于奚之子,为鲁大夫。④ 孝叔,鲁惠公五世孙。　⑤ 俪,耦也。○ 俪,力计切。　⑥ 言不与郤犨妇,惧能忿致祸。　⑦ 沈之于河。○ 沈,徐,直荫切,《注》同;一音如字。　⑧ 伉,敌也。○ 已,音以,又音纪。庇,必利切,又音祕。伉,苦浪切。　⑨ 字,爱也。　⑩ 约誓不复为之妇也。《传》言郤犨淫纵,所以亡也。○ 复,扶又切,下文《注》复出皆同。

夏,季文子如晋报聘,且涖盟也①。

① 郤犨、文子交盟鲁、晋之君,其意一也。故但书来盟,举重略轻。

周公楚恶惠、襄之偪也①,且与伯与争政②,不胜,怒而出。及阳樊③,王使刘子复之,盟于鄄而入。三日,复出奔晋④。

① 惠王、襄王之族。○ 恶,乌路切。　② 伯与,周卿士。○ 与,音余;本亦作舆。　③ 阳樊,晋地。　④ 王既复之而复出,所以自绝于周,为明年周公出奔《传》。鄄,周邑。○ 鄄,音绢。

秋,宣伯聘于齐,以修前好①。

① 羞以前之好。○ 好,呼报切,《注》同。

晋郤至与周争鄇田①,王命刘康公、单襄公讼诸晋。郤至曰:"温,吾故也,故不敢失②。"刘子、单子曰:"昔周克商,使诸侯抚封③,苏忿生以温为司寇,与檀伯达封于河④。苏氏即狄,又不能于狄而奔卫⑤。襄王劳文公而赐之温⑥,狐氏、阳氏先处之⑦,而后及子。若治其故,则王官之邑也,子安得之?"晋侯使郤至勿敢争⑧。

① 鄇,温别邑。今河内怀县西南有鄇人亭。○ 鄇,音候;《字林》音侯。 ② 言温,郤氏旧邑。○ 单,音善。 ③ 各抚有其封内之地。 ④ 苏忿生,周武王司寇苏公也。与檀伯达俱封于河内。○ 檀,徒丹切。 ⑤ 事在僖十年。 ⑥ 在僖二十五年。○ 劳,力报切。 ⑦ 狐溱、阳处父先食温地。○ 溱,侧巾切。 ⑧《传》言郤至贪,所以亡。

宋华元善于令尹子重,又善于栾武子。闻楚人既许晋籴茷成,而使归复命矣①。冬,华元如楚,遂如晋,合晋、楚之成②。

① 在往年。○ 华,户化切。 ② 为明年盟宋西门外张本。

秦、晋为成,将会于令狐,晋侯先至焉。秦伯不肯涉河,次于王城,使史颗盟晋侯于河东①。晋郤犨盟秦伯于河

435

西②。范文子曰:"是盟也何益?齐盟,所以质信也③。会所,信之始也。始之不从,其可质乎?"秦伯归而背晋成④。

① 史颗,秦大夫。○ 令,力丁切。颗,苦果切。　② 就盟王城。③ 齐,一心。质,成也。　④ 为十三年伐秦《传》。○ 背,音佩,卷内皆同。

经

十有二年春,周公出奔晋。
夏,公会晋侯、卫侯于琐泽①。
秋,晋人败狄于交刚②。
冬十月。

① 琐泽,地阙。○ 琐,素果切;本亦作璅。　② 交刚,地阙。

传

十二年春,王使以周公之难来告①。书曰:"周公出奔晋。"凡自周无出,周公自出故也②。

① 周公奔在前年。○ 难,乃旦切。　② 天子无外,故奔者不言出。周公为王所复,而自绝于周,故书出以非之。

宋华元克合晋、楚之成①。夏五月,晋士燮会楚公子罢、许偃②。癸亥,盟于宋西门之外,曰:"凡晋、楚无相加戎,好恶同之,同恤菑危,备救凶患。若有害楚,则晋伐之。在晋，楚亦如之。交贽往来，道路无壅③，谋其不协，而讨不庭④。有渝此盟，明神殛之⑤，俾队其师，无克胙国⑥。"郑伯如晋听成⑦，会于琐泽，成故也⑧。

① 终前年事。　② 二子，楚大夫。○ 罢，音皮。　③ 贽，币也。○ 好、恶，并如字；又上呼报切，下乌路切。菑，音灾。贽，本又作挚，之二切。壅，於勇切。　④ 讨背叛不来在王庭者。　⑤ 殛，诛也。○ 渝，羊朱切。殛，本又作极，纪力切，《注》同。　⑥ 俾，使也。队，失也。○ 俾，本亦作卑，必尔切。队，直类切，《注》同。胙，才故切。　⑦ 听，犹受也。晋、楚既成，郑往受命。　⑧ 晋既与楚成，合诸侯以申成好。○ 好，呼报切，尽年皆同。

狄人间宋之盟以侵晋，而不设备。秋，晋人败狄于交刚。

晋郤至如楚聘，且莅盟。楚子享之，子反相，为地室而县焉①。郤至将登②，金奏作于下③，惊而走出。子反曰："日云莫矣，寡君须矣，吾子其入也！"宾曰："君不忘先君之好，施及下臣，贶之以大礼，重之以备乐④。如天之福，两君相见，何以代此？下臣不敢⑤。"子反曰："如天之福，两君相见，无亦唯是一矢以相加遗，焉用乐⑥？寡君须矣，吾子其入也！"宾曰⑦："若让之以一矢，祸之大者，其何福之为？世之治也，诸侯间于天子之事，则相朝也⑧，于是乎有享宴之礼。享以训共俭⑨，宴以示慈惠⑩，共俭以行礼，而慈惠以布政，政以礼成，民是以息，百官承事，朝而不夕⑪，此公侯之所以扞城其民也⑫。故《诗》曰：'赳赳武夫，公侯干城⑬。'及其乱也,诸侯贪冒,侵欲不忌,争寻常以尽其民⑭,略其武夫,以为己腹心股肱爪牙⑮。故《诗》曰:'赳赳武夫,公侯腹心⑯。'天下有道,则公侯能为民干城,而制其腹心。乱则反之⑰。今吾子之言,乱之道也,不可以为法。然吾子,主也,至敢不从?"遂入,卒事。归以语范文子。文子曰:"无礼必食言,吾死无日矣夫⑱!"

冬,楚公子罢如晋聘,且涖盟⑲。十二月,晋侯及楚公子罢盟于赤棘⑳。

① 县钟鼓也。○间,间厕之间。相,息亮切。县,音玄,《注》同。② 登堂。　③ 击钟而奏乐。　④ 贶,赐也。○莫,音暮;本亦作暮。施,以豉切。重,直用切。　⑤ 言此两君相见之礼。　⑥ 言两君战乃相见,无用此乐。○遗,唯季切。焉,於虔切。　⑦《传》诸交让得宾主辞者,多曰宾主以明之。　⑧ 王事閒缺,则修私好。○治,直吏切,下《注》治世同。閒,音闲,《注》同。　⑨ 享有体荐,设几而不倚,爵盈而不饮,肴干而不食,所以训共俭。○享,许丈切,旧又许亮切;本亦作飨。宴,於见切;徐,于显切。倚,於绮切。　⑩ 宴则折俎,相与共食。○折,之设切。　⑪ 不夕,言无事。○朝,直遥切;朝,日朝;徐音朝旦之朝。⑫ 扞,蔽也。言享宴结好邻国,所以蔽扞其民。○扞,户旦切。⑬《诗》,《周南》之风。赳赳,武貌。干,扞也。言公侯之与武夫,止于扞难而已。○赳,居黝切,一音居醜切。难,乃旦切。干,户旦切;本亦作扞,又如字,下同。　⑭ 八尺曰寻,倍寻曰常。言争尺丈之地,以相攻伐。○冒,莫报切,又亡北切。　⑮ 略,取也。言世乱,则公侯制御武夫以从己志,使侵害邻国,为搏噬之用无已。○搏,音博。噬,市制切。　⑯ 举《诗》之正,以驳乱义。《诗》言治世,则武夫能合德公侯,外为扞城,内制其腹心。○驳,邦角切。　⑰ 略其武夫,以为己腹心爪牙。○为,于伪切,又如字。　⑱ 言晋、楚不能久和,必复相伐。为十六年鄢陵战张本。

438

○语,鱼据切。夫,音扶;本亦无此字。复,扶又切。鄢,谒晚切;《汉书音义》,一建切。　⑲报郤至。　⑳晋地。

经

十有三年春,晋侯使郤锜来乞师①。

三月,公如京师②。

夏五月,公自京师,遂会晋侯、齐侯、宋公、卫侯、郑伯、曹伯、邾人、滕人伐秦。

曹伯卢卒于师③。

秋七月,公至自伐秦④。

冬,葬曹宣公。

①将伐秦也。侯伯当召兵而乞师,谦辞。○锜,鱼绮切。　②伐秦道过京师,因朝王。○过,古禾切,又古卧切。　③五同盟。○卢,本亦作庐,力吴切。　④无《传》。

传

十三年春,晋侯使郤锜来乞师,将事不敬①。孟献子曰:"郤氏其亡乎!礼,身之干也。敬,身之基也。郤子无基。且先君之嗣卿也,受命以求师,将社稷是卫,而惰,弃君命也。不亡何为②?"

①将事,致君命。　②郤锜,郤克子,故曰嗣卿。为十七年晋杀郤锜《传》。○惰,徒卧切。

三月,公如京师。<u>宣伯欲赐</u>①,请先使,王以行人之礼礼焉②。<u>孟献子</u>从,王以为介,而重贿之③。公及诸侯朝王,遂从<u>刘康公</u>、<u>成肃公</u>会<u>晋侯伐秦</u>④。

<u>成子</u>受脤于社,不敬⑤。<u>刘子</u>曰:"吾闻之,民受天地之中以生,所谓命也。是以有动作礼义威仪之则,以定命也。能者养之以福⑥,不能者败以取祸。是故君子勤礼,小人尽力,勤礼莫如致敬,尽力莫如敦笃,敬在养神,笃在守业。国之大事,在祀与戎,祀有执膰⑦,戎有受脤,神之大节也⑧。今<u>成子</u>惰,弃其命矣⑨,其不反乎⑩?"

① 欲王赐己。　② 不加厚。○使,所吏切。　③ 介,辅相威仪者。<u>献子</u>相公以礼,故王重赐之。○从,才用切。介,音界。相,息亮切,下同。　④ <u>刘康公</u>,<u>王季子</u>。<u>刘</u>、<u>成</u>二公不书,兵不加<u>秦</u>。　⑤ 脤,宜社之肉也,盛以脤器,故曰脤。宜,出兵祭社之名。○脤,市轸切。盛,音成。　⑥ 养威仪以致福。　⑦ 膰,祭肉。○尽,津忍切,下同。膰,音烦。　⑧ 交神之大节。　⑨ 惰则失中和之气。　⑩ 为<u>成肃公</u>卒于<u>瑕</u>张本。

夏四月戊午,<u>晋侯</u>使<u>吕相</u>绝<u>秦</u>①,曰:"昔逮我<u>献公</u>,及<u>穆公</u>②相好,戮力同心,申之以盟誓,重之以昏姻③。天祸<u>晋</u>国,<u>文公</u>如<u>齐</u>,<u>惠公</u>如<u>秦</u>④。无禄,<u>献公</u>即世,<u>穆公</u>不忘旧德,俾我<u>惠公</u>用能奉祀于<u>晋</u>⑤。又不能成大勋,而为<u>韩</u>之师⑥。亦悔于厥心,用集我<u>文公</u>⑦,是<u>穆</u>之成也⑧。

"<u>文公</u>躬擐甲胄,跋履山川⑨,踰越险阻,征东之诸侯,<u>虞</u>、<u>夏</u>、<u>商</u>、<u>周</u>之胤,而朝诸<u>秦</u>,则亦既报旧德矣。<u>郑</u>人怒君之疆埸,我<u>文公</u>帅诸侯及<u>秦</u>围<u>郑</u>⑩。<u>秦</u>大夫不询于我寡君,擅及郑盟⑪。诸侯疾之,将致命于秦⑫。文公恐惧,绥静诸侯,秦师克还无害,则是我有大造于西也⑬。

"无禄,文公即世,穆为不吊⑭,蔑死我君,寡我襄公⑮,迭我殽地,奸绝我好,伐我保城,殄灭我费滑⑯,散离我兄弟,挠乱我同盟⑰,倾覆我国家。我襄公未忘君之旧勋⑱,而惧社稷之陨,是以有殽之师⑲。犹愿赦罪于穆公⑳,穆公弗听,而即楚谋我。天诱其衷,成王陨命㉑,穆公是以不克逞志于我㉒。

"穆、襄即世,康、灵即位㉓。康公,我之自出㉔,又欲阙翦我公室,倾覆我社稷,帅我蟊贼,以来荡摇我边疆㉕。我是以有令狐之役㉖。康犹不悛,入我河曲㉗,伐我涑川,俘我王官㉘,翦我羁马。我是以有河曲之战㉙。东道之不通,则是康公绝我好也㉚。

"及君之嗣也㉛,我君景公引领西望曰:'庶抚我乎㉜!'君亦不惠称盟㉝,利吾有狄难㉞,入我河县,焚我箕、郜,芟夷我农功㉟,虔刘我边垂㊱。我是以有辅氏之聚㊲。

"君亦悔祸之延㊳,而欲徼福于先君献、穆㊴,使伯车来,命我景公㊵曰:'吾与女同好弃恶,复修旧德,以追念前勋。'言誓未就,景公即世。我寡君是以有令狐之会㊶。君又不祥㊷,背弃盟誓。白狄及君同州㊸,君之仇雠,而我之昏姻也㊹。君来赐命曰:'吾与女伐狄。'寡君不敢顾昏姻,畏君之威,而受命于吏。君有二心于狄,曰:'晋将伐女。'狄应且憎,是用告我㊺。楚人恶君之二三其德也,亦来告我曰:'秦背令狐之盟,而来求盟于我,昭告昊天上帝、秦三公、楚三

左传

王⑯曰,余虽与晋出入⑰,余唯利是视。不穀恶其无成德,是用宣之,以惩不壹。'

"诸侯备闻此言,斯是用痛心疾首,暱就寡人⑱。寡人帅以听命,唯好是求。君若惠顾诸侯,矜哀寡人,而赐之盟,则寡人之愿也。其承宁诸侯以退⑲,岂敢徼乱⑳。君若不施大惠,寡人不佞,其不能以诸侯退矣。敢尽布之执事,俾执事实图利之㉑!"

秦桓公既与晋厉公为令狐之盟,而又召狄与楚,欲道以伐晋,诸侯是以睦于晋㉒。

晋栾书将中军,荀庚佐之㉓。士燮将上军㉔,郤锜佐之㉕。韩厥将下军㉖,荀罃佐之㉗。赵旃将新军㉘,郤至佐之㉙。郤毅御戎,栾鍼为右㉚。孟献子曰:"晋帅乘和,师必有大功㉛。"五月丁亥,晋师以诸侯之师及秦师战于麻隧。秦师败绩,获秦成差及不更女父㉜。曹宣公卒于师。师遂济泾,及侯丽而还㉝。迓晋侯于新楚㉞。

① 吕相,魏锜子。盖口宣己命。○相,息亮切。　② 晋献公、秦穆公。○逮,音代,一音大计切。　③ 穆公夫人,献公之女。○好,呼报切,下同。戮力,相承音六;嵇康,力幽切;吕静《字韵》,与飂同;《字林》,音辽。　④ 辟骊姬也。不言狄、梁,举所恃大国。○辟,音避。丽,力知切。　⑤ 僖十年,秦纳惠公。○俾,本或作卑,必尔切,下及《注》同。　⑥ 僖十五年,秦伐晋,获惠公。　⑦ 集,成也。　⑧ 成功于晋。　⑨ 草行为跋。○攘,音患。胄,直又切。跋,蒲末切。　⑩ 晋自以郑贰于楚,故围之,郑非侵秦也,晋以此诬秦。事在僖三十年。○疆,居良切。埸,音亦。　⑪ 询,谋也。盟者秦伯,谦言大夫。○询,思巡切。擅,市战切。　⑫ 致死命而讨秦。时无诸侯,盖诸侯遥致此意。　⑬ 造,成

442

也。言晋有成功于秦。○恐,曲勇切。　　⑭不见吊伤。　⑮寡,弱也。○死我,本或以我字在死上,非。　⑯伐保城,诬之。费滑,滑国都于费,今缑氏县。○迭,直结切;徐音逸。殽,户交切。奸,音干。费,扶味切。滑,户八切。缑,古侯切。　　⑰滑,晋同姓。○挠,乃卯切;徐,许高切。　　⑱纳文公之勋。○覆,孚服切,下同。　　⑲在僖三十三年。○陨,于敏切,下同。　　⑳晋欲求解于秦。　　㉑秦使斗克归楚求成事见文十四年。文元年,楚弑成王。○见,贤遍切。　　㉒逞,快也。○逞,敕景切。　　㉓文六年,晋襄、秦穆皆卒。　　㉔晋外甥。　㉕螽贼,食禾稼虫名。谓秦纳公子雍。○阙,其月切;徐,如字。螽,莫侯切;《尔雅》,虫食苗为螽,食节为贼。　　㉖在文七年。　　㉗悛,改也。○悛,七全切。　　㉘涑水出河东闻喜县,西南至蒲坂县入河。○涑,徐,息录切,又音速;《字林》同。俘,芳夫切。　　㉙在文十二年。　　㉚言康公自绝,故不复东通晋。○复,扶又切。　　㉛君,秦桓公。　　㉜望秦抚恤晋。　　㉝不肯称晋望而共盟。○称,尺证切,《注》同。　㉞谓晋灭潞氏时。○难,乃旦切。　　㉟夷,伤也。○箕,音基,一音其。郜,古报切。芟,所衔切。夷,本又作痍,音夷。　　㊱虔、刘,皆杀也。　㊲聚,众也。在宣十五年。○聚,才喻切,《注》同。　　㊳延,长也。　㊴晋献、秦穆。○徼,古尧切。　　㊵伯车,秦桓公子。　　㊶令狐会在十一年。申厉公之命,宜言寡人,称君误也。○女,音汝,下文皆同。好,呼报切,一音如字。复;音服,又扶又切。寡君,读者亦作寡人。　　㊷祥,善也。　㊸及,与也。　㊹季隗,廧咎如赤狄之女也,白狄伐中获之,纳诸文公。○隗,五罪切。廧,在良切。咎,音羔。　㊺言狄虽应答秦,而心实憎秦无信。○应,应对之应,《注》同。　㊻三公,穆、康、共。三王,成、穆、庄。○恶,乌路切,下同。昊,户老切。共,音恭。　　㊼出入,犹往来。　　㊽疾,亦痛也。昵,亲也。○惩,直升切。昵,女乙切。　㊾承君之意,以宁静诸侯。　　㊿徼,要也。○要,一遥切。　　㉛俾,使也。　　㉜晋辞多诬秦,故《传》据此三事以正秦罪。○道,音导。　㉝庚代荀首。○将,子匠切;凡将某军者放此,以意求之。　　㉞代荀庚

443

㊾代士燮。　㊿代郤锜。　㊼代赵同。　㊽代韩厥。○斻,之然切。　㊾代赵括。　⑥⓪郤毅,郤至弟。栾鍼,栾书子。○鍼,其廉切。⑥①帅,军帅。乘,车士。○帅,所类切。乘,绳证切,下《注》同。　⑥②不更,秦爵。战,败绩不书,以为晋直秦曲,则韩役书战,时公在师,复不须告,克获有功,亦无所讳,盖《经》文阙漏,传文独存。○隧,音遂。差,初佳切;徐,又初宜切。更,音庚。女,音汝。复,扶又切。　⑥③泾水出安定,东南经扶风、京兆高陆县入渭也。○径,音经。丽,力驰切。　⑥④迓,迎也。既战,晋侯止新楚。故师还过迎之。麻隧、侯丽、新楚,皆秦地。○迓,本又作讶,五嫁切。

成肃公卒于瑕①。

① 终刘子之言。瑕,晋地。

六月丁卯夜,郑公子班自訾求入于大宫,不能,杀子印、子羽①。反军于市。已巳,子驷帅国人盟于大宫②,遂从而尽焚之③,杀子如、子駹、孙叔、孙知④。

① 訾,郑地。大宫,郑祖庙。十年班出奔许,今欲还为乱。子印、子羽,皆穆公子。○班,本亦作般。訾,子斯切。大,音泰,下同。印,一刃切。② 子驷,穆公子。　③ 焚,烧也。　④ 子如,公子班。子駹,班弟。孙叔,子如子。孙知,子駹子。○駹,武邦切。

曹人使公子负刍守,使公子欣时逆曹伯之丧①。秋,负刍杀其大子而自立也②。诸侯乃请付之,晋人以其役之劳,请俟他年。冬,葬曹宣公。既葬,子臧将亡③,国人皆将从之④。**成公乃惧**⑤,告罪,且请焉⑥。乃反,而致其邑⑦。

① 二子,皆曹宣公庶子。○ 凫,初俱切。守,手又切。欣时,如字;徐,或作款,亦音欣;案,《公羊传》作喜时,宜音忻。　② 宣公大子。　③ 子臧,公子欣时。　④ 不义负凫故。　⑤ 成公,负凫。　⑥ 请留子臧。　⑦ 还邑于成公。为十五年执曹伯《传》。

经

十有四年春,王正月,莒子朱卒①。
夏,卫孙林父自晋归于卫②。
秋,叔孙侨如如齐逆女③。
郑公子喜帅师伐许。
九月,侨如以夫人妇姜氏至自齐。
冬十月庚寅,卫侯臧卒④。
秦伯卒⑤。

① 无《传》。九年盟于蒲。　② 晋纳之,故曰归。　③ 成公逆夫人,最为得礼,而《经》无纳币者,文阙绝也。　④ 五同盟。　⑤ 无《传》。二年大夫盟于蜀,而不赴以名,例在隐七年。

传

十四年春,卫侯如晋,晋侯强见孙林父焉①,定公不可。夏,卫侯既归,晋侯使郤犨送孙林父而见之。卫侯欲辞,定姜曰:"不可②。是先君宗卿之嗣也③,大国又以为请,不许,将亡。虽恶之,不犹愈于亡乎?君其忍之④!安民而宥宗

445

卿,不亦可乎?"卫侯见而复之⑤。

卫侯飨苦成叔⑥,甯惠子相⑦。苦成叔傲。甯子曰:"苦成家其亡乎!古之为享食也,以观威仪、省祸福也。故《诗》曰:'兕觵其觩,旨酒思柔⑧,彼交匪傲,万福来求⑨。'今夫子傲,取祸之道也⑩。"

① 林父以七年奔晋。强见,欲归之。○ 强,其丈切,《注》同。见,贤遍切。《注》及下而见之同。　② 定姜,定公夫人。　③ 同姓之卿。④ 违大国必见伐,故亡。○ 为,如字,或于伪切。恶,乌路切。　⑤ 复林父位。○ 宥,音又。　⑥ 成叔,郤犨。　⑦ 相,佐礼。惠子,甯殖。○ 相,息亮切,《注》同。　⑧《诗·小雅》。言君子好礼,饮酒皆思柔德,虽设兕觵,觩然不用。以兕角为觵,所以罚不敬。觩,陈设之貌。○ 傲,五报切;本又作敖,《注》及下同。食,音嗣。兕,徐,辞姊切。觵,古横切。觩,徐音虬,又巨彪切,一音巨秋切。好,呼报切。　⑨ 彼之交于事而不惰傲,乃万福之所求。　⑩ 为十七年郤氏亡。

秋,宣伯如齐逆女。称族,尊君命也。

八月,郑子罕伐许,败焉①。戊戌,郑伯复伐许。庚子,入其郛②。许人平以叔申之封③。

① 为许所败。○ 败,必迈切,下同。　② 郛,郭也。○ 复,扶又切。③ 四年,郑公孙申疆许田,许人败之,不得定其封疆。今许以是所封田,求和于郑。○ 疆,居良切,下同。

九月,侨如以夫人妇姜氏至自齐。舍族,尊夫人也①。故君子曰:"《春秋》之称:微而显②,志而晦③,婉而成章④,尽而不汙⑤，惩恶而劝善⑥。非圣人谁能修之⑦？"

①舍族，谓不称叔孙。○舍，音捨，《注》同。　②辞微而义显。○称，尺证切。　③志，记也。晦，亦微也。谓约言以记事，事叙而文微。○晦，呼内切。　④婉，曲也。谓曲屈其辞，有所辟讳，以示大顺，而成篇章。○婉，怨晚切，《注》同。　⑤谓直言其事，尽其事实，无所汙曲。○汙，忧于切，《注》同。　⑥善名必书，恶名不灭，所以为惩劝。○惩，直升切。　⑦修史策成此五者。

卫侯有疾，使孔成子、甯惠子立敬姒之子衎以为大子①。

①成子，孔达之孙。敬姒，定公妾。衎，献公。○衎，徐，苦旦切。

冬十月，卫定公卒。夫人姜氏既哭而息，见大子之不哀也，不内酌饮。叹曰："是夫也，将不唯卫国之败，其必始于未亡人①！乌呼！天祸卫国也夫！吾不获鱄也使主社稷②。"大夫闻之，无不耸惧。孙文子自是不敢舍其重器于卫③，尽寘诸戚④，而甚善晋大夫⑤。

①定姜言献公行无礼，必从己始。下言暴妾使余，是也。○内，如字；徐音纳。酌，市略切，又章略切。　②鱄，衎之母弟。○夫，音扶。鱄，徐，市恋切，一音专。　③宝器。○耸，息勇切。舍，音赦，或音捨。　④寘，置也。戚，孙氏邑。○寘，之豉切。　⑤备乱起，欲以为援。为襄十四年卫侯出奔《传》。

447

经

十有五年春，王二月，葬卫定公①。

三月乙巳，仲婴齐卒②。

癸丑，公会晋侯、卫侯、郑伯、曹伯、宋世子成③、齐国佐、邾人，同盟于戚。

晋侯执曹伯，归于京师④。

公至自会⑤。

夏六月，宋公固卒⑥。

楚子伐郑。

秋八月庚辰，葬宋共公⑦。

宋华元出奔晋。

宋华元自晋归于宋⑧。

宋杀其大夫山⑨。

宋鱼石出奔楚⑩。

冬十有一月，叔孙侨如会晋士燮、齐高无咎、宋华元、卫孙林父、郑公子鳅、邾人会吴于钟离⑪。

许迁于叶⑫。

① 无《传》。　② 无《传》。襄仲子，公孙归父弟。宣十八年，逐东门氏。既而又使婴齐绍其後，曰仲氏。　③ ○成，音城。　④ 不称人以执者，曹伯罪不及民。归之京师，礼也。　⑤ 无《传》。　⑥ 四同盟。　⑦ 三月而葬，速。○共，音恭。　⑧ 华元欲挟晋以自重，故以外纳告。○挟，音协。　⑨ 不书氏，明背其族。　⑩ 公子目夷之曾孙。　⑪ 吴，夷，未尝与中国会，今始来通，晋帅诸侯大夫而会之，故殊会，明本非同好。钟离，楚邑，淮南县。○燮，息协切。咎，其九切。鳅，音秋。好，呼

报切。　　⑫许畏郑,南依楚,故以自迁为文。叶,今南阳叶县也。〇叶,舒涉切。

传

十五年春,会于戚,讨曹成公也①。执而归诸京师。书曰:"晋侯执曹伯。"不及其民也②。凡君不道于其民,诸侯讨而执之,则曰某人执某侯③。不然,则否④。

诸侯将见子臧于王而立之,子臧辞曰:"前《志》有之,曰:'圣达节⑤,次守节⑥,下失节⑦。'为君,非吾节也。虽不能圣,敢失守乎?"遂逃奔宋。

　　① 讨其杀大子而自立。事在十三年。　　② 恶不及民。　　③ 称人,示众所欲执。　　④ 谓身犯不义者。　　⑤ 圣人应天命,不拘常礼。〇见,贤遍切。应,应对之应。拘,九于切。　　⑥ 谓贤者。　　⑦ 愚者妄动。

夏六月,宋共公卒①。

① 为下宋乱起。

楚将北师①。子囊曰:"新与晋盟而背之,无乃不可乎?"子反曰:"敌利则进,何盟之有②?"申叔时老矣,在申③,闻之,曰:"子反必不免。信以守礼,礼以庇身,信礼之亡,欲免得乎④?"楚子侵郑,及暴隧,遂侵卫,及首止。郑子罕侵楚,取新石⑤。栾武子欲报楚,韩献子曰:"无庸⑥。使重其罪,

449

民将叛之⑦。无民孰战⑧?"

①侵郑、卫。　②晋、楚盟在十二年。子囊,庄王子公子贞。○囊,乃郎切。　③老归本邑。　④言不得免。○庇,必利切,又音祕。⑤新石,楚邑。○隧,音遂。　⑥庸,用也。　⑦背盟数战,罪也。○数,所角切。　⑧为明年晋败楚于鄢陵《传》。

秋八月,葬宋共公。于是华元为右师,鱼石为左师,荡泽为司马①,华喜为司徒②,公孙师为司城③,向为人为大司寇,鳞朱为少司寇④,向带为大宰,鱼府为少宰。荡泽弱公室,杀公子肥⑤。华元曰:"我为右师,君臣之训,师所司也。今公室卑而不能正⑥,吾罪大矣。不能治官,敢赖宠乎?"乃出奔晋。二华,戴族也⑦。司城,庄族也。六官者,皆桓族也⑧。

鱼石将止华元,鱼府曰:"右师反,必讨,是无桓氏也⑨。"鱼石曰:"右师苟获反,虽许之讨,必不敢⑩。且多大功,国人与之,不反,惧桓氏之无祀于宋也⑪。右师讨,犹有戌在⑫,桓氏虽亡,必偏⑬。"鱼石自止华元于河上。请讨,许之。乃反,使华喜、公孙师帅国人攻荡氏,杀子山⑭。书曰:"宋杀其大夫山。"言背其族也⑮。

鱼石、向为人、鳞朱、向带、鱼府出舍于睢上⑯。华元使止之,不可。冬十月,华元自止之,不可。乃反⑰。鱼府曰:"今不从,不得入矣⑱。右师视速而言疾,有异志焉。若不我纳,今将驰矣。"登丘而望之,则驰。骋而从之⑲,则决睢澨⑳,闭门登陴矣。左师、二司寇、二宰遂出奔楚㉑。

华元使向戌为左师,老佐为司马,乐裔为司寇,以靖国人㉒。

① 荡泽,公孙寿之孙。　② 华父督之玄孙。　③ 庄公孙。 ④ 鳞瞷孙。○少,诗照切,下同。瞷,古乱切。　⑤ 轻公室以为弱,故杀其枝党。肥,文公子。○帯,音带;本又作带。大,音泰。　⑥ 不能讨荡泽。　⑦ 华元、华喜。　⑧ 鱼石、荡泽、向为人、鳞朱、向带、鱼府,皆出桓公。　⑨ 恐华元还讨荡泽,并及六族。　⑩ 言畏桓族强。 ⑪ 华元大功,克合晋、楚之成,劫子反以免宋围。　⑫ 向戌,桓公曾孙。言其贤,华元必不讨。○戌,音恤。　⑬ 偏,不尽。　⑭ 喜、师非桓族,故使攻之。　⑮ 荡氏,宋公族。还害公室,故去族以示其罪。○去,起吕切。　⑯ 睢,水名。五大夫畏同族罪及,将出奔。○睢,音虽;徐,许惟切,又音绥。　⑰ 五子不止,华元还。　⑱ 不得复入宋。○复,扶又切。　⑲ 五子亦驰逐之。○陆云:登丘而望之则驰,绝句。骋,敕景切。　⑳ 漅,水涯。决,坏也。○漅,市制切。涯,本又作崖,鱼佳切,一音宜。坏,音怪。　㉑ 四大夫不书,独鱼石告。○陴,毗支切。 ㉒ 老佐,戴公五世孙。○裔,以制切。

晋三郤害伯宗,谮而杀之,及栾弗忌①。伯州犁奔楚②。韩献子曰:"郤氏其不免乎!善人,天地之纪也,而骤绝之,不亡何待③!"初,伯宗每朝,其妻必戒之曰:"盗憎主人,民恶其上。子好直言,必及于难④。"

① 栾弗忌,晋贤大夫。　② 伯宗子。○犁,力兮切。　③ 既杀伯宗,又及弗忌,故曰骤也。为十七年晋杀三郤《传》。○骤,仕救切。 ④《传》见虽妇人之言不可废。○恶,乌路切。好,呼报切。难,乃旦切。见,贤遍切。

十一月,会吴于钟离,始通吴也①。

① 始与中国接。

许灵公畏偪于郑,请迁于楚。辛丑,楚公子申迁许于叶。

经
十有六年春,王正月,雨,木冰①。
夏四月辛未,滕子卒②。
郑公子喜帅师侵宋③。
六月丙寅朔,日有食之④。
晋侯使栾黡来乞师⑤。
甲午晦,晋侯及楚子、郑伯战于鄢陵,楚子、郑师败绩⑥。
楚杀其大夫公子侧⑦。
秋,公会晋侯、齐侯、卫侯、宋华元、邾人于沙随⑧,不见公⑨。
公至自会⑩。
公会尹子、晋侯、齐国佐、邾人伐郑⑪。
曹伯归自京师⑫。
九月,晋人执季孙行父,舍之于苕丘⑬。
冬十月乙亥,叔孙侨如出奔齐⑭。
十有二月乙丑,季孙行父及晋郤犨盟于扈⑮。
公至自会⑯。
乙酉,刺公子偃⑰。

① 无《传》。记寒过节，冰封著树。○ 雨，木冰，如字；《公羊传》云，雨而木冰也；旧于付切。著，直略切。　② 不书名，未同盟。　③ 喜，穆公子子罕也。　④ ⑩无《传》。　⑤ 将伐郑。厴，栾书子。○ 厴，於斩切。徐，于玷切。　⑥ 楚师未大崩，楚子伤目而退，故曰楚子败绩。鄢陵，郑地。今属颍川郡。○ 鄢，谒晚切，又於建切。　⑦ 侧，子反。背盟无礼，卒以败师，故书名。　⑧ 沙随，宋地。梁国宁陵县北有沙随亭。⑨ 不及鄢陵战故。不讳者，耻轻于执止。　⑪ 尹子，王卿士。子，爵。⑫ 为晋侯所赦，故书归。诸侯归国，或书名，或不书名，或言归自某，或言自某归，《传》无义例，从告辞。　⑬ 苕丘，晋地。舍之苕丘，明不以归。不称行人，非使人。○ 苕，音条。使，所吏切。　⑭ 公未归，命国人逐之。⑮ 晋许鲁平，故盟。　⑯ 无《传》。伐而以会致，史异文。　⑰ 鲁杀大夫皆言刺，义取于《周礼》三刺之法。○ 刺，本又作刺，七赐切。

传

十六年春，楚子自武城使公子成以汝阴之田求成于郑①。郑叛晋，子驷从楚子盟于武城②。

① 汝水之南，近郑地。○ 近，附近之近。　② 为晋伐郑起。

夏四月，滕文公卒。郑子罕伐宋①，宋将鉏、乐惧败诸汋陂②。退舍于夫渠，不儆③，郑人覆之，败诸汋陵，获将鉏、乐惧。宋恃胜也④。

① 滕，宋之与国。郑因滕有丧而伐宋，故《传》举滕侯卒。侵、伐，《经》、《传》异文，《经》从告，《传》言实。他皆放此。　② 败郑师也。乐惧，戴公六世孙。将鉏，乐氏族。○ 鉏，仕鱼切；徐音在鱼切。汋，七药切；徐又音

酌,一音市药切。陂,彼宜切。　③宋师不儆备。○夫,音扶。儆,京领切。　④汋陂、夫渠、汋陵,皆宋地。○覆,徐音敷目切,一音扶又切,又音芳又切。

卫侯伐郑,至于鸣雁,为晋故也①。晋侯将伐郑,范文子曰:"若逞吾愿,诸侯皆叛,晋可以逞②。若唯郑叛,晋国之忧,可立俟也。"栾武子曰:"不可以当吾世而失诸侯,必伐郑。"乃兴师。栾书将中军,士燮佐之③。郤锜将上军④,荀偃佐之⑤。韩厥将下军,郤至佐新军,荀罃居守⑥。郤犨如卫,遂如齐,皆乞师焉。栾黡来乞师,孟献子曰:"有胜矣⑦。"戊寅,晋师起。

郑人闻有晋师,使告于楚,姚句耳与往⑧。楚子救郑,司马将中军⑨,令尹将左⑩,右尹子辛将右⑪。过申,子反入见申叔时⑫,曰:"师其何如?"对曰:"德、刑、详、义、礼、信,战之器也⑬。德以施惠,刑以正邪,详以事神,义以建利,礼以顺时,信以守物。民生厚而德正⑭,用利而事节⑮,时顺而物成⑯。上下和睦,周旋不逆⑰,求无不具⑱,各知其极⑲。故《诗》曰:'立我烝民,莫匪尔极⑳。'是以神降之福,时无灾害,民生敦厖,和同以听㉑,莫不尽力以从上命,致死以补其阙㉒。此战之所由克也。今楚内弃其民㉓,而外绝其好㉔,渎齐盟㉕,而食话言㉖,奸时以动㉗,而疲民以逞㉘。民不知信,进退罪也。人恤所厎,其谁致死㉙?子其勉之!吾不复见子矣㉚。"姚句耳先归,子驷问焉,对曰:"其行速,过险而不整。速则失志㉛,不整丧列。志失列丧,将何以战?楚惧不可用也。"

五月,晋师济河。闻楚师将至,范文子欲反,曰:"我伪逃楚,可以纾忧㉜。夫合诸侯,非吾所能也,以遗能者。我若群臣辑睦以事君,多矣。"武子曰:"不可。"六月,晋、楚遇于鄢陵。范文子不欲战,郤至曰:"韩之战,惠公不振旅㉝。箕之役,先轸不反命㉞。邲之师,荀伯不复从㉟。皆晋之耻也。子亦见先君之事矣㊱。今我辟楚,又益耻也。"文子曰:"吾先君之亟战也,有故㊲。秦、狄、齐、楚皆强,不尽力,子孙将弱。今三强服矣㊳,敌楚而已。唯圣人能外内无患,自非圣人,外宁必有内忧㊴。盍释楚以为外惧乎?"

甲午晦,楚晨压晋军而陈㊵。军吏患之。范匄趋进㊶,曰:"塞井夷灶,陈于军中,而疏行首㊷。晋、楚唯天所授,何患焉?"文子执戈逐之,曰:"国之存亡,天也。童子何知焉?"栾书曰:"楚师轻窕,固垒而待之,三日必退。退而击之,必获胜焉。"郤至曰:"楚有六间,不可失也:其二卿相恶㊸;王卒以旧㊹;郑陈而不整㊺;蛮军而不陈㊻;陈不违晦㊼;在陈而嚣㊽,合而加嚣㊾,各顾其后,莫有斗心㊿。旧不必良,以犯天忌。我必克之。"

楚子登巢车以望晋军㉛,子重使大宰伯州犁侍于王后㉜。王曰:"骋而左右,何也㉝?"曰:"召军吏也。""皆聚于中军矣!"曰:"合谋也。""张幕矣!"曰:"虔卜于先君也㉞。""彻幕矣!"曰:"将发命也。""甚嚣,且尘上矣!"曰:"将塞井夷灶而为行也㉟。""皆乘矣,左右执兵而下矣!"曰:"听誓也㊱。""战乎?"曰:"未可知也。""乘而左右皆下矣!"曰:"战祷也㊲。"伯州犁以公卒告王㊳。苗贲皇在晋侯之侧,亦以王卒告(59)。皆曰:“国士在,且厚,不可当也(60)。”苗贲皇言于晋侯曰:“楚之良,在其中军王族而已。请分良以击其左右,而三军萃于王卒(61),必大败之。”公筮之。史曰:“吉。其卦遇《复》䷗(62),曰:‘南国蹙,射其元王,中厥目(63)。’国蹙王伤,不败何待?”公从之(64)。有淖于前(65),乃皆左右相违于淖(66)。步毅御晋厉公,栾鍼为右(67)。彭名御楚共王,潘党为右。石首御郑成公,唐苟为右。栾、范以其族夹公行(68),陷于淖。栾书将载晋侯,鍼曰:“书退,国有大任,焉得专之(69)。且侵官,冒也(70);失官,慢也(71);离局,奸也(72)。有三罪焉,不可犯也。”乃掀公以出于淖(73)。

癸巳,潘尪之党与养由基蹲甲而射之,彻七札焉(74)。以示王,曰:“君有二臣如此,何忧于战(75)?”王怒曰:“大辱国(76)。诘朝,尔射,死艺(77)。”吕锜梦射月,中之,退入于泥(78)。占之,曰:“姬姓,日也(79)。异姓,月也(80)。必楚王也。射而中之,退入于泥,亦必死矣(81)。”及战,射共王中目。王召养由基,与之两矢,使射吕锜,中项,伏弢(82)。以一矢复命(83)。

郤至三遇楚子之卒,见楚子必下,免胄而趋风(84)。楚子使工尹襄问之以弓(85),曰:“方事之殷也(86),有韎韦之跗注,君子也(87)。识见不穀而趋,无乃伤乎(88)?”郤至见客,免胄承命,曰:“君之外臣至,从寡君之戎事,以君之灵,间蒙甲胄(89),不敢拜命(90)。敢告不宁君命之辱(91),为事之故,敢肃使者(92)。”三肃使者而退。

晋韩厥从郑伯(93),其御杜溷罗曰:“速从之!其御屡顾,不在马,可及也。”韩厥曰:“不可以再辱国君。”乃止(94)。郤至从郑伯，其右茀翰胡曰："谍辂之，余从之乘而俘以下⑮。"郤至曰："伤国君有刑。亦止。"石首曰："卫懿公唯不去其旗，是以败于荧。"乃内旌于弢中⑯。唐苟谓石首曰："子在君侧，败者壹大。我不如子，子以君免，我请止。"乃死⑰。

楚师薄于险⑱，叔山冉谓养由基曰："虽君有命，为国故，子必射⑲！"乃射。再发，尽殪。叔山冉搏人以投，中车折轼。晋师乃止⑩。囚楚公子茷⑩。

栾鍼见子重之旌，请曰："楚人谓：'夫旌，子重之麾也。'彼其子重也。日臣之使于楚也，子重问晋国之勇。臣对曰：'好以众整。'曰：'又何如⑫？'臣对曰：'好以暇⑬。'今两国治戎，行人不使，不可谓整。临事而食言，不可谓暇⑭。请摄饮焉⑮。"公许之。使行人执榼承饮，造于子重⑯，曰："寡君乏使，使鍼御持矛⑰。是以不得犒从者，使某摄饮。"子重曰："夫子尝与吾言于楚，必是故也，不亦识乎⑱！"受而饮之。免使者而复鼓⑲。

旦而战，见星未已。子反命军吏察夷伤⑩，补卒乘⑪，缮甲兵⑫，展车马⑬，鸡鸣而食，唯命是听⑭。晋人患之。苗贲皇徇曰："蒐乘补卒⑮，秣马利兵⑯，修陈固列⑰，蓐食申祷⑱，明日复战。"乃逸楚囚⑲。王闻之，召子反谋。毂阳竖献饮于子反，子反醉而不能见⑳。王曰："天败楚也夫！余不可以待。"乃宵遁。晋入楚军，三日榖㉑。范文子立于戎马之前，曰："君幼，诸臣不佞㉒，何以及此？君其戒之㉓！《周书》曰'惟命不于常'，有德之谓㉔。"

楚师还及瑕㉕，王使谓子反曰："先大夫之覆师徒者，君不在[128]。子无以为过，不穀之罪也。"子反再拜稽首曰："君赐臣死，死且不朽[129]。臣之卒实奔，臣之罪也。"子重使谓子反曰："初陨师徒者，而亦闻之矣！盍图之[130]？"对曰："虽微先大夫有之，大夫命侧，侧敢不义[131]？侧亡君师，敢忘其死。"王使止之，弗及而卒。

① 鸣雁，在陈留雍丘县西北。○为，于伪切。　② 逞，快也。晋厉公无道，三郤骄。故欲使诸侯叛，冀其惧而思德。　③ 代荀庚。　④ 代士燮。　⑤ 代郤锜。偃，荀庚子。　⑥ 荀䓨，下军佐。于是郤犨代赵旃将新军，新上下军罢矣。○守，手又切。　⑦ 卑让有礼，故知其将胜楚。　⑧ 句耳，郑大夫。与往，非使也。为先归张本。○句，古侯切。与，音预。使，所吏切。　⑨ 子反。　⑩ 子重。　⑪ 公子壬夫。　⑫ 叔时老，在申。○过，古禾切。　⑬ 器，犹用也。　⑭ 财足，则思无邪。○邪，似嗟切，《注》皆同。　⑮ 动不失利，则事得其节。　⑯ 群生得所。　⑰ 动顺理。　⑱ 下应上。○应，应对之应。　⑲ 无二心。　⑳ 烝，众也。极，中也。《诗·颂》言先王立其众民，无不得中正。○烝，之承切，《注》同。　㉑ 敦，厚也。厖，大也。○厖，莫邦切。　㉒ 阙，战死者。　㉓ 不施惠。　㉔ 义不建利。○好，呼报切。　㉕ 不详事神。○渎，徒木切。　㉖ 信不守物。○话，户快切。　㉗ 礼不顺时。周四月，今二月，妨农业。○奸，音干；本或作干。　㉘ 刑不正邪，而苟快意。○疲，本亦作罢，音皮，下《注》同。　㉙ 厎，至也。○厎，徐音旨，又之履切。　㉚ 言其必败不反。○复见，一本无复字。复，扶又切。　㉛ 不思虑也。　㉜ 纾，缓也。○丧，息浪切，下同。纾，音舒。　㉝ 众散败也。在僖十五年。○遗，唯季切，下《注》问遗也同。辑，又作集，音同，亦七入切。　㉞ 死于狄也。在僖三十三年。　㉟ 荀林父奔走，不复故道。在宣十二年。○从，徐，子容切，音或如字。　㊱ 见先君成败之事。　㊲ 亟，数也。○亟，去吏切。数，所角切。

㊳齐、秦、狄。　㊴骄亢则忧患生也。○亢,苦浪切。　㊵压,笮其未备。○盍,户臘切。压,於甲切;徐,於辄切。陈,直觐切,下及《注》皆同。笮,侧百切。　㊶句,土蔂子。○句,本又作丐,古害切。　㊷疏行首者,当陈前决开营垒为战道。○行,户郎切,一音如字,《注》同。垒,力轨切。　㊸子重、子反。○窕,敕彫切,又敕吊切。恶,如字,又乌路切。㊹罢老不代。○卒,子忽切,下皆同。　㊺不整列。　㊻蛮夷从楚者不结陈。　㊼晦,月终,阴之尽。故兵家以为忌。　㊽嚣,喧哗也。○嚣,许骄切;徐,读曰敖,五高切,《注》及后同。喧,本又作諠,况元切。哗,本又作讙,音华。　㊾陈合宜静,而益有声。　㊿人恤其所底。○巢车,车上为橹。○巢,《说文》作轈,云,兵车高如巢,以望敌也;《字林》同。橹,音鲁。　㊒州犁,晋伯宗子,前年奔楚。○大,音泰。㊓骋,走也。　㊔虔,敬也。○幕,音莫。　㊕夷,平也。○上,时掌切。行,户郎切,下公行同。　㊖左,将帅。右,车右。○乘,绳证切,下同。将,子匠切,下去将同。帅,所类切,下元帅同。　㊗祷,请于鬼神。○祷,丁老切,或丁报切。　㊘公,晋侯。　㊙贲皇,楚鬬椒子。宣四年奔晋。○贲,扶云切。　㊛晋侯左右皆以伯州犁在楚,知晋之情。且谓楚众多,故悝合战。与苗贲皇意异。○悝,徒旦切。　㊜萃,集也。○萃,似醉切。　㊝《震》下《坤》上,《复》,无变。　㊞此卜者辞也。《复》,阳长之卦。阳气起子,南行推阴,故曰南国蹙也。南国势蹙,则《离》受其咎。《离》为诸侯,又为目。阳气激南,飞矢之象。故曰射其元王中厥目。○蹙,子六切。射,食亦切,《注》及下射之同。中,丁仲切,《注》同。长,丁丈切。激,古狄切。　㊟从其言而战。　㊠淖,泥也。○淖,乃孝切;徐,徒较切。　㊡违,辟也。　㊢步毅即郤毅。　㊣二族强,故在公左右。○共,音恭。夹,古洽切。　㊤在君前,故子名其父。大任,谓元帅之职。○焉,於虔切。　㊥载公为侵官。○冒,莫报切;徐,莫北切。　㊦去将而御,失官也。　㊧远其部曲为离局。○离,力志切,《注》同。远,于万切。　㊨掀,举也。○掀,徐,许言切,云,捧毂举之,则公轩起也;一曰掀,引也,胡根切,一音虚斤切;《字林》云,举出也,火

气也；又丘近切。　⑭党，潘尪之子。蹲，聚也。一发达七札，言其能陷
坚。○尪，乌黄切。之党，一本作潘尪之子党。案《注》云：党，潘尪之子
也。则《传》文不得有子字。古本此及襄二十三年申鲜虞之傅挚，皆无子
字。蹲，在尊切；徐，又在损切；一音才官切。札，侧八切；徐，侧乙切。
⑮二子以射夸王。○夸，苦瓜切。　⑯贱其不尚知谋。○知，音智。
⑰言女以射自多，必当以艺死也。诘朝，犹明朝，是战日。○朝，如字，
《注》同。女，音汝。　⑱吕锜，魏锜。○射，食亦切，下至使射同。中，
丁仲切，下及《注》同。　⑲周世姬姓尊。　⑳异姓卑。　㉑锜自
入泥，亦死象。　㉒韔，弓衣。○项，户讲切。韔，他刀切。　㉓言一
发而中。　㉔疾如风。　㉕问，遗也。　㉖殷，盛也。　㉗韎，
赤色。韐注，戎服，若袴而属于韐，与袴连。○韎，莫拜切，又音妹；徐，莫盖
切。韐，方午切。注，之树切。袴，苦故切。属，章玉切。　㉘恐其伤。
㉙间，犹近也。○近，如字；一本或作与，音预。　㉚介者不拜。○介，
音界。　㉛以君辱赐命，故不敢自安。　㉜言君辱命来问，以有军事
不得答，故肃使者。肃，手至地，若今擖。○为，于伪切。使，所吏切，《注》
及下同。擖，伊志切，揖也；《字林》云，举首下手也。　㉝从，逐也。
㉞二年鞌战，韩厥已辱齐侯。○涽，户昏切，又户本切。　㉟欲遣轻兵
单进以距郑伯车前，而自后登其车以执之。○弗，府勿切。翰，徐音韩。
谍，音牒。辂，五嫁切。乘，绳证切。轻，遣政切，又如字。　㊱荧战在闵
二年。○去，起吕切。荧，户扃切。旌，音精。　㊲败者壹大，谓军大崩
也。言石首亦君之亲臣而执御，与车右不同。故首当御君以退，已当死战。
㊳薄，迫也。　㊴王有死艺命。○冉，如琰切。为，于伪切。射，食亦
切。　㊵言二子皆有过人之能。○发，如字，徐音废。殪，於计切。搏，
音博。中，丁仲切。折，之设切，又市列切。轼，音式。　㊶为郤至见潜
张本。○茷，扶废切。　㊷又问其馀。○夫，音扶。麇，许危切。日，人
实切。使，所吏切，下免使者同。好，呼报切，下及《注》皆同。　㊸暇：
闲暇。○闲，音闲。　㊹食好整之言。○使，所吏切，又如字。
㊺摄，持也。持饮往饮子重。○饮，於鸩切。　㊻承，奉也。○槛，苦

腊切。造,七报切。 ⑩⑦御,侍也。 ⑩⑧知其以往言好暇,故致饮。○犒,苦报切。从,才用切。 ⑩⑨免,脱也。○复,扶又切,《注》及下同。⑩⑩夷亦伤也。 ⑪⑪补死亡。○乘,绳证切,下同。 ⑪⑫缮,治也。⑪⑬展,陈也。○陈,如字。 ⑪⑭复欲战。 ⑪⑮蒐,阅也。○徇,似俊切。蒐,所留切。 ⑪⑯秣,穀马也。○秣,音末。 ⑪⑰固,坚也。○陈,直觐切,又如字。 ⑪⑱申,重也。○蓐,音辱。重,直用切。⑪⑲逸,纵也。○纵,子用切。 ⑫⑳穀阳,子反内竖。○见,贤遍切。⑫㉑食楚粟三日也。○夫,音扶。三日穀,本或作三日馆穀,误也。⑫㉒佞,才也。○君幼,本或作君幼弱。 ⑫㉓戒勿骄。 ⑫㉔《周书·康诰》。言胜无常命,惟德是与。 ⑫㉕瑕,楚地。 ⑫㉖谓子玉败城濮时,王不在军。○覆,芳服切。 ⑫㉗王引过,亦所以责子反。 ⑫㉘闻子玉自杀。终二卿相恶。○卒,从此已前皆子忽切。陨,于敏切。盍,户腊切。⑫㉙言以义命己,不敢不受。

战之日,齐国佐、高无咎至于师①。卫侯出于卫。公出于坏隤②。宣伯通于穆姜③,欲去季、孟,而取其室④。将行,穆姜送公,而使逐二子。公以晋难告⑤,曰:"请反而听命。"姜怒,公子偃、公子鉏趋过⑥,指之曰:"女不可,是皆君也⑦。"公待于坏隤,申宫儆备⑧,设守而后行,是以后⑨。使孟献子守于公宫。

① 无咎,高固子。 ② 坏隤,鲁邑。齐、卫皆后,非独鲁。明晋以侨如故不见公。○坏,户怪切;徐音怀。隤,徒回切。 ③ 穆姜,成公母。④ 季文子、孟献子。○去,起吕切。 ⑤ 会晋伐郑。○难,乃旦切。⑥ 二子,公庶弟。○鉏,仕居切。 ⑦ 言欲废公,更立君。○女,音汝。⑧ 申敕宫备。○儆,京领切。 ⑨ 后晋、楚战期。○守,乎又切。

秋，会于沙随，谋伐郑也①。

① 郑犹未服。

宣伯使告郤犫曰："鲁侯待于坏隤以待胜者①。"郤犫将新军，且为公族大夫，以主东诸侯②。取货于宣伯，而诉公于晋侯③，晋侯不见公。

① 观晋、楚之胜负。　② 主齐、鲁之属。　③ 诉，谮也。

曹人请于晋曰："自我先君宣公即世①，国人曰：'若之何忧犹未弭②？'而又讨我寡君③，以亡曹国社稷之镇公子④，是大泯曹也⑤。先君无乃有罪乎⑥？若有罪，则君列诸会矣⑦。君唯不遗德刑⑧，以伯诸侯。岂独遗诸敝邑？敢私布之⑨。"

① 在十三年。　② 弭，息也。既葬，国人皆将从子臧，所谓忧未息。○弭，亡氏切。　③ 前年晋侯执曹伯。　④ 谓子臧逃奔宋。　⑤ 泯，灭也。　⑥ 言今君无罪而见讨，得无以先君故。　⑦ 诸侯虽有篡弑之罪，侯伯已与之会，则不复讨。前年会于戚，曹伯在列，盟毕乃执之，故曹人以为无罪。○篡，初患切。弑，音试。复，扶又切，下及下文复请同。　⑧ 遗，失也。　⑨ 为曹伯归不以名告《传》。○伯，如字，又音霸。

七月，公会尹武公及诸侯伐郑。将行，姜又命公如初①。公又申守而行。诸侯之师次于郑西。我师次于督扬，不敢过郑②。子叔声伯使叔孙豹请逆于晋师③，为食于郑郊。师逆以至④,声伯四日不食以待之。食使者⑤而后食⑥。诸侯迁于制田⑦。知武子佐下军⑧,以诸侯之师侵陈,至于鸣鹿⑨。遂侵蔡,未反⑩。诸侯迁于颍上。戊午,郑子罕宵军之,宋、齐、卫皆失军⑪。

①复欲使公逐季、孟。 ②督扬,郑东地。○守,手又切,下《注》同。过,古卧切,又古禾切。 ③豹,叔孙侨如弟也。侨如于是遂作乱,豹因奔齐。 ④声伯戒叔孙以必须所逆晋师至,乃食。 ⑤使者,豹之介。○食,音嗣。使,所吏切。介,音界,下文敢介同。 ⑥言其忠也。○而后食,一本作声伯而后食。 ⑦荥阳宛陵县东有制泽。 ⑧武子,荀䓨。 ⑨陈国武平县西南有鹿邑。 ⑩侵陈、蔡不书,公不与。○与,音预。 ⑪将主与军相失。宋、卫不书,后也。○将,子匠切。

曹人复请于晋,晋侯谓子臧:"反!吾归而君①。"子臧反,曹伯归②。子臧尽致其邑与卿而不出③。

①以曹人重子臧故。 ②子臧自宋还。 ③不出仕。

宣伯使告郤犨曰:"鲁之有季、孟,犹晋之有栾、范也,政令于是乎成。今其谋曰:'晋政多门,不可从也①。宁事齐、楚,有亡而已,蔑从晋矣②。'若欲得志于鲁,请止行父而杀之③,我毙蔑也④而事晋,蔑有贰矣。鲁不贰,小国必睦。不然,归必叛矣。"

九月,晋人执季文子于苕丘。公还,待于郓⑤。使子叔声伯请季孙于晋,郤犨曰:"苟去仲孙蔑而止季孙行父,吾与子国亲于公室⑥。"对曰:"侨如之情,子必闻之矣⑦。若去蔑与行父,是大弃鲁国而罪寡君也。若犹不弃,而惠徼周公之福,使寡君得事晋君。则夫二人者,鲁国社稷之臣也。若朝亡之,鲁必夕亡。以鲁之密迩仇雠⑧,亡而为仇,治之何及⑨?"郤犨曰:"吾为子请邑。"对曰:"婴齐,鲁之常隶也⑩,敢介入国以求厚焉⑪!承寡君之命以请⑫,若得所请,吾子之赐多矣。又何求?"

范文子谓栾武子曰:"季孙于鲁,相二君矣⑬。妾不衣帛,马不食粟,可不谓忠乎?信谗慝而弃忠良,若诸侯何?子叔婴齐奉君命无私⑭,谋国家不贰⑮,图其身不忘其君⑯。若虚其请,是弃善人也。子其图之!"乃许鲁平,赦季孙。冬十月,出叔孙侨如而盟之,侨如奔齐⑰。

① 政不由君。　② 蔑,无也。　③ 行父,季文子也。　④ 蔑,孟献子。时留守公宫。○ 毙,婢世切。　⑤ 郓,鲁西邑。东郡廪丘县东有郓城。○ 廪,力甚切。　⑥ 亲鲁甚于晋公室。○ 去,起吕切,下同。　⑦ 闻其淫慝情。○ 慝,吐得切,下同。　⑧ 仇雠,谓齐、楚。○ 夫,音扶。朝,如字。　⑨ 言鲁属齐、楚,则还为晋仇。　⑩ 隶,贱官。○ 为,于伪切。　⑪ 介,因也。　⑫ 承,奉也。　⑬ 二君,宣、成。○ 相,息亮切。　⑭ 不受郤犨请邑。○ 衣,於既切。食,旧如字,对上句应作嗣音。　⑮ 谓四日不食以坚事晋。　⑯ 辞邑、不食,皆先君而后身。　⑰ 诸大夫共盟,以侨如为戒。

十二月,季孙及郤犨盟于扈。归,刺公子偃①,召叔孙豹于齐而立之②。

① 偃与鉏俱为姜所指，而独杀偃，偃与谋。○ 与，音预。　② 近此七月，声伯使豹请逆于晋，闻鲁人将讨侨如，豹乃辟其难，先奔齐，生二子，而鲁乃召之，故襄二年豹始见《经》，《传》于此因言其终。○ 难，乃旦切。见，贤遍切。

齐声孟子通侨如①，使立于高、国之间②。侨如曰："不可以再罪。"奔卫，亦间于卿③。

① 声孟子，齐灵公母，宋女。　② 位比二卿。　③《传》亦终言侨如之佞。○ 间，徐音间厕之间，读者或如字。

晋侯使郤至献楚捷于周，与单襄公语，骤称其伐①。单子语诸大夫曰："温季其亡乎②！位于七人之下③，而求掩其上④。怨之所聚，乱之本也。多怨而阶乱，何以在位⑤？《夏书》曰'怨岂在明，不见是图⑥。'将慎其细也。今而明之，其可乎⑦？"

① 伐，功也。　② 温季，郤至。○ 语，鱼据切。　③ 佐新军，位在八。　④ 称己之伐，掩上功。　⑤ 怨为乱阶。　⑥ 逸《书》也。不见，细微也。○ 见，贤遍切，又如字。　⑦ 言郤至显称己功，所以明怨咎。

经

十有七年春，卫北宫括帅师侵郑①。

夏，公会尹子、单子、晋侯、齐侯、宋公、卫侯、曹伯、邾人伐郑②。

465

六月乙酉,同盟于柯陵③。

秋,公至自会④。

齐高无咎出奔莒。

九月辛丑,用郊⑤。

晋侯使荀罃来乞师⑥。

冬,公会单子、晋侯、宋公、卫侯、曹伯、齐人、邾人伐郑⑦。

十有一月,公至自伐郑⑧。

壬申,公孙婴齐卒于貍脤⑨。

十有二月丁巳朔,日有食之⑩。

邾子玃且卒⑪。

晋杀其大夫郤锜、郤犨、郤至。

楚人灭舒庸。

① 括,成公曾孙。○ 括,古活切。　② 晋未能服郑,故假天子威,周使二卿会之。晋为兵主,而犹先尹、单,尊王命也。单伯称子,盖降爵。③ 柯陵,郑西地。○ 柯,古河切。　④ 无《传》。　⑤ 无《传》。九月郊祭,非礼明矣。书用郊,从史文。　⑥ 无《传》。将伐郑。　⑦ 郑犹未服故。　⑧ 无《传》。　⑨ 十一月无壬申,日误也。貍脤,阙。○ 貍,力之切。脤,市轸切。　⑩ 无《传》。　⑪ 无《传》。五同盟。○ 玃,俱缚切;徐,居碧切。且,子余切。

传

十七年春,王正月,郑子驷侵晋虚、滑①。卫北宫括救晋侵郑,至于高氏②。

夏五月,郑大子髡顽、侯獳为质于楚③,楚公子成、公子寅戍郑。公会尹武公、单襄公及诸侯伐郑,自戏童至于曲洧④。

① 虚、滑,晋二邑。滑,故滑国,为秦所灭,时属晋,后属周。○虚,起居切。　② 不书救,以侵告。高氏,在阳翟县西南。　③ 侯獳,郑大夫。○髡,苦门切。獳,乃侯切。质,音致。　④ 今新汲县治曲洧城,临洧水。○戏,许宜切。洧,于轨切。治,直吏切。

晋范文子反自鄢陵①,使其祝宗祈死②,曰:"君骄侈而克敌,是天益其疾也。难将作矣!爱我者惟祝我,使我速死,无及于难,范氏之福也。"六月戊辰,士燮卒③。

① 前年鄢陵战还。　② 祝宗,主祭祀祈祷者。　③《传》言厉公无道,故贤臣忧惧,因祷自裁。○侈,尺氏切,又尸氏切。难,乃旦切。祝,之又切。

乙酉,同盟于柯陵,寻戚之盟也①。

① 戚盟在十五年。

楚子重救郑,师于首止。诸侯还①。

① 畏楚强。

齐庆克通于声孟子,与妇人蒙衣乘辇而入于闳①。鲍牵见之,以告国武子②,武子召庆克而谓之。庆克久不出③,而告夫人曰:"国子谪我④!"夫人怒。

国子相灵公以会⑤,高、鲍处守⑥。及还,将至,闭门而索客⑦。孟子诉之曰:"高、鲍将不纳君,而立公子角。国子知之⑧。"秋七月壬寅,刖鲍牵而逐高无咎。无咎奔莒,高弱以卢叛⑨。齐人来召鲍国而立之⑩。

初,鲍国去鲍氏而来,为施孝叔臣。施氏卜宰,匡句须吉⑪。施氏之宰,有百室之邑。与匡句须邑,使为宰。以让鲍国,而致邑焉。施孝叔曰:"子实吉。"对曰:"能与忠良,吉孰大焉!"鲍国相施氏忠,故齐人取以为鲍氏后。仲尼曰:"鲍庄子之知不如葵,葵犹能卫其足⑫。"

① 庆克,庆封父。蒙衣,亦为妇人服与妇人相冒。闶,巷门。〇与,如字;徐音预。闶,音宏。冒,亡报切。　② 鲍牵,鲍叔牙曾孙。　③ 惭卧于家,夫人所以怪之。　④ 谪,谴责也。〇谪,直革切。谴,遣战切。　⑤ 会伐郑。〇相,息亮切,下相施氏同。　⑥ 高无咎、鲍牵。〇守,手又切。　⑦ 蒐索,备奸人。〇索,所白切。　⑧ 角,顷公子。〇顷,音倾。　⑨ 弱,无咎子。卢,高氏邑。〇刖,音月,又五刮切。　⑩ 国,牵之弟文子。　⑪ 卜立家宰。〇句,其俱切。　⑫ 葵倾叶向日,以蔽其根。言鲍牵居乱,不能危行言孙。〇知,音智。向,许亮切;本又作嚮。行,下孟切。

冬,诸侯伐郑①。十月庚午,围郑。楚公子申救郑,师于汝上。十一月,诸侯还②。

① 前夏未得志故。　② 不书围,畏楚救,不成围而还。

初,声伯梦涉洹①,或与己琼瑰,食之②,泣而为琼瑰,盈其怀③。从而歌之曰:"济洹之水,赠我以琼瑰。归乎!归乎!琼瑰盈吾怀乎④!"惧不敢占也。还自郑,壬申,至于貍脤而占之,曰:"余恐死,故不敢占也。今众繁而从余,三年矣,无伤也。"言之之莫而卒⑤。

① 洹水出汲郡林虑县,东北至魏郡长乐县,入清水。○洹,音桓;一音恒;今土俗音袁。虑,力於切。乐,音洛,下乐平同。 ② 琼,玉。瑰,珠也。食珠玉,含象。○琼,求营切。瑰,古回切。含,户暗切;本亦作晗。 ③ 泪下化为珠玉,满其怀。 ④ 从,就也。梦中为此歌。 ⑤ 繁,犹多也。《传》戒数占梦。○莫,音暮。数,所角切。

齐侯使崔杼为大夫,使庆克佐之。帅师围卢①。国佐从诸侯围郑,以难请而归②。遂如卢师,杀庆克,以穀叛③。齐侯与之盟于徐关而复之。十二月,卢降,使国胜告难于晋,待命于清④。

① 讨高弱。○杼,直吕切。 ② 请于诸侯。○难,乃旦切。下同。 ③ 疾克淫乱,故杀之。 ④ 胜,国佐子。使以高氏难告晋。齐欲讨国佐,故留其子于外。清,阳平乐县是。为明年杀国佐《传》。○降,下江切。

晋厉公侈,多外嬖①。反自鄢陵,欲尽去群大夫,而立其左右②。胥童以胥克之废也,怨郤氏③,而嬖于厉公。郤锜夺夷阳五田,五亦嬖于厉公。郤犨与长鱼矫争田,执而梏之④,与其父母妻子同一辕⑤。既,矫亦嬖于厉公。栾书怨

469

郤至，以其不从己而败楚师也，欲废之⑥。使楚公子茷告公曰："此战也，郤至实召寡君⑦。以东师之未至也⑧，与军帅之不具也，曰：'此必败⑨！吾因奉孙周以事君⑩。'"公告栾书，书曰："其有焉！不然，岂其死之不恤，而受敌使乎⑪？君盍尝使诸周而察之⑫！"郤至聘于周，栾书使孙周见之。公使觇之，信⑬。遂怨郤至。

厉公田，与妇人先杀而饮酒，后使大夫杀⑭。郤至奉豕⑮，寺人孟张夺之⑯，郤至射而杀之。公曰："季子欺余⑰。"

厉公将作难，胥童曰："必先三郤，族大多怨。去大族不偪⑱，敌多怨有庸⑲。"公曰："然。"郤氏闻之，郤锜欲攻公，曰："虽死，君必危。"郤至曰："人所以立，信、知、勇也。信不叛君，知不害民，勇不作乱。失兹三者，其谁与我？死而多怨，将安用之⑳？君实有臣而杀之，其谓君何？我之有罪，吾死后矣！若杀不辜，将失其民，欲安得乎㉑？待命而已！受君之禄，是以聚党。有党而争命㉒，罪孰大焉㉓！"

壬午，胥童、夷羊五帅甲八百，将攻郤氏㉔。长鱼矫请无用众，公使清沸魋助之㉕，抽戈结衽㉖，而伪讼者㉗。三郤将谋于榭㉘。矫以戈杀驹伯、苦成叔于其位㉙。温季曰："逃威也！"遂趋㉚。矫及诸其车，以戈杀之，皆尸诸朝㉛。

胥童以甲劫栾书、中行偃于朝。矫曰："不杀二子，忧必及君。"公曰："一朝而尸三卿，余不忍益也。"对曰："人将忍君㉜。臣闻乱在外为奸，在内为轨。御奸以德㉝，御轨以刑㉞。不施而杀，不可谓德。臣偪而不讨，不可谓刑。德刑不立，奸轨并至。臣请行。"遂出奔狄㉟。公使辞于二子㊱，曰："寡人有讨于郤氏，郤氏既伏其辜矣。大夫无辱，其复职位㊲。"皆再拜稽首曰："君讨有罪，而免臣于死，君之惠也。二臣虽死，敢忘君德。"乃皆归。公使胥童为卿。

公游于匠丽氏㊳，栾书、中行偃遂执公焉。召士匄，士匄辞㊴。召韩厥，韩厥辞，曰："昔吾畜于赵氏，孟姬之谗，吾能违兵㊵。古人有言曰，'杀老牛莫之敢尸'，而况君乎？二三子不能事君，焉用厥也㊶！"

① 外嬖，爱幸大夫。○嬖，必计切。　② 终如士燮言。○反自鄢，一本作自鄢陵。去，起吕切。　③ 童，胥克之子，宣八年，郤缺废胥克。④ 梏，械也。○矫，居表切。梏，古毒切。械，户戒切。　⑤ 系之车辕。⑥ 鄢陵战，栾书欲固垒。郤至言楚有六间以取胜也。　⑦ 鄢陵战，晋囚公子茷以归。　⑧ 齐、鲁、卫之师。　⑨ 荀䓨佐下军居守，郤犨将新军乞师，故言不具。○帅，所类切。守，手又切。　⑩ 孙周，晋襄公曾孙悼公。君，楚王也。　⑪ 谓鄢陵战时，楚子问郤至以弓。○使，所吏切。⑫ 尝，试也。○盍，户腊切。使，所吏切，又如字。　⑬ 觇，伺也。○觇，敕廉切。伺，音司，又丝嗣切。　⑭《传》言厉公无道，先妇人而后卿佐。　⑮ 进之于公。　⑯ 寺人，奄士。　⑰ 季子，郤至。公反以为郤至夺孟张豕。○射，食亦切。　⑱ 不偪公室。○偪，彼力切。⑲ 讨多怨者，易有功。○易，以豉切。　⑳ 言俱死，无用多其怨咎。○知，音智。　㉑ 言不得安君位。　㉒ 争死命。　㉓《传》言郤至无反心。　㉔ 八百人。　㉕ 沸魋，亦嬖人。○沸，甫味切。魋，徒回切。　㉖ 衽，裳际。○衽，而甚切；徐音而鸩切。　㉗ 伪与清沸魋讼。㉘ 榭，讲武堂。　㉙ 位，所坐处也。驹伯，郤锜。苦成叔，郤犨。○处，昌虑切。　㉚ 郤至本意欲禀君命而死，今矫等不以君命而来，故欲逃凶贼为害，故曰威，言可畏也。或曰威当为藏。　㉛ 陈其尸于朝。㉜ 人，谓书与偃。○一朝，如字。　㉝ 德绥远。○軏，本又作兀，音同。

御,鱼吕切,下同。　㉞刑治近。　㉟行,去也。○施,如字,或式豉切。　㊱辞谢书与偃。　㊲胥童劫而执之,故云辱。　㊳匠丽,嬖大夫家。　㊴辞不往。　㊵畜,养也。违,去也。韩厥少为赵盾所待养,及孟姬之乱,晋将讨赵氏,而厥去其兵,示不与党。言此者,明己无所偏助。孟姬乱,在八年。○去,起吕切。少,诗照切。　㊶尸,主也。○焉,於虔切。

舒庸人以楚师之败也①,道吴人围巢,伐驾,围厘、虺②,遂恃吴而不设备。楚公子橐师袭舒庸,灭之。

①败于鄢陵。舒庸,东夷国。　②巢、驾、厘、虺,楚四邑。○道,音导,下及《注》同。驾,如字;一音加。厘,力之切。虺,许鬼切。

闰月乙卯晦,栾书、中行偃杀胥童①。民不与郤氏,胥童道君为乱,故皆书曰:"晋杀其大夫②。"

①以其劫己故。　②厉公以私欲杀三郤,而三郤死不以无罪书。书、偃以家怨害胥童,而胥童受国讨文。明郤氏失民,胥童道乱,宜其为国戮。

经

十有八年春,王正月,晋杀其大夫胥童①。
庚申,晋弑其君州蒲②。
齐杀其大夫国佐③。
公如晋。
夏,楚子、郑伯伐宋。

宋鱼石复入于彭城④。

公至自晋。

晋侯使士匄来聘。

秋,杞伯来朝。

八月,邾子来朝。

筑鹿囿⑤。

己丑,公薨于路寝。

冬,楚人、郑人侵宋⑥。

晋侯使士鲂来乞师⑦。

十有二月,仲孙蔑会晋侯、宋公、卫侯、邾子、齐崔杼同盟于虚朾⑧。

丁未,葬我君成公。

①《传》在前年,《经》在今春,从告。　②不称臣,君无道。　③国武子。　④《传》例曰:以恶入也。彭城,宋邑,今彭城县。○复,扶又切。　⑤筑墙为鹿苑。○囿,音又。　⑥子重先遣轻军侵宋,故称人而不言伐。○轻,遣政切。　⑦○鲂,音房。　⑧虚朾,地阙。○虚,起居切。朾,他丁切。

传

十八年春,王正月庚申,晋栾书、中行偃使程滑弑厉公①,葬之于翼东门之外,以车一乘②。使荀罃、士鲂逆周子于京师而立之③,生十四年矣。大夫逆于清原,周子曰:"孤始愿不及此。虽及此,岂非天乎④!抑人之求君,使出命也,立而不从,将安用君?二三子用我今日,否亦今日,共而从君,神之所福也⑤。"对曰:"群臣之愿也,敢不唯命是听。"庚午,盟而入⑥,馆于伯子同氏⑦。辛巳,朝于武宫⑧,逐不臣者七人⑨。周子有兄而无慧,不能辨菽麦,故不可立⑩。

① 程滑,晋大夫。 ② 言不以君礼葬。诸侯葬车七乘。○乘,绳证切。 ③ 悼公周。 ④ 言有命。 ⑤《传》言其少有才,所以自固。○少,诗照切。 ⑥ 与诸大夫盟。 ⑦ 晋大夫家。馆,舍也。 ⑧ 武公,曲沃始命君。 ⑨ 夷羊五之属。 ⑩ 菽,大豆也。豆麦殊形易别,故以为痴者之候。不慧,盖世所谓白痴。○菽,音叔。易,以豉切。别,彼列切。痴,敕疑切。

齐为庆氏之难①故,甲申晦,齐侯使士华免以戈杀国佐于内宫之朝②。师逃于夫人之宫③。书曰:"齐杀其大夫国佐。"弃命,专杀,以穀叛故也④。使清人杀国胜⑤。国弱来奔⑥,王湫奔莱⑦。庆封为大夫,庆佐为司寇⑧。既,齐侯反国弱,使嗣国氏,礼也⑨。

① 前年国佐杀庆克。○为,于伪切。难,乃旦切。 ② 华免,齐大夫。内宫,夫人宫。 ③ 伏兵内宫,恐不胜。 ④ 国佐本疾淫乱,杀庆克,齐以是讨之。嫌其罪不及死,故《传》明言其三罪。 ⑤ 胜,国佐子。前年待命于清者。 ⑥ 弱,胜之弟。 ⑦ 湫,国佐党。○湫,子小切;徐,子鸟切。莱,音来。 ⑧ 封、佐,皆庆克子。 ⑨ 佐之罪不及不祀。

二月乙酉朔,晋悼公即位于朝①。始命百官②:施舍已责③,逮鳏寡④,振废滞⑤,匡乏困,救灾患⑥,禁淫慝,薄赋敛,宥罪戾⑦,节器用⑧,时用民⑨,欲无犯时⑩。使魏相、士鲂、魏颉、赵武为卿⑪。荀家、荀会、栾黡、韩无忌为公族大夫,使训卿之子弟共俭孝弟⑫。使士渥浊为大傅,使修范武子之法⑬。右行辛为司空,使修士蒍之法⑭。弁纠御戎,校正属焉⑮,使训诸御知义⑯。荀宾为右,司士属焉⑰,使训勇力之士时使⑱。卿无共御,立军尉以摄之⑲。祁奚为中军尉,羊舌职佐之。魏绛为司马⑳。张老为候奄。铎遏寇为上军尉。籍偃为之司马㉑,使训卒乘亲以听命㉒。程郑为乘马御,六驺属焉,使训群驺知礼㉓。凡六官之长,皆民誉也㉔。举不失职,官不易方㉕,爵不踰德㉖,师不陵正,旅不偪师㉗,民无谤言,所以复霸也㉘。

① 朝庙五日而即位也。厉公杀绝,故悼公不以嗣子居丧。○杀,音试。　② 始为政。　③ 施恩惠,舍劳役,止逋责。○施,如字;一音始豉切。逋,布吴切。　④ 惠及微。○鳏,古顽切。　⑤ 起旧德。⑥ 匡,亦救也。　⑦ 宥,宽也。○慝,他得切。敛,力验切。宥,音又。戾,力计切。　⑧ 节,省也。○省,所景切,下同。　⑨ 使民以时。⑩ 不纵私欲。○纵,本亦作从,子用切。　⑪ 相,魏锜子。鲂,士会子。颉,魏颗子。武,赵朔子。此四人其父祖皆有劳于晋国。○相,息亮切。颉,户结切。颗,苦果切。　⑫ 无忌,韩厥子。○弟,音悌;本亦作悌。⑬ 渥浊,士贞子。武子为景公大傅。○渥,於角切。　⑭ 辛将右行,因以为氏。士蒍,献公司空也。○行,户郎切。蒍,于委切。将,子匠切。⑮ 弁纠,栾纠也。校正,主马官。○弁,皮彦切;本又作卞,同。纠,居黝切。校,户孝切。　⑯ 戎士尚节义。　⑰ 司士,车右之官。　⑱ 勇力,皆车右也。勇力多不顺命,故训之以共时之使。○共,音恭;本亦作供,下文同。　⑲ 省卿戎御,令军尉摄御而已。○省,所景切。令,力呈切。

⑳ 魏犨子也。　　㉑ 偃,籍谈父,为上军司马。○ 铎,待洛切。遏,於葛切;徐音谒。　　㉒ 相亲以听上命。○ 卒,子忽切。乘,绳证切。下及《注》同。　　㉓ 程郑,荀氏别族。乘马御,乘车之仆也。六驺,六闲之驺。《周礼》:诸侯有六闲马。乘车尚礼容,故训群驺使知礼。○ 驺,侧留切。　　㉔ 大国三卿,晋时置六卿为军帅。故总举六官,则知群官无非其人。○ 长,丁丈切。帅,所类切。　　㉕ 官守其业,无相踰易。　　㉖ 量德授爵。　　㉗ 正,军将命卿也。师,二千五百人之帅也。旅,五百人之帅也。言上下有礼,不相陵偪。　　㉘ 此以上通言悼公所行,未必皆在即位之年。○ 复,扶又切,下及《注》复入皆同。上,时掌切。

公如晋,朝嗣君也。

夏六月,郑伯侵宋,及曹门外①。遂会楚子伐宋,取朝郏。楚子辛、郑皇辰侵城郚,取幽丘,同伐彭城②,纳宋鱼石、向为人、鳞朱、向带、鱼府焉③。以三百乘戍之而还。书曰:"复入④。"凡去其国,国逆而立之曰入⑤。复其位曰复归⑥。诸侯纳之曰归⑦。以恶曰复入⑧。宋人患之,西鉏吾曰:"何也⑨?若楚人与吾同恶,以德于我,吾固事之也,不敢贰矣⑩。大国无厌,鄙我犹憾⑪。不然,而收吾憎,使赞其政⑫,以间吾衅,亦吾患也。今将崇诸侯之奸,而披其地⑬,以塞夷庚⑭。逞奸而携服,毒诸侯而惧吴、晋⑮。吾庸多矣,非吾忧也。且事晋何为?晋必恤之⑯。"

① 曹门,宋城门。　　② 朝郏、城郚、幽丘,皆宋邑。○ 取朝,如字。郏,古洽切。郚,古报切。　　③ 五子以十五年出奔楚。独书鱼石,为帅告。　　④ 恶其依阻大国,以兵威还,故书复入。○ 乘,绳证切。恶,乌路切。　　⑤ 谓本无位,绍继而立。　　⑥ 亦国逆。○ 复,音服,又扶又切。

⑦谓诸侯以言语告请而纳之,有位无位皆曰归。 ⑧谓身为戎首,称兵入伐,害国殄民者也。此四条,所以明外内之援,辩逆顺之辞,通君臣取国有家之大例。○以恶曰复入,或作以恶入曰复入。 ⑨西鉏吾,宋大夫。○鉏,仕居切;徐,在居切。吾,音鱼。 ⑩恶,谓鱼石。 ⑪言己事之,则以我为鄙邑,犹恨不足,此吾患也。○厌,於盐切。憾,户暗切。 ⑫谓不同恶鱼石,而用之使佐政。 ⑬崇,长也。谓楚今取彭城以封鱼石。披,犹分也。○间,如字,又间厕之间。崋,许靳切。披,普彼切。长,丁丈切。 ⑭夷庚,吴、晋往来之要道。楚封鱼石于彭城,欲以绝吴、晋之道。 ⑮隔吴、晋之道故惧。携,离也。 ⑯言宋常事晋何为,顾有此患难。○难,乃旦切。

公至自晋。晋范宣子来聘,且拜朝也①。君子谓:"晋于是乎有礼②。"

① 拜谢公朝。　② 有卑让之礼。

秋,杞桓公来朝,劳公,且问晋故。公以晋君语之①。杞伯于是骤朝于晋而请为昏②。

① 语其德政。○劳,力报功。语,鱼据切。　② 为平公不彻乐张本。

七月,宋老佐、华喜围彭城,老佐卒焉①。

① 言所以不克彭城。

八月,邾宣公来朝,即位而来见也①。

① ○见,贤遍切。

筑鹿囿,书不时也①。

① 非土功时。

己丑,公薨于路寝,言道也①。

① 在路寝,得君薨之道。

冬十一月,楚子重救彭城,伐宋①,宋华元如晋告急。韩献子为政②,曰:"欲求得人,必先勤之③,成霸安疆,自宋始矣。"晋侯师于台谷以救宋④,遇楚师于靡角之谷。楚师还⑤。

① 使偏师与郑人侵宋,子重为后镇。 ② 于是栾书卒,韩厥代将中军。 ③ 勤,恤其急。 ④ 台谷,地阙。○台,敕才切,一音臺。 ⑤ 畏晋强也。靡角,宋地。

晋士魴来乞师①。季文子问师数于臧武仲②,对曰:"伐郑之役,知伯实来,下军之佐也③。今彘季亦佐下军④,如伐郑可也⑤。事大国,无失班爵而加敬焉,礼也。"从之⑥。

① 将救宋。　②武仲,宣叔之子。　③知伯,荀䓨。　④鲁季,士鲂。○鲁,直例切。　⑤伐郑在十七年。　⑥从武仲言。

十二月,孟献子会于虚朾,谋救宋也。宋人辞诸侯,而请师以围彭城①。

① 不敢烦诸侯,故但请其师。为襄元年围彭城《传》。

孟献子请于诸侯,而先归会葬。丁未,葬我君成公,书顺也①。

① 薨于路寝,五月而葬,国家安静,世適承嗣,故曰书顺也。○適,丁历切。

春秋经传集解第十四

襄公一

○陆云：襄公名午，成公子，母定姒。《谥法》，因事有功曰襄；辟土有德曰襄。

经

元年春，王正月，公即位①。

仲孙蔑会晋栾黡、宋华元、卫宁殖、曹人、莒人、邾人、滕人、薛人围宋彭城②。

夏，晋韩厥帅师伐郑。

仲孙蔑会齐崔杼、曹人、邾人、杞人次于鄫③。

秋，楚公子壬夫帅师侵宋。

九月辛酉，天王崩④。

邾子来朝。

冬，卫侯使公孙剽来聘⑤。

晋侯使荀䓁来聘⑥。

① 无《传》。于是公年四岁。　② 鲁与谋于虚打，而书会者，禀命霸主，非匹敌故。○与，音预。　③ 鄫，郑地，在陈留襄邑县东南。书次，兵不加郑，次鄫以待晋师。○鄫，才陵切。　④ 无《传》。辛酉，九月十五日。　⑤ 剽，子叔黑背子。○剽，匹妙切；《字林》，匹召切。　⑥ 冬

者,十月初也。王崩,赴未至,皆未闻丧,故各得行朝聘之礼,而《传》善之。

传

元年春己亥,围宋彭城①。非宋地,追书也②。于是为宋讨鱼石,故称宋,且不登叛人也③。谓之宋志④。彭城降晋,晋人以宋五大夫在彭城者归,寘诸瓠丘⑤。齐人不会彭城,晋人以为讨。二月,齐大子光为质于晋⑥。

① 下有二月,则此己亥为正月;正月无己亥,日误。 ② 成十八年,楚取彭城以封鱼石,故曰非宋地。夫子治《春秋》,追书系之宋。 ③ 登,成也。不与其专邑叛君,故使彭城还系宋。○为,于伪切。 ④ 称宋,亦以成宋志。 ⑤ 彭城降不书,贱,略之。瓠丘,晋地。河东东垣县东南有壶丘。五大夫:鱼石、向为人、鳞朱、向带、鱼府。○降,户江切。寘,之豉切。瓠,徐,侯吴切;一音户故切。垣,音袁。 ⑥ 光,齐灵公大子。○质,音致。

夏五月,晋韩厥、荀偃帅诸侯之师伐郑,入其郛①,败其徒兵于洧上②。于是东诸侯之师次于鄫,以待晋师③。晋师自郑以鄫之师侵楚焦夷及陈④,晋侯、卫侯次于戚,以为之援⑤。

① 荀偃不书,非元帅。○郛,芳夫切。帅,所类切。 ② 徒兵,步兵。洧水出密县,东南至长平入颍。○洧,于轨切。 ③ 齐、鲁、曹、邾、杞。 ④ 于是孟献子自鄫先归,不与侵陈、楚,故不书。○焦,如字;徐,在尧切。与,音预。 ⑤ 为韩厥援。

秋,楚子辛救郑,侵宋吕、留①。郑子然侵宋,取犬丘②。

① 吕、留,二县,今属彭城郡。　② 谯国酂县东北有犬丘城。迁迴,疑。○ 酂,才河切,又子旦切。迁,音于。

九月,邾子来朝,礼也①。

① 邾宣公。

冬,卫子叔、晋知武子来聘,礼也。凡诸侯即位,小国朝之①,大国聘焉②。以继好结信,谋事补阙,礼之大者也③。

① 小事大。　② 大字小。　③ 阙,犹过也。礼以安国家利民人为大。○ 好,呼报切。

经
二年春,王正月,葬简王①。
郑师伐宋②。
夏五月庚寅,夫人姜氏薨。
六月庚辰,郑伯睔卒③。
晋师、宋师、卫甯殖侵郑④。
秋七月,仲孙蔑会晋荀䓨、宋华元、卫孙林父、曹人、邾人于戚。
己丑,葬我小君齐姜⑤。
叔孙豹如宋⑥。

冬，仲孙蔑会晋荀䓪、齐崔杼、宋华元、卫孙林父、曹人、邾人、滕人、薛人、小邾人于戚，遂城虎牢⑦。

楚杀其大夫公子申。

① 无《传》。五月而葬，速。　② 书伐，从告。　③ 未与襄同盟而赴以名。庚辰，七月九日。书六月，《经》误。○ 晪，古困切；徐，又胡忖切。④ 宋虽非卿，师重，故叙卫上。○ 殖，市力切。　⑤ 齐，谥也。三月而葬，速。○ 齐，如字；或音侧皆切，非。　⑥ 豹于此始自齐还为卿。⑦ 以偪郑。

传

二年春，郑师侵宋，楚令也①。

① 以彭城故。

齐侯伐莱，莱人使正舆子赂夙沙卫以索马牛皆百匹①，齐师乃还。君子是以知齐灵公之为灵也②。

① 夙沙卫，齐寺人。索，简择好者。○ 莱，音来。舆，音余；本亦作与。索，所白切。　②《谥法》，乱而不损曰灵。言谥应其行。○ 应，应对之应。行，下孟切。

夏，齐姜薨。初，穆姜使择美槚①，以自为榇与颂琴②。季文子取以葬。君子曰："非礼也。礼无所逆，妇，养姑者也，亏姑以成妇，逆莫大焉③。《诗》曰：'其惟哲人，告之话言，顺德之行④。'季孙于是为不哲矣⑤。且姜氏，君之妣也⑥。《诗》曰：'为酒为醴，烝畀祖妣，以洽百礼，降福孔偕⑦。'"齐侯使诸姜、宗妇来送葬⑧。召莱子，莱子不会，故晏弱城东阳以偪之⑨。

①槚，梓之属。○槚，古雅切，木名。　②櫬，棺也。颂琴，琴名，犹言雅琴。皆欲以送终。○櫬，初觐切。　③穆姜，成公母。齐姜，成公妇。○养，余亮切。　④《诗·大雅》。哲，知也。话，善也。言知者行事无不顺。○话，户快切。知，音智，下同。　⑤言逆德。○陆云：一本作不为哲矣。　⑥襄公適母，故曰君之妣。○妣，必履切。適，丁历切，本又作嫡。　⑦《诗·周颂》。烝，进也。畀，与也。偕，徧也。言敬事祖妣，则鬼神降福。季孙葬姜氏不以礼，是不敬祖妣。○烝，之承切。畀，必利切。洽，户夹切。偕，音皆。徧，音遍。　⑧宗妇，同姓大夫之妇。妇人越疆送葬，非礼。○疆，居良切。　⑨为六年灭莱《传》。东阳，齐竟上邑。○竟，音境。

郑成公疾，子驷请息肩于晋①。公曰"楚君以郑故，亲集矢于其目②，非异人任，寡人也③。若背之，是弃力与言，其谁暱我④？免寡人，唯二三子！"秋七月庚辰，郑伯睔卒。于是子罕当国⑤，子驷为政⑥，子国为司马。晋师侵郑⑦，诸大夫欲从晋，子驷曰："官命未改⑧。"

会于戚，谋郑故也⑨。孟献子曰："请城虎牢以偪郑⑩。"知武子曰："善。鄫之会，吾子闻崔子之言，今不来矣⑪。滕、薛、小邾之不至，皆齐故也⑫。寡君之忧不唯郑⑬。罃将复于寡君，而请于齐⑭。得请而告，吾子之功也⑮。若不得请，事将在齐⑯。吾子之请，诸侯之福也⑰，岂唯寡君赖之⑱。"

① 欲辟楚役,以负担喻。○担,都暂切。　② 谓鄢陵战,晋射楚王目。○射,食亦切。　③ 言楚子任此患,不为他人,盖在己。○陆云:非异人任,绝句。任,音壬。一读至人字绝句。为,于伪切。　④ 言盟誓之言。○背,音佩。弃力,服本作弃功。瘄,本作昵,女乙切;徐,乃吉切。⑤ 摄君事。　⑥ 为政卿。　⑦ 晋伐袤,非礼。　⑧ 成公未葬,嗣君未免丧,故言未改。不欲违先君意。　⑨ 郑久叛晋,谋讨之。⑩ 虎牢,旧郑邑,今属晋。　⑪ 元年,孟献子与齐崔杼次于鄫,崔杼有不服晋之言,献子以告知武子。　⑫ 三国,齐之属。　⑬ 言复忧齐叛。○复,扶又切,下同。　⑭ 以城事白晋君,而请齐会之,欲以观齐志。⑮ 得请,谓齐人应命。告诸侯会筑虎牢。　⑯ 将伐齐。　⑰ 城虎牢,足以服郑,息征伐。　⑱《传》言荀䓨能用善谋。

穆叔聘于宋,通嗣君也。

冬,复会于戚,齐崔武子及滕、薛、小邾之大夫皆会,知武子之言故也①。遂城虎牢,郑人乃成②。

① 武子言事将在齐,齐人惧,帅小国而会之。　② 如孟献子之谋。

楚公子申为右司马,多受小国之赂,以偪子重、子辛①,楚人杀之。故书曰:"楚杀其大夫公子申②。"

① 偪,夺其权势。　② 言所以致国讨之文。

经

三年春,楚公子婴齐帅师伐吴。

公如晋。

夏四月壬戌,公及晋侯盟于长樗①。

公至自晋②。

六月,公会单子、晋侯、宋公、卫侯、郑伯、莒子、邾子、齐世子光。己未,同盟于鸡泽③。

陈侯使袁侨如会④。

戊寅,叔孙豹及诸侯之大夫及陈袁侨盟⑤。

秋,公至自会⑥。

冬,晋荀䓨帅师伐许。

① 晋侯出其国都,与公盟于外。○ 樗,敕居切。　② 无《传》。不以长樗至,本非会。　③ 鸡泽,在广平曲梁县西南。周灵王新即位,使王官伯出与诸侯盟,以安王室,故无讥。○ 单,音善。　④ 陈疾楚政而来属晋,本非召会而自来,故言如会。○ 侨,其骄切。　⑤ 诸侯既盟,袁侨乃至,故使大夫别与之盟。言诸侯之大夫,则在鸡泽之诸侯也。殊袁侨者,明诸侯大夫所以盟,盟袁侨也。据《传》,盟在秋,《长历》推戊寅,七月十三日,《经》误。　⑥ 无《传》。

传

三年春,楚子重伐吴,为简之师①,克鸠兹,至于衡山②。使邓廖帅组甲三百、被练三千③以侵吴。吴人要而击之,获邓廖。其能免者,组甲八十、被练三百而已。子重归,既饮至。三日,吴人伐楚,取驾。驾,良邑也。邓廖,亦楚之良也。君子谓:"子重于是役也,所获不如所亡④。"楚人以是咎子重。子重病之,遂遇心疾而卒⑤。

① 简,选练。　② 鸠兹,吴邑,在丹阳无湖县东,今皋夷也。衡山,在吴兴乌程县南。　③ 组甲、被练,皆战备也。组甲,漆甲成组文。被练,练袍。○ 廖,力雕切。组,音祖。被,皮义切;徐,扶伪切。　④ 当时君子。○ 要,於遥切。　⑤ 忧恚故成心疾。○ 咎,其九切。恚,一瑞切。

公如晋,始朝也①。

① 公即位而朝。

夏,盟于长樗。孟献子相,公稽首①。知武子曰:"天子在,而君辱稽首,寡君惧矣②。"孟献子曰:"以敝邑介在东表,密迩仇雠③,寡君将君是望,敢不稽首④。"

① 相仪也。稽首,首至地。○ 相,息亮切。　② 稽首,事天子之礼。　③ 仇雠,谓齐、楚与晋争。○ 介,音界。争,争斗之争。　④《传》言献子能固事盟主。

晋为郑服故,且欲修吴好①,将合诸侯。使士匄告于齐曰:"寡君使匄以岁之不易,不虞之不戒,寡君愿与一二兄弟相见②,以谋不协。请君临之,使匄乞盟。"齐侯欲勿许,而难为不协,乃盟于耏外③。

① 郑服在前年。○ 为,于伪切。好,呼报切。　② 不易,多难也。虞,度也。戒,备也。列国之君相谓兄弟。○ 易,以豉切。难,乃旦切。度,待洛切。　③ 与士匄盟。耏,水名。○ 耏,音而。

487

祁奚请老①，晋侯问嗣焉②。称解狐，其仇也，将立之而卒③。又问焉，对曰："午也可④。"于是羊舌职死矣，晋侯曰："孰可以代之？"对曰："赤也可⑤。"于是使祁午为中军尉，羊舌赤佐之⑥。君子谓："祁奚于是能举善矣。称其仇，不为谄。立其子，不为比。举其偏，不为党⑦。《商书》曰：'无偏无党，王道荡荡⑧'其祁奚之谓矣！解狐得举⑨，祁午得位，伯华得官，建一官而三物成⑩，能举善也夫！唯善，故能举其类。《诗》云：'惟其有之，是以似之。'祁奚有焉⑪。"

① 老，致仕。　② 嗣，续其职者。　③ 解狐卒。○ 解，音蟹。　④ 午，祁奚子。　⑤ 赤，职之子伯华。　⑥ 各代其父。　⑦ 谄，媚也。偏，属也。○ 谄，他检切。比，毗志切。　⑧《商书·洪范》也。荡荡，平正无私。　⑨ 未得位，故曰得举。　⑩ 一官，军尉。物，事也。　⑪《诗·小雅》。言唯有德之人，能举似己者也。○ 夫，音扶，绝句。一读以夫为下句首。

六月，公会单顷公及诸侯。己未，同盟于鸡泽①。晋侯使荀会逆吴子于淮上，吴子不至②。

① 单顷公，王卿士。○ 顷，音倾。　② 道远多难。

楚子辛为令尹，侵欲于小国。陈成公使袁侨如会求成①，晋侯使和组父告于诸侯②。秋，叔孙豹及诸侯之大夫及陈袁侨盟，陈请服也③。

① 患楚侵欲。袁侨,涛塗四世孙。　② 告陈服。　③ 其君不来,使大夫盟之,匹敌之宜。

晋侯之弟扬干乱行于曲梁①,魏绛戮其仆②。晋侯怒,谓羊舌赤曰:"合诸侯以为荣也,扬干为戮,何辱如之？必杀魏绛,无失也！"对曰:"绛无贰志,事君不辟难,有罪不逃刑,其将来辞,何辱命焉？"

言终,魏绛至,授仆人书③,将伏剑。士鲂、张老止之。公读其书曰:"日君乏使,使臣斯司马④。臣闻师众以顺为武⑤,军事有死无犯为敬⑥。君合诸侯,臣敢不敬。君师不武,执事不敬,罪莫大焉。臣惧其死,以及扬干,无所逃罪⑦。不能致训,至于用钺⑧。臣之罪重,敢有不从,以怒君心⑨,请归死于司寇⑩。"公跣而出,曰:"寡人之言,亲爱也。吾子之讨,军礼也。寡人有弟,弗能教训,使干大命,寡人之过也。子无重寡人之过⑪,敢以为请⑫。"

晋侯以魏绛为能以刑佐民矣。反役,与之礼食,使佐新军⑬。张老为中军司马⑭,士富为候奄⑮。

① 行,陈次。○ 行,户郎切。陈,直觐切。　② 仆,御也。　③ 仆人,晋侯御仆。　④ 斯,此也。　⑤ 顺,莫敢违。　⑥ 守官行法,虽死不敢有违。　⑦ 惧自犯不武不敬之罪。　⑧ 用钺斩扬干之仆。○ 钺,音越。　⑨ 言不敢不从戮。　⑩ 致尸于司寇,使戮之。　⑪ 听绛死,为重过。○ 跣,先典切。重,直用切,《注》同。　⑫ 请使无死。　⑬ 群臣旅会。今欲显绛,故特为设礼食。○ 食,音嗣,又如字。为,于伪切。　⑭ 代魏绛。　⑮ 代张老。士富,士会别族。

楚司马公子何忌侵陈,陈叛故也。
许灵公事楚,不会于鸡泽。冬,晋知武子帅师伐许。

经

四年春,王三月己酉,陈侯午卒①。
夏,叔孙豹如晋。
秋七月戊子,夫人姒氏薨②。
葬陈成公③。
八月辛亥,葬我小君定姒④。
冬,公如晋。
陈人围顿。

① 前年大夫盟鸡泽。三月无己酉,日误。　② 成公妾,襄公母。姒,杞姓。　③ 无《传》。　④ 无《传》。定,谥也。赴同,衬姑,反哭成丧,皆以正夫人礼,母以子贵。踰月而葬,速。

传

四年春,楚师为陈叛故,犹在繁阳①。韩献子患之,言于朝曰:"文王帅殷之叛国以事纣,唯知时也②。今我易之,难哉③!"三月,陈成公卒。楚人将伐陈,闻丧乃止④。陈人不听命⑤。臧武仲闻之,曰:"陈不服于楚,必亡。大国行礼焉而不服,在大犹有咎,而况小乎?"夏,楚彭名侵陈,陈无礼故也⑥。

① 前年何忌之师侵陈,今犹未还。繁阳,楚地。在汝南鲖阳县南。

○为,于伪切。鲷孟康音纣,直久切,一音童;或音直勇切,非。　②知时未可争。　③晋力未能服楚,受陈为非时。　④军礼不伐丧。⑤不听楚命。　⑥为下陈围顿《传》。○咎,其九切。

穆叔如晋,报知武子之聘也①,晋侯享之。金奏《肆夏》之三,不拜②。工歌《文王》之三,又不拜③。歌《鹿鸣》之三,三拜④。韩献子使行人子员问之⑤,曰:"子以君命,辱于敝邑。先君之礼,藉之以乐,以辱吾子⑥。吾子舍其大,而重拜其细,敢问何礼也?"对曰:"三《夏》,天子所以享元侯也,使臣弗敢与闻⑦。《文王》,两君相见之乐也,臣不敢及⑧。《鹿鸣》,君所以嘉寡君也,敢不拜嘉⑨。《四牡》,君所以劳使臣也,敢不重拜⑩。《皇皇者华》,君教使臣曰:'必谘于周⑪。'臣闻之,访问于善为谘⑫,谘亲为询⑬,谘礼为度⑭,谘事为诹⑮,谘难为谋⑯。臣获五善,敢不重拜⑰。"

①武子聘在元年。　②《肆夏》,乐曲名。《周礼》:以钟鼓奏九《夏》。其二曰《肆夏》,一名《樊》。三曰《韶夏》,一名《遏》。四曰《纳夏》,一名《渠》。盖击钟而奏此三《夏》曲。○夏,户雅切,《注》及下皆同。九《夏》:一曰《王夏》,二曰《肆夏》,三曰《韶夏》,四曰《纳夏》,五曰《章夏》,六曰《齐夏》,七曰《族夏》,八曰《陔夏》,九曰《骜夏》。《肆夏》一名《樊》。《国语》云:"金奏《肆夏》、《樊》、《遏》、《渠》。"杜遂分为三《夏》之别名。吕叔玉云:"《肆夏》,《时迈》也。《樊遏》,《执竞》也。《渠》,《思文》也。"韶,上招切。遏,於葛切。纳夏,本或为夏纳,误。渠,其居切。　③工,乐人也。《文王》之三,《大雅》之首,《文王》、《大明》、《绵》。　④《小雅》之首,《鹿鸣》、《四牡》、《皇皇者华》。　⑤行人,通使之官。○员,音云;徐,于贫切。使,所吏切,下同。　⑥藉,荐也。○藉,在夜切。　⑦元侯,牧伯。○舍,音

捨。重,直用切,下皆同。与,音预,下及与同。牧,徐音目。 ⑧及,与也。《文王》之三,皆称《文王》之德,受命作周。故诸侯会同以相乐。○乐,音洛。 ⑨晋以叔孙为嘉宾,故歌《鹿鸣》之诗,取其"我有嘉宾"。叔孙奉君命而来,嘉叔孙,乃所以嘉鲁君。 ⑩《诗》言使臣乘四牡,骓骓然行不止,勤劳也。晋以叔孙来聘,故以此劳之。○劳,力报切,《注》劳之同。骓,芳非切。 ⑪《皇皇者华》,君遣使臣之诗。言忠臣奉使,能光辉君命,如华之皇皇然。又当谘于忠信,以补己不及。忠信为周。其诗曰:"周爰谘诹","周爰谘谋","周爰谘度","周爰谘询。"言必于忠信之人,谘此四事。○诹,子须切。度,待洛切。询,音荀。 ⑫问善道。 ⑬问亲戚之义。 ⑭问礼宜。 ⑮问政事。 ⑯问患难。○难,乃旦切。 ⑰五善,为谘、询、度、诹、谋。

秋,定姒薨。不殡于庙,无榇,不虞①。匠庆谓季文子②曰:"子为正卿,而小君之丧不成③,不终君也④。君长,谁受其咎⑤?"

初,季孙为己树六槚于蒲圃东门之外⑥。匠庆请木⑦,季孙曰:"略⑧。"匠庆用蒲圃之槚,季孙不御⑨。君子曰:"《志》所谓'多行无礼,必自及也',其是之谓乎。"

①榇,亲身棺。季孙以定姒本贱,既无器备,议其丧制,欲殡不过庙,又不反哭。○过,古禾切。 ②匠庆,鲁大匠。 ③谓如季孙所议,则为夫人礼不成。 ④慢其母,是不终事君之道。 ⑤言襄公长,将责季孙。○长,丁丈切。 ⑥蒲圃,场圃名。季文子树槚,欲自为榇。○为,于伪切,下《注》为定姒,为言执事同。圃布古切。场,直良切。 ⑦为定姒作榇。 ⑧不以道取为略。 ⑨御,止也。《传》言遂得成礼,故《经》无异文。○御,鱼吕切。

冬，公如晋听政①，晋侯享公。公请属鄫②，晋侯不许。孟献子曰："以寡君之密迩于仇雠，而愿固事君，无失官命③。鄫无赋于司马④。为执事朝夕之命敝邑，敝邑褊小，阙而为罪⑤，寡君是以愿借助焉⑥！"晋侯许之⑦。

① 受贡赋多少之政。　② 鄫，小国也。欲得使属鲁，如须句、颛臾之比，使助鲁出贡赋。公时年七岁，盖相者为之言。鄫，今琅邪鄫县。○ 句，其俱切。颛，音专。臾，羊朱切。比，必二切。相，息亮切。③ 晋官征发之命。　④ 晋司马又掌诸侯之赋。　⑤ 阙，不共也。○ 朝、夕，如字。褊，必浅切。共，音恭。　⑥ 借鄫以自助。○ 借，子亦切，《注》同。　⑦ 为明年叔孙豹、鄫世子巫如晋《传》。

楚人使顿间陈而侵伐之，故陈人围顿①。

① 间，伺间缺。○ 间，间厕之间。伺，音司。下间，音闲，又间厕之间，又如字。

无终子嘉父使孟乐如晋①，因魏庄子纳虎豹之皮，以请和诸戎②。

晋侯曰："戎狄无亲而贪，不如伐之。"魏绛曰："诸侯新服，陈新来和，将观于我，我德则睦，否则携贰。劳师于戎，而楚伐陈，必弗能救，是弃陈也，诸华必叛③。戎，禽兽也，获戎失华，无乃不可乎？《夏训》有之曰：'有穷后羿④。'"公曰："后羿何如⑤？"对曰："昔有夏之方衰也，后羿自鉏迁于穷石，因夏民以代夏政⑥。恃其射也⑦，不修民事而淫于原兽⑧。弃

493

武罗、伯因、熊髡、龙圉⑩而用寒浞。寒浞,伯明氏之谗子弟也⑪。伯明后寒弃之,夷羿收之⑫,信而使之,以为己相。浞行媚于内⑫而施赂于外,愚弄其民⑬而虞羿于田⑭,树之诈慝以取其国家⑮,外内咸服⑯。羿犹不悛⑰,将归自田⑱,家众杀而亨之,以食其子⑲。其子不忍食诸,死于穷门⑳。靡奔有鬲氏㉑。浞因羿室㉒,生浇及豷,恃其谗慝诈伪而不德于民。使浇用师,灭斟灌及斟寻氏㉓。处浇于过,外豷于戈㉔。靡自有鬲氏,收二国之烬㉕,以灭浞而立少康㉖。少康灭浇于过,后杼灭豷于戈㉗。有穷由是遂亡,失人故也㉘。昔周辛甲之为大史也,命百官,官箴王阙㉙。于《虞人之箴》㉚曰:'芒芒禹迹,画为九州㉛。经启九道㉜,民有寝庙,兽有茂草,各有攸处,德用不扰㉝。在帝夷羿,冒于原兽㉞,忘其国恤,而思其麀牡㉟。武不可重㊱,用不恢于夏家㊲。兽臣司原,敢告仆夫㊳。'《虞箴》如是,可不惩乎?"于是晋侯好田,故魏绛及之㊴。

公曰:"然则莫如和戎乎?"对曰:"和戎有五利焉:戎狄荐居,贵货易土㊵,土可贾焉,一也。边鄙不耸,民狎其野,穑人成功,二也㊶。戎狄事晋,四邻振动,诸侯威怀,三也。以德绥戎,师徒不勤,甲兵不顿,四也㊷。鉴于后羿,而用德度㊸,远至迩安,五也。君其图之!"公说,使魏绛盟诸戎,修民事,田以时㊹。

① 无终,山戎国名。孟乐,其使臣。〇 使,所吏切。　② 欲戎与晋和。庄子,魏绛。　③ 诸华,中国。　④《夏训》,《夏书》。有穷,国名。后,君也。羿,有穷君之号。〇 夏,户雅切。羿,音诣。　⑤ 怪其言

不次,故问之。　⑥禹孙大康,淫放失国。夏人立其弟仲康,仲康亦微弱。仲康卒,子相立,羿遂代相,号曰有穷。鉏、羿本国名。○鉏,仕居切。大,音泰。相,息亮切。　⑦羿善射。　⑧淫放原野。　⑨四子皆羿之贤臣。○羿,苦门切。尨,莫邦切。圉,鱼吕切。　⑩寒,国。北海平寿县东有寒亭。伯明,其君名。○浞,仕角切;徐,在角切。　⑪夷,氏。　⑫内,宫人。　⑬欺罔之。　⑭乐之以游田。○乐,音洛,下乐安同。　⑮树,立也。○慝,他得切,后同。　⑯信浞诈。⑰悛,改也。○悛,七全切。　⑱羿猎还。　⑲食羿子。○亨,普彭切,煮也。食,音嗣。　⑳杀之于国门。　㉑靡,夏遗臣事羿者。有鬲,国名。今平原鬲县。○鬲,音革。　㉒就其妃妾。　㉓二国,夏同姓诸侯,仲康之子后相所依。乐安寿光县东南有灌亭。北海平寿县东南有斟亭。○浇,五吊切。豷,许器切。斟,之林切。灌,古乱切。　㉔过、戈皆国名。东莱掖县北有过乡。戈在宋、郑之间。○过,古禾切,《注》及下同。戈,古禾切。掖,音亦;《汉书》作夜,孟康音掖。　㉕烬,遗民。○烬,才刃切。　㉖少康,夏后相子。○少,诗照切。　㉗后杼,少康子。○杼,直吕切。　㉘浞因羿室,故不改有穷之号。　㉙辛甲,周武王大史。阙,过也。使百官各为箴辞,戒王过。○箴,之林切。　㉚虞人掌田猎。　㉛芒芒,远貌。画,分也。○芒,莫郎切。画,乎麦切。㉜启开九州之道。　㉝人神各有所归,故德不乱。○攸处,如字;本或作攸家。扰,如小切。　㉞冒,贪也。○冒,莫报切,又亡北切。　㉟言但念猎。○麀,音忧,鹿牝也。牝,茂后切。　㊱重,犹数也。○重,直用切。数,所角切。　㊲羿以好武,虽有夏家而不能恢大之。○恢,苦回切。　㊳兽臣,虞人。告仆夫,不敢斥尊。　㊴及后羿事。○好,呼报切。惩,直升切。　㊵荐,聚也。易,犹轻也。○荐,於薦切,又才逊切;或云,草也。易,以豉切;徐,神豉切。　㊶耸,惧。狎,习也。○贾,音古。耸,息勇切。　㊷顿,坏也。　㊸以后羿为鉴戒。㊹《传》言晋侯能用善谋。○说,音悦。

冬十月,邾人、莒人伐鄫。臧纥救鄫,侵邾,败于狐骀①。国人逆丧者皆髽。鲁于是乎始髽②。国人诵之曰:"臧之狐裘,败我于狐骀③。我君小子,朱儒是使。朱儒!朱儒!使我败于邾④。"

① 臧纥,武仲也。鄫属鲁,故救之。狐骀,邾地。鲁国蕃县东南有目台亭。○纥,恨发切。骀,徒来切;徐,敕才切。番,本又作蕃。应劭音皮,一音方袁切。白褒《鲁国记》云,陈子游为鲁相,番子也;国人为讳,改曰皮也。台,吐才切。　② 髽,麻发合结也。遭丧者多,故不能备凶服,髽而已。○髽,侧瓜切。结,音计;本又作髻,又作紒,音同。　③ 臧纥时服狐裘。 ④ 襄公幼弱,故曰小子。臧纥短小,故曰朱儒。败不书,鲁人讳之。○朱,本或作侏,亦音朱。

经

五年春,公至自晋。

夏,郑伯使公子发来聘①。

叔孙豹、鄫世子巫如晋②。

仲孙蔑、卫孙林父会吴于善道③。

秋,大雩。

楚杀其大夫公子壬夫④。

公会晋侯、宋公、陈侯、卫侯、郑伯、曹伯、莒子、邾子、滕子、薛伯、齐世子光、吴人、鄫人于戚⑤。

公至自会⑥。

冬,戍陈⑦。

楚公子贞帅师伐陈。

公会晋侯、宋公、卫侯、郑伯、曹伯、齐世子光救陈。
十有二月,公至自救陈⑧。
辛未,季孙行父卒。

① 发,子产父。　② 比鲁大夫,故书巫如晋。○ 巫,亡扶切。③ 鲁、卫俱受命于晋,故不言及。吴先在善道,二大夫往会之,故曰会吴。善道,地阙。　④ 书名,罪其贪。　⑤ 穆叔使鄫人听命于会,故鄫见《经》。不复殊吴者,吴来会于戚。○ 见,贤遍切。复,扶又切。　⑥ 无《传》。　⑦ 诸侯在戚会,皆受命戍陈。各还国遣戍,不复有告命。故独书鲁戍。　⑧ 无《传》。

传

五年春,公至自晋①。

① 公在晋,既听属鄫,闻其见伐,遥命臧纥出救。故《传》称《经》公至以明之。

王使王叔陈生愬戎于晋①,晋人执之。士鲂如京师,言王叔之贰于戎也②。

① 王叔,周卿士也。戎陵蹵周室,故告愬盟主。○ 愬,悉路切。蹵,白报切。　② 王叔反有贰心于戎,失奉使之义,故晋执之。○ 使,所吏切。

夏,郑子国来聘,通嗣君也①。

① 郑僖公初即位。

穆叔觌鄫大子于晋,以成属鄫①。书曰:"叔孙豹、鄫大子巫如晋。"言比诸鲁大夫也②。

① 觌,见也。前年请属鄫,故将鄫大子巫如晋以成之。○觌,直历切。见,贤遍切。　② 豹与巫俱受命于鲁,故《经》不书及,比之鲁大夫。

吴子使寿越如晋①,辞不会于鸡泽之故②,且请听诸侯之好③。晋人将为之合诸侯,使鲁、卫先会吴,且告会期④。故孟献子、孙文子会吴于善道⑤。

① 寿越,吴大夫。　② 三年会鸡泽,吴不至,今来谢之。　③ 更请会。○好,呼报切。　④ 以其道远,故使鲁、卫先告期。○为,于伪切。　⑤ 二子皆受晋命而行。

秋,大雩,旱也①。

① 雩,夏祭,所以祈甘雨,若旱则又修其礼,故虽秋雩,非书过也。然《经》与过雩同文,是以《传》每释之曰旱也。雩而获雨,故书雩而不书旱。

楚人讨陈叛故①,曰:"由令尹子辛实侵欲焉。"乃杀之。书曰:"楚杀其大夫公子壬夫。"贪也。君子谓:"楚共王于是不刑②。《诗》曰:'周道挺挺,我心扃扃,讲事不令,集人来定③。'己则无信。而杀人以逞,不亦难乎④?《夏书》曰:'成允成功⑤。'"

498

① 讨,治也。　② 陈之叛楚,罪在子辛。共王既不能素明法教,陈叛之日,又不能严断威刑,以谢小国,而拥其罪人,兴兵致讨,加礼于陈。而陈恨弥笃,乃怨而归罪子辛。子辛之贪,虽足以取死,然共王用刑为失其节,故言不刑。○ 共,音恭。断,丁乱切。　③ 逸《诗》也。挺挺,正直也。扃扃,明察也。讲,谋也。言谋事不善,当聚致贤人以定之。○ 挺,他顶切。扃,工迥切;徐,孔颖切。　④ 共王伐宋,封鱼石。背盟,败于鄢陵。杀子反、公子申及壬夫。八年之中,戮杀三卿,欲以属诸侯,故君子以为不可。○ 背,音佩。　⑤ 亦逸《书》也。允,信也。言信成,然后有成功。

九月丙午,盟于戚,会吴,且命戍陈也①。穆叔以属鄫为不利,使鄫大夫听命于会②。

① 公及其会,而不书盟,非公后会,盖不以盟告庙。　② 鄫近鲁竟,故欲以为属国,既而与莒有忿,鲁不能救,恐致谴责,故复乞还之。《传》言鄫人所以见于戚会。○ 近,附近之近,下陈近同。竟,音境。谴,弃战切。复,扶又切。见,贤遍切。

楚子囊为令尹①。范宣子曰:"我丧陈矣!楚人讨贰而立子囊,必改行②而疾讨陈③。陈近于楚,民朝夕急,能无往乎？有陈,非吾事也,无之而后可④。"冬,诸侯戍陈⑤。子囊伐陈。十一月甲午,会于城棣以救之⑥。

① 公子贞。○ 囊,乃郎切。　② 改子辛所行。○ 丧,息浪切。行,如字;徐,下孟切。　③ 疾,急也。　④ 言暂力不能及陈,故七年陈侯逃归。○ 朝夕,如字。　⑤ 备楚。　⑥ 公及救陈,而不及会,故不书

城棣。城棣,郑地。陈留酸枣县西南有棣城。○棣,力计切,又徒妹切。

季文子卒。大夫入敛,公在位①。宰庀家器为葬备②,无衣帛之妾,无食粟之马,无藏金玉,无重器备③。君子是以知季文子之忠于公室也。相三君矣,而无私积,可不谓忠乎④?

① 在阼阶西乡。○敛,力艳切。乡,许亮切。　② 庀,具也。○庀,匹婢切。　③ 器备,谓珍宝甲兵之物。○衣,於既切。食,如字,又音嗣。重,如字,又直龙切。　④ ○相,息亮切。积,子赐切。

经

六年春,王三月壬午,杞伯姑容卒。

夏,宋华弱来奔①。

秋,葬杞桓公②。

滕子来朝。

莒人灭鄫。

冬,叔孙豹如邾。

季孙宿如晋③。

十有二月,齐侯灭莱④。

① 华椒孙。　② 无《传》。　③ 行父之子。　④ 书十二月,从告。

传

六年春,杞桓公卒,始赴以名,同盟故也①。

① 杞入《春秋》，未尝书名。桓公三与成同盟，故赴以名。

宋华弱与乐辔少相狎，长相优，又相谤也①。子荡怒，以弓梏华弱于朝②。平公见之，曰："司武而梏于朝，难以胜矣③！"遂逐之。夏，宋华弱来奔。司城子罕曰："同罪异罚，非刑也。专戮于朝，罪孰大焉！"亦逐子荡。子荡射子罕之门，曰："几日而不我从④？"子罕善之如初⑤。

① 狎，亲习也。优，调戏也。○少，诗照切。狎，尸甲切。长，丁丈切。调，徒吊切。　② 子荡，乐辔也。张弓以贯其颈，若械之在手，故曰梏。○梏，古毒切。贯，古乱切。　③ 司武，司马。言其懦弱，不足以胜敌。○懦，乃乱切，又乃卧切。　④ 言我射女门，女亦当以不胜任见逐。○射，食亦切。几，居岂切。女，音汝。胜，音升。　⑤ 言子罕虽见辱，不追忿，所以得安。

秋，滕成公来朝，始朝公也。
莒人灭鄫，鄫恃赂也①。

① 鄫有贡赋之赂在鲁，恃之而慢莒，故灭之。

冬，穆叔如邾聘，且修平①。

① 平四年狐骀战。

晋人以鄫故来讨，曰："何故亡鄫①？"

① 鄫属鲁,恃赂而慢莒。鲁不致力辅助,无何以还晋。寻便见灭,故晋责鲁。

季武子如晋见,且听命①。

① 始代父为卿,见大国,且谢亡鄫。听命,受罪。○见,贤遍切。

十一月,齐侯灭莱,莱恃谋也①。于郑子国之来聘也,四月,晏弱城东阳,而遂围莱②。甲寅,堙之,环城傅于堞③。及杞桓公卒之月④,乙未,王湫帅师及正舆子、棠人军齐师⑤,齐师大败之⑥。丁未,入莱。莱共公浮柔奔棠。正舆子、王湫奔莒,莒人杀之。四月,陈无宇献莱宗器于襄宫⑦。晏弱围棠,十一月丙辰,而灭之。迁莱于郳⑧。高厚、崔杼定其田⑨。

① 赂夙沙卫之谋也。事在二年。　② 子国聘在五年。二年晏弱城东阳,至五年四月,复托治城,因遂围莱。○复,扶又切。　③ 堞,女墙也。堙,土山也。周城为土山,及女墙。○堙,音因。环,户关切,又音患。傅,音附。堞,音牒;一名陴,亦谓之俾倪;徐,养涉切。　④ 此年三月。　⑤ 王湫,故齐人,成十八年奔莱。正舆子,莱大夫。棠,莱邑也。北海即墨县有棠乡。三人帅别邑兵来解围。○湫,子小切;徐,子鸟切。　⑥ 败湫等。　⑦ 无宇,桓子,陈完玄孙。襄宫,齐襄公庙。○共,音恭。　⑧ 迁莱子于郳国。○郳,五兮切;本或作迁于倪,莱衍字。　⑨ 定其疆界。高厚,高固子。○疆,居良切。

经

七年春,郯子来朝。

夏四月,三卜郊不从,乃免牲①。

小邾子来朝。

城费②。

秋,季孙宿如卫。

八月,螽③。

冬十月,卫侯使孙林父来聘。

壬戌,及孙林父盟。

楚公子贞帅师围陈。

十有二月,公会晋侯、宋公、陈侯、卫侯、曹伯、莒子、邾子于鄬④。

郑伯髡顽如会,未见诸侯。丙戌,卒于鄵⑤。

陈侯逃归⑥。

① 称牲,既卜日也。卜郊,又非礼也。○郊,音谈。　② 南遗假事难而城之。○费,音祕。难,乃旦切。　③ 无《传》。为灾故书。　④ 谋救陈,陈侯逃归,不成救,故不书救也。鄬,郑地。○鄬,于轨切;《字林》,几吹切。　⑤ 实为子驷所弑,以疟疾赴,故不书弑。称名,为书卒,同盟故也。如会,会于鄬也。未见诸侯,未至会所而死。鄵,郑地。不欲再称郑伯,故约文上其名于会上。○鄵,七报切,又采南切;《字林》,千消切。弑,音试。为,于伪切。上,时掌切。　⑥ 畏楚,逃晋而归。

传

七年春,郯子来朝,始朝公也。

夏四月，三卜郊不从，乃免牲。孟献子曰："吾乃今而后知有卜筮。夫郊，祀后稷以祈农事也①。是故启蛰而郊，郊而后耕。今既耕而卜郊，宜其不从也②。"

① 郊，祀后稷以配天。后稷，周始祖，能播殖者。　② 启蛰，夏正建寅之月。耕，谓春分。○ 蛰，直立切。夏，户雅切。

南遗为费宰①。叔仲昭伯为隧正②，欲善季氏而求媚于南遗，谓遗："请城费③，吾多与而役。"故季氏城费④。

① 费，季氏邑。　② 隧正，主役徒。昭伯，叔仲惠伯之孙。○ 隧，音遂。　③ 使遗请城。　④《传》言禄去公室，季氏所以强。

小邾穆公来朝，亦始朝公也①。

① 亦郯子也。

秋，季武子如卫，报子叔之聘，且辞缓报，非贰也①。

① 子叔聘在元年，言国家多难，故不时报。○ 难，乃旦切。

冬十月，晋韩献子告老。公族穆子有废疾①，将立之②。辞曰："《诗》曰：'岂不夙夜，谓行多露③。'又曰：'弗躬弗亲，庶民弗信④。'无忌不才，让其可乎？请立起也⑤！与田苏游，而曰好仁⑥。《诗》曰：'靖共尔位，好是正直。神之听之，介尔景福⑦。'恤民为德⑧,正直为正⑨,正曲为直⑩,参和为仁⑪。如是,则神听之,介福降之。立之,不亦可乎⑫?"庚戌,使宣子朝,遂老⑬。晋侯谓韩无忌仁,使掌公族大夫⑭。

① 穆子,韩厥长子。成十八年,为公族大夫。○长,丁丈切,下师长同。　② 代厥为卿。　③《诗》言虽欲早夜而行,惧多露之濡己。义取非礼不可妄行。　④《诗·小雅》。言讥在位者不躬亲政事,则庶民不奉信其命。言己有疾,不能躬亲政事。　⑤ 无忌,穆子名。起,无忌弟宣子也。　⑥ 田苏,晋贤人。苏言起好仁。○好,呼报切。　⑦ 靖,安也。介,助也。景,大也。《诗·小雅》。言君子当思不出其位,求正直之人与之并立。如是,则神明顺之,致大福也。○共,音恭。介,音界。⑧ 靖共其位,所以恤民。　⑨ 正己心。　⑩ 正人曲。　⑪ 德、正、直三者备,乃为仁。○参,七南切,或音三。　⑫ 言起有此三德,故可立。　⑬ 韩厥致仕。　⑭ 为之师长。

卫孙文子来聘,且拜武子之言①,而寻孙桓子之盟②。公登亦登③。叔孙穆子相,趋进曰:"诸侯之会,寡君未尝后卫君④。今吾子不后寡君,寡君未知所过。吾子其少安⑤!"孙子无辞,亦无悛容⑥。穆叔曰:"孙子必亡。为臣而君,过而不悛,亡之本也。《诗》曰:'退食自公,委蛇委蛇⑦。'谓从者也⑧。衡而委蛇必折⑨。"

① 缓报非贰之言。　② 盟在成三年。　③ 礼,登阶,臣后君一等。○后,胡豆切。　④ 敌体并登。○相,息亮切,下驷同。后,如字;徐,胡豆切。　⑤ 安,徐也。　⑥ 悛,改也。○悛,七全切。　⑦ 委蛇,顺貌。《诗·召南》。言人臣自公门入私门,无不顺礼。○委,於

危切。蛇,以支切。召,上照切。 ⑧ 从,顺行。 ⑨ 衡,横也。横不顺道,必毁折。为十四年林父逐君起本。

楚子囊围陈,会于郏以救之①。

① 晋会诸侯。

郑僖公之为大子也,于成之十六年①,与子罕適晋,不礼焉。又与子豐適楚,亦不礼焉②。及其元年,朝于晋③。子豐欲愬诸晋而废之,子罕止之。及将会于郏,子驷相,又不礼焉。侍者谏,不听。又谏,杀之。及鄵,子驷使贼夜弑僖公,而以疟疾赴于诸侯④。简公生五年,奉而立之⑤。

① 鲁成公。　② 子豐,穆公子。　③ 郑僖元年,鲁襄三年。
④《传》言《经》所以不书弑。　⑤ 僖公子。

陈人患楚①。庆虎、庆寅谓楚人曰:"吾使公子黄往而执之②。"楚人从之③。二庆使告陈侯于会④,曰:"楚人执公子黄矣!君若不来,群臣不忍社稷宗庙,惧有二图⑤。"陈侯逃归⑥。

① 楚围陈故。　② 二庆,陈执政大夫。公子黄,哀公弟。　③ 为执黄。○为,于伪切。　④ 郏之会。　⑤ 背君属楚。○背,音佩。
⑥ 郏会所以不书救。

506

经

八年春,王正月,公如晋。

夏,葬郑僖公①。

郑人侵蔡,获蔡公子燮②。

季孙宿会晋侯、郑伯、齐人、宋人、卫人、邾人于邢丘③。

公至自晋④。

莒人伐我东鄙。

秋九月,大雩。

冬,楚公子贞帅师伐郑。

晋侯使士匄来聘。

① 无《传》。 ② 郑子国称人,刺其无故侵蔡以生国患。燮,蔡庄公子。○燮,悉协切。 ③ 时公在晋。晋悼难劳诸侯,唯使大夫听命。故季孙在会,而公先归。○邢,音刑。难,乃旦切。 ④ 无《传》。

传

八年春,公如晋朝,且听朝聘之数①。

① 晋悼复修霸业,故朝而禀其多少。○复,扶又切。霸,本亦作伯,音霸,又如字。

郑群公子以僖公之死也,谋子驷。子驷先之。夏四月庚辰,辟杀子狐、子熙、子侯、子丁①。孙击、孙恶出奔卫②。

① 辟,罪也。加罪以戮之。○先,悉荐切,又如字。辟,婢亦切。熙,

许其切;徐音怡。　②二孙,子狐之子。

庚寅,郑子国、子耳侵蔡,获蔡司马公子燮①。郑人皆喜,唯子产不顺②,曰:"小国无文德,而有武功,祸莫大焉。楚人来讨,能勿从乎?从之,晋师必至。晋、楚伐郑,自今郑国,不四五年,弗得宁矣。"子国怒之曰:"尔何知!国有大命,而有正卿。童子言焉,将为戮矣③。"

①郑侵蔡,欲以求媚于晋。子耳,子良之子。不言败,唯以获告。②子产,子国子。不顺众而喜。　③大命,起师行军之命。

五月甲辰,会于邢丘,以命朝聘之数,使诸侯之大夫听命。季孙宿、齐高厚、宋向戌、卫甯殖、邾大夫会之①。郑伯献捷于会,故亲听命②。大夫不书,尊晋侯也③。

①晋难重烦诸侯,故使大夫听命。　②献蔡捷也。　③晋悼复文、襄之业,制朝聘之节,俭而有礼,德义可尊,故退诸侯大夫以崇之。

莒人伐我东鄙,以疆鄫田①。

①莒既灭鄫,鲁侵其西界。故伐鲁东鄙,以正其封疆。○疆,居良切。

秋九月,大雩,旱也。
冬,楚子囊伐郑,讨其侵蔡也。子驷、子国、子耳欲从楚，子孔、子蟜、子展欲待晋①。子驷曰："《周诗》有之曰：'俟河之清，人寿几何②？兆云询多，职竞作罗③。'谋之多族，民之多违④，事滋无成⑤。民急矣，姑从楚以纾吾民。晋师至，吾又从之。敬共币帛，以待来者，小国之道也。牺牲玉帛，待于二竟⑥，以待强者而庇民焉。寇不为害，民不罢病，不亦可乎？"子展曰："小所以事大，信也。小国无信，兵乱日至，亡无日矣。五会之信⑦，今将背之，虽楚救我，将安用之⑧？亲我无成⑨，鄙我是欲⑩，不可从也⑪。不如待晋。晋君方明，四军无阙，八卿和睦，必不弃郑⑫。楚师辽远，粮食将尽，必将速归，何患焉？舍之闻之⑬：'杖莫如信。'完守以老楚，杖信以待晋，不亦可乎？"子驷曰："《诗》云：'谋夫孔多，是用不集⑭。发言盈庭，谁敢执其咎⑮？如匪行迈谋，是用不得于道⑯。'请从楚，騑也受其咎⑰。"乃及楚平。

使王子伯骈告于晋⑱，曰："君命敝邑：'修而车赋，儆而师徒，以讨乱略。'蔡人不从，敝邑之人，不敢宁处，悉索敝赋⑲，以讨于蔡，获司马燮，献于邢丘。今楚来讨曰：'女何故称兵于蔡⑳？'焚我郊保㉑，冯陵我城郭㉒。敝邑之众，夫妇男女，不皇启处，以相救也㉓。翦焉倾覆，无所控告㉔。民死亡者，非其父兄，即其子弟，夫人愁痛㉕，不知所庇。民知穷困，而受盟于楚，孤也与其二三臣不能禁止㉖。不敢不告。"知武子使行人子员对之曰："君有楚命㉗，亦不使一个行李告于寡君㉘，而即安于楚。君之所欲也，谁敢违君。寡君将帅诸侯以见于城下，唯君图之㉙！"

① 待晋来救。子孔,穆公子。子蟜,子游子。子展,子罕子。○蟜,居表切。　②逸《诗》也。言人寿促而河清迟。喻晋之不可待。○寿,音授,或如字。几,居岂切。　③兆,卜。询,谋也。职,主也。言既卜且谋多,则竞作罗网之难,无成功。○难,乃旦切。　④族,家也。⑤滋,益也。　⑥二竟,晋、楚界上。○纾,音舒。共,音恭。竟,音境,《注》同。　⑦谓三年会鸡泽,五年会戚,又会城棣,七年会郞,八年会邢丘。○庇,必利切,又音祕。罢,音皮。　⑧言失信得楚,不足贵。○背,音佩。　⑨晋亲郑。　⑩楚欲以郑为鄙邑,而反欲与成。⑪言子駟不可从。　⑫四军,谓上、中、下、新军也。军有二卿。⑬舍之,子展名。　⑭《诗·小雅》。孔,甚也。集,就也。言人欲为政,是非相乱而不成。○杖,直亮切。守,手又切,或如字,下守官同。⑮言谋者多,若有不善,无适受其咎。○咎,其九切。适,丁历切。⑯匪,彼也。行迈谋,谋于路人也。不得于道,众无适从。　⑰騑,子駟名。○騑,芳非切。　⑱伯駢,郑大夫。○駢,扶贤切,又扶经切。⑲索,尽也。○徼,居领切。索,悉各切,又所百切。　⑳称,举也。○女,音汝。㉑郭外曰郊。保,守也。　㉒冯,迫也。○冯,皮冰切。　㉓皇,暇也。启,跪也。○跪,其委切。　㉔蕆,尽也。控,引也。○覆,芳服切。控,苦贡切。　㉕夫人,犹人人也。○夫,音扶。㉖孤,郑伯。　㉗见讨之命。　㉘一个,独使也。行李,行人也。○个,古贺切。使,所吏切。　㉙为明年晋伐郑《传》。○见,贤遍切,或如字。

晋范宣子来聘,且拜公之辱①,告将用师于郑。公享之,宣子赋《摽有梅》②。季武子曰:"谁敢哉③!今譬于草木,寡君在君,君之臭味也④。欢以承命,何时之有⑤?"武子赋《角弓》⑥。宾将出,武子赋《彤弓》⑦。宣子曰:"城濮之役⑧,我先君文公献功于衡雍,受《彤弓》于襄王,以为子孙藏⑨。匄也，先君守官之嗣也，敢不承命⑩。"君子以为知礼⑪。

① 谢公此春朝。　　② 《摽有梅》，《诗·召南》。摽，落也。梅盛极则落。诗人以兴女色盛则有衰，众士求之，宜及其时。宣子欲鲁及时共讨郑，取其汲汲相赴。○摽，徐，扶妙切，又扶表切。兴，许膺切。　　③ 言谁敢不从命。　　④ 言同类。○譬，本亦作辟，音譬，后放此。　　⑤ 迟速无时。　　⑥ 《角弓》，《诗·小雅》。取其"兄弟婚姻，无相远矣"。　　⑦ 《彤弓》，天子赐有功诸侯之诗。欲使晋君继文之业，复受《彤弓》于王。○彤，徒冬切。复，扶又切。　　⑧ 在僖二十八年。○濮，音卜。　　⑨ 藏之以示子孙。○雍，於用切。藏，如字；徐，中浪切。　　⑩ 言己嗣其父祖，为先君守官。不敢废命，欲匡晋君。　　⑪ 《彤弓》之义，义在晋君。故范匄受之，所谓知礼。

经

九年春，宋灾①。

夏，季孙宿如晋。

五月辛酉，夫人姜氏薨②。

秋八月癸未，葬我小君穆姜③。

冬，公会晋侯、宋公、卫侯、曹伯、莒子、邾子、滕子、薛伯、杞伯、小邾子、齐世子光伐郑。

十有二月己亥，同盟于戏④。

楚子伐郑。

① 天火曰灾。来告，故书。　　② 成公母。　　③ 无《传》。四月而葬，速。　　④ 伐郑而书同盟，则郑受盟可知。《传》言十一月己亥。以《长

历》推之,十二月无己亥,《经》误。戏,郑地。○戏,许宜切。

传

九年春,宋灾。乐喜为司城以为政①。使伯氏司里②,火所未至,彻小屋,涂大屋③;陈畚挶,具绠缶④,备水器⑤;量轻重⑥,蓄水潦,积土涂;巡丈城,缮守备⑦,表火道⑧。使华臣具正徒⑨,令隧正纳郊保,奔火所⑩。使华阅讨右官,官庀其司⑪。向戌讨左,亦如之⑫。使乐遄庀刑器,亦如之⑬。使皇郧命校正出马,工正出车,备甲兵,庀武守⑭。使西鉏吾庀府守⑮。令司宫、巷伯儆宫⑯。二师令四乡正敬享⑰,祝宗用马于四墉,祀盘庚于西门之外⑱。

晋侯问于士弱⑲曰:"吾闻之,宋灾,于是乎知有天道。何故⑳?"对曰:"古之火正,或食于心,或食于咮,以出内火。是故咮为鹑火,心为大火㉑。陶唐氏之火正阏伯居商丘㉒,祀大火,而火纪时焉㉓。相土因之,故商主大火㉔。商人阅其祸败之衅,必始于火,是以日知其有天道也㉕。"公曰:"可必乎?"对曰:"在道。国乱无象,不可知也㉖。"

① 乐喜,子罕也,为政卿。知将有火灾,素戒为备火之政。　② 伯氏,宋大夫。司里,司宰。　③ 大屋难彻,就涂之。　④ 畚,篑笼。挶,土舉。绠,汲索。缶,汲器。○畚,音本,草器也。挶,九录切。绠,古杏切。缶,方九切。篑,其位切。笼,力东切。舉,音预。汲,音急。索,悉各切。　⑤ 盆罂之属。○罂,户暂切。　⑥ 计人力所任。○任,音壬。　⑦ 巡,行也。丈,度也。缮,治也。行度守备之处,恐因灾作乱。○蓄,本又作畜,敕六切。潦,音老。守,手又切。行,下孟切。度,待洛切。处,昌虑

切。　⑧火起,则从其所趣摽表之。○摽,必遥切。　⑨华臣,华元子,为司徒。正徒,役徒也。司徒之所主也。　⑩隧正,官名也。五县为隧,纳聚郊野守之民,使随火所起往救之。○隧,音遂。　⑪亦华元子,代元为右师。讨,治也。庀,具也。使具其官属。○阅,音悦。庀,芳婢切。　⑫向戌,左师。　⑬乐遄,司寇。刑器,刑书。○遄,市专切。⑭皇郧,皇父充石之后。校正主马,工正主车,使各备其官。○郧,音云;本亦作员,音同。校,户教切。出,如字,徐,尺遂切。守,手又切。⑮钼吾,大宰也。府,六官之典。○吾,音鱼。　⑯司宫,奄臣。巷伯,寺人。皆掌宫内之事。○憼,音景。　⑰二师,左右师也。乡正,乡大夫。享,祀也。　⑱祝,大祝。宗,宗人。墉,城也。用马祭于四城以禳火。盘庚,殷王,宋之远祖。城,积阴之气,故祀之。凡天灾有币无牲,用马、祀盘庚,皆非礼。○墉,本又作庸,音同。盘,字亦作般,步干切。禳,如羊切。　⑲弱,土渥浊之子庄子。○渥,於角切。　⑳问宋何故自知天道将灾。　㉑谓火正之官,配食于火星。建辰之月,鹑火星昏在南方,则令民放火。建戌之月,大火星伏在日下,夜不得见,则令民内火,禁放火。○昧,竹又切;徐,丁遘切。出,如字;徐,尺遂切。内,如字;徐音纳。鹑,音纯。见,如字,又贤遍切。　㉒陶唐,尧有天下号。阏伯,高辛氏之子。《传》曰:迁阏伯于商丘,主辰。辰,大火也。今为宋星。然则商丘在宋地。○阏,於葛切。　㉓谓出内火时。　㉔相土,契孙,商之祖也。始代阏伯之后居商丘,祀大火。○相,息亮切。契,息列切。　㉕阅,犹数也。商人数所更历,恒多火灾。宋是殷商之后,故知天道之灾必火。○衅,许靳切。数,所主切。更,音庚。　㉖言国无道,则灾变亦殊,故不可必知。

夏,季武子如晋,报宣子之聘也①。

①宣子聘在八年。

513

穆姜薨于东宫①。始往而筮之,遇《艮》之八☷②。史曰:"是谓《艮》之《随》☷③。《随》,其出也④。君必速出。"姜曰:"亡⑤。是於《周易》曰:'《随》,元、亨、利、贞,无咎⑥,'元,体之长也。亨,嘉之会也。利,义之和也。贞,事之幹也。体仁足以长人,嘉德足以合礼,利物足以和义,贞固足以幹事。然故不可诬也,是以虽《随》无咎⑦。今我妇人而与于乱。固在下位⑧而有不仁,不可谓元。不靖国家,不可谓亨。作而害身,不可谓利。弃位而姣⑨,不可谓贞。有四德者,《随》而无咎。我皆无之,岂《随》也哉?我则取恶,能无咎乎?必死于此,弗得出矣⑩。"

① 大子宫也。穆姜淫侨如,欲废成公,故徙居东宫。事在成十六年。② 《艮》下《艮》上,《艮》。《周礼》:大卜掌三《易》。然则杂用《连山》、《归藏》、《周易》。二《易》皆以七八为占,故言遇《艮》之八。○ 艮,古恨切。③ 《震》下《兑》上,《随》。史疑古《易》遇八为不利,故更以《周易》占,变爻得《随卦》而论之。 ④ 史谓《随》非闭固之卦。 ⑤ 亡,犹无也。○ 亡,如字,读者或音无。 ⑥ 《易》筮皆以变者占,遇一爻变义异,则论象,故姜亦以象为占也。史据《周易》,故指言《周易》以折之。○ 亨,许庚切。象,吐乱切。折,之设切。 ⑦ 言不诬四德,乃遇《随》无咎。明无四德者,则为淫而相随,非吉事。○ 长,丁丈切。嘉德,《易》作嘉会。 ⑧ 妇人卑于丈夫。○ 与,音预。 ⑨ 姣,淫之别名。○ 姣,户交切;徐音如字,服氏同,嵇叔夜音效。 ⑩ 《传》言穆姜辩而不德。

秦景公使士雃乞师于楚,将以伐晋,楚子许之。子囊曰:"不可。当今吾不能与晋争。晋君类能而使之①,举不失选②,官不易方③。其卿让于善④,其大夫不失守⑤,其士竞于教⑥，其庶人力于农穑⑦。商工皂隶，不知迁业⑧。韩厥老矣，知䓖禀焉以为政⑨。范匄少于中行偃而上之，使佐中军⑩。韩起少于栾黡，而栾黡、士鲂上之，使佐上军⑪。魏绛多功，以赵武为贤而为之佐⑫。君明臣忠，上让下竞⑬。当是时也。晋不可敌，事之而后可。君其图之！"王曰："吾既许之矣。虽不及晋，必将出师。"秋，楚子师于武城以为秦援。秦人侵晋，晋饥，弗能报也⑭。

① 随所能。〇 雅，苦田切。 ② 得所选。〇 选，息恋切。 ③ 方，犹宜也。 ④ 让胜己者。 ⑤ 各任其职。 ⑥ 奉上命。 ⑦ 种曰农，收曰穑。 ⑧ 四民不杂。 ⑨ 代将中军。 ⑩ 使匄佐中军，偃将上军。〇 少，诗照切。行，户郎切。 ⑪ 黡、鲂让起，起佐上军。黡将下军，鲂佐之。〇 黡，於斩切。 ⑫ 武，新军将。〇 将，子匠切。 ⑬ 尊官相让，劳职力竞。 ⑭ 为十年晋伐秦《传》。〇 饥，音饥，又音机。

　　冬十月，诸侯伐郑①。庚午，季武子、齐崔杼、宋皇郧从荀䓖、士匄门于鄟门②。卫北宫括、曹人、邾人从荀偃、韩起门于师之梁③。滕人、薛人从栾黡、士鲂门于北门④。杞人、郳人从赵武、魏绛斩行栗⑤。甲戌，师于氾⑥，令于诸侯曰："修器备⑦，盛餱粮⑧，归老幼⑨，居疾于虎牢⑩，肆眚，围郑⑪。"郑人恐，乃行成⑫。中行献子曰："遂围之，以待楚人之救也而与之战。不然，无成⑬。"知武子曰："许之盟而还师，以敝楚人⑭。吾三分四军⑮，与诸侯之锐以逆来者⑯。于我未病，楚不能矣⑰，犹愈于战⑱。暴骨以逞，不可以争⑲。大劳未艾,君子劳心,小人劳力,先王之制也⑳。"诸侯皆不欲战,乃许郑成。

十一月己亥,同盟于戏,郑服也㉑。将盟,郑六卿公子騑㉒、公子发㉓、公子嘉㉔、公孙辄㉕、公孙虿㉖、公孙舍之㉗及其大夫、门子皆从郑伯㉘。晋士庄子为载书㉙,曰:"自今日既盟之后,郑国而不唯晋命是听,而或有异志者,有如此盟㉚。"公子騑趋进曰:"天祸郑国,使介居二大国之间㉛。大国不加德音而乱以要之㉜,使其鬼神不获歆其禋祀,其民人不获享其土利,夫妇辛苦垫隘,无所厎告㉝。自今日既盟之后,郑国而不唯有礼与强可以庇民者是从,而敢有异志者,亦如之㉞。"荀偃曰:"改载书㉟。"公孙舍之曰:"昭大神,要言焉㊱。若可改也,大国亦可叛也。"知武子谓献子曰:"我实不德,而要人以盟,岂礼也哉!非礼,何以主盟?姑盟而退,修德息师而来,终必获郑,何必今日?我之不德,民将弃我,岂唯郑?若能休和,远人将至,何恃于郑?"乃盟而还㊲。

晋人不得志于郑,以诸侯复伐之。十二月癸亥,门其三门㊳。闰月戊寅,济于阴阪,侵郑㊴。次于阴口而还㊵。子孔曰:"晋师可击也,师老而劳,且有归志,必大克之。"子展曰:"不可㊶。"

公送晋侯。晋侯以公宴于河上,问公年,季武子对曰:"会于沙随之岁,寡君以生㊷。"晋侯曰:"十二年矣!是谓一终,一星终也㊸。国君十五而生子。冠而生子,礼也㊹。君可以冠矣!大夫盍为冠具?"武子曰:"君冠:必以祼享之礼行之㊺,以金石之乐节之㊻,以先君之祧处之㊼。今寡君在行,未可具也。请及兄弟之国而假备焉!"晋侯曰:"诺。"公还及卫,冠于成公之庙⑱,假钟磬焉,礼也。

① 郑从楚也。　② 郑城门也。三国从中军。○邔,音专,本亦作专。　③ 师之梁,亦郑城门。三国从上军。　④ 二国从下军。　⑤ 二国从新军。行栗,表道树。○行栗,如字。　⑥ 众军还聚氾。氾,郑地,东氾。○氾,音凡。　⑦ 兵器、战备。　⑧ 餱,乾食。○盛,音成。餱,音侯。　⑨ 示将久师。　⑩ 诸侯已取郑虎牢,故使诸军疾病息其中。　⑪ 肆,缓也。眚,过也。不书围郑,逆服不成围。○眚,生领切;徐,所幸切。　⑫ 与晋成也。○恐,丘勇切。　⑬ 献子,荀偃也。恐楚救郑,郑复属之。○复,扶又切。　⑭ 敝,罢也。○罢,音皮。　⑮ 分四军为三部。　⑯ 来者,楚也。　⑰ 晋各一动,而楚三来,故曰不能。　⑱ 胜聚战。　⑲ 言争当以谋,不可以暴骨。○暴,蒲卜切;徐,扶沃切。争,争斗之争,又如字。　⑳ 艾,息也。言当从劳心之劳。○艾,鱼废切,又五盖切。　㉑ 郑服,故言同盟。　㉒ 子驷。　㉓ 子国。　㉔ 子孔。　㉕ 子耳。　㉖ 子蟜。○蟜,敕迈切。　㉗ 子展。　㉘ 门子,卿之適子。○从,才用切。適,丁历切。　㉙ 庄子,士弱。载书,盟书。　㉚ 如违盟之罚。　㉛ 介,犹间也。○介,音界。间,间厕之间,又如字。　㉜ 谓以兵乱之力强要郑。○要,一遥切。强,其丈切。　㉝ 垫隘,犹委顿。厎,至也。○歆,许今切。垫,丁念切。隘,於懈切。厎,音旨。　㉞ 亦如此盟。○庇,必利切。　㉟ 子驷亦以所言载于策,故欲改之。　㊱ 要誓以告神。　㊲ 遂两用载书。○休,许虬切。　㊳ 三门,邔门、师之梁、北门也。癸亥,月五日。晋果三分其军,各攻一门。○复,扶又切。　㊴ 以《长历》参校上下,此年不得有闰月戊寅。戊寅是十二月二十日。疑闰月当为门五日。五字上与门合为闰,则后学者自然转日为月。晋人三番四军,更攻郑门,门各五日。晋各一攻,郑三受故,欲以苦之。癸亥去戊寅十六日,以癸亥始攻,攻辄五日,凡十五日,郑故不服而去。明日戊寅,济于阴阪,复侵郑外邑。阴阪,洧津。

○闰月,依《注》读为门五日。阪,音反,又扶板切。番,芳元切。更,音庚。复,扶又切。洧,于轨切。　㊵阴口,郑地名。　㊶《传》言子展能守信。　㊷沙随在成十六年。　㊸岁星十二岁而一周天。　㊹冠,成人之服。故必冠而后生子。○冠,古乱切,《注》下皆同。　㊺裸,谓灌鬯酒也。享,祭先君也。○盍,户臘切。裸,古乱切。灌,古乱切。鬯,敕亮切。　㊻以钟磬为举动之节。　㊼诸侯以始祖之庙为祧。○祧,他雕切。　㊽成公,今卫献公之曾祖。从卫所处。

楚子伐郑①,子驷将及楚平。子孔、子蟜曰:"与大国盟,口血未乾而背之,可乎?"子驷、子展曰:"吾盟固云:'唯强是从。'今楚师至,晋不我救,则楚强矣。盟誓之言,岂敢背之。且要盟无质,神弗临也②,所临唯信。信者,言之瑞也③,善之主也,是故临之④。明神不蠲要盟⑤,背之可也。"乃及楚平。公子罢戎入盟,同盟于中分⑥。楚庄夫人卒⑦,王未能定郑而归。

①与晋成故。　②质,主也。　③瑞,符也。　④神临之。　⑤蠲,洁也。　⑥中分,郑城中里名。罢戎,楚大夫。○罢,音皮;徐音彼。中分,并如字;徐,丁仲切。　⑦共王母。

晋侯归,谋所以息民。魏绛请施舍①,输积聚以贷②。自公以下,苟有积者,尽出之。国无滞积③,亦无困人④。公无禁利⑤,亦无贪民⑥。祈以币更⑦,宾以特牲⑧。器用不作⑨,车服从给⑩。行人期年,国乃有节。三驾而楚不能与争⑪。

① 施恩惠，舍劳役。　② 输，尽也。〇积，子赐切，下同。聚，才住切。贷，他代切。　③ 散在民。　④ 不匮乏。　⑤ 与民共。　⑥ 礼让行。　⑦ 不用牲。　⑧ 务崇省。〇省，所景切。　⑨ 因仍旧。　⑩ 足给事也。　⑪ 三驾，三兴师。谓十年师于牛首，十一年师于向，其秋观兵于郑东门。自是郑遂服。〇期，音基；本亦作朞。向，舒亮切。

春秋经传集解第十五

襄公二

经

十年春,公会晋侯、宋公、卫侯、曹伯、莒子、邾子、滕子、薛伯、杞伯、小邾子、齐世子光会吴于柤①。

夏五月甲午,遂灭偪阳②。

公至自会③。

楚公子贞、郑公孙辄帅师伐宋。

晋师伐秦④。

秋,莒人伐我东鄙。

公会晋侯、宋公、卫侯、曹伯、莒子、邾子、齐世子光、滕子、薛伯、杞伯、小邾子伐郑⑤。

冬,盗杀郑公子騑、公子发、公孙辄⑥。

戍郑虎牢⑦。

楚公子贞帅师救郑。

公至自伐郑⑧。

① 吴子在柤,晋以诸侯往会之,故曰会吴。吴不称子,从所称也。柤,楚地。○柤,庄加切。 ② 偪阳,妘姓国。今彭城傅阳县也。因柤会而灭之,故曰遂。○偪,徐,甫目切,又彼力切;本或作逼。妘,音云。
③ 无《传》。　④ 荀䓨不书,不亲兵也。　⑤ 齐世子光先至于师,为盟

主所尊,故在滕上。　⑥非国讨,当两称名氏。杀者非卿,故称盗。以盗为文,故不得言其大夫。　⑦伐郑诸侯各受晋命戍虎牢,不复为告命,故独书鲁戍,而不叙诸侯。○复,扶又切。　⑧无《传》。

传

十年春,会于柤,会吴子寿梦也①。三月癸丑,齐高厚相大子光以先会诸侯于钟离,不敬②。士庄子曰:"高子相大子以会诸侯,将社稷是卫,而皆不敬③,弃社稷也,其将不免乎④?"夏四月戊午,会于柤⑤。

晋荀偃、士匄请伐偪阳,而封宋向戌焉⑥。荀罃曰:"城小而固,胜之不武,弗胜为笑。"固请。丙寅,围之,弗克⑦。孟氏之臣秦堇父辇重如役⑧。偪阳人启门,诸侯之士门焉⑨。县门发,郰人纥抉之以出门者⑩。狄虒弥建大车之轮而蒙之以甲以为橹⑪,左执之,右拔戟,以成一队⑫。孟献子曰:"《诗》所谓'有力如虎'者也⑬。"主人县布,堇父登之,及堞而绝之⑭。队则又县之,苏而复上者三。主人辞焉,乃退⑮,带其断以徇于军三日⑯。

诸侯之师久于偪阳,荀偃、士匄请于荀罃曰:"水潦将降,惧不能归⑰,请班师⑱!"知伯怒⑲,投之以机,出于其间⑳,曰:"女成二事而后告余㉑。余恐乱命,以不女违㉒。女既勤君而兴诸侯,牵帅老夫以至于此,既无武守㉓,而又欲易余罪,曰:'是实班师,不然克矣㉔。'余赢老也,可重任乎㉕?七日不克,必尔乎取之㉖!"

五月庚寅㉗,荀偃、士匄帅卒攻偪阳,亲受矢石㉘。甲午,灭之㉙。书曰"遂灭偪阳",言自会也㉚。以与向戌,向戌辞曰:"君若犹辱镇抚宋国,而以偪阳光启寡君,群臣安矣,其何贶如之㉛?若惠赐臣,是臣兴诸侯以自封也,其何罪大焉?敢以死请。"乃予宋公。

宋公享晋侯于楚丘,请以《桑林》㉜。荀罃辞㉝。荀偃、士匄曰:"诸侯,宋、鲁于是观礼㉞。鲁有禘乐,宾祭用之㉟。宋以《桑林》享君,不亦可乎㊱?"舞师题以旌夏㊲,晋侯惧,而退入于房㊳。去旌,卒享而还。及著雍,疾㊴。卜,《桑林》见㊵。荀偃、士匄欲奔请祷焉㊶。荀罃不可,曰:"我辞礼矣,彼则以之㊷。犹有鬼神,于彼加之㊸。"晋侯有间㊹,以偪阳子归,献于武宫,谓之夷俘㊺。偪阳,妘姓也。使周内史选其族嗣,纳诸霍人,礼也㊻。

师归,孟献子以秦堇父为右㊼。生秦丕兹,事仲尼㊽。

① 寿梦,吴子乘。○梦,莫公切。　② 吴子未至,光从东道与东诸侯会遇,非本期地,故不书会。高厚,高固子也。癸丑,月二十六日。○相,息亮切。　③ 厚与光俱不敬。　④ 为十九年齐杀高厚、二十五年弑其君光《传》。　⑤《经》书春,书始行也。戊午,月一日。　⑥ 以宋常事晋而向戌有贤行,故欲封之为附庸。○行,下孟切。　⑦ 丙寅,四月九日。　⑧ 堇父,孟献子家臣。步挽重车以从师。○堇,徐音谨。挽,音晚。　⑨ 见门开,故攻之。　⑩ 门者,诸侯之士在门内者也。纥,郰邑大夫,仲尼父叔梁纥也。郰邑,鲁县东南莝城是也。言纥多力,抉举县门,出在内者。○县,音玄。郰,侧留切。纥,恨发切。抉,乌穴切。徐,又古穴切。出,如字,一音尺遂切。　⑪ 狄虒弥,鲁人也。蒙,覆也。橹,大楯。○虒,音斯。弥,徐音弥,一音武脾切。橹,音鲁。楯,常尹切,又音尹。　⑫ 百人为队。○队,徒对切;徐,徒猥切。　⑬《诗·邶风》也。○邶,音佩。　⑭ 偪阳人县布以试外勇者。○堞,音牒;徐,养涉切。　⑮ 主

人嘉其勇,故辞谢不复县布。○队,直类切。复,扶又切。上,时掌切。三,息暂切,又如字。 ⑯ 带其断布以示勇。○断,徒乱切。徇,似俊切。 ⑰ 向夏恐有久雨。从丙寅至庚寅二十五日,故曰久。○潦,音老。 ⑱ 班,还也。 ⑲ 知伯,荀罃。○知,音智。 ⑳ 出偪、匄之间。○机,本又作几,同。 ㉑ 二事:伐偪阳,封向戌。○女,音汝,下同。 ㉒ 既成改之为乱命。 ㉓ 无武功可执守。 ㉔ 谓偪、匄将言尔。 ㉕ 不任受女此责。○羸,劣危切。重,直用切。任,音壬。 ㉖ 言当取女以谢不克之罪。 ㉗ 月四日。 ㉘ 躬在矢石间。○卒,子忽切。 ㉙ 月八日。 ㉚ 言其因会以灭国,非之也。 ㉛ 言见赐之厚无过此。○贶,音况,赐也。 ㉜ 《桑林》,殷天子之乐名。 ㉝ 辞,让之。 ㉞ 宋,王者后,鲁以周公故,皆用天子礼乐,故可观。 ㉟ 禘,三年大祭,则作四代之乐。别祭群公,则用诸侯乐。○禘,大计切。 ㊱ 言俱天子乐也。 ㊲ 师,乐师也。旄夏,大旄也。题,识也。以大旄表识其行列。○题,大兮切。夏,户雅切。识,申志切,又如字。行,户郎切。 ㊳ 旄夏非常,卒见之,人心偶有所畏。○卒,寸忽切。 ㊴ 晋侯疾也。著雍,晋地。○去,起吕切。著,徐,都虑切,又除虑切。雍,於用切。 ㊵ 祟见于卜兆。○见,贤遍切。祟,息遂切。 ㊶ 奔走还宋祷谢。○祷,丁老切。 ㊷ 以,用也。 ㊸ 言自当加罪于宋。 ㊹ 间,疾差也。○差,初卖切。 ㊺ 讳俘中国,故谓之夷。○俘,芳夫切。 ㊻ 霍,晋邑。内史,掌爵禄废置者。使选偪阳宗族贤者,令居霍,奉妘姓之祀。善不灭姓,故曰礼也。使周史者,示有王命。○令,力呈切,下令在、劝令同。 ㊼ 嘉其勇力。 ㊽ 言二父以力相尚,子事仲尼,以德相高。○《释文》:秦丕兹,一本作秦不兹。

六月,楚子囊、郑子耳伐宋,师于訾母①。庚午,围宋,门于桐门②。

① 宋地。○ 訾,子斯切。毋,音无。　② 不成围而攻其城门。

晋荀䓨伐秦,报其侵也①。

① 侵在九年。

卫侯救宋,师于襄牛。郑子展曰:"必伐卫,不然,是不与楚也。得罪于晋,又得罪于楚,国将若之何?"子驷曰:"国病矣①!"子展曰:"得罪于二大国,必亡。病不犹愈于亡乎?"诸大夫皆以为然。故郑皇耳帅师侵卫,楚令也②。孙文子卜追之,献兆于定姜。姜氏问《繇》③。曰:"兆如山陵,有夫出征,而丧其雄。"姜氏曰:"征者丧雄,御寇之利也。大夫图之!"卫人追之,孙蒯获郑皇耳于犬丘④。

① 师数出,疲病也。○ 数,所角切。疲,音皮。　② 亦兼受楚之敕命也。皇耳,皇戌子。　③《繇》,兆辞。○ 繇,直救切。　④ 蒯,孙林父子。○ 丧,息浪切。御,鱼吕切。蒯,苦怪切。

秋七月,楚子囊、郑子耳伐我西鄙①。还,围萧,八月丙寅,克之②。九月,子耳侵宋北鄙。孟献子曰:"郑其有灾乎!师竞已甚③。周犹不堪竞,况郑乎④?有灾,其执政之三士乎⑤!"

① 于鲁无所耻,讳而不书,其义未闻。　② 萧,宋邑。　③ 竞,争竞也。○ 争,争斗之争。下有之争同。　④ 周,谓天王。　⑤ 郑简公

幼少，子驷、子国、子耳秉政。故知三士任其祸也。为下盗杀三大夫《传》。○少，诗照切。任，音壬。

莒人间诸侯之有事也，故伐我东鄙①。

① 诸侯有讨郑之事。○间，间厕之间。

诸侯伐郑。齐崔杼使大子光先至于师，故长于滕①。己酉，师于牛首②。

① 大子，宜宾之以上卿。而今晋悼以一时之宜，令在滕侯上。故《传》从而释之。○长，丁丈切。　② 郑地。

初，子驷与尉止有争，将御诸侯之师而黜其车①。尉止获，又与之争②。子驷抑尉止曰："尔车，非礼也③。"遂弗使献④。初，子驷为田洫，司氏、堵氏、侯氏、子师氏皆丧田焉⑤。故五族聚群不逞之人，因公子之徒以作乱⑥。于是子驷当国⑦，子国为司马，子耳为司空，子孔为司徒。冬十月戊辰，尉止、司臣、侯晋、堵女父、子师仆帅贼以入，晨攻执政于西宫之朝⑧，杀子驷、子国、子耳，劫郑伯以如北宫。子孔知之，故不死⑨。书曰"盗"，言无大夫焉⑩。

子西闻盗，不儆而出⑪，尸而追盗⑫，盗入于北宫，乃归授甲。臣妾多逃，器用多丧。子产闻盗⑬，为门者⑭，庀群司⑮，闭府库，慎闭藏，完守备，成列而后出，兵车十七乘⑯，尸而攻盗于北宫。子蟜帅国人助之，杀尉止、子师仆，盗众尽死。侯晋奔晋。堵女父、司臣、尉翩、司齐奔宋⑰。

子孔当国⑱,为载书,以位序,听政辟⑲。大夫、诸司、门子弗顺,将诛之⑳。子产止之,请为之焚书㉑。子孔不可,曰:"为书以定国,众怒而焚之,是众为政也,国不亦难乎㉒?"子产曰:"众怒难犯,专欲难成,合二难以安国,危之道也。不如焚书以安众,子得所欲㉓,众亦得安,不亦可乎?专欲无成,犯众兴祸,子必从之。"乃焚书于仓门之外,众而后定㉔。

① 御牛首师也。黜,减损。　② 获囚俘。　③ 言女车犹多,过制。　④ 不使献所获。　⑤ 洫,田畔沟也。子驷为田洫以正封疆,而侵四族田。○洫,况域切。堵,音者,或丁古切。丧,息浪切。疆,居良切。⑥ 八年子驷所杀公子騑等之党。○騑,许其切;本亦作熙;又音怡。⑦ 摄君事也。　⑧ 公宫。　⑨ 子孔,公子嘉也。知难不告,利得其处也。为十九年杀公子嘉《传》。○难,乃旦切。处,昌虑切。⑩ 尉止等五人,皆士也。大夫,谓卿。　⑪ 子西,公孙夏,子驷子。○儆,音景。夏,户雅切。　⑫ 先临尸而逐贼。　⑬ 子国子。　⑭ 置守门。⑮ 具众官。○庀,匹婢切。　⑯ 千二百七十五人。○藏,才浪切,又如字。守,手又切。乘,绳证切。　⑰ 尉翩,尉止子。司齐,司臣子。○翩,音篇。　⑱ 代子驷。　⑲ 自群卿诸司,各守其职位,以受执政之法,不得与朝政。○辟,婢亦切。与,音预,下叠不与同。　⑳ 子孔欲诛不顺者。　㉑ 既止子孔,又劝令烧除载书。○为,于伪切。　㉒ 难以至治。○治,直吏切。　㉓ 欲为政也。　㉔ 不于朝内烧,欲使远近见所烧。

诸侯之师城虎牢而戍之。晋师城梧及制①,士鲂、魏绛戍之。书曰"戍郑虎牢",非郑地也,言将归焉②。

① 欲以偪郑也。不书城，鲁不与也。梧、制，皆郑旧地。○ 梧，音吾。② 二年晋城虎牢而居之。今郑复叛，故修其城而置戍。郑服，则欲以还郑。故夫子追书，系之于郑，以见晋志。○ 复，扶又切。见，贤遍切。

郑及晋平。楚子囊救郑。十一月，诸侯之师还郑而南，至于阳陵①，楚师不退。知武子欲退，曰："今我逃楚，楚必骄，骄则可与战矣②。"栾黡曰："逃楚，晋之耻也。合诸侯以益耻，不如死！我将独进。"师遂进。己亥，与楚师夹颍而军③。子蟜曰："诸侯既有成行，必不战矣④。从之将退，不从亦退⑤。退，楚必围我。犹将退也。不如从楚，亦以退之⑥。"宵涉颍，与楚人盟⑦。栾黡欲伐郑师⑧，荀罃不可，曰："我实不能御楚，又不能庇郑，郑何罪？不如致怨焉而还⑨。今伐其师，楚必救之，战而不克，为诸侯笑。克不可命⑩，不如还也！"丁未，诸侯之师还，侵郑北鄙而归⑪。楚人亦还⑫。

① 还，绕也。阳陵，郑地。○ 还，本又作环，户关切；徐，一音患。② 武子，荀罃。　③ 颍水出城阳，至下蔡入淮。○ 颍，音颍。　④ 言有成去之志。　⑤ 从，犹服也。　⑥ 以退楚。　⑦ 夜渡，畏晋知之。　⑧ 伐涉颍者。　⑨ 致怨，为后伐之资。○ 御，鱼吕切。庇，必利切。　⑩ 胜负难要，不可命以必克。○ 要，一遥切。　⑪ 欲以致怨。　⑫ 郑服故也。

王叔陈生与伯舆争政①。王右伯舆②，王叔陈生怒而出奔。及河，王复之③，杀史狡以说焉④。不入，遂处之⑤。晋侯使士匄平王室，王叔与伯舆讼焉⑥。王叔之宰⑦与伯舆之大夫瑕禽⑧，坐狱于王庭⑨，士匄听之。王叔之宰曰："筚门

左 传

闺窦之人而皆陵其上,其难为上矣⑩!"瑕禽曰:"昔平王东迁,吾七姓从王,牲用备具。王赖之,而赐之骍旄之盟⑪,曰:'世世无失职。'若筚门闺窦,其能来东底乎?且王何赖焉⑫?今自王叔之相也,政以贿成⑬,而刑放于宠⑭,官之师旅,不胜其富⑮。吾能无筚门闺窦乎⑯?唯大国图之⑰!下而无直,则何谓正矣⑱?"范宣子曰:"天子所右,寡君亦右之。所左,亦左之⑲。"使王叔氏与伯舆合要⑳,王叔氏不能举其契㉑。王叔奔晋。不书,不告也。单靖公为卿士,以相王室㉒。

① 二子,王卿士。○舆,本又作与,音同。　② 右,助也。　③ 欲奔晋。　④ 说王叔也。○狡,古卯切。说,音悦,又如字。　⑤ 处叔河上。　⑥ 争曲直。　⑦ 宰,家臣。　⑧ 瑕禽,伯舆属大夫。　⑨ 狱,讼也。《周礼》:命夫命妇不躬坐狱讼。故使宰与属大夫对争曲直。　⑩ 筚门,柴门。闺窦,小户;穿壁为户,上锐下方,状如圭也。言伯舆微贱之家。○筚,音必。闺,音圭,本亦作圭。窦,音豆。　⑪ 平王徙时,大臣从者有七姓,伯舆之祖皆在其中,主为王备牺牲,共祭祀。王恃其用,故与之盟,使世守其职。骍旄,赤牛也。举骍旄者,言得重盟,不以犬鸡。○从,才用切,又如字。骍,息营切;《字林》,许营切。旄,音毛。为,于为切。共,音恭。　⑫ 言我若贫贱,何能来东,使王恃其用而与之盟邪?厎,至也。○厎,音旨。　⑬ 随财制政。○相,息亮切。贿,呼罪切。　⑭ 宠臣专刑,不任法。　⑮ 师旅之长皆受赂。○胜,音升。长,丁丈切。　⑯ 言王叔之属富,故使吾贫。　⑰ 图,犹议也。　⑱ 正者,不失下之直。○何,或作可,误也。　⑲ 宣子知伯舆直,不欲自专,故推之于王。○右,音又。左,音佐。左右,并如字。　⑳ 合要辞。　㉑ 要契之辞。○契,苦计切。　㉒ 代王叔。

经

十有一年春,王正月,作三军①。

夏四月,四卜郊不从,乃不郊②。

郑公孙舍之帅师侵宋。

公会晋侯、宋公、卫侯、曹伯、齐世子光、莒子、邾子、滕子、薛伯、杞伯、小邾子伐郑③。

秋七月己未,同盟于亳城北④。

公至自伐郑⑤。

楚子、郑伯伐宋。

公会晋侯、宋公、卫侯、曹伯、齐世子光、莒子、邾子、滕子、薛伯、杞伯、小邾子伐郑⑥。

会于萧鱼⑦。

公至自会⑧。

楚人执郑行人良霄⑨。

冬,秦人伐晋。

① 增立中军。万二千五百人为军。　② 无《传》。　③ 世子光至,复在莒子之先,故晋悼亦进之。○复,扶又切。　④ 亳城,郑地。伐郑而书同盟,郑与盟可知。○亳,蒲洛切;徐,扶各切。与,音预。　⑤ 无《传》。　⑥ 晋遂尊光。　⑦ 郑服而诸侯会。萧鱼,郑地。　⑧ 无《传》。以会至者,观兵而不果侵伐。　⑨ 良霄,公孙辄子伯有也。○霄,徐音消。

传

十一年春,季武子将作三军①,告叔孙穆子曰:"请为三军,各征其军②。"穆子曰:"政将及子,子必不能③。"武子固请之,穆子曰:"然则盟诸④?"乃盟诸僖闳⑤,诅诸五父之衢⑥。正月,作三军,三分公室而各有其一⑦。三子各毁其乘⑧。季氏使其乘之人,以其役邑入者,无征⑨;不入者,倍征⑩。孟氏使半为臣,若子若弟⑪。叔孙氏使尽为臣⑫。不然,不舍⑬。

① 鲁本无中军,唯上下二军,皆属于公。有事,三卿更帅以征伐。季氏欲专其民人,故假立中军,因以改作。○更,音庚。　② 征,赋税也。三家各征其军之家属。○税,舒锐切。　③ 政者,霸国之政令。《礼》:大国三军。鲁次国而为大国之制,贡赋必重,故忧不能堪。　④ 穆子知季氏将复变易,故盟之。○复,扶又切。　⑤ 僖宫之门。○闳,音宏。　⑥ 五父衢,道名,在鲁国东南。诅,以祸福之言相要。○诅,侧虑切。父,音甫。衢,其俱切。要,一遥切。　⑦ 三分国民众。　⑧ 坏其军乘,分以足成三军。○乘,绳证切。坏,音怪。足,将住切,亦如字。　⑨ 使军乘之人,率其邑役入季氏者,无公征。　⑩ 不入季氏者,则使公家倍征之。设利病,欲驱使入己。故昭五年《传》曰:季氏尽征之。民辟倍征,故尽属季氏。　⑪ 取其子弟之半也。四分其乘之人,以三归公,而取其一。　⑫ 尽取子弟,以其父兄归公。　⑬ 制军分民,不如是,则三家不舍其故而改作也。此盖三家盟诅之本言。○舍,音捨。

郑人患晋、楚之故。诸大夫曰:"不从晋,国几亡①。楚弱于晋,晋不吾疾也②。晋疾,楚将辟之。何为而使晋师致死于我③,楚弗敢敌,而后可固与也④。"子展曰:"与宋为恶,诸侯必至,吾从之盟。楚师至,吾又从之,则晋怒甚矣。晋能骤来,楚将不能,吾乃固与晋。"大夫说之,使疆场之司恶于宋⑤。宋向戌侵郑,大获。子展曰:"师而伐宋可矣。若我伐宋,诸侯之伐我必疾,吾乃听命焉,且告于楚。楚师至,吾又与之盟,而重赂晋师,乃免矣⑥。"夏,郑子展侵宋⑦。

四月,诸侯伐郑。己亥,齐大子光、宋向戌先至于郑,门于东门⑧。其莫,晋荀䓨至于西郊,东侵旧许⑨。卫孙林父侵其北鄙。六月,诸侯会于北林,师于向⑩,右还次于琐⑪,围郑。观兵于南门⑫,西济于济隧⑬。郑人惧,乃行成。

秋七月,同盟于亳。范宣子曰:"不慎,必失诸侯⑭。诸侯道敝而无成,能无贰乎⑮?"乃盟,载书曰:"凡我同盟:毋蕴年⑯,毋壅利⑰,毋保奸⑱,毋留慝⑲,救灾患,恤祸乱,同好恶,奖王室⑳。或间兹命,司慎司盟,名山名川㉑,群神群祀㉒,先王先公㉓,七姓十二国之祖㉔,明神殛之㉕。俾失其民,队命亡氏,踣其国家㉖。"

① 几,近也。○几,音机;徐音畿。　② 疾,急也。　③ 言当作何计。　④ 固与晋也。　⑤ 使守疆埸之吏侵犯宋。○说,音悦。疆,居良切。埸,音亦。　⑥ 言如此乃免于晋、楚之难。○难,乃旦切。　⑦ 欲以致诸侯。　⑧《传》释齐大子光所以序莒上也。向戌不书,宋公在会故。　⑨ 许之旧国,郑新邑。○莫,音暮。　⑩ 向地在颍川长社县东北。○向,舒亮切。　⑪ 北行而西为右还。荥阳宛陵县西有琐候亭。○琐,素果切。宛,於阮切,又於元切。　⑫ 观,示也。　⑬ 济隧,水名。○济,子礼切。隧,音遂。　⑭ 慎,敬威仪,谨辞令。　⑮ 数伐郑,皆罢于道路。○数,所角切。罢,音皮。　⑯ 蕴积年谷,而不分灾。○毋,音无。蕴,纡粉切。　⑰ 专山川之利。○壅,於勇切。　⑱ 藏罪人。　⑲ 速去恶。○慝,他得切,下同。去,起吕切。　⑳ 奖,助也。○好,呼报切。恶,乌路切。奖,将丈切。　㉑ 二司,天神。○间,

间厕之间。兹命,本或作兹盟,误。　㉒群祀,在祀典者。　㉓先王,诸侯之大祖,宋祖帝乙,郑祖厉王之比也。先公,始封君。○大,音泰。凡大祖、大庙、大宫皆同。比,必利切。　㉔七姓:晋、鲁、卫、郑、曹、滕,姬姓。邾、小邾,曹姓。宋,子姓。齐,姜姓。莒,己姓。杞,姒姓。薛、任姓。实十三国,言十二,误也。○己,音纪,或音杞。任,音壬。　㉕殄,诛也。○殄,纪力切。　㉖踣,毙也。○俾,本又作卑,必尔切。队,直类切。踣,蒲北切;徐,又敷豆切。毙,婢世切。

楚子囊乞旅于秦①,秦右大夫詹帅师从楚子,将以伐郑。郑伯逆之。丙子,伐宋②。

①乞师旅于秦。　②郑逆服,故更伐宋也。秦师不书,不与伐宋而还。○詹,之廉切。与,音预。

九月,诸侯悉师以复伐郑①。郑人使良霄、大宰石㚟如楚,告将服于晋,曰:"孤以社稷之故,不能怀君。君若能以玉帛绥晋,不然则武震以摄威之,孤之愿也。"楚人执之。书曰"行人",言使人也②。诸侯之师观兵于郑东门,郑人使王子伯骈行成。甲戌,晋赵武入盟郑伯。冬十月丁亥,郑子展出盟晋侯③。十二月戊寅,会于萧鱼④。庚辰,赦郑囚,皆礼而归之。纳斥候⑤,禁侵掠。晋侯使叔肸告于诸侯⑥。公使臧孙纥对曰:"凡我同盟,小国有罪,大国致讨,苟有以藉手,鲜不赦宥。寡君闻命矣⑦。"郑人赂晋侯以师悝、师觸、师蠲⑧,广车、軘车淳十五乘,甲兵备⑨。凡兵车百乘⑩,歌钟二肆⑪,及其镈磬⑫,女乐二八⑬。

晋侯以乐之半赐魏绛,曰:"子教寡人和诸戎狄,以正诸华⑭。八年之中,九合诸侯,如乐之和,无所不谐⑮。请与子乐之⑯。"辞曰:"夫和戎狄,国之福也。八年之中,九合诸侯,诸侯无慝,君之灵也,二三子之劳也,臣何力之有焉?抑臣愿君安其乐而思其终也!《诗》曰:'乐只君子,殿天子之邦⑰。乐只君子,福禄攸同⑱,便蕃左右,亦是帅从⑲。'夫乐以安德⑳,义以处之㉑,礼以行之㉒,信以守之㉓,仁以厉之㉔,而后可以殿邦国,同福禄,来远人,所谓乐也㉕。《书》曰:'居安思危㉖。'思则有备,有备无患。敢以此规㉗。"公曰:"子之教,敢不承命。抑微子,寡人无以待戎㉘,不能济河㉙。夫赏,国之典也,藏在盟府㉚,不可废也。子其受之!"魏绛于是乎始有金石之乐,礼也㉛。

① 此夏诸侯皆复来,故曰悉师。○复,扶又切。　② 书行人,言非使人之罪。古者兵交,使在其间,所以通命示整,或执杀之,皆以为讥也。既成而后告,故书在萧鱼下。石臭为介,故不书。○臭,敕略切。摄,如字,又之涉切。使,所吏切。介,音界。　③ 二盟不书,不告。　④《经》书秋,史失之。　⑤ 不相备也。○斥,徐音尺,又昌夜切。　⑥ 叔肸,叔向也。告诸侯,亦使赦郑囚。○掠,音亮。肸,许乙切。向,许丈切。　⑦ 言晋讨小国,有藉手之功,则赦其罪人;德义如是,不敢不承命。○藉,在夜切。鲜,息浅切。宥,音又。　⑧ 悝、触、蠲,皆乐师名。○悝,苦回切。蠲,古玄切,又音圭。　⑨ 广车、軘车,皆兵车名。淳,耦也。○广,古旷切。軘,徒温切。淳,述伦切。徐,又之伦切。乘,绳证切。　⑩ 他兵车及广、軘共百乘。　⑪ 肆,列也。县钟十六为一肆。二肆,三十二枚。○肆,音四。县,音玄。　⑫ 镈、磬,皆乐器。○镈,音博。　⑬ 十六人。　⑭ 在四年。　⑮ 谐亦和也。○《释文》:九合诸侯,谓五年会戚,又会城棣救陈;七年会邿;八年会邢丘;九年盟于戏;十年会柤,又伐郑戍虎牢;十

一年同盟毫城北,又会萧鱼。　⑯共此乐。○乐,音洛,又音岳。
⑰《诗·小雅》也。谓诸侯有乐美之德,可以镇抚天子之邦。殿,镇也。
○殿,都遍切。　⑱攸,所也。　⑲便蕃,数也。言远人相帅来服从,
便蕃然在左右。○蕃,音烦。数,所角切。　⑳和其心也。　㉑处位
以义。　㉒行教令。　㉓守所行。　㉔厉风俗。　㉕言五德
皆备乃为乐,非但金石。　㉖逸《书》。　㉗规正公。　㉘待遇接
纳。　㉙渡河,南服郑。　㉚司盟之府,有赏功之制。　㉛《礼》:
大夫有功,则赐乐。

秦庶长鲍、庶长武帅师伐晋以救郑①。鲍先入晋地,士
鲂御之,少秦师而弗设备。壬午,武济自辅氏②,与鲍交伐晋
师。己丑,秦、晋战于栎,晋师败绩,易秦故也③。

①庶长,秦爵也。不书救郑,已属晋,无所救。○长,丁丈切。鲍,步卯
切。　②从辅氏渡河。○御,鱼吕切,后放此。　③不书败绩,晋耻
易秦而败,故不告也。栎,晋地。○栎,力的切;徐,失灼切。易,以豉切。

经

十有二年春,王二月,莒人伐我东鄙,围台①。
季孙宿帅师救台,遂入郓②。
夏,晋侯使士鲂来聘。
秋九月,吴子乘卒③。
冬,楚公子贞帅师侵宋。
公如晋。

①琅邪费县南有台亭。○台,敕才切,又音臺,又翼之切。　②郓,

莒邑。○郓,音运。 ③五年,会于戚,公不与盟,而赴以名。○与,音预。

传

十二年春,莒人伐我东鄙,围台。季武子救台,遂入郓①,取其钟以为公盘。

① 乘胜入郓,报见伐。

夏,晋士鲂来聘,且拜师①。

① 谢前年伐郑师。

秋,吴子寿梦卒①。临于周庙,礼也②。凡诸侯之丧,异姓临于外③,同姓于宗庙④,同宗于祖庙⑤,同族于祢庙⑥。是故鲁为诸姬,临于周庙⑦。为邢、凡、蒋、茅、胙、祭,临于周公之庙⑧。

① 寿梦,吴子之号。 ② 周庙,文王庙也。周公出文王,故鲁立其庙。吴始通,故曰礼。○临,力荫切,下同。 ③ 于城外,向其国。○向,或作嚮,许亮切。 ④ 所出王之庙。 ⑤ 始封君之庙。 ⑥ 父庙也。同族,谓高祖以下。○祢,乃礼切。 ⑦ 诸姬,同姓国。○为,于伪切,下同。 ⑧ 即祖庙也。六国皆周公之支子,别封为国,共祖周公。○邢,音刑。蒋,将丈切。案:富辰所称,邢在蒋下,今《传》在凡上,未知何者为是。茅,亡交切。胙,才故切。祭,侧界切;徐,如字。

冬,楚子囊、秦庶长无地伐宋,师于扬梁,以报晋之取郑也①。

① 取郑在前年。梁国睢阳县东有地名扬梁。○ 长,丁丈切。

灵王求后于齐。齐侯问对于晏桓子,桓子对曰:"先王之礼辞有之,天子求后于诸侯,诸侯对曰:'夫妇所生若而人①。妾妇之子若而人②。'无女而有姊妹及姑姊妹,则曰:'先守某公之遗女若而人。'"齐侯许昏,王使阴里结之③。

① 不敢誉,亦不敢毁,故曰若而人。○ 誉,音余,又如字。　② 言非适也。○ 适,丁历切。　③ 阴里,周大夫。结,成也。为十五年刘夏逆王后《传》。○ 守,手又切。夏,户雅切。

公如晋,朝,且拜士鲂之辱,礼也①。

① 士鲂聘在此年夏,嫌君臣不敌,故曰礼也。

秦嬴归于楚①。楚司马子庚聘于秦,为夫人宁,礼也②。

① 秦景公妹,为楚共王夫人。○ 嬴,音盈。　② 子庚,庄王子午也。诸侯夫人父母既没,归宁使卿。故曰礼。

经

十有三年春,公至自晋。

夏,取邿①。
秋九月庚辰,楚子审卒②。
冬,城防。

① 邿,小国也。任城亢父县有邿亭。《传》例曰:书取,言易也。○ 邿,音诗。任,音壬。亢,苦浪切,又音刚。父,音甫。易,以豉切。　② 共王也。成二年,大夫盟于蜀。

传

十三年春,公至自晋,孟献子书劳于庙,礼也①。

① 书勋劳于策也。桓二年《传》曰:公至自唐,告于庙也。凡公行,告于宗庙。反行,饮至、舍爵,策勋焉,礼也。桓十六年《传》又曰:公至自伐郑,以饮至之礼也。然则还告庙及饮至及书劳三事,偏行一礼,则亦书至。悉阙乃不书至。《传》因献子之事,以发明凡例。《释例》详之。○ 舍,音捨。

夏,邿乱,分为三①。师救邿,遂取之②。凡书"取",言易也③。用大师焉曰"灭"④。弗地曰"入"⑤。

① 国分为三部,志力各异。　② 鲁师也。《经》不称师,不满二千五百人。《传》通言之。　③ 不用师徒,及用师徒而不劳,虽国亦曰取。④ 敌人距战,斩获俘馘,用力难重,虽邑亦曰灭。○ 馘,古获切。　⑤ 谓胜其国邑,不有其地。

荀罃、士鲂卒。晋侯蒐于绵上以治兵①,使士匄将中军,辞曰:"伯游长②。昔臣习于知伯,是以佐之,非能贤也③。

537

请从伯游。"荀偃将中军④,士匄佐之⑤。使韩起将上军,辞以赵武。又使栾黡⑥,辞曰:"臣不如韩起。韩起愿上赵武,君其听之!"使赵武将上军⑦,韩起佐之⑧。栾黡将下军,魏绛佐之⑨。新军无帅⑩,晋侯难其人,使其什吏,率其卒乘官属,以从于下军,礼也⑪。晋国之民,是以大和。诸侯遂睦。君子曰:"让,礼之主也。范宣子让,其下皆让。栾黡为汰,弗敢违也。晋国以平,数世赖之。刑善也夫⑫!一人刑善,百姓休和,可不务乎?《书》曰:'一人有庆,兆民赖之,其宁惟永。'其是之谓乎⑬?周之兴也,其《诗》曰:'仪刑文王,万邦作孚⑭。'言刑善也。及其衰也,其《诗》曰:'大夫不均,我从事独贤⑮。'言不让也。世之治也,君子尚能而让其下⑯,小人农力以事其上,是以上下有礼,而谗慝黜远,由不争也。谓之懿德。及其乱也,君子称其功以加小人⑰,小人伐其技以冯君子⑱,是以上下无礼,乱虐并生,由争善也⑲。谓之昏德。国家之敝,恒必由之⑳。"

① 为将命军帅也。必蒐而命之,所以与众共。○为,于伪切。帅,所类切,下为帅同。　② 伯游,荀偃。○长,丁丈切。　③ 七年,韩厥老,知䓨代将中军,士匄佐之。匄今将让,故谓尔时之举,不以己贤。事见九年。○见,贤遍切。　④ 代荀䓨。　⑤ 位如故。　⑥ 以武位卑,故不听,更命黡。　⑦ 武自新军超四等,代荀偃。　⑧ 位如故。　⑨ 黡亦如故。绛自新军佐超一等,代士鲂。　⑩ 将佐皆迁。○将,子匠切。　⑪ 得慎举之礼。○难,乃旦切,或如字。什,音十。卒,子忽切。乘,绳证切。　⑫ 刑,法也。○汰,音泰。数,所主切。夫,音扶。　⑬ 《周书》,《吕刑》也。一人,天子也。宁,安也。永,长也。义取上有好善之庆,则下赖其福。○休,许虬切。好,呼报切。　⑭ 《诗·大雅》。言文

王善用法,故能为万国所信。孚,信也。　⑮《诗·小雅》。刺幽王役使不均,故从事者怨恨,称己之劳以为独贤,无让心。　⑯能者在下位,则贵尚而让之。○治,直吏切。　⑰加,陵也。君子,在位者。○慝,他得切。远,于万切,又如字。争,争斗之争。　⑱冯,亦陵也。自称其能为伐。○伎,其绮切。冯,皮冰切。　⑲争自善也。　⑳《传》言晋之所以兴。

楚子疾,告大夫曰:"不榖不德,少主社稷,生十年而丧先君,未及习师保之教训,而应受多福①。是以不德,而亡师于鄢②,以辱社稷,为大夫忧,其弘多矣③。若以大夫之灵,获保首领以殁于地,唯是春秋窀穸之事④,所以从先君于祢庙者⑤,请为'灵'若'厉'⑥。大夫择焉!"莫对。及五命乃许。秋,楚共王卒。子囊谋谥。大夫曰:"君有命矣。"子囊曰:"君命以共,若之何毁之?赫赫楚国,而君临之,抚有蛮夷,奄征南海,以属诸夏,而知其过,可不谓共乎?请谥之'共'。"大夫从之⑦。

①多福,谓为君。○少,诗照切。丧,息浪切。　②鄢在成十六年。○鄢,音偃。　③弘,大也。　④窀,厚也。穸,夜也。厚夜,犹长夜。春秋,谓祭祀。长夜,谓葬埋。○殁,音没。窀,张伦切,又徒门切。穸,音夕。　⑤从先君代为祢庙。　⑥欲受恶谥以归先君也。乱而不损曰"灵"。戮杀不辜曰"厉"。　⑦《传》言子囊之善。○共,音恭。夏,户雅切。

吴侵楚,养由基奔命,子庚以师继之①。养叔曰:"吴乘我丧,谓我不能师也②,必易我而不戒③。子为三覆以待我④，我请诱之。"子庚从之。战于庸浦⑤，大败吴师，获公子党。君子以吴为不吊⑥。《诗》曰："不吊昊天，乱靡有定⑦。"

① 子庚，楚司马。　② 养叔，养由基也。　③ 戒，备也。○易，以豉切。　④ 覆，伏兵。○覆，扶又切。　⑤ 庸浦，楚地。○浦，判五切。　⑥ 不用天道相吊恤。　⑦ 言不为昊天所恤，则致罪也。为明年会向《传》。○昊，户老切。

冬，城防，书事时也①。于是将早城，臧武仲请俟毕农事，礼也。

① 土功虽有常节，通以事闲为时。○闲，音闲。

郑良霄、大宰石㚟犹在楚①。石㚟言于子囊曰："先王卜征五年②，而岁习其祥，祥习则行③。不习则增，修德而改卜④。今楚实不竞，行人何罪⑤？止郑一卿，以除其偪⑥，使睦而疾楚，以固于晋，焉用之⑦？使归而废其使⑧，怨其君以疾其大夫，而相牵引也，不犹愈乎？"楚人归之。

① 十一年，楚人执之至今。　② 先征五年而卜吉凶也。征，谓巡守征行。○先，悉荐切。守，手又切，本又作狩。　③ 五年五卜，皆同吉，乃巡守。　④ 不习，谓卜不吉。○《释文》：不习则增，绝句；一本无增字，则连下总为句。　⑤ 不能修德与晋竞。　⑥ 一卿，谓良霄。　⑦ 位不偪，则大臣睦；怨疾楚，则事晋固。○《释文》：焉用之，本或作将焉用之。焉，於虔切。　⑧ 行而见执于楚，郑又遂坚事晋，是郑废本见使之意。○使，所吏切。

经

十有四年春，王正月，季孙宿、叔老会晋士匄、齐人、宋人、卫人、郑公孙虿、曹人、莒人、邾人、滕人、薛人、杞人、小邾人会吴于向①。

二月乙未朔，日有食之②。

夏四月，叔孙豹会晋荀偃、齐人、宋人、卫北宫括、郑公孙虿、曹人、莒人、邾人、滕人、薛人、杞人、小邾人伐秦③。

己未，卫侯出奔齐④。

莒人侵我东鄙⑤。

秋，楚公子贞帅师伐吴。

冬，季孙宿会晋士匄、宋华阅、卫孙林父、郑公孙虿、莒人、邾人于戚。

① 叔老，声伯子也。鲁使二卿会晋，敬事霸国。晋自是轻鲁币，而益敬其使，故叔老虽介，亦列于会也。齐崔杼、宋华阅、卫北宫括在会惰慢不摄，故贬称人，盖欲以督率诸侯，奖成霸功也。吴来在向，诸侯会之，故曰会吴。向，郑地。○使，所吏切。介，音界。惰，徒卧切。　② 无《传》。
③ 齐、宋大夫不书，义与向同。　④ 诸侯之策书孙甯逐卫侯。《春秋》以其自取奔亡之祸，故诸侯失国者，皆不书逐君之贼也。不书名，从告。
⑤ 无《传》。报入郓。

传

十四年春，吴告败于晋①。会于向，为吴谋楚故也②。范宣子数吴之不德也，以退吴人③。执莒公子务娄④，以其通楚使也⑤。

左　传

将执戎子驹支⑥。范宣子亲数诸朝⑦，曰："来！姜戎氏，昔秦人迫逐乃祖吾离于瓜州⑧，乃祖吾离被苫盖⑨，蒙荆棘，以来归我先君⑩。我先君惠公有不腆之田⑪，与女剖分而食之⑫。今诸侯之事我寡君，不如昔者，盖言语漏泄，则职女之由⑬。诘朝之事，尔无与焉⑭！与将执女！"对曰："昔秦人负恃其众，贪于土地，逐我诸戎。惠公蠲其大德⑮，谓我诸戎是四岳之裔胄也⑯，毋是翦弃⑰。赐我南鄙之田，狐狸所居，豺狼所嗥。我诸戎除翦其荆棘，驱其狐狸豺狼，以为先君不侵不叛之臣，至于今不贰⑱。昔文公与秦伐郑，秦人窃与郑盟而舍戍焉⑲，于是乎有殽之师⑳。晋御其上，戎亢其下㉑，秦师不复，我诸戎实然。譬如捕鹿，晋人角之，诸戎掎之㉒，与晋踣之㉓，戎何以不免？自是以来，晋之百役，与我诸戎相继于时㉔，以从执政，犹殽志也㉕。岂敢离逷？今官之师旅，无乃实有所阙，以携诸侯，而罪我诸戎！我诸戎饮食衣服，不与华同，贽币不通，言语不达，何恶之能为？不与于会，亦无瞢焉㉖！"赋《青蝇》而退㉗。宣子辞焉㉘，使即事于会，成恺悌也㉙。于是，子叔齐子为季武子介以会，自是晋人轻鲁币，而益敬其使㉚。

①前年为楚所败。　②谋为吴伐楚。○为，于伪切，《注》为吴、卒不为同。　③吴伐楚丧，故以为不德。数而遣之，卒不为伐楚。
④在会不书，非卿。○务，徐，莫侯切，又音如字。娄，力侯切，或力俱切。
⑤莒贰于楚，故比年伐鲁。○使，所吏切。　⑥驹支，戎子名。
⑦行之所在，亦设朝位。　⑧四岳之后皆姜姓，又别为允姓。瓜州地在今燉煌。○迫，音百。瓜，古华切。燉，徒门切。煌，音皇。　⑨苫，苫之

542

别名。○被,普皮切。苫,式占切。盖,户臘切;《尔雅》曰:白盖谓之苫。⑩蒙,冒也。○冒,莫报切。 ⑪腆,厚也。○腆,他典切。 ⑫中分为剖。○女,音汝,下同。剖,普口切。中,丁促切,又如字。 ⑬职,主也。○洩,息列切;徐,以世切。 ⑭诘朝,明旦。不使复得与会事。○诘,起吉切。朝,如字。与,音预,下同。复,扶又切。 ⑮镯,明也。⑯四岳,尧时方伯,姜姓也。裔,远也。胄,后也。○裔,以制切。胄,直又切。 ⑰翦,削也。○毋,音无。 ⑱不内侵,亦不外叛。○貍,力之切。豺,仕皆切。噬,户羔切。 ⑲在僖三十年。 ⑳在僖三十三年。○殽,户交切。 ㉑亢,犹当也。○亢,苦浪切。 ㉒掎其足也。○捕,音步;徐又音赋。掎,居绮切。 ㉓踣,僵也。○踣,蒲北切,又敷豆切。僵,居良切。 ㉔言给晋役不旷时。 ㉕意常如殽,无中二也。 ㉖瞢,闷也。○遏,他历切。贽,音至。与,音预。瞢,莫赠切;徐,武登切,又武忠切。 ㉗《青蝇》,《诗·小雅》。取其"恺悌君子,无信谗言"。○蝇,以仍切。恺,开在切。悌,徒礼切。 ㉘辞,谢。 ㉙成恺悌,不信谗也。不书者,戎为晋属,不得特达。 ㉚齐子,叔老字也。言晋敬鲁使,《经》所以并书二卿。○介,音界。使,所吏切。

吴子诸樊既除丧①,将立季札②。季札辞曰:"曹宣公之卒也,诸侯与曹人不义曹君③,将立子臧。子臧去之,遂弗为也,以成曹君。君子曰:'能守节。'君,义嗣也④。谁敢奸君?有国,非吾节也。札虽不才,愿附于子臧,以无失节。"固立之,弃其室而耕。乃舍之⑤。

①诸樊,吴子乘之长子也。乘卒至此春十七月,既葬而除丧。○长,丁丈切。 ②札,诸樊少弟。○札,侧八切。少,诗照切。 ③曹君,公子负刍也,杀大子而自立。事在成十三年。 ④诸樊,适子,故曰义嗣。○适,丁历切。 ⑤《传》言季札之让,且明吴兄弟相传。○奸,音干。

543

传,直专切。

　　夏,诸侯之大夫从晋侯伐秦,以报栎之役也①。晋侯待于竟,使六卿帅诸侯之师以进②。及泾,不济③。叔向见叔孙穆子,穆子赋《匏有苦叶》④。叔向退而具舟,鲁人、莒人先济。郑子蟜见卫北宫懿子曰:"与人而不固,取恶莫甚焉!若社稷何?"懿子说。二子见诸侯之师而劝之济,济泾而次⑤。秦人毒泾上流,师人多死⑥。郑司马子蟜帅郑师以进,师皆从之,至于棫林⑦,不获成焉⑧。荀偃令曰:"鸡鸣而驾,塞井夷灶⑨,唯余马首是瞻⑩!"栾黡曰:"晋国之命,未是有也。余马首欲东。"乃归⑪。下军从之。左史谓魏庄子曰:"不待中行伯乎⑫?"庄子曰:"夫子命从帅⑬。栾伯,吾帅也,吾将从之。从帅,所以待夫子也⑭。"伯游曰:"吾令实过,悔之何及,多遗秦禽⑮。"乃命大还。晋人谓之迁延之役⑯。

　　栾鍼曰:"此役也,报栎之败也。役又无功,晋之耻也。吾有二位于戎路⑰,敢不耻乎?"与士鞅驰秦师,死焉。士鞅反⑱,栾黡谓士匄曰:"余弟不欲往,而子召之。余弟死,而子来,是而子杀余之弟也。弗逐,余亦将杀之。"士鞅奔秦⑲。于是,齐崔杼、宋华阅、仲江会伐秦,不书,惰也⑳。向之会亦如之。卫北宫括不书于向㉑,书于伐秦,摄也㉒。

① 栎役在十一年。　② 言《经》所以不称晋侯。○ 竟,音境。　③ 诸侯之师不肯渡也。泾水出安定朝那县,至京兆高陆县入渭。○ 朝,如字;如淳音株。那,乃多切。　④《诗·邶风》也。义取于"深则厉,浅则揭"。言己志在于必济。○ 匏,白交切。揭,起例切。　⑤《传》言北宫括

所以书于伐秦。○说,音悦。 ⑥饮毒水故。 ⑦棫林,秦地。○棫,位逼切;徐,于曰切,又於鞠切。 ⑧秦不服。 ⑨示不反。 ⑩言进退从己。 ⑪厌恶偃自专,故弃之归。○恶,乌路切。 ⑫中行伯,荀偃也。庄子,魏绛也。左史,晋大夫。 ⑬夫子,谓荀偃。○帅,所类切。 ⑭以从命为待也。栾黡,下军帅,庄子为佐,故曰吾帅。 ⑮军帅不和,恐多为秦所禽获。○遗,唯季切。 ⑯迁延,却退。 ⑰栾鍼,栾黡弟也。二位,谓黡将下军,鍼为戎右。 ⑱鞅,士匄子。 ⑲栾黡汰侈,诬逐士鞅也。而,女也。○侈,昌氏切;或作奓,又尺氏切。女,音汝。 ⑳临事惰慢不修也。仲江,宋公孙师之子。 ㉑亦惰。 ㉒能自摄整,从郑子蟜俱济泾。

秦伯问于士鞅曰:"晋大夫其谁先亡?"对曰:"其栾氏乎!"秦伯曰:"以其汰乎?"对曰:"然。栾黡汰虐已甚,犹可以免。其在盈乎①!"秦伯曰:"何故?"对曰:"武子之德在民,如周人之思召公焉,爱其甘棠,况其子乎②?栾黡死,盈之善未能及人,武子所施没矣,而黡之怨实章,将于是乎在。"秦伯以为知言,为之请于晋而复之③。

①盈,黡之子。 ②武子,栾书,黡之父也。召公奭听讼于甘棠之下,周人思之,不害其树,而作勿伐之诗,在《召南》。○召,上照切。奭,诗亦切。 ③为《传》二十一年晋灭栾氏张本。○施,如字,又始豉切。为,于伪切。

卫献公戒孙文子、甯惠子食①,皆服而朝②。日旰不召③,而射鸿于囿。二子从之④,不释皮冠而与之言⑤。二子怒。孙文子如戚⑥,孙蒯入使⑦。公饮之酒,使大师歌《巧言》之卒章⑧。大师辞,师曹请为之⑨。初,公有嬖妾,使师曹诲之琴⑩,师曹鞭之。公怒,鞭师曹三百。故师曹欲歌之,以怒孙子以报公。公使歌之,遂诵之⑪。

蒯惧,告文子。文子曰:"君忌我矣,弗先,必死⑫。"并帑于戚⑬,而入见蘧伯玉曰:"君之暴虐,子所知也。大惧社稷之倾覆,将若之何⑭?"对曰:"君制其国,臣敢奸之⑮?虽奸之,庸知愈乎⑯?"遂行,从近关出⑰。公使子蟜、子伯、子皮与孙子盟于丘宫,孙子皆杀之⑱。

四月己未,子展奔齐⑲。公如鄄⑳,使子行于孙子,孙子又杀之㉑。公出奔齐,孙氏追之,败公徒于阿泽㉒。鄄人执之㉓。初,尹公佗学射于庾公差,庾公差学射于公孙丁。二子追公㉔,公孙丁御公㉕。子鱼曰:"射为背师,不射为戮,射为礼乎㉖。"射两钩而还㉗。尹公佗曰:"子为师,我则远矣。"乃反之㉘。公孙丁授公辔而射之,贯臂㉙。子鲜从公㉚。

及竟,公使祝宗告亡,且告无罪㉛。定姜曰:"无神何告?若有,不可诬也㉜。有罪,若何告无?舍大臣而与小臣谋,一罪也。先君有冢卿以为师保,而蔑之,二罪也㉝。余以巾栉事先君,而暴妾使余,三罪也。告亡而已,无告无罪㉞。"

公使厚成叔吊于卫,曰:"寡君使瘠,闻君不抚社稷,而越在他竟㉟,若之何不吊?以同盟之故,使瘠敢私于执事㊱曰:'有君不吊㊲,有臣不敏㊳,君不赦宥,臣亦不帅职,增淫发泄,其若之何?'"卫人使大叔仪对㊴曰:"群臣不佞,得罪于寡君。寡君不以即刑而悼弃之,以为君忧。君不忘先君之好,辱吊群臣,又重恤之㊵。敢拜君命之辱,重拜大贶㊶。"厚孙归，复命，语臧武仲曰："卫君其必归乎！有大叔仪以守㊷，有母弟鱄以出，或抚其内，或营其外，能无归乎？"

齐人以郲寄卫侯㊸。及其复也，以郲粮归㊹。右宰榖从而逃归，卫人将杀之㊺。辞曰："余不说初矣㊻，余狐裘而羔袖㊼。"乃赦之。卫人立公孙剽㊽，孙林父、甯殖相之，以听命于诸侯㊾。

卫侯在郲。臧纥如齐，唁卫侯。卫侯与之言，虐。退而告其人曰："卫侯其不得入矣！其言粪土也，亡而不变，何以复国㊿？"子展、子鲜闻之，见臧纥，与之言，道[51]。臧孙说，谓其人曰："卫君必入。夫二子者，或輓之，或推之，欲无入，得乎[52]？"

① 敕戒二子，欲共宴食。　② 服朝服，待命于朝。　③ 旰，晏也。○ 旰，古旦切。　④ 从公于囿。○ 射，食亦切。囿，音又。　⑤ 皮冠，田猎之冠也。既不释冠，又不与食。　⑥ 戚，孙文子邑。　⑦ 孙蒯，孙文子之子。○ 使，所吏切，又如字。　⑧《巧言》，《诗·小雅》。其卒章曰："彼何人斯？居河之麋，无拳无勇，职为乱阶。"戚，卫河上邑。公欲以喻文子居河上而为乱。大师，掌乐大夫。○ 饮，於鸩切。麋，亡悲切，本又作湄。拳，音权。　⑨ 辞以为不可。师曹，乐人。　⑩ 诲，教也。○ 嬖，必计切。　⑪ 恐孙蒯不解故。○ 解，音蟹。　⑫ 欲先公作乱。○ 先，悉荐切。　⑬ 帑，子也。○ 并，必政切。帑，音奴。　⑭ 伯玉，蘧瑗。○ 蘧，其居切。覆，芳服切。瑗，于眷切。　⑮ 奸，犹犯也。　⑯ 言逐君更立，未知当差否？○ 愈，羊主切。差，初卖切。　⑰ 惧难作，欲速出竟。○ 难，乃旦切。竟，音境。　⑱ 三子，卫群公子。疑孙子，故盟之。丘宫，近戚地。○ 侨，居表切。近，附近之近。　⑲ 子展，卫献公弟。　⑳ 鄄，卫地。○ 鄄，音绢。　㉑ 使往请和也。子行，群公子。　㉒ 济

北东阿县西南有大泽。　㉓公徒因败散还,故为公执之。○为,于伪切,下《注》为孙同。　㉔二子,佗与差。为孙氏逐公。○佗,徒何切。差,初佳切;徐,初宜切。　㉕为公御也。　㉖子鱼,庾公差。礼,射不求中。○射,食亦切,下及《注》除礼射一字皆同;或一读射而礼乎,音食夜切。背,音佩。中,丁仲切。　㉗軥,车轭卷者。○軥,其俱切;徐,古豆切;《说文》同,云,轭下曲者;服云,车轭两边叉马颈者。轭,於革切。卷,音权,又起权切。　㉘佗不从丁学,故言远。始与公差俱退,悔而独还射丁。○为,于伪切。　㉙贯佗臂。○贯,古乱切,一音官。　㉚子鲜,公母弟。○鲜,音仙。　㉛告宗庙也。　㉜诬,欺也。定姜,公適母。○適,丁历切。　㉝谓不释皮冠之比。○舍,音捨。比,必二切。　㉞时姜在国,故不使得告无罪。○柹,侧乙切。　㉟越,远也。瘠,厚成叔名。○厚,本或作郈,音同。吊于卫,本或作吊于卫侯。侯,衍字也。瘠,在亦切。　㊱执事,卫诸大夫。　㊲吊,恤也。　㊳敏,达也。㊴大叔仪,卫大夫。○洩,息列切。大,音泰。　㊵重恤,谓愍其不达也。○好,呼报切。重,直用切,下同。　㊶谢重恤之赐。　㊷守于国。○语,鱼据切。守,手又切。　㊸鄍,齐所灭鄍国。○鲒,徐,市脔切,又音专。鄍,音来。　㊹言其贪。　㊺榖,卫大夫也。以其从君,故欲杀之。○从,才用切,又如字。　㊻言初从君,非说之,不获已耳。○说,音悦。　㊼言一身尽善,唯少有恶。喻己虽从君出,其罪不多。○袖,本又作裦,在又切。　㊽剽,穆公孙。○剽,匹妙切,一音甫遥切;《字林》,父召切。　㊾听盟会之命。○相,息亮切。　㊿武仲不书,未为卿。○喑,鱼变切;徐作殏,音言;吊失国曰喑。粪,方问切。　(51)顺道理。　(52)为二十六年卫侯归《传》。○軷,音晚。推,如字,又他回切。

　　师归自伐秦,晋侯舍新军,礼也,成国不过半天子之军①,周为六军,诸侯之大者,三军可也。于是知朔生盈而死②,盈生六年而武子卒,彘裘亦幼,皆未可立也。新军无帅,故舍之③。

① 成国,大国。○ 舍,音捨。　② 朔,知䓨之长子。盈,朔弟也。盈生而朔死。○ 知,音智。长,丁丈切。　③ 裴,士鲂子也。十三年,荀䓨、士鲂卒,其子皆幼,未任为卿。故新军无帅,遂舍之。○ 巀,直例切。帅,所类切。任,音壬。

师旷侍于晋侯①。晋侯曰:"卫人出其君,不亦甚乎?"对曰:"或者其君实甚。良君将赏善而刑淫,养民如子,盖之如天,容之如地。民奉其君,爱之如父母,仰之如日月,敬之如神明,畏之如雷霆,其可出乎?夫君,神之主而民之望也。若困民之主,匮神乏祀,百姓绝望,社稷无主,将安用之?弗去何为?天生民而立之君,使司牧之,勿使失性。有君而为之贰②,使师保之,勿使过度。是故天子有公,诸侯有卿,卿置侧室③,大夫有贰宗④,士有朋友,庶人、工、商、皂、隶、牧、圉皆有亲暱,以相辅佐也。善则赏之⑤,过则匡之⑥,患则救之⑦,失则革之⑧。自王以下,各有父兄子弟,以补察其政⑨。史为书⑩,瞽为诗⑪,工诵箴谏⑫,大夫规诲⑬,士传言⑭,庶人谤⑮,商旅于市⑯,百工献艺⑰。故《夏书》曰:'遒人以木铎徇于路⑱。官师相规⑲,工执艺事以谏⑳。'正月孟春,于是乎有之,谏失常也㉑。天之爱民甚矣。岂其使一人肆于民上㉒,以从其淫,而弃天地之性?必不然矣㉓。"

① 师旷,晋乐大师子野。　② 贰,卿佐。○ 出,如字;徐音黜。

仰,本亦作卬,音仰。霆,徒丁切,又音挺;本又作电。匱,其位切。乏祀,本或作之祀,误也。去,起吕切。 ③ 侧室,支子之官。 ④ 贰宗,宗子之副贰者。 ⑤ 赏,谓宣扬。○ 曎,女乙切。 ⑥ 匡,正也。⑦ 救其难也。○ 难,乃旦切。 ⑧ 革,更也。 ⑨ 补其愆过,察其得失。 ⑩ 谓大史,君举则书。 ⑪ 瞽,盲者,为诗以风刺。○ 瞽,音古。盲,莫庚切。风,芳凤切。 ⑫ 工,乐人也。诵箴谏之辞。○ 箴,之林切。 ⑬ 规正谏诲其君。 ⑭ 士卑不得径达,闻君过失,传告大夫。○ 传,直专切,《注》同。 ⑮ 庶人不与政,闻君过则诽谤。○ 与,音预。诽,如字;本或作非,音亦同,又甫味切。 ⑯ 旅,陈也。陈其货物,以示时所贵尚。 ⑰ 献其技艺,以喻政事。○ 技,其绮切。 ⑱ 逸《书》。遒人,行令之官也。木铎,木舌金铃。徇于路,求歌谣之言。○ 遒,在由切;徐,又在幽切,又子由切。铎,待洛切。徇,似俊切。铃,力丁切。⑲ 官师,大夫。自相规正。 ⑳ 所谓献艺。 ㉑ 有遒人徇路之事。㉒ 肆,放也。 ㉓《传》言师旷能因问尽言。○ 从,子用切;本或作纵。

秋,楚子为庸浦之役故①,子囊师于棠以伐吴,吴不出而还。子囊殿②,以吴为不能而弗儆。吴人自皋舟之隘,要而击之③,楚人不能相救。吴人败之,获楚公子宜穀④。

① 在前年。○ 为,于伪切。 ② 殿军后。○ 殿,多练切。 ③ 皋舟,吴险阨之道。○ 儆,音景。隘,於懈切。要,一遥切。阨,於革切。④《传》言不备不可以师。

王使刘定公赐齐侯命①,曰:"昔伯舅大公,右我先王,股肱周室,师保万民,世胙大师,以表东海②。王室之不坏,繄伯舅是赖③。今余命女环④!兹率舅氏之典,纂乃祖考,无悉乃旧。敬之哉,无废朕命⑤!"

① 将昏于齐故也。定公,刘夏。位贱,以能而使之。《传》称谥,举其终。　② 胙,报也。表,显也。谓显封东海。以报大师之功。○右,音又。胙,才故切。　③ 繄,发声。○坏,如字。服本作怀。繄,乌兮切。　④ 环,齐灵公名。○女,音汝。环,户关切。　⑤ 纂,继也。因昏而加褒显,《传》言王室不能命有功。

晋侯问卫故于中行献子①,对曰:"不如因而定之,卫有君矣②。伐之,未可以得志而勤诸侯。史佚有言曰:'因重而抚之③。'仲虺有言曰:'亡者侮之,乱者取之,推亡固存,国之道也④。'君其定卫以待时乎⑤!"冬,会于戚,谋定卫也⑥。

① 问卫逐君当讨否?献子,荀偃。　② 谓剽已立。　③ 重不可移,就抚安之。○佚,音逸。　④ 仲虺,汤左相。○虺,许鬼切。侮,亡甫切。相,息亮切。　⑤ 待其昏乱之时,乃伐之。　⑥ 定立剽。

范宣子假羽毛于齐而弗归,齐人始贰①。

① 析羽为旌,王者游车之所建,齐私有之,因谓之羽毛。宣子闻而借观之。○析,星历切。

楚子囊还自伐吴,卒。将死,遗言谓子庚:"必城郢①。"君子谓:"子囊忠。君薨不忘增其名②,将死不忘卫社稷,可不谓忠乎?忠,民之望也。《诗》曰:'行归于周,万民所望。'忠也③。"

① 楚徙都郢，未有城郭。公子燮、公子仪因筑城为乱，事未得讫。子囊欲讫而未暇，故遗言见意。○见，贤遍切。　② 谓前年谥君为共。③《诗·小雅》。忠信为周。言德行归于忠信，即为万民所瞻望。○行，下孟切。

经

十有五年春，宋公使向戌来聘。

二月己亥，及向戌盟于刘。

刘夏逆王后于齐①。

夏，齐侯伐我北鄙，围成。

公救成，至遇②。

季孙宿、叔孙豹帅师城成郛③。

秋八月丁巳，日有食之④。

邾人伐我南鄙。

冬十有一月癸亥，晋侯周卒⑤。

① 刘，采地；夏，名也。天子卿书字，刘夏非卿，故书名。天子无外，所命则成，故不言逆女。　② 无《传》。遇，鲁地。书至遇，公畏齐，不敢至成。　③ 备齐，故夏城，非例所讥。　④ 无《传》。八月无丁巳。丁巳，七月一日也。日月必有误。　⑤ 四同盟。

传

十五年春，宋向戌来聘，且寻盟①。见孟献子，尤其室②,曰:"子有令闻,而美其室,非所望也!"对曰:"我在晋,吾兄为之,毁之重劳,且不敢间③。"

① 报二年豹之聘,寻十一年亳之盟。　② 尤,责过也。　③《传》言献子友于兄,且不隐其实。○ 闻,音问。重,直用切。间,间厕之间。

官师从单靖公逆王后于齐。卿不行,非礼也①。

① 官师,刘夏也。天子官师,非卿也。刘夏独过鲁告昏,故不书单靖公。天子不亲昏,使上卿逆而公监之,故曰卿不行,非礼。○ 过,古禾切。监,古衔切。

楚公子午为令尹①,公子罢戎为右尹,蒍子冯为大司马②,公子橐师为右司马,公子成为左司马,屈到为莫敖③,公子追舒为箴尹④,屈荡为连尹,养由基为宫厩尹,以靖国人。君子谓:"楚于是乎能官人。官人,国之急也。能官人,则民无觊心⑤。《诗》云:'嗟我怀人,寘彼周行。'能官人也⑥。王及公、侯、伯、子、男、甸、采、卫、大夫,各居其列,所谓周行也⑦。"

① 代子囊。　② 子冯,叔敖从子。○ 罢,音皮,又皮买切。蒍,于委切。冯,皮冰切。从,才用切。　③ 屈到,屈荡子。○ 橐,音托。成,音城。屈,居勿切。　④ 追舒,庄王子子南。○ 箴,之林切。　⑤ 无觊觎以求幸。○ 厩,徐音救。觊,羊朱切;徐音喻。觊,音冀。　⑥《诗·周南》也。寘,置也。行,列也。周,徧也。诗人嗟叹,言我思得贤人,置之徧于列位。是后妃之志以官人为急。○ 寘,之豉切。行,户郎切,下同。徧,

音遍。　⑦言自王以下,诸侯大夫各任其职,则是诗人周行之志也。甸、采、卫,五服之名也。天子所居千里曰圻,其外曰侯服,次曰甸服,次曰男服,次曰采服,次曰卫服。五百里为一服。不言侯、男,略举也。○任,音壬。圻,音祈。

郑尉氏、司氏之乱,其馀盗在宋①。郑人以子西、伯有、子产之故,纳赂于宋②,以马四十乘③与师茷、师慧④。三月,公孙黑为质焉⑤。司城子罕以堵女父、尉翩、司齐与之。良司臣而逸之⑥,托诸季武子,武子寘诸卞⑦。郑人醢之,三人也⑧。

师慧过宋朝,将私焉⑨。其相曰:"朝也⑩。"慧曰:"无人焉。"相曰:"朝也,何故无人?"慧曰:"必无人焉。若犹有人,岂其以千乘之相,易淫乐之矇?必无人焉故也⑪。"子罕闻之,固请而归之⑫。

　　①乱在十年。　　②三子之父,皆为尉氏所杀故。　　③百六十匹。○乘,绳证切。　　④乐师也。茷、慧,其名。○茷,扶废切;徐音伐。⑤公孙黑,子晳。○质,音致。晳,星历切。　　⑥贤而放之。○女,音汝。⑦子罕以司臣托季氏。○卞,皮彦切。　　⑧三人,堵女父、尉翩、司齐。⑨私,小便。　　⑩相师者。○相,息亮切。　　⑪千乘相,谓子产等也。言不为子产杀三盗,得赂而归之,是重淫乐而轻相国。○易,以豉切,轻也。矇,音蒙。为,于伪切,下为之同。　　⑫言子罕能改过。

夏,齐侯围成,贰于晋故也①。于是乎城成郛②。

　　①不畏霸主,故敢伐鲁。　　②郛,郭也。

秋,邾人伐我南鄙①。使告于晋,晋将为会以讨邾、莒②。晋侯有疾,乃止。冬,晋悼公卒,遂不克会③。

① 亦贰于晋故。　② 十二年、十四年,莒人伐鲁,未之讨也。③ 为明年会溴梁《传》。○ 溴,古历切。

郑公孙夏如晋奔丧,子蟜送葬①。

① 夏,子西也。言诸侯畏晋,故卿共葬。○ 共,音恭。

宋人或得玉,献诸子罕。子罕弗受。献玉者曰:"以示玉人①,玉人以为宝也,故敢献之。"子罕曰:"我以不贪为宝,尔以玉为宝,若以与我,皆丧宝也。不若人有其宝。"稽首而告曰:"小人怀璧,不可以越乡②。纳此以请死也③。"子罕寘诸其里,使玉人为之攻之④,富而后使复其所⑤。

① 玉人,能治玉者。　② 言必为盗所害。○ 丧,息浪切。　③ 请免死。　④ 攻,治也。　⑤ 卖玉得富。

十二月,郑人夺堵狗之妻,而归诸范氏①。

① 堵狗,堵女父之族。狗娶于晋范氏。郑人既诛女父,畏狗因范氏而作乱,故夺其妻归范氏,先绝之。《传》言郑之有谋。○ 堵,音者。狗,本或作苟。娶,七注切。

春秋经传集解第十六

襄公三

经

十有六年春,王正月,葬晋悼公①。

三月,公会晋侯、宋公、卫侯、郑伯、曹伯、莒子、邾子、薛伯、杞伯、小邾子于溴梁②。

戊寅,大夫盟③。

晋人执莒子、邾子以归④。

齐侯伐我北鄙⑤。

夏,公至自会⑥。

五月甲子,地震⑦。

叔老会郑伯、晋荀偃、卫甯殖、宋人伐许⑧。

秋,齐侯伐我北鄙,围成⑨。

大雩⑩。

冬,叔孙豹如晋。

---

① 逾月而葬,速也。　② 不书高厚,逃归故也。溴水出河内轵县,东南至温入河。○溴,古阒切;徐,公壁切。轵,之氏切;韦昭音枳。
③ 诸大夫本欲盟高厚,高厚逃归,故遂自共盟。鸡泽会重序诸侯,今此间无异事,即上诸侯大夫可知。○重,直用切。　④ 邾、莒二国数侵鲁,又无道于其民,故称人以执。不以归京师,非礼也。○数,所角切。　⑤无

《传》。齐贰晋故。　　⑥ 无《传》。　　⑦ 无《传》。　　⑧ 荀偃主兵,当序郑上。方示叔老可以会郑伯,故荀偃在下。　　⑨ ○ 成,音郕。　　⑩ 无《传》。书过。

传

十六年春,葬晋悼公。平公即位①。羊舌肸为傅②,张君臣为中军司马③,祁奚、韩襄、栾盈、士鞅为公族大夫④,虞丘书为乘马御⑤。改服修官,烝于曲沃⑥。警守而下,会于溴梁⑦。命归侵田⑧。以我故,执邾宣公、莒犁比公⑨,且曰:"通齐、楚之使⑩。"

晋侯与诸侯宴于温,使诸大夫舞,曰:"歌诗必类⑪!"齐高厚之诗不类⑫。荀偃怒,且曰:"诸侯有异志矣!"使诸大夫盟高厚,高厚逃归⑬。于是,叔孙豹、晋荀偃、宋向戌、卫甯殖、郑公孙虿、小邾之大夫盟曰:"同讨不庭⑭。"

① 平公,悼公子彪。○ 彪,彼虬切。　　② 肸,叔向也。代士渥浊。○ 肸,许乙切。向,许丈切。　　③ 张老子。代其父。　　④ 祁奚去中军尉为公族大夫,去剧职,就閒官。韩襄,无忌子。○ 閒音闲。　　⑤ 代程郑。○ 乘,绳证切。　　⑥ 既葬,改丧服。修官,选贤能。曲沃,晋祖庙。烝,冬祭也。诸侯五月而葬。既葬,卒哭作主,然后烝尝于庙。今晋逾月葬,作主而烝祭。《传》言晋将有溴梁之会,故速葬。○ 烝,之承切。　　⑦ 顺河东行,故曰下。○ 警,居领切。守,手又切。　　⑧ 诸侯相侵取之田。　　⑨ 犁比,莒子号也。十二年、十四年,莒人侵鲁。前年邾人伐鲁。晋将为鲁讨之,悼公卒,不克会。故平公终其事。○ 犁,徐,力私切,又力兮切。比,音毗。为,于伪切,下文为夷同。　　⑩ 邾、莒在齐、楚往来道中,故并以此责之。《经》书执在大夫盟下,既盟而后告。○ 使,所吏切,下同。

⑪ 歌古诗,当使各从义类。 ⑫ 齐有二心故。 ⑬ 齐为大国,高厚若此,知小国必当有从者。 ⑭ 自曹以下,大夫不书。故《传》举小邾以包之。○向,舒亮切。戍,音恤。蚕,敕迈切。

许男请迁于晋①。诸侯遂迁许,许大夫不可。晋人归诸侯②。郑子蟜闻将伐许,遂相郑伯以从诸侯之师③。穆叔从公④。齐子帅师会晋荀偃。书曰:"会郑伯。"为夷故也⑤。

夏六月,次于棫林。庚寅,伐许,次于函氏⑥。晋荀偃、栾黡帅师伐楚,以报宋扬梁之役⑦。楚公子格帅师及晋师战于湛阪⑧,楚师败绩。晋师遂侵方城之外⑨,复伐许而还⑩。

① 许欲叛楚。 ② 唯以其师讨许之不肯迁。 ③ 郑与许有宿怨,故其君亲行。○蟜,居表切。相,息亮切。 ④ 从公归。○从,才用切,又如字。 ⑤ 夷,平也。《春秋》于鲁事,所记不与外事同者,客主之言,所以为文,固当异也。鲁卿每会公侯,《春秋》无讥,故于此示例。不先书主兵之荀偃,而书后至之郑伯,时皆诸侯大夫,义取皆平,故得会郑伯。 ⑥ 棫林、函氏,皆许地。○棫,为逼切;徐,于目切。函,音咸。 ⑦ 晋师独进。扬梁役在十二年。○黡,於斩切。 ⑧ 襄城昆阳县北有湛水,东入汝。○格,古百切。湛,市林切;徐,又丈林切,又直斩切。阪,音反;徐,又扶板切。 ⑨ 不书,不告。 ⑩ 许未迁故。○复,扶又切。

秋,齐侯围成①,孟孺子速徼之②。齐侯曰:"是好勇,去之以为之名。"速遂塞海陉而还③。

① 成,鲁孟氏邑。贰晋,故伐鲁。 ② 孟献子之子庄子速也。徼,

要也。○ 孺,本又作孺,如住切。速,本亦作遬,音同。徼,古尧切。要,一遥切。　③ 海陉,鲁隘道。○ 好,呼报切。陉,音刑;徐,古定切。隘,於懈切。

冬,穆叔如晋聘,且言齐故①。晋人曰:"以寡君之未禘祀②,与民之未息③。不然,不敢忘。"穆叔曰:"以齐人之朝夕释憾于敝邑之地,是以大请!敝邑之急,朝不及夕,引领西望曰:'庶几乎④!'比执事之间,恐无及也!"见中行献子,赋《圻父》⑤。献子曰:"偃知罪矣!敢不从执事以同恤社稷,而使鲁及此⑥。"见范宣子,赋《鸿雁》之卒章⑦。宣子曰:"匄在此,敢使鲁无鸠乎⑧?"

　① 言齐再伐鲁。　② 禘祀,三年丧毕之吉祭。○ 禘,大计切。③ 新伐许及楚。　④ 庶几晋来救。○ 朝、夕,如字。憾,本又作感,户暗切。　⑤《圻父》,《诗·小雅》。周司马掌封畿之兵甲,故谓之圻父。诗人责圻父为王爪牙,不修其职,使百姓受困苦之忧,而无所止居。○ 比,必利切。间,音闲。行,户郎切。圻,其依切。父,音甫。　⑥ 及此忧。⑦《鸿雁》,《诗·小雅》。卒章曰:"鸿雁于飞,哀鸣嗸嗸,唯此哲人,谓我劬劳。"言鲁忧困,嗸嗸然若鸿雁之失所。大曰鸿,小曰雁。○ 嗸,五刀切。劬,求于切。　⑧ 鸠,集也。○ 匄,古害切。鸠,居牛切。

经

十有七年春,王二月庚午,邾子牼卒①。
宋人伐陈。
夏,卫石买帅师伐曹②。
秋,齐侯伐我北鄙,围桃。高厚帅师伐我北鄙,围防③。

九月,大雩④。

宋华臣出奔陈⑤。

冬,邾人伐我南鄙。

① 无《传》。宣公也。四同盟。〇 轻,苦耕切;徐,户耕切。　② 买,石稷子。　③ 弁县东南有桃虚。〇 虚,起居切。　④ 无《传》。书过。　⑤ 暴乱宗室,惧而出奔。实以冬出,书秋者,以始作乱时来告。〇 华,户化切。

传

十七年春,宋庄朝伐陈,获司徒卬,卑宋也①。

① 司徒卬,陈大夫。卑宋,不设备。〇 朝,如字,凡人名字皆放此。卬,五郎切。

卫孙蒯田于曹隧①,饮马于重丘②,毁其瓶。重丘人闭门而诟之③,曰:"亲逐而君,尔父为厉④。是之不忧,而何以田为?"夏,卫石买、孙蒯伐曹,取重丘⑤。曹人愬于晋⑥。

① 越竟而猎。孙蒯,林父之子。〇 蒯,苦怪切。隧,音遂。竟,音境。　② 重丘,曹邑。〇 饮,於鸩切。重,直龙切。　③ 诟,骂也。〇 瓶,步经切。诟,呼豆切。骂,马嫁切。　④ 厉,恶鬼。林父逐君在十四年。　⑤ 孙蒯不书,非卿。　⑥ 为明年晋人执石买《传》。〇 愬,悉路切。

齐人以其未得志于我故①,秋,齐侯伐我北鄙,围桃。高厚围臧纥于防②。师自阳关逆臧孙,至于旅松③。聊叔纥、臧畴、臧贾帅甲三百,宵犯齐师,送之而复④。齐师去之⑤。

齐人获臧坚⑥。齐侯使夙沙卫唁之,且曰:"无死⑦!"坚稽首曰:"拜命之辱!抑君赐不终,姑又使其刑臣礼于士。"以杙抉其伤而死⑧。

① 前年围成,辟孟孺子。　② 防,臧纥邑。○纥,恨发切。
③ 阳关,在泰山巨平县东。旅松,近防地也。鲁师畏齐,不敢至防。○近,附近之近,下居近同。　④ 郰叔纥、叔梁纥、臧畴、臧贾、臧纥之昆弟也。三子与臧纥共在防,故夜送臧纥于旅松,而复还守防。○郰,侧留切。复,扶又切,又音服。　⑤ 失臧纥故。　⑥ 坚,臧纥之族。　⑦ 使无自杀。○唁,音彦。　⑧ 言使贱人来唁己,是惠赐不终也。夙沙卫,奄人,故谓之刑臣。○杙,羊职切。抉,乌穴切;徐,又古穴切。伤,如字;一本作疡,音羊。

冬,邾人伐我南鄙,为齐故也①。

① 齐未得志于鲁,故邾助之。○为,于伪切。

宋华阅卒。华臣弱皋比之室①,使贼杀其宰华吴。贼六人以铍杀诸卢门合左师之后②。左师惧曰:"老夫无罪。"贼曰:"皋比私有讨于吴。"遂幽其妻③,曰:"畀余而大璧④!"宋公闻之,曰:"臣也,不唯其宗室是暴,大乱宋国之政,必逐之!"左师曰:"臣也,亦卿也。大臣不顺,国之耻也。不如盖之。"乃舍之。左师为己短策,苟过华臣之门,必骋⑤。十一月甲午,国人逐瘈狗,瘈狗入于华臣氏,国人从之。华臣惧,遂奔陈⑥。

①臣,阅之弟。皋比,阅之子。弱,侵易之。○比,音毗。易,以豉切。②卢门,宋城门。合,向戌邑。后,屋后。○铍,普皮切。 ③幽吴妻也。 ④畀,与也。○畀,必利切。 ⑤恶之。○骋,敕领切。恶,乌路切。 ⑥华臣心不自安,见逐狗而惊走。○瘈,徐,居世切,一音制;《字林》作狾,九世切,云狂犬也。

宋皇国父为大宰,为平公筑台,妨于农收①。子罕请俟农功之毕,公弗许。筑者讴曰:"泽门之皙,实兴我役②。邑中之黔,实慰我心③。"子罕闻之,亲执朴④,以行筑者,而挞其不勉者,曰:"吾侪小人,皆有阖庐以辟燥湿寒暑⑤。今君为一台而不速成,何以为役⑥?"讴者乃止。或问其故?子罕曰:"宋国区区,而有诅有祝,祸之本也⑦。"

①周十一月,今九月,收敛时。○大,音泰,后放此。为,于伪切。妨,音芳。收,如字,又手又切。 ②泽门,宋东城南门也。皇国父白皙而居近泽门。○讴,乌侯切。泽门,本或作皋门者误。皙,星历切;徐,思益切。 ③子罕黑色而居邑中。○黔,徐音琴,一音其廉切。 ④朴,杖。○朴,普卜切。 ⑤阖,谓门户闭塞。○行,下孟切。挞,耻乙切。侪,仕皆切。阖,户腊切。庐,力居切。 ⑥役,事也。 ⑦《传》善子罕分谤。○区,丘于切,小貌。诅,庄虑切。祝,之又切。谤,补浪切。

齐晏桓子卒①。晏婴麤缞斩②,苴绖带,杖,菅屦③,食鬻,居倚庐,寝苫,枕草④。其老曰:"非大夫之礼也⑤。"曰:"唯卿为大夫⑥。"

①晏婴父也。 ②斩,不缉之也。缞在胸前。麤,三升布。○麤,

本又作麄。缞,本又作衰,七雷切,《注》同。缉,七人切。　　③ 苴,麻之有子者,取其粗也。杖,竹杖。菅屦,草屦。○ 苴,七徐切。绖,直结切。以苴麻为绖及带。杖,《礼记》云,苴杖,竹也。菅,古颜切。屦,九具切。④ 此礼与《士丧礼》略同,其异唯枕草耳。然枕凷亦非《丧服》正文。○ 鬻,之六切,又羊六切,谓朝一溢米,暮一溢米。倚庐,於绮切;庐,倚东墙而为之,故曰倚庐。苫,伤廉切,编草也。枕,之鸩切,《注》同;王俭云,夏枕凷,冬枕草。凷,音苦对切,一音苦怪切。　　⑤ 时之所行,士及大夫缞服各有不同。晏子为大夫而行士礼,其家臣不解,故讥之。○ 解,音蟹。　　⑥ 晏子恶直己以斥时失礼,故孙辞略答家老。

经

十有八年春,白狄来①。

夏,晋人执卫行人石买②。

秋,齐师伐我北鄙③。

冬十月,公会晋侯、宋公、卫侯、郑伯、曹伯、莒子、邾子、滕子、薛伯、杞伯、小邾子,同围齐④。

曹伯负刍卒于师⑤。

楚公子午帅师伐郑。

① 不言朝,不能行朝礼。　　② 石买即是伐曹者,宜即惩治本罪。而晋因其为行人之使执之,故书行人以罪晋。○ 使,所吏切。　　③ 不书齐侯,齐侯不入竟。○ 竟,音境。　　④ 齐数行不义,诸侯同心俱围之。○ 数,所角切。　　⑤ 无《传》。礼当与许男同。三同盟。○ 刍,初俱切。

传

十八年春,白狄始来①。

①白狄,狄之别名。未尝与鲁接,故曰始。

夏,晋人执卫行人石买于长子,执孙蒯于纯留①,为曹故也②。

①长子、纯留二县,今皆属上党郡。孙蒯不书,父在位,蒯非卿。○长,丁丈切,或如字。纯,徒温切,或如字;《地理志》作屯。　②前年卫伐曹。○为,于伪切。

秋,齐侯伐我北鄙。中行献子将伐齐,梦与厉公讼,弗胜①;公以戈击之,首队于前,跪而戴之,奉之以走,见梗阳之巫皋②。他日见诸道,与之言,同③。巫曰:"今兹主必死,若有事于东方,则可以逞④。"献子许诺。

晋侯伐齐,将济河。献子以朱丝系玉二瑴⑤而祷曰:"齐环怙恃其险,负其众庶⑥,弃好背盟,陵虐神主⑦。曾臣彪将率诸侯以讨焉⑧,其官臣偃实先后之⑨。苟捷有功,无作神羞⑩,官臣偃无敢复济⑪。唯尔有神裁之!"沈玉而济。

冬十月,会于鲁济,寻溴梁之言,同伐齐⑫。齐侯御诸平阴,堑防门而守之,广里⑬。夙沙卫曰:"不能战,莫如守险⑭。"弗听。诸侯之士门焉,齐人多死。范宣子告析文子⑮曰:"吾知子,敢匿情乎?鲁人、莒人皆请以车千乘自其乡入,既许之矣。若入,君必失国。子盍图之?"子家以告公,公恐。晏婴闻之曰:"君固无勇,而又闻是,弗能久矣⑯。"齐侯登巫山以望晋师⑰。晋人使司马斥山泽之险,虽所不至,必旆而疏陈之⑱。使乘车者左实右伪,以旆先⑲,舆曳柴而从之㉑。齐侯见之，畏其众也，乃脱归㉑。

丙寅晦，齐师夜遁。师旷告晋侯曰："鸟乌之声乐，齐师其遁㉒？"邢伯告中行伯㉓曰："有班马之声㉔，齐师其遁？"叔向告晋侯曰："城上有乌，齐师其遁？"十一月丁卯朔，入平阴，遂从齐师。

夙沙卫连大车以塞隧而殿㉕。殖绰、郭最曰："子殿国师，齐之辱也㉖。子姑先乎！"乃代之殿。卫杀马于隘以塞道㉗。晋州绰及之，射殖绰中肩，两矢夹脰㉘，曰："止，将为三军获。不止，将取其衷㉙。"顾曰："为私誓。"州绰曰："有如日㉚！"乃弛弓而自后缚之㉛。其右具丙㉜亦舍兵而缚郭最。皆衿甲面缚㉝，坐于中军之鼓下。

晋人欲逐归者，鲁、卫请攻险㉞。己卯，荀偃、士匄以中军克京兹㉟。乙酉，魏绛、栾盈以下军克邿。赵武、韩起以上军围卢，弗克。十二月戊戌，及秦周伐雍门之萩㊱。范鞅门于雍门，其御追喜以戈杀犬于门中㊳。孟庄子斩其橁以为公琴㊴。己亥，焚雍门及西郭、南郭。刘难、士弱率诸侯之师焚申池之竹木㊵。壬寅，焚东郭、北郭。范鞅门于扬门㊶。州绰门于东闾㊷，左骖迫还于门中，以枚数阖㊸。

齐侯驾，将走邮棠㊹。大子与郭荣扣马㊺，曰："师速而疾，略也㊻。将退矣，君何惧焉！且社稷之主，不可以轻，轻则失众。君必待之。"将犯之，大子抽剑断鞅，乃止。甲辰，东侵及潍，南及沂㊼。

① 厉公，献子所弑者。○弑，申志切。　② 梗阳，晋邑。在太原晋阳县南。皋，巫名也。梦并见之。○队，直位切。跪，其委切。奉，芳勇切。

565

左 传

梗,古杏切。皋,古刀切。　③ 巫亦梦见献子与厉公讼。　④ 巫知献子有死征,故劝使决意伐齐。　⑤ 双玉曰瑴。○ 瑴,古学切。⑥ 环,齐灵公名。负,依也。○ 祷,丁老切,又丁报切。怙,音户。⑦ 神主,民也。谓数伐鲁,残民人。○ 好,呼报切。背,音佩。数,所角切。⑧ 彪,晋平公名。称臣者,明上有天子,以谦告神。曾臣,犹末臣。⑨ 守官之臣。偃,献子名。○ 先,悉荐切。后,户豆切。守,手又切,又如字。　⑩ 羞,耻也。　⑪ 偃信巫言,故以死自誓。○ 复,扶又切,下《注》复欲同。　⑫ 溴梁在十六年,盟曰:同讨不庭。○ 沈,音鸩,或如字。济,子礼切。　⑬ 平阴城,在济北卢县东北。其城南有防,防有门。于门外作堑,横行广一里。故《经》书围。○ 御,鱼吕切。堑,七艳切。广,古旷切。　⑭ 谓防门不足为险。　⑮ 析文子,齐大夫子家。○ 析,星历切。　⑯ 不能久敌晋。○ 匿,女力切。乘,绳证切。盍,户腊切。恐,曲勇切。　⑰ 巫山在卢县东北。　⑱ 斥,候也。疏建旌旗以为陈,示众也。○ 斥,音尺,又昌夜切。旆,步盖切。陈,直觐切。　⑲ 伪以衣服为人形也。建旆以先驱。　⑳ 以扬尘。　㉑ 脱,不张旗帜。○ 脱,敕活切,又他外切。帜,申志切,又赤志切。　㉒ 鸟乌得空营,故乐也。○ 遁,徒困切。乐,音洛。　㉓ 邢伯,晋大夫邢侯也。中行伯,献子。㉔ 夜遁,马不相见,故鸣。班,别也。○ 别,彼列切。　㉕ 此卫所欲守险。○ 连、大,并如字。隧,音遂,道也。殿,都练切。　㉖ 奄人殿师,故以为辱。○ 最,子会切。　㉗ 恨二子,故塞其道,欲使晋得之。○ 隘,於懈切。　㉘ 脰,颈也。○ 射,食亦切,下同。中,丁仲切。夹,古洽切,或古协切。脰,音豆。　㉙ 不止,复欲射两矢中央。○ 衷,音忠。㉚ 言必不杀女,明如日。○ 女,音汝。　㉛ 反缚之。○ 弛,式氏切;本又作施,音同。　㉜ 州绰之右。　㉝ 衿甲,不解甲。○ 舍,音捨。衿,其鸩切。　㉞ 险,固城守者。○ 守,手又切。　㉟ 在平阴城东南。㊱ 栾魔死,其子盈佐下军。平阴西有郭山。○ 郭,音诗。　㊲ 秦周,鲁大夫。赵武及之共伐萩也。雍门,齐城门。○ 雍,於用切。萩,音秋;本又作秋。　㊳ 杀犬,示閒暇。○ 閒,音闲。　㊴ 庄子,孺子速也。橢,木

566

名。○楣,敕伦切,又相伦切。　㊵二子,晋大夫。○难,乃多切,又如字。　㊶齐西门。　㊷齐东门。　㊸枚,马挝也。阖,门扇也。数其板,示不恐。○骖,七南切。迫,音百。还,音旋,又音患。枚,每回切。数,所主切。阖,户腊切。挝,陟瓜切。恐,曲勇切。　㊹邮棠,齐邑。○邮,音尤。　㊺大子,光也。荣,齐大夫。○扣,音口。　㊻言欲略行其地,无久攻意。○行,下孟切。　㊼潍水在东莞东北,至北海都昌县入海。沂水出东莞盖县,至下邳入泗。○轻,遣政切,下同。断,音短。潍,本又作维,音同。沂,鱼依切。莞,音官。盖,古害切。邳,蒲悲切。泗,音四。

　　郑子孔欲去诸大夫①,将叛晋而起楚师以去之。使告子庚,子庚弗许②。楚子闻之,使杨豚尹宜告子庚曰:"国人谓不榖主社稷,而不出师,死不从礼③。不榖即位,于今五年,师徒不出,人其以不榖为自逸,而忘先君之业矣④。大夫图之! 其若之何?"子庚叹曰:"君王其谓午怀安乎! 吾以利社稷也。"见使者,稽首而对曰:"诸侯方睦于晋,臣请尝之⑤。若可,君而继之。不可,收师而退,可以无害,君亦无辱。"子庚帅师治兵于汾⑥。于是子蟜、伯有、子张从郑伯伐齐⑦。子孔、子展、子西守。二子知子孔之谋⑧,完守入保⑨。子孔不敢会楚师。

　　楚师伐郑,次于鱼陵⑩。右师城上棘,遂涉颍,次于旃然⑪。芳子冯、公子格率锐师侵费滑、胥靡、献于、雍梁⑫,右回梅山⑬,侵郑东北,至于虫牢而反。子庚门于纯门,信于城下而还⑭。涉于鱼齿之下⑮,甚雨及之,楚师多冻,役徒几尽。

　　晋人闻有楚师,师旷曰:"不害。吾骤歌北风,又歌南风。南风不竞⑯,多死声。楚必无功。"董叔曰:"天道多在西北⑰,南师不时,必无功⑱。"叔向曰:"在其君之德也⑲。"

① 欲专权。○ 去,起吕切,下同。　② 子庚,楚令尹公子午。③ 不能承先君之业,死将不得从先君之礼。○ 豚,徒门切。　④ 谓己未尝统师自出。　⑤ 尝,试其难易也。○ 使,所吏切。易,以豉切。⑥ 襄城县东北有汾丘城。○ 汾,扶云切。　⑦ 子张,公孙黑肱。⑧ 二子,子展、子西。○ 守,手又切,下完守同。　⑨ 完城郭,内保守。⑩ 鱼陵,鱼齿山也,在南阳犨县北,郑地。○ 犨,尺由切。　⑪ 将涉颍,故于水边权筑小城,以为进退之备。旃然水出荥阳成皋县,东入汴。○ 旃,章延切。汴,皮彦切。　⑫ 胥靡、献于、雍梁,皆郑邑。河南阳翟县东北有雍氏城。○ 芳,本又作蘼,于委切。冯,皮冰切。费,扶味切。滑,于八切。雍,于用切。　⑬ 在荥阳密县东北。○ 回,如字;徐,胡猥切。⑭ 信,再宿也。○ 牢,力刀切。纯,如字,又市荀切。　⑮ 鱼齿山之下有滍水,故言涉。○ 滍,音雉。　⑯ 歌者吹律以咏八风,南风音微,故曰不竞也。师旷唯歌南北风者,听晋、楚之强弱。○ 冻,丁弄切。几,音祈。骤,仕救切。　⑰ 岁在豕韦,月又建亥,故曰多在西北。　⑱ 不时,谓触岁月。　⑲ 言天时地利,不如人和。

经

十有九年春,王正月,诸侯盟于祝柯①。

晋人执邾子②。

公至自伐齐③。

取邾田,自漷水④。

季孙宿如晋。

葬曹成公⑤。

夏,卫孙林父帅师伐齐。

秋七月辛卯,齐侯环卒⑥。

晋士匄帅师侵齐至穀,闻齐侯卒,乃还⑦。

八月丙辰,仲孙蔑卒⑧。

齐杀其大夫高厚。

郑杀其大夫公子嘉。

冬,葬齐灵公⑨。

城西郛⑩。

叔孙豹会晋士匄于柯⑪。

城武城⑫。

① 前年围齐之诸侯也。祝柯县今属济南郡。○柯,古多切。② 称人以执,恶及民也。 ③ 无《传》。 ④ 取邾田以漷水为界也。漷水出东海合乡县,西南经鲁国至高平湖陆县入泗。○漷,好虢切;徐音郭,又虎伯切;《字林》,口郭、口获二切。 ⑤ 无传。 ⑥ 世子光三与鲁同盟。 ⑦ 详录所至及还者,善得礼。 ⑧ 无《传》。 ⑨ 无《传》。 ⑩ 鲁西郛。○郛,芳夫切。 ⑪ 魏郡内黄县东北有柯城。⑫ 泰山南武城县。

传

十九年春,诸侯还自沂上,盟于督扬,曰:"大毋侵小①。"执邾悼公,以其伐我故②。遂次于泗上,疆我田③。取邾田自漷水,归之于我④。晋侯先归。公享晋六卿于蒲圃⑤,赐之三命之服。军尉、司马、司空、舆尉、候奄,皆受一命之服⑥。贿荀偃束锦,加璧,乘马,先吴寿梦之鼎⑦。

荀偃瘅疽,生疡于头⑧。济河,及著雍,病,目出。大夫先归者皆反。士匄请见,弗内。请后,曰:"郑甥可⑨。"二月甲寅,卒,而视,不可含⑩。宣子盥而抚之曰:"事吴,敢不如事主!"犹视⑪。栾怀子曰:"其为未卒事于齐故也乎⑫?"乃复抚之曰:"主苟终,所不嗣事于齐者,有如河!"乃瞑,受含⑬。宣子出,曰:"吾浅之为丈夫也⑭。"晋栾鲂帅师从卫孙文子伐齐⑮。

① 督扬即祝柯也。○督,丁毒切。毋,音无。　② 伐鲁在十七年。③ 正邾鲁之界也。泗,水名。○疆,居良切。　④ 邾田在漷水北,今更以漷为界,故曰取邾田。　⑤ 六卿过鲁。○圃,布古切。过,古禾切。⑥ 如鄑战还之赐,唯无先辂。○鄑,音安。　⑦ 荀偃,中军元帅,故特贿之。五匹为束。四马为乘。寿梦,吴子乘也。献鼎于鲁,因以为名。古之献物,必有以先,今以璧马为鼎之先。○贿,呼罪切。乘,绳证切。先,悉荐切,又如字。梦,莫公切。帅,所类切。　⑧ 瘅疽,恶创。○瘅,丁但切;徐音旦。疽,七徐切。疡,音羊。创,初良切。　⑨ 士匄,中军佐,故问后也。郑甥,荀吴。其母郑女。○著,张虑切,又直虑切。雍,於用切。见,贤遍切。　⑩ 目开口噤。○视,如字;徐,市至切。含,户暗切,下同。噤,其荫切。　⑪ 大夫称主。○盥,音管。　⑫ 怀子,栾盈。○为,于伪切,下《注》为怀同。　⑬ 嗣,续也。○复,扶又切。瞑,亡丁切,一音亡平切。桓谭以为荀偃病而目出,初死其目未合,尸冷乃合,非其有所知也。《传》因其异而记之耳。　⑭ 自恨以私待人。　⑮ 为怀子之言故也。栾鲂,栾氏族。不书,兵并林父,不别告也。《经》书夏,从告。○并,如字,又必政切。

季武子如晋拜师①,晋侯享之。范宣子为政②,赋《黍苗》③。季武子兴,再拜稽首曰:"小国之仰大国也,如百穀之仰膏雨焉!若常膏之,其天下辑睦,岂唯敝邑?"赋《六月》④。

①谢讨齐。　②代荀偃将中军。○将,子匠切,后放此。③《黍苗》,《诗·小雅》。美召伯劳来诸侯,如阴雨之长黍苗也。喻晋君忧劳鲁国犹召伯。○召,上照切,下同。劳,力报切。来,力代切。长,丁丈切。　④《六月》,尹吉甫佐天子征伐之诗。以晋侯比吉甫,出征以匡王国。○仰,如字;徐,五亮切,下同。常膏,古报切,又如字。辑,音集;本又作集。

季武子以所得于齐之兵,作林钟而铭鲁功焉①。臧武仲谓季孙曰:"非礼也。夫铭,天子令德②,诸侯言时计功③,大夫称伐④。今称伐则下等也⑤,计功则借人也⑥,言时则妨民多矣,何以为铭?且夫大伐小,取其所得以作彝器⑦,铭其功烈以示子孙,昭明德而惩无礼也。今将借人之力以救其死,若之何铭之?小国幸于大国⑧,而昭所获焉以怒之,亡之道也⑨。"

①林钟,律名。铸钟,声应林钟,因以为名。○铸,之树切。应,应对之应。　②天子铭德不铭功。　③举得时,动有功,则可铭也。④铭其功伐之劳。　⑤从大夫故。　⑥借晋力也。○借,如字,又情亦切。　⑦彝,常也。谓钟鼎为宗庙之常器。○夫,音扶。彝,以之切。⑧以胜大国为幸。○惩,直升切。　⑨为城西郛、武城《传》。

齐侯娶于鲁曰颜懿姬,无子。其姪鬷声姬生光,以为大子①。诸子,仲子、戎子。戎子嬖②。仲子生牙,属诸戎子③。

戎子请以为大子。许之④。仲子曰："不可。废常不祥⑤，间诸侯难⑥。光之立也，列于诸侯矣⑦。今无故而废之，是专黜诸侯⑧，而以难犯不祥也。君必悔之。"公曰："在我而已。"遂东大子光⑨，使高厚傅牙，以为大子。夙沙卫为少傅。

齐侯疾，崔杼微逆光。疾病，而立之。光杀戎子⑩，尸诸朝，非礼也。妇人无刑⑪。虽有刑，不在朝市⑫。夏五月壬辰晦，齐灵公卒⑬。庄公即位⑭，执公子牙于句渎之丘。以夙沙卫易己，卫奔高唐以叛⑮。

① 兄子曰姪。颜、鬷皆二姬母姓，因以为号。懿、声皆谥。○ 娶，七住切。姪，直结切。鬷，子公切。　② 诸子，诸妾姓子者。二子，皆宋女。○ 仲，本亦作中，音仲，下皆放此。嬖，必计切。　③ 属，托之。○ 属，之蜀切。　④ 齐侯许之。　⑤ 废立嫡之常。○ 嫡，本或作适，丁历切。⑥ 事难成也。　○ 间，间厕之间。　⑦ 列诸侯之会。　⑧ 谓光已有诸侯之尊。　⑨ 废而徙之东鄙。　⑩ 终言之。○ 少，诗照切，下《注》公犹少同。杼，直吕切。　⑪ 无黥刖之刑。○ 黥，其京切。刖，音月，又五刮切。　⑫ 谓犯死刑者，犹不暴尸。○ 暴，蒲卜切。　⑬《经》书七月辛卯，光定位而后赴。　⑭ 大子光也。　⑮ 光谓卫教公易己。高唐在祝阿县西北。○ 句，古侯切。渎，音豆。

晋士匄侵齐及穀，闻丧而还，礼也①。

① 礼之常，不必待君命。

于四月丁未①，郑公孙虿卒，赴于晋大夫。范宣子言于晋侯，以其善于伐秦也②。六月，晋侯请于王，王追赐之大路,使以行,礼也③。

① 于此年四月。　② 十四年晋伐秦,子蟜见诸侯师,而劝之济泾。③ 大路,天子所赐车之总名,以行葬礼。《传》言大夫有功,则赐服路。

秋八月,齐崔杼杀高厚于洒蓝而兼其室①。书曰:"齐杀其大夫。"从君于昏也②。

① 洒蓝,齐地。○洒,色买切;徐,所绮切。蓝,力甘切。　②《传》解《经》不言崔杼杀,而为国讨文。

郑子孔之为政也专①。国人患之,乃讨西宫之难②,与纯门之师③。子孔当罪,以其甲及子革、子良氏之甲守④。甲辰,子展、子西率国人伐之,杀子孔而分其室。书曰:"郑杀其大夫。"专也⑤。子然、子孔,宋子之子也⑥。士子孔,圭妫之子也⑦。圭妫之班,亚宋子而相亲也⑧。二子孔亦相亲也。僖之四年,子然卒⑨。简之元年,士子孔卒⑩。司徒孔实相子革、子良之室⑪。三室如一⑫,故及于难⑬。子革、子良出奔楚,子革为右尹⑭。郑人使子展当国,子西听政,立子产为卿⑮。

① 专权。　② 十年,尉止等作难西宫,子孔知而不言。○难,乃旦切,下同。　③ 前年,子孔召楚师至纯门。　④ 以自守也。○守,手又切,下守备同。　⑤ 亦以国讨为文。　⑥ 子然,子革父。　⑦ 宋子、圭妫,皆郑穆公妾。士子孔,子良父。○妫,居危切。　⑧ 亚,次也。

573

○亚,於嫁切。 ⑨郑僖四年,鲁襄六年。 ⑩鲁襄八年。 ⑪司徒孔与二父相亲,故相助其子。○相,息亮切。 ⑫言同心。 ⑬故二子并及难。 ⑭子革即郑丹。 ⑮简公犹幼,故大夫当国。

齐庆封围高唐,弗克①。冬十一月,齐侯围之,见卫在城上,号之,乃下②。问守备焉,以无备告。揖之,乃登③。闻师将傅,食高唐人。殖绰、工偻会夜缒纳师④,醢卫于军⑤。

①夙沙卫以叛,故围之。 ②卫下与齐侯语。○号,徐,胡报切,召也;又户刀切。 ③齐侯以卫告诚,揖而礼之,欲生之也。卫志于战死,故不顺齐侯之揖,而还登城。 ④因其会食。二子,齐大夫。○傅,音附。食,音嗣。偻,力侯切。缒,直伪切。 ⑤○醢,音海。

城西郛,惧齐也①。

①前年与晋伐齐,又铸其器为钟,故惧。

齐及晋平,盟于大隧①。故穆叔会范宣子于柯②。穆叔见叔向,赋《载驰》之四章③。叔向曰:"肸敢不承命④。"穆叔归曰:"齐犹未也,不可以不惧。"乃城武城。

①大隧,地阙。○隧,音遂。 ②齐、晋平,鲁惧齐,故为柯会以自固。 ③四章曰:"控于大邦,谁因谁极。"控,引也。取其欲引大国以自救助。○控,苦贡切。 ④叔向度齐未肯以盟服,故许救鲁。○度,待洛切。

卫石共子卒①,悼子不哀②。孔成子曰:"是谓蹙其本③,必不有其宗④。"

① 石买。○ 共,音恭。　② 买之子石恶。　③ 蹙,犹拔也。○ 蹙,其月切,又居月切,又居卫切。　④ 为二十八年石恶出奔《传》。

经

二十年春,王正月辛亥,仲孙速会莒人,盟于向①。

夏六月庚申,公会晋侯、齐侯、宋公、卫侯、郑伯、曹伯、莒子、邾子、滕子、薛伯、杞伯、小邾子,盟于澶渊②。

秋,公至自会③。

仲孙速帅师伐邾。

蔡杀其大夫公子燮④。

蔡公子履出奔楚⑤。

陈侯之弟黄出奔楚⑥。

叔老如齐。

冬十月丙辰朔,日有食之⑦。

季孙宿如宋。

① 向 莒邑。○ 向,舒亮切。　② 澶渊在顿丘县南,今名繁汙。此卫地,又近戚田。○ 澶,市然切。汙,音纡。近,附近之近。　③ 无《传》。　④ 庄公子。○ 燮,息协切。　⑤ 燮母弟也。　⑥ 称弟,明无罪也。　⑦ 无《传》。

传

二一年春,及莒平。孟庄子会莒人,盟于向,督扬之盟故也①。

① 莒数伐鲁,前年诸侯盟督扬以和解之。故二国自复共盟,结其好。○ 数,所角切,下同。解,古买切,又户买切。复,扶又切,下始复同。好,呼报切,下同。

夏,盟于澶渊,齐成故也①。

① 齐与晋平。

邾人骤至,以诸侯之事,弗能报也①。秋,孟庄子伐邾以报之②。

① 骤,数也。谓十五年、十七年伐鲁。　② 既盟而又伐之,非。

蔡公子燮欲以蔡之晋①,蔡人杀之。公子履,其母弟也,故出奔楚②。

① 背楚。○ 背,音佩。　② 与兄同谋故。

陈庆虎、庆寅畏公子黄之偪①,愬诸楚曰:"与蔡司马同谋②。"楚人以为讨③。公子黄出奔楚④。初,蔡文侯欲事晋,曰:"先君与于践土之盟⑤,晋不可弃,且兄弟也。"畏楚,不能行而卒⑥。楚人使蔡无常⑦,公子燮求从先君以利蔡,不能而死。书曰:"蔡杀其大夫公子燮",言不与民同欲也⑧。"陈侯之弟黄出奔楚",言非其罪也⑨。公子黄将出奔,呼于国曰:"庆氏无道,求专陈国,暴蔑其君,而去其亲,五年不灭,是无天也⑩。"

① 二庆,陈卿。恐黄偪夺其政。○偪,彼力切。　② 同欲之晋。　③ 讨,责陈。　④ 奔楚自理。　⑤ 先君,文侯父庄侯甲午也。践土盟在僖二十八年。○与,音预。　⑥ 宣十七年,文侯卒。　⑦ 征发无准。　⑧ 罪其违众。　⑨ 称弟,罪陈侯及二庆。　⑩ 为二十三年陈杀二庆《传》。○呼,好故切。去,起吕切。

齐子初聘于齐,礼也①。

① 齐、鲁有怨,朝聘礼绝,今始复通,故曰初。继好息民,故曰礼。

冬,季武子如宋,报向戌之聘也①。褚师段逆之以受享②,赋《常棣》之七章以卒③。宋人重贿之。归复命,公享之。赋《鱼丽》之卒章④。公赋《南山有台》⑤。武子去所,曰:"臣不堪也⑥。"

① 向戌聘在十五年。　② 段,共公子子石也。逆以入国,受享礼。○褚,张吕切。段,徐,徒乱切。共,音恭。　③ 武子赋也。七章以卒,尽八章。取其"妻子好合,如鼓瑟琴,宜尔室家,乐尔妻帑"。言二国好合,宜其室家,相亲如兄弟。○棣,大计切。乐,音洛。帑,音奴。　④《鱼丽》,《诗·小雅》。卒章曰:"物其有矣,维其时矣。"喻聘宋得其时。○丽,力驰切。　⑤《南山有台》,《诗·小雅》。取其"乐只君子,邦家之基,邦家之光"。喻武子奉使,能为国光晖。○只,之氏切,本亦作旨。使,所吏

切。　　⑥去所,辟席。

卫甯惠子疾,召悼子①曰:"吾得罪于君,悔而无及也。名藏在诸侯之策,曰:'孙林父、甯殖出其君。'君入则掩之②。若能掩之,则吾子也。若不能,犹有鬼神,吾有馁而已,不来食矣③。"悼子许诺,惠子遂卒④。

①悼子,甯喜。　　②掩恶名。○策,初革切。出,如字;徐音黜。③馁,饿也。○馁,奴罪切。　　④为二十六年卫侯归《传》。

经

二十有一年春,王正月,公如晋。
邾庶其以漆、闾丘来奔①。
夏,公至自晋②。
秋,晋栾盈出奔楚③。
九月庚戌朔,日有食之④。
冬十月庚辰朔,日有食之⑤。
曹伯来朝。
公会晋侯、齐侯、宋公、卫侯、郑伯、曹伯、莒子、邾子于商任⑥。

①二邑在高平南平阳县,东北有漆乡,西北有显闾亭。以邑出为叛。适鲁而言来奔,内外之辞。○漆,本或作泬;徐音七。闾,力於切。②无《传》。　　③盈不能防闲其母,以取奔亡。称名,罪之。　　④无《传》。　　⑤无《传》。　　⑥商任,地阙。○任,音壬。

传

二十一年春，公如晋，拜师及取邾田也①。

① 谢十八年伐齐之师、漷水之田。

邾庶其以漆、闾丘来奔①。季武子以公姑姊妻之②，皆有赐于其从者。

于是鲁多盗。季孙谓臧武仲曰："子盍诘盗③？"武仲曰："不可诘也，纥又不能。"季孙曰："我有四封，而诘其盗，何故不可？子为司寇，将盗是务去，若之何不能？"武仲曰："子召外盗而大礼焉，何以止吾盗④？子为正卿而来外盗，使纥去之，将何以能？庶其窃邑于邾以来，子以姬氏妻之，而与之邑⑤，其从者皆有赐焉。若大盗，礼焉以君之姑姊与其大邑，其次皂牧舆马⑥，其小者衣裳剑带，是赏盗也。赏而去之，其或难焉。纥也闻之，在上位者，洒濯其心，壹以待人，轨度其信，可明征也⑦，而后可以治人。夫上之所为，民之归也。上所不为而民或为之，是以加刑罚焉，而莫敢不惩。若上之所为而民亦为之，乃其所也，又可禁乎？《夏书》曰：'念兹在兹⑧，释兹在兹⑨，名言兹在兹⑩，允出兹在兹⑪，惟帝念功⑫。'将谓由己壹也。信由己壹，而后功可念也⑬。"

庶其非卿也，以地来，虽贱必书，重地也⑭。

① 庶其，邾大夫。 ② 计公年不得有未嫁姑姊，盖寡者二人。○《释文》：公姑姊，杜以公之姑及姊，是二人也。或曰，《列女传》称梁有节姑妹，谓父之妹也。此云姑姊，是父之姊也，一人耳。以杜氏为误。案，成

二年,楚侵及阳桥,孟孙往赂,以公衡为质。杜云,"衡,成公子也"。楚师及宋,公衡逃归。臧宣叔云,"衡父不忍数年之不宴,以弃鲁国"。则公衡之年,下计犹十七八。成公是其父,固当三十有馀。从成二年至此三十八岁,姑又成公之姊,则年近七十矣。假令公衡非成公之子,犹是成公之弟。成九年伯姬归于宋。伯者,长称。九年始嫁,则为成公之妹,成公不得有姊矣。若成公别有庶长之姊,以成公、公衡之年推之,亦不复堪嫁,故知二人也。唯《公羊》以成公即位年幼。据《左氏》成四年《传》云,公如晋,晋侯见公不敬。公归,欲求成于楚,得季文子谏而止。此非年幼也。反覆推之,杜氏不误。妻,七计切,及下同。　③诘,治也。○从,才用切,下同。盍,胡臘切,下盍反同。诘,起吉切。　④吾,谓国中。○去,起吕切,下皆同。　⑤使食漆、闾丘。　⑥给其贱役,从皂至牧,凡八等之人。○皂,在早切。凡八等之人,谓皂、舆、隶、僚、仆、台、圉、牧也。　⑦征,验也。○洒,西礼切。濯,直角切。度,待洛切。征,直升切。　⑧逸《书》也。兹,此也。谓行此事,当念使可施之于此。　⑨释,除也。谓欲有所治除于人,亦当顾己得无亦有之。　⑩名此事,言此事,亦皆当令可施于此。○令,力呈切。　⑪允,信也。信出于此,则善亦在此。　⑫言帝念功,则功成也。　⑬言非但意念而已,当须信己诚至。　⑭重地,故书其人,其人书,则恶名彰,以惩不义。

齐侯使庆佐为大夫[①]**,复讨公子牙之党,执公子买于句渎之丘。公子鉏来奔。叔孙还奔燕**[②]**。**

① 庆佐,崔杼党。　② 三子,齐公族。言庄公斥逐亲戚,以成崔、庆之势,终有弑杀之祸。○复,扶又切。鉏,仕居切。还,音旋。杀,申志切,又音如字。

夏,楚子庚卒,楚子使薳子冯为令尹。访于申叔豫[①]**,叔**

豫曰："国多宠而王弱②,国不可为也。"遂以疾辞。方暑,阙地下冰而床焉。重茧衣裘,鲜食而寝③。楚子使医视之,复曰:"瘠则甚矣④!而血气未动⑤。"乃使子南为令尹⑥。

① 叔豫,叔时孙。　② 弱,政教微而贵臣强。　③ 茧,绵衣。○ 阙,求月切。茧,古典切;《礼记》云,纩为茧。衣,於既切。鲜,息浅切,少也。　④ 瘠,瘦也。○ 瘠,在亦切。瘦,所又切。　⑤ 言无疾。⑥ 子南,公子追舒也。为二十二年杀追舒《传》。

栾桓子娶于范宣子,生怀子①。范鞅以其亡也,怨栾氏②,故与栾盈为公族大夫而不相能。桓子卒,栾祁与其老州宾通③,几亡室矣④。怀子患之。祁惧其讨也,愬诸宣子曰:"盈将为乱,以范氏为死桓主而专政矣⑤,曰:'吾父逐鞅也,不怨而以宠报之⑥,又与吾同官而专之⑦,吾父死而益富。死吾父而专于国,有死而已!吾蔑从之矣⑧。'其谋如是,惧害于主,吾不敢不言。"范鞅为之征⑨。怀子好施,士多归之。宣子畏其多士也,信之。怀子为下卿⑩,宣子使城著而遂逐之⑪。

秋,栾盈出奔楚。宣子杀箕遗、黄渊、嘉父、司空靖、邴豫、董叔、邴师、申书、羊舌虎、叔罴⑫,囚伯华、叔向、籍偃⑬。人谓叔向曰:"子离于罪,其为不知乎⑭?"叔向曰:"与其死亡若何⑮?《诗》曰:'优哉游哉,聊以卒岁。'知也⑯。"乐王鲋见叔向曰:"吾为子请!"叔向弗应。出,不拜⑰。其人皆咎叔向。叔向曰:"必祁大夫⑱。"室老闻之曰:"乐王鲋言于君无不行⑲,求赦吾子,吾子不许⑳。祁大夫所不能也㉑,而曰'必由之'，何也？"叔向曰："乐王鲋，从君者也，何能行？祁大夫外举不弃仇，内举不失亲，其独遗我乎？《诗》曰：'有觉德行，四国顺之㉒。'夫子，觉者也㉓。"

晋侯问叔向之罪于乐王鲋，对曰："不弃其亲，其有焉㉔。"于是祁奚老矣㉕，闻之，乘驲而见宣子，曰："《诗》曰：'惠我无疆，子孙保之㉖。'《书》曰：'圣有谟勋，明征定保㉗。'夫谋而鲜过，惠训不倦者，叔向有焉㉘，社稷之固也。犹将十世宥之，以劝能者。今壹不免其身㉙，以弃社稷，不亦惑乎？鲧殛而禹兴㉚。伊尹放大甲而相之，卒无怨色㉛。管、蔡为戮，周公右王㉜。若之何其以虎也弃社稷？子为善，谁敢不勉。多杀何为？"宣子说，与之乘，以言诸公而免之㉝。不见叔向而归㉞。叔向亦不告免焉而朝㉟。

初，叔向之母妒叔虎之母美而不使㊱。其子皆谏其母。其母曰："深山大泽，实生龙蛇㊲。彼美，余惧其生龙蛇以祸女。女，敝族也㊳。国多大宠㊴，不仁人间之，不亦难乎？余何爱焉！"使往视寝，生叔虎。美而有勇力，栾怀子嬖之，故羊舌氏之族及于难。

栾盈过于周，周西鄙掠之㊵。辞于行人㊶，曰："天子陪臣盈㊷，得罪于王之守臣㊸，将逃罪。罪重于郊甸㊹，无所伏窜，敢布其死㊺。昔陪臣书能输力于王室，王施惠焉㊻。其子黡，不能保任其父之劳。大君若不弃书之力，亡臣犹有所逃㊼。若弃书之力，而思黡之罪，臣戮馀也㊽，将归死于尉氏㊾，不敢还矣。敢布四体，唯大君命焉㊿！"王曰："尤而效之，其又甚焉[51]！"使司徒禁掠栾氏者，归所取焉。使候出诸镮辕[52]。

①桓子，栾黡。怀子，盈也。　②十四年，栾黡强逐范鞅使奔秦。○强，其丈切。　③栾祁，桓子妻，范宣子女，盈之母也。范氏，尧后，祁姓。○能，如字；徐，乃代切。　④言乱甚。○几，其依切。　⑤桓主，栾黡。　⑥谓宣子不为黡责怒鞅，而反与鞅宠位。○为，于伪切，下吾为同。　⑦同为公族大夫，而鞅专其权势。　⑧言宣子专政，盈欲以死作难。○难，乃旦切。　⑨证其有此。　⑩下军佐。○好，呼报切。施，式豉切。　⑪著，晋邑。在外易逐。○著，直据切，又张虑切。易，以豉切。　⑫十子，皆晋大夫，栾盈之党也。羊舌虎，叔向弟。○邴，音丙。罴，彼皮切。　⑬籍偃，上军司马。　⑭讥其受囚而不能去。○知，音智，下及《注》同。　⑮言虽囚，何若于死亡。　⑯《诗·小雅》。言君子优游于衰世，所以辟害卒其寿，是亦知也。○《释文》：《诗·小雅》。案今《小雅》无此全语，唯《采菽》诗云："优哉游哉，亦是戾矣。"　⑰乐王鲋，晋大夫乐桓子。○鲋，音附。应，应对之应，下《注》同；一本作不应。　⑱祁大夫，祁奚也。食邑于祁，因以为氏。祁县今属大原。○咎，其九切。　⑲其言皆得行。　⑳谓不应，出不拜。　㉑不能动君。　㉒《诗·大雅》。言德行直，则天下顺之。○行，下孟切。　㉓觉，较然正直。○较，音角。　㉔言叔向笃亲亲，必与叔虎同谋。　㉕老，去公族大夫。　㉖《诗》，《周颂》也。言文、武有惠训之德，加于百姓，故子孙保赖之。○驲，人实切，传也。疆，居良切。　㉗逸《书》。谟，谋也。勋，功也。言圣哲有谋功者，当明信定安之。○谟，莫胡切。勋，如字；《书》作训。　㉘谋鲜过，有谟勋也。惠训不倦，惠我无疆也。　㉙壹以弟故。○宥，音又。　㉚言不以父罪废其子。○鲧，古本切。殛，纪力切。　㉛大甲，汤孙也，荒淫失度。伊尹放之桐宫三年，改悔而复之，而无恨心。言不以一怨妨大德。○大，音泰。相，息亮切。　㉜言兄弟罪不相及。○右，音又。　㉝共载入见公。○说，音悦。乘，绳证切。见，贤遍切，下始见并《注》同。　㉞言为国，非私叔向也。○为，于伪切，下不为己及

为子皆同。 ㉟ 不告谢之,明不为己。 ㊱ 不使见叔向父。〇 姤,丁故切。 ㊲ 言非常之地,多生非常之物。 ㊳ 敝,衰坏也。龙蛇,喻奇怪。〇 女,音汝,下同。 ㊴ 六卿专权。 ㊵ 劫掠财物。〇 间,间厕之间。难,乃旦切。掠,音亮。 ㊶ 王行人也。 ㊷ 诸侯之臣,称于天子曰陪臣。 ㊸ 范宣子为王所命,故曰守臣。〇 守,手又切。 ㊹ 重得罪于郊甸,谓为郊甸所侵掠也。郭外曰郊,郊外曰甸。〇 重,直用切,《注》同。甸,徒练切。 ㊺ 布,陈也。〇 窜,七乱切。 ㊻ 输力,谓辅相晋国以翼戴天子。〇 相,息亮切。 ㊼ 大君,谓天王。〇 任,音壬。 ㊽ 罪戮之馀。 ㊾ 尉氏,讨奸之官。 ㊿ 布四体,言无所隐。 (51) 尤晋逐盈,而自掠之,是效尤。〇 效,或作傚,户教切。 (52) 候,送迎宾客之官也。轘辕,关,在缑氏县东南。〇 辕,音袁。

冬,曹武公来朝,始见也①。

① 即位三年始来见公。

会于商任,锢栾氏也①。齐侯、卫侯不敬。叔向曰:“二君者,必不免。会朝,礼之经也。礼,政之舆也②。政,身之守也③。怠礼失政,失政不立,是以乱也④。”

知起、中行喜、州绰、邢蒯出奔齐⑤,皆栾氏之党也。乐王鲋谓范宣子曰:“盍反州绰、邢蒯?勇士也。”宣子曰:“彼栾氏之勇也,余何获焉⑥?”王鲋曰:“子为彼栾氏,乃亦子之勇也⑦。”

齐庄公朝,指殖绰、郭最曰:“是寡人之雄也。”州绰曰:“君以为雄,谁敢不雄?然臣不敏,平阴之役,先二子鸣⑧。”庄公为勇爵⑨。殖绰、郭最欲与焉⑩。州绰曰:“东闾之役,臣左骖迫还于门中,识其枚数⑪。其可以与于此乎?"公曰:"子为晋君也。"对曰:"臣为隶新⑫。然二子者,譬于禽兽,臣食其肉而寝处其皮矣⑬。"

① 禁锢栾盈,使诸侯不得受。○锢,音固。　② 政须礼而行。③ 政存则身安。　④ 为二十五年齐弑光二十六年卫弑剽《传》。○弑,申志切,下同。剽,匹妙切。　⑤ 四子,晋大夫。○知,音智。行,户郎切。蒯,苦怪切。　⑥ 言不为己用。　⑦ 言子待之如栾氏,亦为子用也。　⑧ 十八年,晋伐齐,及平阴。州绰获殖绰、郭最。故自比于鸡,斗胜而先鸣。○先,悉荐切。　⑨ 设爵位以命勇士。　⑩ 自以为勇。○与,音预,下同。　⑪ 识门版数。亦在十八年。○枚,本亦作版。⑫ 言但为仆隶尚新耳。○为,于伪切。　⑬ 言尝射得之。○射,食亦切。

经

二十有二年春,王正月,公至自会①。

夏四月。

秋七月辛酉,叔老卒②。

冬,公会晋侯、齐侯、宋公、卫侯、郑伯、曹伯、莒子、邾子、薛伯、杞伯、小邾子于沙随。

公至自会③。

楚杀其大夫公子追舒④。

① 无《传》。　② 无《传》。子叔齐子。　③ 无《传》。　④ 书名者,宠近小人,贪而多马,为国所患。○近,附近之近。

传

二十二年春,臧武仲如晋①,雨,过御叔。御叔在其邑,将饮酒②,曰:"焉用圣人③!我将饮酒而已。雨行,何以圣为?"穆叔闻之曰:"不可使也,而傲使人④,国之蠹也。"令倍其赋⑤。

① 公频与晋侯外会,今各将罢还,鲁之守卿遣武仲为公谢不敏,故不书。○守,手又切。为,于伪切。　② 御叔,鲁御邑大夫。○过,古禾切。御,鱼吕切,又鱼据切。　③ 武仲多知,时人谓之圣。○焉,於虔切。知,音智,又如字。　④ 言御叔不任使四方。○傲,五报切。使,所吏切。任,音壬。　⑤ 古者家有国邑,故以重赋为罚。《传》言穆叔能用教。○蠹,丁故切。

夏,晋人征朝于郑①,郑人使少正公孙侨对②曰:"在晋先君悼公九年,我寡君于是即位③。即位八月④,而我先大夫子䭭从寡君以朝于执事。执事不礼于寡君⑤,寡君惧。因是行也,我二年六月朝于楚⑥,晋是以有戚之役⑦。楚人犹竞,而申礼于敝邑。敝邑欲从执事而惧为大尤,曰晋其谓我不共有礼,是以不敢携贰于楚。我四年三月,先大夫子蟜又从寡君以观衅于楚⑧,晋于是乎有萧鱼之役⑨。谓我敝邑,迩在晋国,譬诸草木,吾臭味也⑩,而何敢差池⑪?楚亦不竞,寡君尽其土实⑫,重之以宗器⑬,以受齐盟⑭。遂帅群臣随于执事以会岁终⑮。贰于楚者,子侯、石盂,归而讨之⑯。溴梁之明年⑰,子蟜老矣,公孙夏从寡君以朝于君,见于尝酎⑱,与执燔焉⑲。间二年,闻君将靖东夏⑳,四月又朝,以听

586

事期㉑。不朝之间,无岁不聘,无役不从。以大国政令之无常,国家罢病,不虞荐至㉒,无日不惕,岂敢忘职㉓。大国若安定之,其朝夕在庭,何辱命焉㉔?若不恤其患,而以为口实㉕,其无乃不堪任命,而翦为仇雠㉖,敝邑是惧。其敢忘君命?委诸执事,执事实重图之㉗。"

① 召郑使朝。　② 少正,郑卿官也。公孙侨,子产。○少,诗照切,下少牢同。侨,其骄切。　③ 鲁襄八年。　④ 即位年之八月。⑤ 言朝执事,谦不敢斥晋侯。　⑥ 因朝晋不见礼,生朝楚心。　⑦ 在九年。○戏,许宜切。　⑧ 实朝,言观衅,饰辞也。言欲往视楚,知可去否。○共,音恭,下共祀同。衅,许靳切。　⑨ 在十一年。　⑩ 晋、郑同姓故。　⑪ 差池,不齐一。○差,初宜切,又初佳切,又七河切,《注》同。池,徐本作沱,直知切,又徒河切。　⑫ 土地所有。　⑬ 宗庙礼乐之器,钟磬之属。○重,直用切。　⑭ 齐,同也。　⑮ 朝正。⑯ 石盂,石臬。○盂,音于。臬,敕略切。　⑰ 溴梁在十六年。⑱ 酒之新熟,重者为酎。尝新饮酒为尝酎。○夏,户雅切,下同。见,贤遍切,又如字。酎,直又切。　⑲ 助祭。○与,音预。燔,本作膰,音烦,祭肉也。　⑳ 谓二十年澶渊盟。○间,间厕之间,又如字。　㉑ 先澶渊二月往朝,以听会期。○先,悉荐切。　㉒ 荐,仍也。○罢,音皮。荐,在荐切。　㉓ 惕,惧也。○惕,他历切。　㉔ 言自将往,不须来召。○朝夕,如字。　㉕ 口实,但有其言而已。　㉖ 翦,削也。谓见剥削不堪命,则成仇雠。○任,音壬。　㉗《传》言子产有辞,所以免大国之讨。

秋,栾盈自楚适齐。晏平仲言于齐侯曰:"商任之会,受命于晋①。今纳栾氏,将安用之?小所以事大,信也。失信不立,君其图之。"弗听。退告陈文子曰:"君人执信,臣人执共,忠信笃敬,上下同之,天之道也。君自弃也,弗能久矣②!"

① 受锢栾氏之命。　② 为二十五年齐弑其君光《传》。

九月,郑公孙黑肱有疾,归邑于公①。召室老宗人立段②,而使黜官薄祭③。祭以特羊,殷以少牢④。足以共祀,尽归其馀邑。曰:"吾闻之,生于乱世,贵而能贫,民无求焉,可以后亡。敬共事君,与二三子。生在敬戒,不在富也。"己巳,伯张卒。君子曰:"善戒。《诗》曰:'慎尔侯度,用戒不虞。'郑子张其有焉⑤。"

① 黑肱,子张。○肱,古弘切。　② 段,子石,黑肱子。　③ 黜官,无多受职。　④ 四时祀,以一羊。三年盛祭,以羊豕。殷,盛也。⑤《诗·大雅》。侯,维也。义取慎法度,戒未然。○尽,津忍切。凡此例可求,故特音之。

冬,会于沙随,复锢栾氏也①。栾盈犹在齐,晏子曰:"祸将作矣!齐将伐晋,不可以不惧②。"

① 晋知栾盈在齐,故复锢也。○复,扶又切,下复使、下《注》复生、不复行皆同。　② 为明年齐伐晋《传》。

楚观起有宠于令尹子南,未益禄,而有马数十乘①。楚人患之,王将讨焉。子南之子弃疾为王御士②,王每见之,必泣。弃疾曰:"君三泣臣矣,敢问谁之罪也?"王曰:"令尹之不能,尔所知也。国将讨焉,尔其居乎③?"对曰:"父戮子居,君焉用之?洩命重刑,臣亦不为④。"王遂杀子南于朝,轘观起于四竟⑤。子南之臣谓弃疾,请徙子尸于朝⑥,曰:"君臣有礼,唯二三子⑦。"三日,弃疾请尸,王许之。既葬,其徒曰:"行乎⑧!"曰:"吾与杀吾父,行将焉入?"曰:"然则臣王乎?"曰:"弃父事仇,吾弗忍也⑨。"遂缢而死⑩。

复使薳子冯为令尹,公子齮为司马,屈建为莫敖⑪。有宠于薳子者八人,皆无禄而多马。他日朝,与申叔豫言。弗应而退。从之,入于人中⑫。又从之,遂归。退朝见之⑬,曰:"子三困我于朝,吾惧,不敢不见。吾过,子姑告我。何疾我也?"对曰:"吾不免是惧,何敢告子⑭?"曰:"何故?"对曰:"昔观起有宠于子南,子南得罪,观起车裂。何故不惧?"自御而归,不能当道⑮。至,谓八人者曰:"吾见申叔夫子,所谓生死而肉骨也⑯。知我者,如夫子则可⑰。不然,请止⑱。"辞八人者,而后王安之⑲。

① 言子南偏宠观起,令富。○ 数,所主切。乘,绳证切。令,力呈切。
② 御王车者。　③ 问能止事我否?　④ 漏洩君命,罪之重。○ 焉,於虔切,下焉入同。洩,息列切,又以制切。　⑤ 轘,车裂以徇。○ 轘,音患。竟,音境,下同。　⑥ 欲犯命取殡。○ 殡,必刃切。　⑦ 不欲犯命移尸。　⑧ 行,去也。　⑨ 于事是仇,于实是君,故虽谓仇,而不敢报。○ 与,音预。杀,如字,一音试。　⑩《传》讥康王与人子谋其父,失君臣之义。○ 缢,一赐切。　⑪ 屈建,子木也。○ 齮,五绮切。屈,居勿切。　⑫ 申叔辟薳子,不欲与语,○ 应,应对之应。　⑬ 薳子就申叔

家见之。　⑭言恐与子并罪,故不敢与子语。○见,贤遍切。　⑮蘧子惶惧,意不在御。　⑯已死复生,白骨更肉。　⑰夫子,谓申叔也。如夫子,谓以义匡己。　⑱止,不相知。　⑲辞,遣之。

　　十二月,郑游眅将归晋①,未出竟,遭逆妻者,夺之,以馆于邑②。丁巳,其夫攻子明杀之,以其妻行③。子展废良而立大叔④,曰:"国卿,君之贰也,民之主也,不可以苟。请舍子明之类⑤。"求亡妻者,使复其所。使游氏勿怨⑥,曰:"无昭恶也⑦。"

　　①游眅,公孙虿子。○眅,普板切。　②舍止其邑,不复行。③十二月无丁巳。丁巳,十一月十四日也。　④良,游眅子。大叔,眅弟。○大,音泰。　⑤子明有罪,而良又不贤故。○舍,音捨。⑥郑国不讨专杀之人,所以抑强扶弱,临时之宜。　⑦交怨,则父之不修益明也。